MORITZ HESSEL
FLORIAN HOMM

DIE PRINZIPIEN DES WOHLSTANDS

MORITZ HESSEL
FLORIAN HOMM

DIE PRINZIPIEN DES WOHLSTANDS

DENKE UND INVESTIERE WIE EIN MILLIARDÄR

FBV

Bibliografische Information der Deutschen Nationalbibliothek
Die Deutsche Nationalbibliothek verzeichnet diese Publikation in der Deutschen Nationalbibliografie; detaillierte bibliografische Daten sind im Internet über http://d-nb.de abrufbar.

Für Fragen und Anregungen:
info@m-vg.de

Originalausgabe, 5. Auflage 2025

Türkenstraße 89
80799 München
Tel.: 089 651285-0

Redaktion: Ulrich Wille
Korrektorat: Christine Rechberger; Manuela Kahle
Umschlaggestaltung: Sonja Vallant, München
Umschlagabbildung: shutterstock/Mario7, novitasary
Abbildungen im Innenteil: bearbeitet von Tobias Prießner
Satz: Helmut Schaffer, Hofheim a. Ts.
Druck: GGP Media GmbH, Pößneck
Printed in Germany

ISBN Print 978-3-95972-567-5
ISBN E-Book (EPUB, Mobi) 978-3-98609-077-7

Inhalt

Vorwort

Dieses Buch lehrt Sie nicht nur, wie man investiert, es lehrt, wie man dabei richtig denkt.

Liebe Leserinnen und Leser,

dieses Buch beruht auf der Idee, ein Werk zu schaffen, das sich nicht einfach auf eine bestimmte Marktphase oder gerade vorherrschende Trends bezieht, sondern das vielmehr – und hier nehmen wir gerne Bezug auf den Titel unseres Buches – wichtige Prinzipien herausarbeitet: zu denken und zu investieren wie ein Milliardär.

Denn es hat für uns höchste Priorität, in allen Marktphasen eine positive Rendite nach Kosten und Inflation zu erzielen. Mit einem erfolgreichen Langfristinvestor verhält es sich wie mit einem gewissenhaften Eigentümer. Er erkennt, zu welchem Zeitpunkt Risiken eingegangen werden sollten und wann es notwendig ist, das Kapital zu schützen.

Es ist uns ein Anliegen, Ihnen eine Grundlage an die Hand zu geben, die auch noch Ihre Kinder und Enkelkinder gerne hervornehmen, um eine langfristige und nachhaltige Anlagestrategie finden und umsetzen zu können.

Dabei geben wir Ihnen Antworten auf folgende zentrale Fragen:

- Was sind die Prinzipien des Wohlstands?
- Wie klassifiziert man Investments und findet den geeigneten Zeitpunkt zu kaufen beziehungsweise zu verkaufen?
- Wie managt man sein Portfolio wie ein erfolgreicher Hedgefondsmanager und schafft es, Geld zu verdienen, während alle anderen Marktteilnehmer verlieren?
- Wie findet man Investments, die sich verzehnfachen oder gar verhundertfachen können?

Unabhängig davon, über welchen Wissensstand Sie verfügen, erhalten Sie in diesem Buch einen direkten Zugang zu wertvollem Finanzwissen, um für den aktuellen und anstehenden Wandel gerüstet zu sein.

Unser Investmentansatz ist wissenschaftlich fundiert und wir sind mit führenden Hedgefonds, Nostrohändlern und Universitäten vernetzt. Dadurch können wir jedes Jahr Investmentchancen realisieren, die üblicherweise großen Investmenthäusern vorbehalten sind. Doch dieses Wissen möchten wir weitergeben und einer breiten Masse zugänglich machen.

Wenn ich einen Kernerfolgsfaktor meiner vier Jahrzehnte dauernden Investmenttätigkeit auswählen müsste, dann ist es die kritische und laterale Denkfähigkeit. Es ist die Fähigkeit, eine Situation zu betrachten und dahinter zu sehen. Akzeptieren Sie nicht blind, was Ihnen präsentiert wird. Wenn etwas keinen Sinn ergibt, hinterfragen Sie es, betrachten Sie es anders und fällen Sie Ihr eigenes Urteil. Übernehmen Sie Verantwortung für sich und Ihre Familie.

Denn: Ihre Zeit ist Geld und somit die Basis des Investierens.

Wir wünschen Ihnen viel Erfolg, beste Gesundheit und viel Erfüllung auf der kommenden Reise.

Ihr Florian Homm und Moritz Hessel

Einführung

»Unsere Aufgabe ist es, die 200 besten Unternehmen der Welt zu finden und in sie zu investieren und die 200 schlechtesten Unternehmen ausfindig zu machen und diese zu shorten. Wenn die 200 besten keine bessere Performance als die 200 schlechtesten an den Tag legen, sollte man den Beruf wechseln.«

Julian Robertson

»Absolute Return« steht für positive Ergebnisse, die weitgehend unabhängig von Marktrenditen erzielt werden. Klassische Anlagestrategien lassen sich im Gegensatz dazu als »Relative Return« bezeichnen: Für sie ist ein Verlust von »nur« 65 Prozent ein Erfolg, wenn der Aktienmarkt gleichzeitig um 70 Prozent einbricht. Smarte Anlagestrategien arbeiten deshalb mit Absolute-/Total-Return-Ansätzen. Ein ausgeprägtes Risikomanagement ist wesentlicher Bestandteil des gesamten Investmentprozesses und insbesondere in volatilen Marktphasen zeigt sich die Qualität eines Anlegers. Viele Anleger möchten auf Absolute-Return-Strategien setzen, weil diese auch in turbulenten Börsenzeiten für Stabilität in den Portfolios sorgen, haben aber noch viele Fragen in der konkreten Umsetzung. Da es im deutschsprachigen Raum bisher kein Buch rund um das Thema Long-Short-Investing gab, möchten wir mit diesem Werk den Grundstein für den erfolgreichen Total-Return-Investor legen. Besonders erfolgreiche Investoren wie zum Beispiel die Stiftungen der Universitäten Yale und Harvard richten bereits bis zu 50 Prozent ihres Portfolios mithilfe von Absolute-Return-Strategien aus. Auch im deutschsprachigen Raum setzt sich mehr und mehr die Erkenntnis durch, dass Absolute-/Total-Return-Investments ein weitaus besseres Chancen-Risiko-Profil haben als traditionelle Anlagen in Fonds oder ETFs und dass sie ein unverzichtbarer Bestandteil einer effizienten Vermögensanlage sind. Stellen Sie sich Total Return einmal wie Klavierspielen vor: Das Klavier ist mit schwarzen und weißen Tasten bestückt. Würden Sie auf die Idee kommen, nur die weißen Tasten zu spielen und die schwarzen auszulassen? Vermutlich nicht – wieso also beim Investieren? Beim Checken der Börsennachrichten lässt es uns vollkommen kalt, ob der Markt an einem Tag 5 Prozent an Wert verloren oder 5 Prozent an Wert gewonnen hat; während die meisten Long-only-Investoren in steigenden Börsenphasen (»Hausse«) in Euphorie und in fallenden Börsenphasen (»Baisse«) in Panik verfallen, können wir rational an der Seitenlinie stehen und dabei zuschauen, wie unsere Strategie über die Zeit eine kontinuierliche Rendite erwirtschaftet. Wir möchten nicht tagtäglich am Bildschirm sitzen und die neuesten Entwicklungen verfolgen, um dann zeitversetzt darauf reagieren zu können. Zum einen, weil es für eine positive und ausgeglichene Lebensweise auf Dauer nicht förderlich ist, es für unsere größtenteils berufstätigen Leserinnen und Leser ohnehin nicht machbar ist und wir zum anderen auch nicht davon ausgehen, dass eine solche Herangehensweise eine dauerhafte Überrendite, also ein Alpha zum Markt erwirtschaften kann. Aktive Portfoliomanager streben an, in diversifizierten Portfolios Alpha zu generieren, wobei die Diversifizierung darauf abzielt, unsystematische Risiken zu eliminieren.

Dieses Buch beinhaltet ein ganzes Arsenal an konkreten Investmentstrategien, die Umsetzung reicht von einer Stunde pro Woche bis hin zu den umfangreichen Kenntnissen eines Fondsmanagers, doch haben alle eins gemeinsam – sie führen smart und richtig angewendet auf Dauer zu einer satten Überrendite am Markt. Sie werden nicht nur lernen, wie man Investments auswählt, sondern auch, wie man ein Portfolio strukturiert. Das Hauptaugenmerk des Buches liegt auf Investments mit innerem Wert und planbaren Cashflows, denn langfristig ist die Performance von Unternehmensbeteiligungen denen anderer Anlageklassen haushoch überlegen. Dies wirft eine offensichtliche, aber entscheidende Frage auf: Wissen Sie, wie man ein Unternehmen bewertet? Sie müssen sich diese Frage ehrlich beantworten, da Selbsttäuschung bei Extremsportarten wie Tiefseetauchen und Aktienauswahl eine kostspielige

Angewohnheit sein kann. Selbst wenn Sie denken, dass dies der Fall ist, erinnert uns der Survivorship-Bias daran, dass es viele, viele hochintelligente, hart arbeitende Menschen gibt, die ihr Bestes versuchten, diese Konzepte anzuwenden, aber keinen Erfolg hatten. Wir alle brauchen eine einfache und konsistente Anlagestrategie, die im Laufe der Zeit gut funktioniert – eine, die wir verstehen und an die wir stark genug glauben, um sie in guten wie in schlechten Zeiten treu zu verfolgen.

In unserem letzten gemeinsamen Buch *Der Crash ist da*, welches im Frühjahr 2019 erschien, stellten wir Ihnen vielversprechende und konkrete Anlageideen vor. Ein Basket aus diesen Werten konnte in einem sogenannten »Crash-Buch« in den ersten drei Jahren mehr als 250 Prozent Rendite erzielen. Um es vorwegzunehmen: Diesmal werden wir Ihnen keine konkreten Anlagetipps mit Kurszielen präsentieren – okay, vielleicht zwei oder drei werden bestimmt dabei sein. Ihr Verlangen nach Tipps sollte allerdings nicht zu hoch sein, vielmehr sollten Sie den Drang verspüren, selbst solche Kandidaten ausfindig zu machen, und diese viel wichtigere Essenz möchten wir Ihnen weitergeben: Das Erlernen des konkreten Handwerkszeugs und Mindsets, das ein erfolgreicher Investor benötigt, um es zum Wohlstand zu schaffen. Die Fähigkeit, Investmentchancen aufzuspüren und in Ihnen eine gewisse Überzeugung aufzubauen, gibt Ihnen die ultimative Möglichkeit zur finanziellen Freiheit für sich und Ihre Liebsten. Für viele der erfolgreichsten Investoren ist die Freiheit, ein Leben zu gestalten, das authentisch mit ihren Leidenschaften einhergeht, der größte Luxus, den man mit Geld kaufen kann.

Das erste Buch dieser Reihe (*Endspiel*) erschien Anfang 2016. Viele Prognosen wie der Crash der Türkischen Lira, die Wahl Donald Trumps als Präsident der USA, der rasante Anstieg der Energie-/Rohstoff-/Edelmetall-Preise und der Kryptowährungen sind wahr geworden. Empfehlungen wie das australische Pharmaunternehmen Clinuvel Pharmaceuticals konnten sich in der Spitze in ihrem Wert mehr als verzehnfachen und stehen erst am Anfang ihrer Reise. In unseren kühnsten Träumen hätten wir uns die dramatische Entwicklung an den Finanzmärkten bis heute nicht ausmalen können. Die Verschmelzung von Regierungen und Notenbanken und dadurch entstandene

Geldflutmanien mit der damit verbundenen Entwertung der Kaufkraft sind die Folge. Diese Buchreihe bietet eine chronologische Aufarbeitung der größten Umverteilungswelle aller Zeiten und ihre weitreichenden Folgen für die wirtschaftliche Existenz jedes Einzelnen. Es handelt sich hierbei nicht um herkömmliche Crashbücher, die Leser dazu animieren, ihr Hab und Gut zu verkaufen und als Einsiedlerkrebs so lange zu verharren, bis der Spuk vorbei ist. Unser Investmentteam verdiente in den letzten sechs Jahren in jedem der Börsenkorrekturen oder -crashs Geld und konnte damit sowohl an den langen Aufwärtsbewegungen als auch an den steilen Abwärtsbewegungen profitieren – das können auch Sie erlernen.

Faktoren, die Ihr Vermögen konkret bedrohen

Massive Geldentwertung durch Inflation

Ihr Geld auf dem Konto oder in bestimmten Assets verliert jeden Tag an realem Wert. Das können 4 bis 8 Prozent im Jahr 2022 sein. 100.000 Euro Sparguthaben verlieren also 5.000 Euro und mehr Wert pro Jahr.

Finanzrepressionen

Der Staat muss und wird sich vermutlich mithilfe von Maßnahmen wie einer erhöhten Abgaben- und Steuerlast (zum Beispiel »Corona-Steuer«) oder Zwangshypotheken am Vermögen der Bürger bedienen. Schleichend oder sogar über direkte Abgaben.

Reale Vermögensverluste durch Depression

All die beschriebenen Entwicklungen und Maßnahmen führen möglicherweise zu einem allgemeinen Wirtschaftsabschwung und folglich zu einer Rezession oder sogar einer Depression. Der Wert von Assets wie Aktien oder Immobilien wird dadurch negativ beeinflusst. Ob das so kommen wird, wissen wir nicht und glücklicherweise müssen wir das auch nicht beantworten. Denn auch wenn der Markt weiter steigen sollte, wird sich durch den beschleunigten disruptiven Wandel die Börsenlandschaft verändern. Die kommende Dekade wird mehr Gewinner und Verlierer hervorbringen als die letzten 50 Jahre.

Man könnte bei diesen Aussichten resignieren und untätig zusehen, was um einen herum geschieht. Doch seien Sie gewiss: Dafür sind wir nicht angetreten. Es ist möglich, vom gegenwärtigen Umfeld zu profitieren und es als perfekte Chance zu nutzen, wenn man weiß, wie. Die richtigen Werkzeuge, Erfahrungen, Tipps und Entscheidungen bestimmen über Ihr Verständnis des Marktes, Ihre reale Rendite auf Ihr Geld und den Schutz Ihres ersparten Vermögens – und damit über Ihre Sicherheit und Zukunft, jetzt und im Alter.

Unsere Investmentphilosophie

Die ewige Diskussion, ob der Markt oder eine einzelne Aktie steigt oder fällt, halten wir für unsinnig. Diese Einschätzung hängt von der Analyse ab. Viel entscheidender ist für uns das Verhältnis von Chance und Risiko. Wir arbeiten mit Chancen-Risiko-Verhältnissen basierend auf Wahrscheinlichkeitsmodellen. Besonderes Augenmerk legen wir auf bestimmte Auslöser oder langanhaltendes Wachstum gepaart mit hohen Eintrittsbarrieren, die zu den erwarteten Kurszielen führen und die klassische Rückkehr zum Mittelwert auf lange Zeit aushebeln können. Die durch die Nullzinspolitik verursachte Investmentlandschaft macht das Investieren für jedermann unabdingbar. Selbst für seinen Ruhestand vorzusorgen, ist alternativlos geworden. Alternativlos bedeutet allerdings nicht risikolos. Insbesondere für jene Anleger, die neu am Kapitalmarkt hinzugekommen sind, stellt sich nun die Frage: Wie und vor allem in was investieren? Um für die Zukunft gerüstet zu sein, ist es unabdinglich, sich mit dem Thema Finanzen auseinanderzusetzen. Gerne unterstützen wir Sie dabei, auch in »Krisenzeiten« finanziell zu profitieren. Ob es sich um eine Krise handelt, ist aus unserer Sicht somit Auslegungssache. Für die meisten Menschen ist die beste Strategie nicht diejenige, die ihnen die höchste Rendite bringt. Ideal ist vielmehr eine gute Strategie, an der man festhalten kann, auch in schlechten Zeiten. Aktuell lassen sich in allen Assetklassen historische Höchststände verzeichnen. Gleichzeitig befinden wir uns in politisch unsicheren Zeiten. Wir möchten nicht sagen, dass wir von einem großen Crash ausgehen, denn das kann niemand prognostizieren. Ebenso wenig teilen wir aber die Ansicht, dass die Märkte nach einem Crash sich rasant erholen und immer neue Höchststände erreichen, nur weil es in der Subprime- und der Covid-19-Krise so war. Die menschliche Psyche neigt dazu, Dinge aus der unmittelbaren Vergangenheit verstärkt in die Zukunft zu projizieren.

Bei dieser Verhaltensweise spricht man von der »Truthahn-Illusion«: Die Truthahn-Illusion ist die Illusion, dass man unbekannte Risiken berechnen könne. Warum sie so heißt? Nun, nehmen Sie an, Sie wären ein Truthahn. Am ersten Tag Ihres Lebens kommt ein Mann zu Ihnen und Sie fürchten, er könnte Sie eliminieren. Aber er füttert Sie. Am nächsten Tag kommt er wieder, um Sie zu füttern. Jetzt fangen Sie an zu rechnen, und kommen zum Schluss, dass die Wahrscheinlichkeit, dass er Sie eliminieren wird, mit jedem Tag sinkt. Am 100. Tag sind Sie fast sicher, dass der Mann Sie wieder füttern wird. Was Sie nicht wissen: Es ist der Tag vor Thanksgiving, an dem der Truthahnbraten auf den Tisch kommt.

»Buy the Dip« hat in den vergangenen Jahrzehnten gut funktioniert, trotzdem oder vor allem deshalb sollte man nicht der Truthahn-Illusion verfallen. Da uns zudem ein Szenario höherer Zinsen und höherer Inflation droht, sollten Anleger doppelt vorsichtig sein.

Werfen wir einen Blick in die Historie:

- 1929 bis 1954: Hohe Bewertungen, eine immense Verschuldung und eine lockere Geldpolitik erinnern an die aktuellen Zustände. 25 Jahre mussten verstreichen, bis mit »Buy and Hold«-Strategien wieder das vormalige Einstandsniveau erreicht wurde. Die Inflation inbegriffen war das Ausmaß der Verluste enorm.
- 1966 bis 1982: Auch für diesen Zeitraum lässt sich ein Bärenmarkt verzeichnen, der reale Verluste von ungefähr 60 bis 70 Prozent mit sich brachte. Bis 1990 erzielte man als »Buy and Hold«-Investor keine Realrendite – ganze 24 Jahre lang.
- Japan 1990 bis 2018: Der Markt erlitt einen Realverlust von 75 Prozent.

Geschichte ist wichtig. Die Geschichte sagt die Zukunft nicht voraus, aber sie reimt sich und Sie können Muster und erste Prinzipien erkennen, die angewendet werden können. Bereits dieser kurze Rückblick verdeutlicht Parallelen zur aktuellen Marktlage. Die blinde »Buy and Hold«-Strategie ist aus unserer Sicht nicht empfehlenswert, zumindest nicht für den Gesamtmarkt. Statistisch stieg der Markt in den letzten 100 Jahren zwar in drei von vier Jahren und wer länger als zehn Jahre investiert blieb, konnte stets positive Renditen erzielen, wenn auch nicht real gerechnet. Trotzdem sind dies keine Gesetze, die in Stein gemeißelt sind, und wir möchten auch nicht eine Generation verstreichen lassen, um unsere Verluste wieder wettzumachen. Wir möchten dabei zusehen, wie sich unser Vermögen von Jahr zu Jahr erhöht. Wer die Entwicklung an den Finanzmärkten verstehen will, muss über 50 Jahre zurückschauen. Denn am 15. August 1971 wurde der Grundstein für das heutige Wirtschaftssystem gelegt. Der damalige US-Präsident Richard Nixon hob an diesem Tag die Goldbindung des Dollar auf und das große Gelddrucken begann, damit also auch die heute bekannte Asset Price Inflation oder auf Deutsch »Vermögenspreisinflation«. Sie dürfen sich das wie die Reise nach Jerusalem vorstellen. Die Börsenparty geht so lange weiter, bis das Lied aufhört zu spielen, oder in diesem Falle das Gelddrucken auf freiwilliger oder unfreiwilliger Basis durch einen Systembruch endet. Niemand kann also mit voller Gewissheit sagen, ob und wann der Markt steigt oder fällt, und das möchten wir auch gar nicht. Wir möchten nicht mit der Angst spielen und einen Crash prognostizieren, auch wenn das System in der Art und Weise, wie es besteht, unserer Einschätzung nach einen irreparablen Schaden (Negativzinsen, Gelddruckmenge und Zombiefirmen) erreicht hat. Vielmehr geht es um die Vermittlung und Anwendung unseres Total-Return-Ansatzes, denn Gewinner und Verlierer gibt es in jeder Marktphase. Lernen Sie also, aus beiden Seiten Profite zu generieren.

Welchen Anlagestil wir verfolgen

Wir werden oft gefragt, ob wir unseren Ansatz nach »Growth« oder »Value« ausrichten und was wohl in den nächsten Monaten outperformen wird. »Value« und »Growth« gehören unserer Ansicht nach zusammen wie siamesische Zwillinge. Wachstum ist immer Bestandteil der Wertberechnung. Bei der Auswahl der Branchen setzen wir auf menschliche Grundbedürfnisse, auf Wertschöpfung, eine solide Marktstellung, günstige Bewertungen und gute Geschäftsaussichten – Hauptsache, es handelt sich bei den Investments um solide, stetige, aber unterbewertete Wertschöpfer mit einem breiten »Burggraben«. Daher gibt es für uns kein Entweder-oder: Ein Investment muss die oben aufgeführten Kriterien erfüllen. Bestenfalls ist es zudem um 25 Prozent unterbewertet, darf zumindest aber maximal mit dem fairen Wert gehandelt werden.

Unsere Anlagephilosophie beruht auf der Überzeugung, mit vorteilhaften Chancen-Risiko-Verhältnissen zu arbeiten (idealerweise mit Wahrscheinlichkeitsmodellen), denn dann wird man den Großteil der Zeit über Vergleichsindizes liegen beziehungsweise überdurchschnittlich gute relative und absolute, volatilitätsadjustierte (risikoarme) Returns erwirtschaften. Ganz einfach formuliert: Es ist besser, ein Casino zu betreiben, als dort regelmäßig als Gast zu spielen.

Im Investmentgeschäft ist es sehr schwer, das Richtige zu tun, und es ist noch schwieriger, das Richtige zur richtigen Zeit zu tun. Der Total-Return-Investor stellt sich daher selten die Frage, was für seine Anlagestrategie das perfekte Timing ist, denn seine Portfoliostruktur ergibt sich aus einem Mix von Long- und Short-Positionen, der insgesamt ein gutes Chancen-Risiko-Verhältnis aufweist. Falls der Markt kollabiert, verliert der Total-Return-Investor fast immer weniger als der Long-only-Investor. Die erfolgreichsten Anleger, die diesen Ansatz verfolgen, profitieren sogar von einer Krise. Selbst in einem seitwärts tendierenden Markt sind jährliche Renditen von rund 10 bis 20 Prozent nicht unrealistisch. Das bedeutet, dass der Total-Return-Ansatz bei circa 90 Prozent der Markttendenz gut performt. Insgesamt halten wir es für nahezu unmöglich, kontinuierlich und in jeder Marktphase die Kursentwicklungen akkurat vorherzusagen.

Da wir mittelfristig nach wie vor mehr Risiken als Chancen an den Börsen sehen, sind wir der Meinung, dass sich Long-only-Investoren gegen Kursverluste absichern und Total-Return- beziehungsweise Absolute-Return-Investoren ein balanciertes und durchdachtes Long- und Short-Portfolio strukturieren sollten. Ganz generell gilt, dass sich kaum ein Asset dem generellen Abwärtstrend in einer Baisse (Aktiencrash) entziehen kann. Andererseits ermöglichen solche Marktbewegungen auch enorme Gewinne, wenn man sie nutzt, um zum richtigen Zeitpunkt auf die richtigen Wertschöpfer zu setzen und Wertzerstörer zu shorten. Entscheidend ist, dass sich die Aktiengesellschaften weiterhin positiv entwickeln. Wenn sie das nicht tun, sollte man sich von ihnen trennen. Wichtig ist auch, dass diese Unternehmen ein weitaus besseres Kurspotenzial vorweisen als der Gesamtmarkt und dass sie sich aufgrund guter Ergebnisse von der Masse der mittelmäßigen und unterdurchschnittlichen Unternehmen abheben.

Im Idealfall verdient man an den Long-Positionen und an den Short-Positionen gleichzeitig. Wir sind der Meinung, dass dieser Ansatz ein gutes Chancen-Risiko-Verhältnis ergibt. Das bedeutet, dass der »Spread« zwischen der Performance der Wertschöpfer (Long) und der Wertzerstörer (Short) auf Sicht von drei Jahren eine positive Rendite ausweisen sollte. Im derzeitigen Börsenumfeld ist der Kapitalerhalt wichtiger als die Gewinnmaximierung, trotzdem ist beides möglich.

Inhärent halten wir nichts von einseitig programmierten permanenten Bären- oder Baisse-Spekulanten. Fakt ist: Langfristig wird mehr Geld mit Long- als mit Short-Positionen verdient. Doch sollten Spekulanten sich an die gute alte Börsenweisheit halten: Greifen Sie nie in ein fallendes Messer! Erst wenn die Preise am Boden sind, wenn also auch der letzte Kleinanleger seine Wertpapiere abgestoßen hat, dann darf man im großen Stil kaufen! Und selbst dann sollte es primär darum gehen, nur die besten Wertschöpfer – also Spitzenqualität – zu attraktiven Preisen zu erwerben.

In einem so volatilen Umfeld fühlen wir uns pudelwohl, weil die Preisfindung in verschiedenen Assetklassen ineffizienter und chaotischer wird. Somit steigen auch die Chancen für den geschickten Total-Return-Investor. In diesem Umfeld sollten diejenigen reüssieren, die einen kühlen Kopf bewahren, risikobewusst und diszipliniert investieren, auch mal auf fallende Kurse setzen und sich ständig weiterbilden. Denn Ihr größtes Kapital ist Ihr Humankapital, also die Investition in sich selbst. Wenn Sie investieren und versuchen, Ihr Vermögen zu erhöhen, gibt es einen Preis. Und dieser Preis wird oft versteckt – es sind die Höhen und Tiefen von Mr. Market, die Sie mitnehmen müssen. Es sind die Unsicherheit und die Angst, die Ihnen von Zeit zu Zeit in den Sinn kommen, wenn sich die Marktbedingungen und Ihre persönlichen Bedingungen ändern. Sie müssen bereit sein, diesen Preis zu zahlen, wenn Sie investieren möchten, insbesondere wenn Sie eine aktive Strategie verfolgen. Die einzige Möglichkeit, mit dieser »Marktgebühr« umzugehen, besteht darin, ihre Existenz zu akzeptieren und bereit zu sein, den Preis zu zahlen. Sie müssen auf die Volatilität und Unsicherheit vorbereitet sein. Es ist ein Teil des Spiels, das Sie spielen. Mr. Market ist ein Anleger, der zu unberechenbaren Schwankungen zwischen Pessimismus und Optimismus neigt. Da der Aktienmarkt aus diesen Arten von Anlegern besteht, nimmt der Markt als Ganzes diese Eigenschaften an. Die Analogie des »Mr. Market« stammt von Ben Graham, dem Urvater des Value Investing, und hat bis heute Bestand. Der Markt ist selten rational, sondern schwankt zwischen Euphorie und Panik hin und her.

Gerade in der aktuellen Zeit ist es wichtiger denn je, seine Finanzen selbst in die Hand zu nehmen, fundiertes Wissen aufzubauen und die aktuelle Marktlage als einmalige Chance für den eigenen Vermögensaufbau zu nutzen. Finanzielle Bildung ist Eigenverantwortung und sollte daher an niemanden delegiert werden. Zusätzlich sollte man sich durch gezielte Maßnahmen vor schleichender oder direkter Enteignung schützen.

Inside the Mind of Great Investors

»Schauen Sie, Glück ist nicht genug. Aber auch Intelligenz ist nicht genug, harte Arbeit ist nicht genug und nicht einmal Beharrlichkeit ist unbedingt genug. Sie brauchen eine Kombination aus allen vieren.«

Howard Marks

Genauso, wie gute Gewohnheiten oder gute Investitionen zusammenwirken, verbessern sich auch unsere Entscheidungen. Je früher Sie lernen, Ihre Entscheidungen zu verbessern, desto besser sind die Ergebnisse. *Die kumulativen Auswirkungen einer etwas besseren Entscheidungsfindung, wie der Zinseszins, können auf lange Sicht enorme Auswirkungen auf alles haben, was wir tun.* Egal wie gut Ihre Entscheidungen sind, Sie können keine guten Ergebnisse garantieren. Sie können nur die Chancen verbessern, dass Sie ein besseres Ergebnis erzielen werden. Wenn Anleger einem guten Anlageprozess folgen, werden sie langfristig sicher erfolgreich sein, auch wenn die Auswirkungen möglicherweise nicht sofort sichtbar sind.

Ein guter Anlageprozess zeigt sich nicht in einem Vierteljahr oder halben Jahr, sondern über die Zeit. Ein guter Investor zu sein, erfordert zwei gegensätzliche Fähigkeiten. Sie müssen selbstbewusst und unabhängig sein; aber gleichzeitig müssen Sie bescheiden und dazu bereit sein, Ihre Annahmen infrage zu stellen. Für Aktionismus gibt es an den Börsen keinen Preis, nicht einmal Fleiß wird belohnt. Investieren ist nicht wie olympisches Tauchen, bei dem die Richter zusätzliche Punkte für den Schwierigkeitsgrad vergeben. Vielmehr geht es beim Investieren hauptsächlich darum, auf die seltenen Momente zu warten, in denen die Chancen, Geld zu verdienen, die Chancen, es zu verlieren, bei Weitem überwiegen. Mit Geduld und Zeit im Markt werden Sie gewinnen. Haben Sie keine Angst. Andere Anleger sind nicht intelligenter als Sie. Selbst wenn Sie nur ein leicht überdurchschnittlicher Investor sind, der weniger ausgibt, als er verdient, können Sie im Laufe des Lebens nicht anders, als finanziell frei zu werden. Wichtig ist allerdings die Vermeidung von Verlusten oder, wie Warren Buffett sagt:

»Rule number one: Never lose money. Rule number two: Don't forget rule number one.« (»Regel Nummer eins: Verlieren Sie niemals Geld. Regel Nummer zwei: Vergessen Sie Regel Nummer eins nicht.«) Denn um einen Verlust auszugleichen, wird folgende Rendite benötigt:

1 %	⇒	*1,01 %*
5 %	⇒	*5,26 %*
10 %	⇒	*11,11 %*
20 %	⇒	*25 %*
30 %	⇒	*42,86 %*
50 %	⇒	*100 %*
60 %	⇒	*150 %*
70 %	⇒	*233 %*
80 %	⇒	*400 %*
90 %	⇒	*900 %*

Irving Kahn, ein Investor, der bis zu seinem 110. Lebensjahr aktiv investierte (Sie lesen richtig, der gute Mann ist 1905 geboren und managte bis zu seinem Tod im Jahr 2015 mit seinen ebenfalls über 100-jährigen Brüdern gemeinsam einen Fonds), definiert die Verlusttoleranz wie folgt: Beim Investieren geht es vor allem um den Erhalt. Das muss Ihr erster Gedanke auf der Suche nach großen Gewinnen sein. Wenn Sie nur vernünftige Renditen erzielen und minimale Verluste erleiden, werden Sie ein wohlhabender Mann und übertreffen alle Spielerfreunde, die Sie haben, auch wenn es manchmal sehr schwerfällt. (Heute wird der Fonds übrigens von Kahns mittlerweile 80-jährigem Sohn geführt.)

Das optimale Portfolio ist eines, mit dem Sie nachts ruhig schlafen können. Es ermöglicht Ihnen, angemessene Renditen zu erzielen und gleichzeitig Ihre Lebensqualität und Kontrolle über Ihr Leben zu maximieren. Es wird den Test harter Rezessionen und anderer Aussetzer an der Wall Street bestehen. Die meisten akademischen Verständnisse des idealen Portfolios ignorieren die sehr realen menschlichen Faktoren, die eine Rolle spielen und die dazu führen können, dass Sie von der Strategie abweichen. Wenn wir uns eingestehen, dass wir uns bei etwas nicht sicher sind, sind wir offener dafür, unsere Überzeugungen zu überdenken. Wenn wir offener dafür sind, unsere Überzeugungen zu überdenken, entwickeln wir mit der Zeit eine genauere Sicht auf die Welt. Dadurch können wir die Qualität unserer Entscheidungen und langfristig die Ergebnisse, die wir erzielen, verbessern. Eines unserer Vorbilder, wenn es um laterales Denken an der Börse geht, ist der Investor Charlie Munger. Er ist seit mehr als vier Jahrzehnten der Mann hinter und neben dem Investmentgenie Warren Buffett. Warum der fast 100-Jährige für den Erfolg von Berkshire Hathaway von so entscheidender Bedeutung ist, wird unter anderem durch seine Investmenttipps klar. Munger ist ein unersättlicher Leser. Er verbringt den größten Teil des Tages mit Lesen und Denken und stärkt und erweitert gleichzeitig seine mentalen Modelle in einer Vielzahl von akademischen Disziplinen. Durch den stetigen Ausbau seines Wissens über Jahre und Jahrzehnte hat Munger eine unglaubliche Grundlage geschaffen, auf die er bei der Bewertung von Investitionsmöglichkeiten zurückgreifen kann. Legendär ist seine Rede über 25 menschliche Fehleinschätzungen, die er erstmals im Jahr 1995 gehalten hat und die im Internet zu finden ist. Das Fundament dieses Denkansatzes ist für einen Investor unerlässlich. Im Folgenden haben wir daher die wesentlichen Punkte, gepaart mit unseren eigenen Beobachtungen der letzten Jahre, festgehalten:

> *»Wes Brot ich ess, des Lied ich sing.«*
>
> Deutsche Redewendung

1. Die Macht von Anreizen verstehen

Wir neigen dazu, auf Belohnungen hinzuarbeiten und Bestrafungen zu vermeiden: Erkennen Sie die Macht von Anreizen.

Anreize und Fehlanreize ändern unser Denken und Verhalten.

- Die vielleicht wichtigste Regel im Businessleben lautet, Anreize richtig zu setzen.

- Schnelle Belohnungen funktionieren viel besser als verzögerte Belohnungen, wenn es darum geht, Verhalten zu ändern oder beizubehalten.
- Anreizbedingte Voreingenommenheit kann zu rationalisiertem schlechtem (unmoralischem) Verhalten führen (»kognitive Drift«): Ich habe noch nie einen Bericht eines Beraters gesehen, der nicht mit dem gleichen Rat endete: »Dieses Problem braucht mehr Beratungsdienstleistungen ...« Schlechtes Verhalten wird zur Gewohnheit, wenn es belohnt wird.

Geld scheint häufig die wichtigste Belohnung – Menschen verwenden Geld, um Statussymbole zu kaufen, und andere setzen ihren Status ein, um an Geld zu kommen. Aber Geld ist nicht die einzige Belohnung, die funktioniert – Menschen ändern ihr Verhalten und Denken auch in Bezug auf Sex, Freundschaft, Kameradschaft, Statusaufstieg und andere nicht-monetäre Dinge.

»Omas Rule« lautet daher: Iss deine Karotten vor dem Dessert. Benutze diese Regel, um dich täglich dazu zu zwingen, zuerst deine unangenehmen und notwendigen Aufgaben zu erledigen, bevor du dich belohnst.

2. Die Neigung, etwas oder jemanden zu mögen/zu lieben

Wir neigen dazu, Fehler bei Menschen zu ignorieren, die wir mögen und die uns mögen. Man nennt das psychologische Verleugnung: Sie werden Mütter von verurteilten Verbrechern finden, die ihre Söhne für unschuldig halten, und jeder Vater findet seine Tochter am hübschesten.

Wir sind geboren, um zu mögen und zu lieben, basierend auf auslösenden Ereignissen (zum Beispiel Mutterliebe, sexuelle Anziehung, soziale Gruppengefüge).

Wir brauchen es, gemocht und geliebt zu werden. ⇒ Wir werden uns in der Regel lebenslang um die Zuneigung und Anerkennung vieler Menschen bemühen, die nicht mit uns verwandt sind. Bewunderung verursacht oder verstärkt auch Zuneigung oder Liebe. ⇒ Dies kann negative (Selbstzerstörung) oder positive (Selbstverbesserung) Rückkopplungsschleifen erzeugen.

3. Die Abneigungs-/Hass-Tendenz

Wir neigen dazu, die Tugenden von Menschen zu ignorieren, die wir nicht mögen und die uns nicht mögen.

Dies kann zu irrationalen Verzerrungen führen.

4. Die Tendenz zur Zweifelsvermeidung

Wir neigen dazu, Zweifel durch vermeintliche Sicherheit zu vermeiden. Unser Gehirn ist so programmiert, dass es schnell Zweifel ausräumt, indem es eine Entscheidung trifft. ⇒ Dies ist intuitiv sinnvoll, da es kontraproduktiv wäre, erst nachzudenken, wenn ein Raubtier in der Nähe ist.

- Dies wird typischerweise durch eine Kombination aus Verwirrung und Stress (zum Beispiel Bedrohung) ausgelöst.
- Eine Lösung besteht darin, eine »Verzögerung vor der Entscheidungsfindung« zu erzwingen.
- Es ist logisch, dass einige Glaubenssätze durch diese Tendenz stark gefördert werden.

5. Die Inkonsistenz-Vermeidungstendenz

Wir neigen dazu, Inkonsistenzen zu vermeiden, indem wir uns automatisch Veränderungen widersetzen. Die Perser haben beispielsweise den Boten getötet, der ihnen schlechte Nachrichten überbrachte. Unser Gehirn spart Energie, indem es Veränderungen ablehnt. Wir sehen dies in allen menschlichen Gewohnheiten, konstruktiv und destruktiv. Diese Tendenz macht es viel einfacher, eine Gewohnheit zu verhindern, als sie zu ändern. Die meisten von uns haben viele schlechte Gewohnheiten, die wir beibehalten, obwohl sie als schlecht bekannt sind.

Die Ketten der Gewohnheiten sind anfangs zu leicht, um sie wahrzunehmen, bevor sie dann so stark werden, dass sie kaum mehr durchbrochen werden können. Für ein gutes Leben sollte man also viele gute Gewohnheiten beibehalten und schlechte Gewohnheiten vermeiden oder abschaffen. In Kombination mit der Tendenz zur »Zweifelvermeidung« kann die Inkonsistenz-Vermeidungstendenz zu vielen Denkfehlern führen. ⇒ Wir werden in schlechten Schlussfolgerungen gefangen, die durch schwer zu brechende geistige Gewohnheiten aufrechterhalten werden. ⇒ Wir neigen dazu, große mentale Blockaden fester Schlussfolgerungen und Einstellungen anzusammeln, die oft nicht überprüft oder geändert werden, obwohl es viele Hinweise darauf gibt, dass sie falsch sind.

Beispiele:

- Ein Mensch, der im Zuge der Übernahme einer neuen Identität große Opfer bringt, wird seine Hingabe an die neue Identität intensivieren. ⇒ Das erklärt, warum Zeremonien bei der Gehirnwäsche so effektiv sind.
- »Gefälligkeiten« ⇒ Wenn Sie einen »Feind« dazu bringen, Ihnen einen Gefallen zu tun (zum Beispiel, indem er Ihnen eine Bohrmaschine ausleiht), vertraut er Ihnen mehr; denn Gefälligkeit wäre nicht mit Misstrauen vereinbar.

Diese Tendenz ist so stark, dass sie sich oft durchsetzt, nachdem man nur so getan hat, als hätte man eine Identität, Gewohnheit oder Schlussfolgerung – die Kraft der Vorstellung.

Eine Lösung besteht darin, sich zu zwingen, alle Argumente von allen Seiten anzuhören, bevor Sie eine Entscheidung treffen (zum Beispiel, wie Gerichte funktionieren).

Eine andere Lösung besteht darin, sich selbst darin zu schulen, alle Beweise, die dazu neigen, Ihre Hypothesen zu widerlegen, intensiv zu prüfen, zum Beispiel »Disconfirmation Bias«. Um selektive Wahrnehmung handelt es sich in der Psychologie, wenn die Wahrnehmung durch begrenzte, unterschiedliche oder einseitige Aufmerksamkeit im Hinblick auf die angebotenen Informationen oder Reize eingeschränkt ist.

6. Die Neigung zur Neugier

Wir neigen dazu, interessiert an Neuem zu sein. Was Sie denken, kann Ihr Handeln und Sie selbst verändern, und was Sie tun, wird Ihre Meinung ändern.

Wie andere Säugetiere haben wir eine angeborene Neugier. Neugier ist effektiv hilfreich bei der Weiterentwicklung von Wissen (in fortgeschrittenen Zivilisationen). ⇒ Sie hilft uns, schlechte Folgen anderer Tendenzen zu verhindern oder zu reduzieren (das heißt, sie hilft uns letztlich, Weisheit zu erlangen).

7. Kants Fairness-Tendenz

Wir neigen dazu, Fairness zu priorisieren und zu erwarten.

Laut Immanuel Kant zeigt und erwartet der moderne Mensch viel Fairness, die notwendig ist, damit eine Hochkultur funktioniert. Ein Beispiel ist der »First-come-first-serve«-Bias, der dazu führt, dass Menschen Schlangen bilden und brav hintereinander anstehen. Ein weiteres Beispiel ist, dass wir nach diesem Grundsatz andere auf der Autobahn vor uns einfahren lassen. Wenn jemand gegen diese Regeln des »fairen Teilens« verstößt, kommt es zu Feindseligkeit. Diese Tendenz hat wahrscheinlich zur Abschaffung der Sklaverei sowie der Anerkennung von Frauenrechten und der Rechte von Homosexuellen beigetragen.

8. Die Neid-Eifersucht-Tendenz

> *»Nicht Gier treibt die Welt an, sondern Neid.«*
>
> Warren Buffett

Wir neigen dazu, das zu begehren, was jemand anderes hat und was wir nicht haben. Das gilt für alles, was wir wertschätzen. ⇒ Neid und Eifersucht führen zu Hass.

Es ist keine Überraschung, dass Neid und Eifersucht in Mythen, religiösen Erzählungen und in der Literatur generell als negative Charaktereigenschaften dargestellt werden.

Menschen werden schier verrückt, wenn ein Arbeitskollege mehr Gehalt für die gleiche Position bekommt. Um dem in Firmen entgegenzusteuern, behandeln viele Unternehmen ihre Leute gleich mit einer einheitlichen Vergütung, obwohl die Leistungen stark variieren. Fairness ist nicht immer mit Gerechtigkeit gleichzusetzen.

9. Die Tendenz zur gegenseitigen Erwiderung

Wir neigen dazu, Gefälligkeiten und Missbilligungen zu erwidern. Wenn Menschen lächeln, lächelt man in der Regel zurück; wenn jemand unwillig ist, wird man dieser Person ebenso begegnen. Diese Tendenz kann zur Manipulation eingesetzt werden, indem man jemanden beispielsweise durch Gefälligkeiten von sich abhängig macht. Eine Möglichkeit, dieser Tendenz entgegenzuwirken, besteht darin, die eigene Reaktion darauf zu verzögern und zum Beispiel eine Nacht darüber zu schlafen. Eine weitere Option kann sein, Gefälligkeiten nicht anzunehmen. In Politik und Wirtschaft ist es in der Regel untersagt, auch nur die kleinsten Präsente anzunehmen.

10. Der Einfluss von Assoziationstendenzen

Wir neigen dazu, Dingen einen Wert zuzuordnen, der auf Assoziationen basiert.

Beispiele:

- Höherer Preis gleich höhere Qualität.
- Wenn uns etwas schon einmal gelungen ist, werden wir es wieder schaffen.
- Wenn ein Influencer es befürwortet, muss es gut sein.
- Wenn ein Influencer es anprangert, muss es schlecht sein.
- Den Überbringer schlechter Nachrichten mögen wir nicht.
- Stereotypen wie: Männer können Frauen nicht zuhören.

Daher lautet Berkshire Hathaways oberste Priorität unter den Mitarbeitern: »Erzählen Sie uns die schlechten Nachrichten immer umgehend. Nur die guten Nachrichten können warten.«

11. Die einfache, schmerzvermeidende psychologische Verleugnung

Wir neigen dazu, schmerzhafte Situationen zu vermeiden, indem wir die Realität leugnen. Die Realität ist zu schmerzhaft, um sie zu ertragen, also verzerren wir sie. Ein Süchtiger beispielsweise wird sich selbst noch lange innerhalb der Norm sehen, während sein Verhalten jedoch bereits völlig außer Kontrolle geraten ist.

12. Die übermäßige Selbstachtungstendenz

Wir neigen dazu, uns selbst, unsere Entscheidungen, unsere Mitarbeiter und unseren Besitz zu überschätzen. Dies kann auch zu Selbstüberschätzung/Stolz führen, was manchmal sogar seine Vorzüge hat, ⇒ »Unterschätze niemals den Mann, der sich selbst überschätzt.« Nach dieser Tendenz streben wir danach, mit Menschen zusammenzuarbeiten, die so sind wie wir. Das heißt, wir denken, Menschen wie wir seien wertvoller, was wiederum zu schlechten Einstellungspraktiken führen kann und in der Regel zu massiv dysfunktionalen Gruppen führt.

Versuchen Sie, sich zwei einfachen Tatsachen zu stellen:

1. Behebbare, aber nicht behobene schlechte Leistung ist ein schlechter Charakterzug, der dazu neigt, mehr von sich selbst zu erschaffen, was dem Entschuldigungsgeber mit jeder tolerierten Instanz mehr Schaden zufügt.
2. In einer anspruchsvollen Umgebung – etwa in professionellen Sportmannschaften oder innovativen Unternehmen – werden Sie mit ziemlicher Sicherheit zu gegebener Zeit ausgemustert, wenn Sie sich nach dem Prinzip der übermäßigen Selbstachtungstendenz verhalten.

Das beste Gegenmittel besteht darin, sich zur Objektivität zu zwingen, wenn Sie an sich selbst, Ihre Familie und Freunde, Ihr Eigentum und den Wert Ihrer vergangenen und zukünftigen Aktivitäten denken.

Stolz ist nicht schlecht, wenn er wirklich gerechtfertigt ist – die nützlichste Form von Stolz ist ein berechtigter Stolz darauf, vertrauenswürdig zu sein.

13. Die Tendenz zum Überoptimismus

»Was ein Mensch will, das wird er auch glauben.«

Demosthenes

Wir neigen dazu zu glauben, dass die Zukunft besser sein wird als die Gegenwart, und treffen auf dieser Grundlage Entscheidungen. Eine Lösung besteht darin, sich selbst darin zu trainieren, Mathematik/Wahrscheinlichkeitsrechnung auf die Entscheidungsfindung anzuwenden; genauso sollten Sie es beim Investieren halten.

14. Die Tendenz zur Deprivation und Superreaktion

Der Begriff »Deprivation« bezeichnet allgemein den Zustand der Entbehrung, des Entzuges, des Verlustes oder der Isolation von etwas Vertrautem sowie das Gefühl einer Benachteiligung. Wir neigen dazu, auf einen geringen (oder drohenden) Wertverlust (etwa bei Eigentum, Liebe, Freundschaft, Territorium, Gelegenheit, Status und so weiter) mit irrationaler Intensität zu reagieren. Dazu gehört auch der Verlust eines Beinahe-Besitzes. Ein Lottomillionär, der mit sechs richtigen Treffern seinen Schein verliert, wird wahrscheinlich auf Lebzeiten unglücklich sein.

- Pflegen Sie trotz ideologischer Unterschiede stets eine Kultur der Höflichkeit.
- Bringen Sie bewusst Innovatoren, Disruptoren und Denker anderer Richtungen ein, um die Gruppe kognitiv herauszufordern.

Diese Tendenz erschwert Arbeitsbeziehungen sehr. ⇒ Unternehmen sterben, weil die Arbeitnehmer Lohnkürzungen nicht zustimmen (das heißt, wir schätzen den Verlust von einem Teil unseres Lohns oft höher ein als den Verlust des Arbeitsplatzes).

Videospiele basieren ebenfalls auf dieser Tendenz: Wenn wir ein Spiel verlieren, wollen wir ein anderes spielen, um uns auszugleichen.

15. Die Tendenz zur sozialen Sicherheit

Wir neigen dazu, so zu denken und zu handeln, wie wir andere um uns herum denken und handeln sehen. Dies geschieht am häufigsten bei Verwirrung oder Stress und insbesondere, wenn beides vorhanden ist. Gut zu erkennen ist dieses Verhalten bei stark steigenden oder fallenden Börsenkursen.

Es funktioniert aber auch bei gutem Benehmen (zum Beispiel Türen öffnen für andere) und schlechtem Verhalten (zum Beispiel Aufstände).

Lösung: »Lerne, die Beispiele anderer zu ignorieren, wenn sie falschliegen.« Checklisten zur Entscheidungsfindung sind hier eine hilfreiche Möglichkeit.

16. Die Kontrast-Fehlreaktionstendenz

Wir neigen dazu, auf hohen Kontrast überzureagieren und auf niedrigen Kontrast zu wenig Reaktion zu zeigen.

Beispiele:

- Eine schlechte zweite Ehe könnte gut sein im Vergleich zu einer wirklich sehr schlechten ersten Ehe.
- Ein schlechter Ehemann ist vielleicht großartig im Vergleich zu einem wirklich sehr schlechten Vater.
- Ein gutes überteuertes Haus könnte großartig sein im Vergleich zu einem wirklich schlechten überteuerten Haus.
- Preise werden von Personen häufig nicht absolut, sondern in Relation zu Referenzpreisen beurteilt (Preisverankerung). Bei-

spielsweise beim Autokauf sind viele hinsichtlich der Ausstattungsdetails meist großzügiger, da Extras in Summe zum Kaufpreis nicht mehr so auffallen.
- Kleine Ausgaben wie Kreditkartenzinsen, die sich im Laufe der Zeit summieren. Schon Benjamin Franklin sagte: »Hüten Sie sich vor geringen Ausgaben; ein kleines Leck wird ein großes Schiff versenken.«

17. Die Stress-Einfluss-Tendenz

In Situationen, in denen wir unter starkem Stress stehen, neigen wir dazu überzureagieren.

Leichter Stress kann die Leistung verbessern, starker Stress kann zu Funktionsstörungen führen. Wenn Sie unter starkem Stress stehen, ist es besser, Entscheidungen zu vermeiden und sich stattdessen darauf zu konzentrieren, den Stress zu reduzieren.

18. Verfügbarkeit - die Tendenz zur Fehlgewichtung

Wir neigen dazu, das zu überschätzen, was uns leicht zugänglich ist, und das zu unterschätzen, was nicht verfügbar ist. Dies ist der Grund für die Neuheitsverzerrung.

»Wenn ich nicht in der Nähe des Mädchens bin, das ich liebe, liebe ich das Mädchen, in dessen Nähe ich bin.«

Ironischerweise kann diese Tendenz genutzt werden, um Menschen dazu zu bringen, die richtige Entscheidung zu treffen. Ein Verkäufer hält uns eine Präsentation, von der wir so beeindruckt sind, dass wir das Produkt direkt kaufen. Eine Strategie, dem vorzubeugen, besteht darin, Verfahren wie Checklisten zu entwickeln und einzusetzen. Deshalb haben wir dieser Thematik noch ein eigenes Kapitel gewidmet – die Kraft der Checklisten ist nicht zu unterschätzen.

Eine andere Lösung besteht darin, sich daran zu erinnern, dass eine Idee oder Tatsache nicht mehr wert ist, nur weil sie für Sie leicht zugänglich ist. Die Belohnung liegt oftmals im Detail.

19. Die Use-it-or-lose-it-Tendenz

Wir neigen dazu, Fähigkeiten zu verlieren, wenn wir sie nicht einsetzen. Fähigkeiten, in denen wir gut sind, verblassen jedoch langsamer und kommen mit Übung schneller zurück.

Beherrschen Sie also die Fähigkeiten, die Sie beibehalten möchten, gut und üben Sie diese regelmäßig.

20. Die Tendenz zur Fehlbeeinflussung durch Drogen

Unter Drogeneinfluss neigen wir dazu, irrationale Entscheidungen zu treffen.

Vermeiden Sie Drogen jeglicher Art um jeden Preis.

21. Die Seneszenz-Fehlbeeinflussungstendenz

Wir neigen dazu, mit zunehmendem Alter kognitive Fähigkeiten zu verlieren. Sie können dies verzögern, indem Sie ständig nachdenken und neue Fähigkeiten erlernen, während Sie alte üben. Zelluläre Seneszenz bedeutet, dass Zellen aufhören, sich zu teilen. In ihren Experimenten aus den frühen 1960er-Jahren fanden Leonard Hayflick und Paul Moorhead heraus, dass sich normale kultivierte menschliche und tierische Zellen nicht unbegrenzt teilen können, sondern nach einer bestimmten Anzahl von Zellteilungen (ca. 50) absterben.

22. Die Tendenz zur Fehlbeeinflussung durch Autorität

Wir neigen dazu, uns denen anzuschließen, die Autorität haben, unabhängig davon, ob sie richtig oder falsch liegen.

Seien Sie vorsichtig, wem Sie Autorität zuschreiben und wem Sie aufgrund seiner Autorität folgen.

23. Die Twaddle-Tendenz

> *»Weise Männer sprechen, weil sie etwas zu sagen haben; Dummköpfe, weil sie etwas sagen müssen.«*
>
> PLATON

Wir neigen dazu, nur zu reden, um zu reden, oder weil wir glauben, etwas zu wissen, obwohl wir es nicht wissen. Seien Sie ehrlich zu sich selbst und zu anderen, bleiben Sie in Bezug auf Ihr Wissen authentisch. Haben Sie keine Scheu zuzugeben, einmal etwas nicht zu wissen.

24. Die Tendenz, auf die Vernunft zu hören

Wir neigen dazu, Dinge leichter zu akzeptieren, die Gründe haben, und etwas abzulehnen, was nicht vernünftig begründbar ist. So kann selbst die Angabe bedeutungsloser Gründe jemanden dazu bringen, etwas zu tun, was er nicht tun sollte.

Überprüfen Sie die Gründe, bevor Sie eine Entscheidung treffen.

25. Die Lollapalooza-Tendenz

Wir neigen dazu, einer Kombination aus mehreren genannten Tendenzen zum Opfer zu fallen.

Wenn sich Tendenzen verbinden, sind sie noch mächtiger, das heißt, sie führen eher zu Fehlentscheidungen. Eine Lösungsmöglichkeit: Wenn sich etwas nicht richtig anfühlt, vertrauen Sie Ihrem Bauchgefühl, treten Sie einen Schritt zurück und bewerten Sie die Sache anhand einer Checkliste zur Entscheidungsfindung neu.

Der Lollapalooza-Effekt ist ein Phänomen, bei dem technologische Durchbrüche, Effizienzgewinne und große Volumina wertschöpfend zusammenkommen. Im Bereich der Investitionen kann er Millionen von Anlegern dazu bringen, einen Sektor zu kaufen, einen anderen Sektor zu verkaufen oder auf eine andere Weise als »Herde« zu agieren. Diese Herdenmentalität ist der schlimmste Feind jedes Anlegers. Wenn Sie verkaufen, während alle anderen verkaufen, dann müssen

Sie wahrscheinlich riesige Verluste hinnehmen. Wenn Sie das Gegenteil tun und kaufen, wenn alle anderen verkaufen, erhalten Sie wahrscheinlich Schnäppchenpreise für Ihre Aktien. Bevor Sie also eine Investition tätigen, ist es ratsam, darüber nachzudenken, wie verschiedene psychologische Faktoren eine irrationale Reaktion auf dem Markt hervorrufen könnten. Die Hypothekenkrise 2007/2008 ist ein Paradebeispiel für den Lollapalooza-Effekt. Bevor der Hypothekenmarkt implodierte, waren Makler hochmotiviert, Wohnungsbaudarlehen zu verkaufen, denn je mehr sie verkauften, desto mehr Geld verdienten sie. Plötzlich hatte jeder Marktteilnehmer eine andere Motivation: Makler wollten Geld verdienen, Investoren, die die Hypotheken kauften, wollten Geld verdienen, Banken wollten Geld verdienen und Kreditnehmer wollten ihr Traumhaus kaufen, unabhängig davon, ob sie es sich leisten konnten. Kein einzelner Akteur dachte an die langfristigen Folgen, und infolgedessen brach der Hypothekenmarkt aufgrund eines überwältigenden Zusammenspiels menschlicher Fehleinschätzungen zusammen.

Als Anleger ist es wichtig zu erkennen, wann ein Lollapalooza-Effekt ins Spiel kommen könnte. Wenn verschiedene komplexe Szenarien und konkurrierende Motivationen aufeinandertreffen, kann dies zu einer unbeständigen Situation führen. Will man als Investor erfolgreich sein, geht es oft darum, Situationen zu vermeiden, die aufgrund der vielen beweglichen Teile äußerst schwer vorhersehbar sind. Mit anderen Worten: Wenn es keinen guten Weg gibt, um festzustellen, ob eine Investition klug ist, dann sollten Sie sich besser fernhalten.

Kapitel 1

Total Return - Unsere Investmentphilosophie

Warum eine kontinuierliche Performance so wichtig ist

Es gibt vier wesentliche Bewertungskriterien für Ihre Anlagestrategie:

1. die Rendite,
2. das eingegangene Risiko,
3. die Korrelation mit dem (Vergleichs-)Index,
4. die absolute Performance vom vorherigen Allzeithoch zum jüngsten Allzeithoch (ein Marktzyklus).

Rendite in %	5 Jahre	10 Jahre	20 Jahre	30 Jahre
6	1.388 €	1.791 €	3.207 €	5.743 €
8	1.469 €	2.159 €	4.661 €	10.063 €
10	1.611 €	2.594 €	6.727 €	17.449 €
12	1.762 €	3.106 €	9.646 €	29.960 €
16	2.100 €	4.411 €	19.461 €	85.850 €
20	2.488 €	6.192 €	38.388 €	237.376 €

Abbildung 1: Renditeentwicklung bei einem Investment von 1.000 Euro
Quelle: Margin of Safety: Risk-Averse Value Investing Strategies for the Thoughtful Investor, 1991, S.95.

Als Investor werden Sie mehr Erfolg haben, wenn Sie bei einem begrenzten Abwärtsrisiko konstant gute Renditen erzielen, als wenn Sie einmalig hohe Gewinne abstauben. Ein Investor A, der über ein Jahrzehnt hinweg eine Rendite von 16 Prozent pro Jahr erzielt, hat am Ende mehr Geld zur Verfügung als ein Anleger B, der neun Jahre lang 20 Prozent pro Jahr erwirtschaftet und im zehnten Jahr 15 Prozent verliert. Dennoch bietet letzteres Renditemuster einen verständlichen, wenn auch unwirtschaftlichen Anreiz, schließlich schneidet Anleger B damit in neun von zehn Jahren besser ab. Es erklärt auch, warum die meisten institutionellen Investoren ihren primären Fokus nicht darauf legen, Risiken zu vermeiden.

Unser Ziel ist es dagegen nicht, jederzeit eine Outperformance zu erreichen – das ist nicht möglich. Wir wollen Outperformance über die gesamte Zeit erzielen. Wichtig hierfür sind auch die Kosten und Gebühren. Schließlich haben viele Vermögensverwalter immense Reichtümer angehäuft. Die Jachten der Kunden hingegen sieht man seltener. Wieso ist das so?

Sie legen 100.000 Euro in einem Investmentfonds an.

Wie groß ist Ihr Endvermögen nach 30 Jahren bei einer unterstellten Rendite von 8 Prozent pro Jahr vor Kosten und …

(A) 0 Prozent Ausgabeaufschlag und einer Managementgebühr von 0,3 Prozent pro Jahr?

(B) 5 Prozent Ausgabeaufschlag und einer Managementgebühr von 1,5 Prozent pro Jahr?

- Endvermögen ohne Gebühren: 1.006.000 Euro.
- Endvermögen Fall A (»geringe« Gebühren: 0,3 Prozent Managementfee pro Jahr): 926.000 Euro.
- Endvermögen Fall B (»normale« Gebühren: 1,5 Prozent Managementfee und 5 Prozent Ausgabeaufschlag): 630.000 Euro.

Bei einer jährlichen Rendite von 7 Prozent wird das eingesetzte Kapital nach 10 Jahren verdoppelt, nach 20 Jahren vervierfacht und nach 30 Jahren verachtfacht. Nicht umsonst wird der Zinseszins als achtes Weltwunder tituliert:

Investor A investiert zu seinem 18. Geburtstag 5.000 Euro und Investor B investiert zu seinem 40. Geburtstag 50.000 Euro. Beide generieren bis zu ihrem 67. Geburtstag eine Rendite von 7 Prozent (um die Inflation miteinzubeziehen, ist bei der Sparrate eine jährliche Dynamisierung von 3 Prozent berücksichtigt), wer hat am Ende mehr? Investor A hat nun 862.334 Euro im Depot, B lediglich 435.012 Euro. Je früher Sie mit dem Investieren beginnen, desto besser. Hätten die Eltern bereits zur Geburt das Geld investiert, wäre A mit 67 Multimillionär.

Wäre da an dieser Stelle nicht das ungeliebte Risiko. Das Risiko wird nach allgemein anerkannter Auffassung definiert als das Risiko, schwankende Erträge zu erhalten. In der akademischen Welt wird das Risiko durch das »Beta« einer Aktie gemessen – die Kursvolatilität einer bestimmten Aktie im Verhältnis zum Gesamtmarkt. In der Regel basiert die Berechnung des »Beta« auf einer Extrapolation der vergangenen Kursschwankungen einer Aktie. In dieser turbulenten Welt ist die Unterscheidung zwischen Aufwärts- und Abwärtsvolatilität stark verwirrend: Eine Aktie, die im Laufe eines Jahres stark ansteigt, wird als riskanter eingestuft als eine Aktie, die sich im selben Zeitraum leicht nach unten bewegt. Ein Fonds, der jedes Jahr kontinuierlich 1 Prozent Vermögen einbüßt, kann unter Umständen eine höhere Sharpe-Ratio aufweisen als ein Fonds, der unter hoher Volatilität auch hohe Renditen erzielt. Außerdem kann die Verwendung vergangener Kursbewegungen (oder vergangener Volatilität) als Grundlage für die Bestimmung des Risikos einer bestimmten Aktie oft zu falschen Schlussfolgerungen führen. Eine Aktie, die von 30 auf 10 gefallen ist, gilt als riskanter als eine Aktie, die im gleichen Zeitraum von 12 auf 10 gefallen ist. Obwohl beide Aktien jetzt für 10 Euro gekauft werden können, ist die Aktie, die am stärksten gefallen ist, und die Aktie, die jetzt den größten Abschlag gegenüber ihrem letzten Höchstkurs aufweist, immer noch als die »riskantere« der beiden eingestuft. Das mag stimmen. Es könnte aber auch sein, dass der größte Teil des Abwärtsrisikos der Aktie durch den enormen Kursrückgang eliminiert wurde. Die Wahrheit ist, dass man nicht wirklich viel nur anhand der vergangenen Kursbewegungen einer Aktie erkennen kann. Tatsächlich ist die vergangene Kursvolatilität einer Aktie nicht nur kein guter Indikator für die künftige Rentabilität, sondern sagt auch nichts darüber, wie viel Sie verlieren können. Lassen Sie uns das wiederholen: Beta sagt Ihnen nicht, wie viel Sie verlieren können, und Volatilität ist nicht gleichbedeutend mit Risiko. Risiko ist auch nicht gleichbedeutend mit mehr Chancen. Der Total-Return-Anleger fragt sich, wie viel er bei einer Investition verlieren kann, der Long-only-Anleger meist nur, wie viel er verdienen kann. Daraus ergibt sich eine völlig andere Herangehensweise. Da die Messung von potenziellen Gewinnen und Verlusten aus einer bestimmten Aktie so subjektiv ist, ist es für Fachleute oder Akademiker einfacher, eine Kennzahl wie die Volatilität als Ersatz für das Risiko zu verwenden. Lassen Sie den gesunden Menschenverstand walten: Wenn ein Gemälde für 5.000 Euro verkauft wird, während ein vergleichbares Gemälde desselben Künstlers kürzlich für 10.000 Euro versteigert wurde, würden Sie es kaufen? Vermutlich schon, denn das gefühlte Polster von 5.000 Euro zwischen Auktionswert und Kaufpreis ist das, was Benjamin Graham, der Vater der Wertpapieranalyse, als unsere »Sicherheitsmarge« bezeichnete. Liegen Sie hingegen mit Ihren Einschätzungen daneben und die Qualität Ihres Gemäldes entspricht nicht ganz dem Standard des kürzlich versteigerten Gemäldes, der Preis von 10.000 Euro war eine einmalige Abweichung oder der Kunstmarkt bricht ein, sollten ihre Verluste durch das eingebaute Polster, die Sicherheitsmarge, minimiert werden.

Als Menschen neigen wir dazu, zu unterschätzen, wie sehr sich unsere Persönlichkeit und unsere Ziele mit der Zeit verändern. Dies erschwert eine langfristige Finanzplanung. Wir denken in jungen Jahren vielleicht, dass wir nie Kinder oder ein großes Haus haben werden, also planen wir so, als ob das der Fall wäre, aber dann finden wir uns mit einem Haus und Kindern wieder, die der Plan nicht berücksichtigt hat. Wenn Sie also über Ihre Anlagestrategie nachdenken, versuchen Sie, das Unbekannte zu berücksichtigen. Im Folgenden möchten wir Ihnen schon einmal unseren Investitionsrahmen wiedergeben, der sich im Laufe des Buches immer weiter ausstrecken wird:

Einfach, vorhersehbar und Free Cashflow generierend

In der Regel suchen wir nach Kandidaten, die ein Wachstum verzeichnen und freien Cashflow generieren. Wir wählen Unternehmen, bei denen wir einen starken, nachhaltigen Anstieg der Cashflows sowie hohe Kapitalrenditen erwarten. Wir berücksichtigen aber auch Unternehmen, die zum Zeitpunkt des Ersterwerbs einen negativen Cashflow aufweisen, sofern wir innerhalb eines angemessenen Zeitraums einen positiven Cashflow erwarten.

Um das künftige Gewinnwachstum zu prognostizieren, nutzen wir diese Kriterien:

Rendite auf das investierte Kapital × Reinvestitionsrate

Rendite auf das investierte Kapital (»ROIC«) bedeutet: »Wie viel verdient das Unternehmen mit neuen Projekten beziehungsweise mit zusätzlich investiertem Kapital?«

Reinvestitionsrate bedeutet: »Wie viel Prozent des Gewinns steckt das Unternehmen wieder in sein Geschäft, um weiter zu wachsen?«

Je höher die inkrementelle Kapitalrendite, desto mehr Geld sollte das Managementteam in ein Unternehmen reinvestieren.

Erhebliche Eintrittsbarrieren

Wir suchen nach Unternehmen, die über nachhaltige Wettbewerbsvorteile, über signifikante Markteintrittsbarrieren oder über sogenannte »Economic Moats«, also »breite Burggräben« verfügen. Gleichzeitig sollten sie ein geringes Risiko einer Disruption durch den Wettbewerb, durch Innovation oder durch neue Marktteilnehmer aufweisen. Was für uns wirklich zählt, sind Geschäftsmodelle, nicht Industrien oder Branchen.

Begrenzte Abhängigkeit von extrinsischen Faktoren, die wir nicht kontrollieren können

Wir fokussieren uns auf Unternehmen, die einem geringen Einfluss durch makroökonomische Faktoren, Rohstoffpreise, regulatorische Risiken, Zinsschwankungen und/oder zyklische Risiken unterliegen. Gegen die verbleibenden und unkalkulierbaren Risiken sichern wir die ausgewählten Unternehmen selektiv ab. »Je einfacher die These, desto besser« – daran glauben wir! Komplizierte Investitionen bedeuten wie bereits erwähnt nicht unbedingt höhere Renditen.

Starke Bilanz

Wir erwerben Unternehmen, die im Verhältnis zu ihrem Free Cashflow konservativ finanziert und nicht von einer unmittelbaren Insolvenz bedroht sind. Da bei uns der Kapitalerhalt oberste Priorität hat, möchten wir Totalverluste vermeiden.

Minimale Abhängigkeit von den Kapitalmärkten

Wir bevorzugen Unternehmen, die von den Kapitalmärkten nur in geringem Umfang abhängig sind, um ihr Geschäft zu betreiben und zu entwickeln. Die wichtigste Regel an den Finanzmärkten ist für 99 Prozent der Unternehmen das ewige Gesetz der Rückkehr zum Mittelwert. Uns interessiert nicht, ob ein Unternehmen im nächsten Quartal 5 Euro oder 5,25 Euro verdienen wird. Wir konzentrieren uns darauf, Papiere mit großen Lücken zwischen dem aktuellen Kurs und einer konservativen Schätzung des inneren Wertes zu finden. Wir sind immer auf der Suche nach einer »fetten« Gelegenheit.

Attraktive Bewertung

Wir fahnden nach Unternehmen, die im Verhältnis zu ihrem langfristigen inneren Wert attraktiv bewertet sind. Einzelne Aktien schwanken in einem 52-Wochen-Zeitraum im Durchschnitt um mehr als 60 Prozent. Besonders im historischen Kontext wechseln sich Phasen, in denen eine Aktie überbewertet wird, ab mit solchen, in denen sie relativ schwächer bewertet wird. In Verbindung mit der allgemeinen Grundvolatilität einer Aktie ermöglicht uns dies, attraktive Einstiegspunkte für unsere Investments zu nutzen.

Wir glauben nicht, dass Volatilität gleichbedeutend mit Risiko ist. Da diese Konstellation bei potenziellen Investments oftmals nur einmal alle paar Jahre vorkommt, muss eine entsprechend große Zahl an Unternehmen analysiert werden. Volatile Märkte bieten gelegentlich außergewöhnliche Chancen. Wir halten Barmittel vor, damit wir sie nutzen können. Wir setzen in unserem Portfolio minimale bis keine Fremdfinanzierung ein. Darüber hinaus versuchen wir, in qualitativ hochwertige Unternehmen zu investieren, die Fremdkapital – wenn überhaupt – nur strategisch oder überlegt einsetzen, und unsere besten Investments mit Leerverkäufen abzusichern.

Wieso Leerverkauf?

Kurz nach meinem MBA-Abschluss an der Harvard Business School verwaltete ich bei Fidelity Investments den Fidelity Broadcast and Media Fund, der zu dieser Zeit einer der schwankungsanfälligsten Fonds war (im Jargon spricht man hier von einem hohen Beta). Als der Dow Jones am 19. Oktober 1987, dem Schwarzen Montag, innerhalb eines Tages 22,6 Prozent an Wert verlor, befand sich die Finanzwelt in einem tiefen Schockzustand mit allgegenwärtiger Verunsicherung. Die Mehrheit der Bewertungen war auf einem absurd hohen Level gewesen, sodass ich kurz vor dem Sturz zahlreiche Positionen abgestoßen und den Bargeldbestand auf über 40 Prozent erhöht hatte. Das Resultat für das Gesamtjahr war immer noch ein Plus von 20 Prozent, während die vergleichbaren Indizes gegen einen Return von 0 Prozent tendierten. Damals hätte ich sehr gerne die vollkommen überteuerten Werte leerverkauft oder zumindest Put-Optionen erworben. Das war damals rechtlich nicht möglich. Die sehr hohe Bargeldquote war meine einzige Alternative, das Portfolio vor herben Verlusten zu schützen. Nach dem Crash waren Aktientitel derartig günstig, dass ich kurze Zeit später voll investiert war. Meine Performance konnte sich sehen lassen: ein

Plus von 35 Prozent im Jahr 1988. Zwar war das Resultat zu einem gewissen Teil dem Glück geschuldet, allerdings hatte dieses »Manöver« auch ein hohes Maß an Geschick und Können erfordert. Von mehr als 100 Investmentfonds bei Fidelity gehörte der Broadcast and Media Fund zu den besten und ich erhielt dafür 1988 die Auszeichnung »Top US-Specialty Fund« von Lipper Analytical Services. Zu dieser Zeit lernte ich, depressive Märkte aufgrund ihrer zahlreichen Chancen zu lieben, und ich begann, mich für Leerverkäufe zu begeistern und mich auf sie zu spezialisieren. Wären Spekulationen auf fallende Kurse bei Fidelity möglich gewesen, wäre meine Performance aller Wahrscheinlichkeit nach weitaus höher ausgefallen und ich hätte mich nicht von meinen Long-Positionen trennen müssen, sondern diese einfach absichern können. Zu Beginn einer Rezession oder kurz bevor sie eintritt, sollte man keine ausgesprochen zyklischen Werte im Portfolio haben. Denn es ist höchstwahrscheinlich, dass die Unternehmensgewinne einbrechen und somit die Kurse dieser Aktiengesellschaften an der Börse fallen. Wenn man davon ausgeht, dass in den nächsten Quartalen eine Rezession aufkommt, sollte man besonders schwache, hoch verschuldete und konjunkturabhängige Unternehmen leerverkaufen, also short gehen. Wertzerstörer, betrügerische Unternehmen und redundante Gesellschaften dienen hingegen jederzeit als Absicherung. Anleger nutzen Leerverkäufe für verschiedene Zwecke. Leerverkäufe werden verwendet, um am Preisrückgang einer Aktie zu partizipieren und so den erwarteten Return im Portfolio zu maximieren. Hierbei betreiben die Investoren eine Fundamentalanalyse, um festzustellen, ob eine Aktie unter- oder überbewertet ist. Ergibt die Analyse, dass das Papier überbewertet ist und dass Katalysatoren (also Ereignisse, die den Aktienkurs hin zum ermittelten fairen Wert bewegen sollten) vorliegen, gehen sie eine Short-Position ein, um vom prognostizierten Kursrückgang zu profitieren. Das Ganze geht nicht nur mit Aktien, sondern auch mit Anleihen, Rohstoffen, ETFs und so weiter. Bei einem sogenannten »Pair Trade« geht ein Anleger eine Long-Position bei Investment A und gleichzeitig eine Short-Position bei Investment B ein. Das kann dann sinnvoll sein, wenn der Investor langfristig von Investment A überzeugt ist, da dieses Unternehmen beispielsweise clevere

Investitionen tätigt. Von Investition B kann man das jedoch nicht behaupten. Hierbei hat die Short-Position zwei Funktionen: Zum einen möchte der Anleger von fallenden Kursen profitieren, zum anderen dient die Short-Position dazu, die Long-Position abzusichern für den Fall, dass der Markt korrigiert. Um seine Risiken bei Investment A zu minimieren, kann ein Anleger auch eine Short-Position bei einer oder mehreren Aktien aus derselben oder einer korrelierenden Branche eingehen. Angenommen, er geht davon aus, dass Investment A gegenüber dem Gesamtmarkt kurzfristig underperformt, langfristig ist er aber von der Position überzeugt und will sie nicht verkaufen. Er geht eine Short-Position ein für den Fall, dass die Underperformance zum Gesamtmarkt tatsächlich eintreten sollte. Der Anleger geht also nicht davon aus, dass das Unternehmen überbewertet ist, vielmehr dient die Short-Position als Versicherung gegen einen Marktabschwung. Auch für Investoren, die nicht auf fallende Kurse setzen möchten, bieten sich alternative Möglichkeiten, beispielweise durch Traden der Volatilität oder antizyklische Investments.

Wie die besten Investoren aller Zeiten ihre Investments auswählen

Der Anleger hat zunächst ein Problem: Wie bringt er sein Geld heute mit einer einigermaßen guten Verzinsung nach morgen? Er kann versuchen, das Problem selbst zu lösen, und legt in verschiedene Asset-Klassen an. Oder er nimmt sich einen Berater oder Vermögensverwalter. Alternativ dazu investiert er in einen Fonds. Der Ansatz, in einen Fonds zu investieren, ist in Ordnung, weil damit das Problem des Anlegers grundsätzlich gelöst wird. Die Frage, ob der Fondsmanager eine bessere Rendite erwirtschaften kann, als es bei den anderen Ansätzen der Fall wäre, steht aber auf einem anderen Blatt. Statistisch gesehen, schaffen es über 80 Prozent der professionellen Vermögensverwalter nicht, ihre Benchmark outzuperformen. Hinzu kommt: Je länger der Zeitraum wird, desto kleiner wird die Anzahl derer, denen es gelingt. Der Erfolg entscheidet sich aber maßgeblich anhand der Vermögensverteilung, also der Asset Allocation. Unter »strategischer Asset Allocation« verstehen Fachleute die langfristige Aufteilung des Vermögens auf verschiedene Anlageklassen. Mit »taktischer Asset Allocation« ist dagegen das kurzfristige Ausnutzen von vermeintlichen Marktchancen gemeint, was in der Praxis aber oftmals nicht funktioniert. Seit der modernen Datenerfassung ist die richtige Asset Allocation für 70 Prozent der Returns verantwortlich. Es war nebensächlich, ob der Anleger sich für Aktie von Unternehmen A oder für die von Unternehmen B entschied, sondern ob er statt Aktien Anleihen gekauft hat. Ob die historischen Daten in einem Null- bis Negativzinsumfeld ebenfalls Bestand haben, kann derzeit nicht beantwortet werden. 6.000 Jahre Geldgeschichte sprechen dagegen, trotzdem möchten wir bewusst von Investitionsentscheidungen ausschließlich auf makroökonomischer Basis Abstand nehmen, insofern ein Bottom-up-Ansatz nichts zur Analyse beitragen kann.

Vereinfacht gesagt gibt es drei übergeordnete Anlegertypen, die die nachfolgenden Eigenschaften mit sich bringen:

1. Der risikoaverse Investor (konservativ, defensiv)

Der risikoaverse Investor geht ein geringes Risiko ein, da sein oberstes Ziel der Kapitalerhalt beziehungsweise die stetige Generierung von Einkommen ist. Er besitzt einen langfristigen Anlagehorizont, beispielsweise bis zur Rente, und setzt auf defensive Titel und Anlageklassen wie Anleihen, Edelmetalle oder Dividendenaristokraten bei Aktien. Außerdem verzichtet der risikoaverse Investor auf das Leerverkaufen, da diese Strategie nicht seinem Anlagehorizont entspricht.

2. Der risikoneutrale Investor (moderat)

Der risikoneutrale Anleger besitzt ein ausgeglichenes Risikoprofil und investiert mittelfristig. Das heißt, dass er meist sowohl riskante – indem er Optionalitäten abdeckt – als auch sichere Wertpapiere wie Anleihen oder Dividendenwerte in seinem Portfolio hält. Das Leerverkaufen ist mit den Präferenzen des risikoneutralen Investors kompatibel, doch muss dieser diese Strategie nicht anwenden. Das heißt, er kann auch nur Long-only investieren und das Portfolio auf andere Art und Weise absichern.

3. Der risikobewusste Investor (spekulativ, offensiv)

Der risikobewusste Investor hingegen investiert opportunistisch, die Haltedauer kann beispielsweise auch nur wenige Handelstage betragen, und geht im Vergleich zu den beiden anderen Anlegertypen das größere Risiko ein. Da der risikobewusste Investor Kursschwankungen und Über-/Untertreibungen im Markt nutzen möchte, spielt er, wenn nötig, die gesamte Klaviatur an Anlageklassen (Aktien, Anleihen, Edelmetalle, Roh- und Agrarstoffe sowie (Krypto) Währungen) und greift hierbei, wenn nötig/erwünscht, auch zu Derivaten (Optionen, Futures, CFDs et cetera). Aufgrund dieses Anlagestils hat er womöglich eine hohe Volatilität und eine hohe Umschlagshäufigkeit im Portfolio. Am besten, Sie formulieren Ihre persönlichen Ziele sowie Ihre Eigenschaften und bestimmen somit, zu welchem Anlegertyp (risikoavers, -neutral, -bewusst) Sie gehören. Selbstverständlich gibt es innerhalb der einzelnen Anlegertypen auch noch unterschiedliche Ansätze (zum Beispiel Long-only-Investor oder Total-Return-Anleger, reine Equity-Investoren oder Investoren, die auf Derivate jeglicher Art verzichten möchten), die ebenfalls berücksichtigt werden müssen. Steht das fest, wird rasch klar, auf welche Anlageklassen und Aktienkategorien Sie sich fokussieren sollten und welchen Anlagehorizont Sie haben. Anhand der nachstehenden Tabelle sehen Sie beispielhaft eine solche Definierung:

Ziel	**50.000 Euro Altersvorsorge ansparen**
Bedingungen und Präferenzen	Zeitraum: 25 Jahre Monatliches Einkommen: 3.500 Euro Hohe Risikoaversion gegenüber Volatilität und finanziellem Verlust
Bewertung	Regelmäßiges Rebalancing und Neubewertung des Portfolios

Abbildung 2: Zielsetzung für den Vermögensaufbau Quelle: Eigene Darstellung

Das Total-Return-Portfolio – Eine Top-down-Übersicht

So benötigt zum Beispiel ein risikoaverser Anleger, der in der Anlageklasse Aktien primär auf Dividendenwerte/Zinssubstitute setzt, eine andere Gewichtung in dieser Anlageklasse als der Total-Return-Anleger. Abschließend hängt der Aufbau Ihres Depots nicht zuletzt von Ihrem Alter ab. Jüngere Anleger, die noch Jahrzehnte Einkommen aus beruflicher Tätigkeit beziehen werden, können es sich leisten, eine höhere Volatilität einzugehen als ältere Investoren, die stark darauf angewiesen sind, was ihre Investments an Erträgen abwerfen. Jüngere Anleger haben mehr Zeit zu experimentieren, und mögliche Fehler wiegen weniger schwer. Die Umstände unterscheiden sich von Anleger zu Anleger so weitgehend, dass eine tiefergehende Analyse des Investorentyps von Ihnen selbst vorgenommen werden muss. Wir halten allerdings nichts davon, Risiken einzugehen, weder der konservative Anleger noch der risikobewusste Anleger sollten unkalkulierbare Wetten abschließen, lediglich das Chancen-Risiko-Verhältnis sollte anders bemessen werden. Ein konservativer Anleger, der nur 10 Prozent seines Kapitals riskieren möchte, kann unter Umständen auch nur eine mittelfristige Rendite von 30 Prozent erwarten, während ein opportunistischer Anleger vielleicht bereit ist, 30 Prozent seines Kapitals zu riskieren, um einen mittelfristigen Return von 90 Prozent zu generieren. Wie in den beiden Beispielen ist es daher wichtig, niemals ein Chancen-Risiko-Verhältnis kleiner als 3:1 als Maßstab für seine Investition in Betracht zu ziehen. Wie wichtig dieses Verhältnis ist, werden wir ausführlicher betrachten, es ist der Kern eines jeden Investment-Case. Erfolgreiche Investoren denken immer in Wahrscheinlichkeiten, alles andere geht mit einer Spielernatur einher.

Die Wertpapierkategorien des Total-Return-Investors – Peter Lynch und Florian Homm

> *»Unterteile Aktien in Kategorien und bewerte sie entsprechend. Wenn du Aktien in Kategorien unterteilst, weißt du besser, was du von ihnen erwarten kannst.«*
>
> Peter Lynch

Im Folgenden werden wir auf jede einzelne Anlagekategorie eingehen. Diese Kategorisierung ist aus Bewertungs- und Entscheidungssicht sinnvoll, weil jede Kategorie anderen Treibern unterliegt und daher individuell betrachtet werden muss. Zusätzlich kann man aus der Einteilung wichtige Rückschlüsse im Hinblick auf die Zusammensetzung der Portfoliostruktur ziehen. Oftmals ist die Unterteilung allerdings nicht eindeutig, da eine Aktie zu mehreren Kategorien gehören kann. In unserem Portfolio trifft das beispielsweise auf Clinuvel Pharmaceuticals (CUV) zu. Einerseits wächst der Unternehmensgewinn seit der FDA-Zulassung von Scenesse im Jahr 2019 mit mehr als 20 Prozent pro Jahr und ist folglich ein Wachstumswert. Andererseits besitzt das Unternehmen darüber hinaus einige vielversprechende Kurstreiber und somit Multi-Bagger-Potenzial. Man könnte die Aktie demnach auch zur Kategorie »Optionalitäten« zählen. Die Kategorien von Peter Lynch, einem der erfolgreichsten Fondsmanager aller Zeiten und Mentor von Florian Homm, haben wir um weitere Anlageklassen – Edelmetalle, Roh- und Agrarstoffe, Anleihen und Derivate – sowie auf der Short-Seite erweitert. Denn Lynch war ein Long-only-Investor mit einem Anlageuniversum, das auf Aktien beschränkt war. Peter Lynch ist nicht nur einer der erfolgreichsten Investoren aller Zeiten, er ist auch ein hervorragender Investmentlehrer. In seinen Büchern erklärt er sehr detailliert, wie er Investments findet und wann er sie verkauft. Die Ergebnisse sprechen für sich. Von 1977 bis 1990 erzielte Peter Lynch als Manager des Fidelity Magellan Fund eine Durchschnittsrendite von etwa 29,2 Prozent, und dies mit relativ einfachen Prinzipien. Aus 1 investierten Dollar zum Start wären unter Peter Lynch 28,14 US-Dollar geworden; Anleger, die gleichzeitig in den S&P 500 investiert haben, konnten »lediglich« 6,60 US-Dollar erwirtschaften.

Die Kategorie einer Aktie kann sich im Zeitverlauf ändern. Das ist per se nicht schlimm. Jedoch ändert sich dadurch die Einschätzung zu dieser Aktie, somit die Entscheidung über Kauf beziehungsweise Verkauf. Beispielsweise war Vodafone Anfang der 2000er-Jahre eine Wachstumsaktie. Nun gilt sie als Dividendenwert/Zinssubstitut. Damit ist nicht mehr das Umsatz- und Gewinnwachstum der Aktie das

Entscheidende, sondern die Dividendenrendite. Bei unseren Positionen unterscheiden wir zwischen den Kernpositionen und den übrigen Investments.

Allerdings erfolgt die Gewichtung nicht anhand von Einzelwerten, sondern ausschließlich bezüglich der einzelnen Kategorien (zum Beispiel: Wachstumswerte 15 Prozent, Optionalitäten 20 Prozent und so weiter). Kernpositionen sollten prinzipiell einen Anteil am Gesamtportfolio von mindestens 5 Prozent haben. Grundsätzlich setzen wir bei all unseren Positionen einen Stop Loss von maximal 30 Prozent, behalten uns aber vor, bei unseren Kernpositionen sowie bei großer Überzeugung die jeweilige Position zu verbilligen und somit auszubauen. Vor allem unsere Kernpositionen werden einem regelmäßigen und intensiven Review unterzogen, bestenfalls besteht ein Portfolio ausschließlich aus Kernpositionen. Jede Neuaufnahme in das Portfolio wird entweder als Kern- oder Nicht-Kernposition gekennzeichnet und in der entsprechenden Kategorie erfasst. Dabei geben wir jeweils eine Range für den Kauf beziehungsweise Verkauf sowie ein erstes Kursziel an. Unser Portfolio wird immer aus mindestens sechs und soll maximal aus 30 Positionen bestehen, die Short-Positionen sind hierbei nicht mit einbezogen.

Bei der Zusammensetzung des Portfolios verfolgen wir sowohl den Top-down- als auch den Bottom-up-Ansatz. Der doppelte Research-Ansatz führt zu einem Top-Alpha-Portfolio mit geringerer Korrelation zum Aktienmarkt und somit zu weniger Risiko und ermöglicht dennoch eine attraktive Rendite – und das in jedem Marktumfeld.

Long (steigende Kurse):

Nicht-Zykliker				Zykliker		Asset Play	Andere Anlageklassen			
Zinssubstitute	Wachstumsaktien	Average Grower	Optionalitäten	Typische Zykliker	Turnaround	Asset Play	Edelmetalle	Rohstoffe	Währungen	Derivate
Geringes Umsatzwachstum, aber über Inflation	Hohes Wachstum; zwischen 15 und 40 Prozent in den letzten zwei Jahren	Wachstumsrate größer als die Inflationsrate	Hohes potenzielles Wachstum	Gewinne und Margen abhängig von bestimmten Zyklen (z. B. Konjunktur)	Hohes Insolvenzrisiko	Unterbewertete Aktien mit profitablen Vermögenswerten	Gold, Platin und Silber	Industriemetalle Nahrungsmittel und Agrarrohstoffe	Makroökonomische Analyse	Abbilden von exotischen/ speziellen Strategien
Hohe Dividendenrendite	Niedrige CapEx und ROI	Gute Reinvestitionsrendite und ansehnliche Ausschüttungen an Investoren	Sehr gute Bilanz		Unternehmen, die wieder zur »alten Stärke finden«	Vom Markt unentdeckt	Primär Hedge für Marktrisiken und Inflation			Produktkenntnisse erforderlich
Kaufen: Dividendenrendite historisch hoch	Kaufen: Intaktes Wachstum und angemessene Bewertung (PEG)	Kaufen: Sobald eigene Bandbreitenbewegung unter historischem Durchschnitt	Kaufen: Solange guter Fortschritt erkennbar	Kaufen: Zyklisches Tief erreicht und hohe Bewertung	Kaufen: Konkreter Plan; akzeptable Verschuldung	Kaufen: Aussicht auf Monetarisierung der Assets	Kaufen: Markt wird zunehmend nervös (Kapitalflucht)	Kaufen: Anstieg der Nachfrage, während das Angebot stagniert/ sinkt	Kaufen: Trend intakt; Faktoren noch nicht eingepreist	
Verkaufen: Kursgewinne, sodass Dividendenrendite unterdurchschnittlich wird Deutliche Dividendenkürzung	Verkaufen: Abflachen des Wachstums Marktsättigung	Verkaufen: Sobald eigene Bandbreitenbewertung über historischem Durchschnitt	Verkaufen: Nicht endende Kapitalerhöhungen Wahrscheinlichkeit des Katalysators gesunken Katalysator eingetreten	Verkaufen: Margen am historischen Hoch (Peak des Zyklus)	Verkaufen: Nichteinhalten des Zeitplans Stark zunehmende Verschuldung	Verkaufen: Wahrscheinlichkeit der Monetarisierung gesunken oder: Assets vom Markt entdeckt	Verkaufen: Steigende Risikobereitschaft, Anstieg der Nominalzinsen	Verkaufen: Anstieg des Angebots während die Nachfrage stagniert/ sinkt	Verkaufen: Umkehr des Trends; Faktoren der These bereits eingepreist	

Abbildung 3: Kategorisierung Long

Quelle: Eigene Darstellung

Short (fallende Kurse):

Wertzerstörer	Pair Trades	»Betting on Zero«	Valuation	Derivate
Gewinnrenditen unter den Kapitalkosten	Verliereraktien, die zur Absicherung der Gewinner (Long) einer bestimmten Branche oder eines technologischen Trends dienen	Pleitekandidaten Obsolete Produkte, hohe Verschuldung oder Betrug	Nicht nachvollziehbare hohe Bewertung gegenüber Konkurrenten Nicht die beste Aktie in ihrer Branche Katalysator wichtig	Abbilden von exotischen/ speziellen Strategien Produktkenntnisse erforderlich
Leerverkaufen: Beginn eines konjunkturellen Abschwungs Konkurrenten werden zu dominant	Leerverkaufen: Solange Long-Position nicht aufgelöst Trend/These intakt	Leerverkaufen: Probleme nicht gelöst Besserung ist nicht in Sicht und unwahrscheinlich	Leerverkaufen: Aussicht auf das Eintreten des Katalysators	Leerverkaufen (oder Kaufen):
Glattstellen: Nachhaltiger Abbau der Schulden	Glattstellen: Short beginnt sich operativ besser zu entwickeln	Glattstellen: Besserung hinsichtlich der Probleme	Glattstellen: Wahrscheinlichkeit, dass der Katalysator eintritt, wird zunehmend geringer	Glattstellen (oder Verkaufen):

Abbildung 4: Kategorisierung Short Quelle: Eigene Darstellung

I. Die Nicht-Zykliker (Long)

Zinssubstitute

Wie der Name schon verrät, soll diese Kategorie den Zinssatz, den man vor zehn Jahren auf sichere Staatsanleihen bekommen hat – in Zeiten der Nullzins-Geldpolitik –, ersetzen. Bei Aktien geschieht das mit Unternehmen, die eine hohe Dividendenrendite aufweisen. Dabei handelt es sich meistens um große und bereits etablierte Unternehmen, deren Umsätze mehr oder weniger gleichmäßig mit dem Wirtschaftswachstum steigen. Das geringe Wachstum bei Zinssubstituten ist in diesem Fall nicht negativ zu bewerten. Denn die Investmentthese beruht darauf, dass man regelmäßiges und konstantes Einkommen bei einem stabilen Geschäftsmodell generiert. Aufgrund fehlender alternativer (und attraktiver) Wachstumsopportunitäten ist eine Dividendenzahlung aus Sicht eines Aktionärs oft die beste Entscheidung. Die Versorger sind heutzutage die Bekanntesten dieser Gattung, doch noch während der 1950er- und bis in die 1960er-Jahre hinein zählten sie zu den wachstumsstarken Unternehmen, die doppelt so schnell wuchsen wie das BIP. Als sich die Konsumenten Klimaanlagen zulegten, große Kühlschränke und Gefriertruhen kauften und dadurch zwangsläufig mehr Strom nachfragten, war Stromerzeugung eine Wachstumsbranche par excellence. Die bedeutenden Versorgungsunternehmen verbuchten zweistellige Zuwachsraten. Als in den 1970er-Jahren die Kosten für Elektrizität in die Höhe schossen, fingen die Verbraucher an, sparsamer mit Strom umzugehen – und die Versorgungsindustrie verlor folglich an Fahrt.

Was zeichnet einen guten Dividendenwert aus? Zunächst spielt die Dividendenrendite eine primäre Rolle. Wir definieren Zinssubstitute bei Aktien, die eine Dividendenrendite von mindestens 5 Prozent vorweisen. Außerdem ist wichtig, dass die Unternehmen ihre Gewinne jährlich um mindestens die Höhe der Inflationsrate steigern können. Ist dies nicht der Fall, ist die Dividende nicht nachhaltig. Andernfalls werden die Gewinne von der Inflation »aufgefressen«, sodass die Ausschüttungen langfristig gesenkt werden müssten. Die meisten Tabak-Werte beispielsweise unterliegen zwar einem Umsatzrückgang, dennoch wachsen die Gewinne mit mehr als 5 Prozent pro Jahr, da diese Unternehmen eine hohe Preismacht haben und Preiserhöhungen oberhalb der Inflationsrate durchsetzen können.

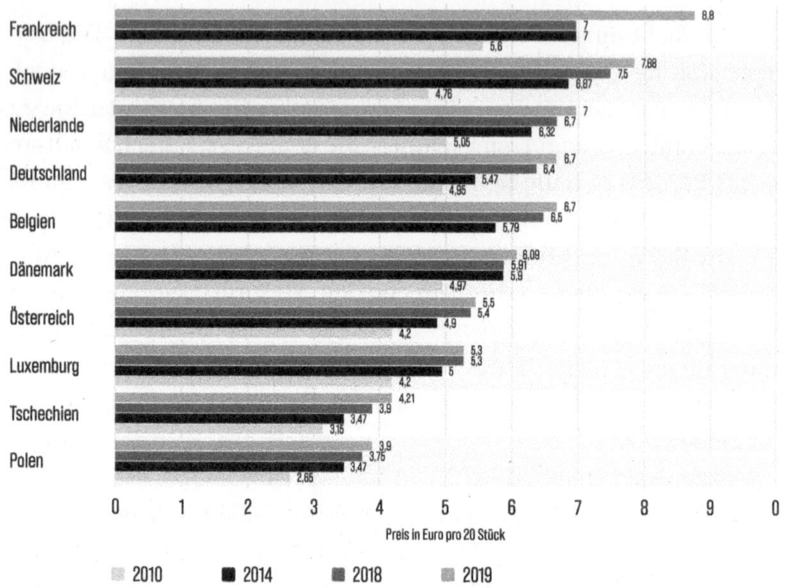

Abbildung 5: Preis einer Schachtel Zigaretten in Europa zwischen 2010 und 2019
Quelle: Statista

Idealerweise operieren diese Dividendenwerte in einer nicht-kapitalintensiven Branche. Das trifft zum Beispiel auch auf Pipeline-Werte wie Magellan Midstream Partners L.P. (MMP) zu. Das Gute an einer Pipeline ist, dass man nicht viel aufwenden muss, um sie instand zu halten. Sie benötigt kaum Wartung, muss eventuell ab und zu, beim Auftreten undichter Stellen, repariert werden, aber ansonsten verursacht sie keinerlei weitere Kosten und wird in der Zwischenzeit abgeschrieben. Auch bei den Tabakproduzenten sind die Anlagen längst abgeschrieben und die Erhaltungskosten marginal. Neue Kapazitäten werden wohl kaum benötigt, da die Anzahl der Raucher rückläufig ist. Der zweite wichtige Faktor ist die Qualität der Bilanz. Das Unternehmen sollte nicht exzessiv verschuldet sein – gemessen an Net Debt/EBITDA – und die Zinszahlungen für die bestehenden Verbindlichkeiten sollten komfortabel aus dem Gewinn gedeckt sein – gemessen an der Zinsdeckungsrate. Die Bilanzqualität ist wichtig, da sie einerseits die Dividendenzahlung gewährleistet und andererseits auch die Höhe der Ausschüttungsquote. Kurz- bis mittelfristige Ausschüttungsquoten von mehr als 100 Prozent (allerdings nicht (!) schuldenfinanziert) sind möglich und sogar willkommen, wenn die Bilanz diese zulässt, ohne zu große Risiken einzugehen, generell begrüßen wir allerdings maximal 75 Prozent Payout-Ratio.

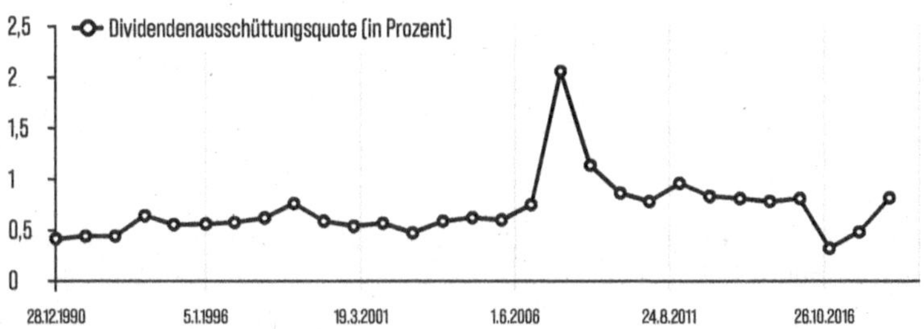

Abbildung 6: Ausschüttungsquote der Altria Group Quelle: GuruFocus

Ein Top-Dividendenwert mit guter Bilanzqualität hat für den Aktienkurs in gewisser Weise einen Sicherheitspuffer. Denn solide Werte performen in einer Rezession in der Regel besser als Werte, die keine Ausschüttungen vornehmen. Wenn sich Anleger sicher sind, dass die hohe Rendite anhalten wird, kaufen sie die Aktie allein aus diesem Grund. Voraussetzung ist natürlich, dass das Unternehmen eine zuverlässige Dividendenhistorie besitzt und seine Ausschüttungen auch in einer Rezession beibehält. Das sollte man vor jeder Investition überprüfen. Die beste Wahl ist ein Unternehmen, das nachweislich über 20 oder gar 30 Jahre regelmäßig die Dividende erhöht hat. Zyklische Unternehmen sind nicht immer zuverlässige Dividendenzahler (dazu unten mehr).

Umgang mit Dividendenwerten: Kauf und Verkauf

Nach der Höhe der Dividendenrendite richtet sich der Zeitpunkt zum Kaufen und Verkaufen. Diese Werte werden gekauft, wenn die Dividendenrendite überdurchschnittlich ist. Im Umkehrschluss heißt dies, dass die Aktie unter ihrem historischen Durchschnittskurs gehandelt wird. Das ist in der Regel ein guter Zeitpunkt, um einzusteigen.

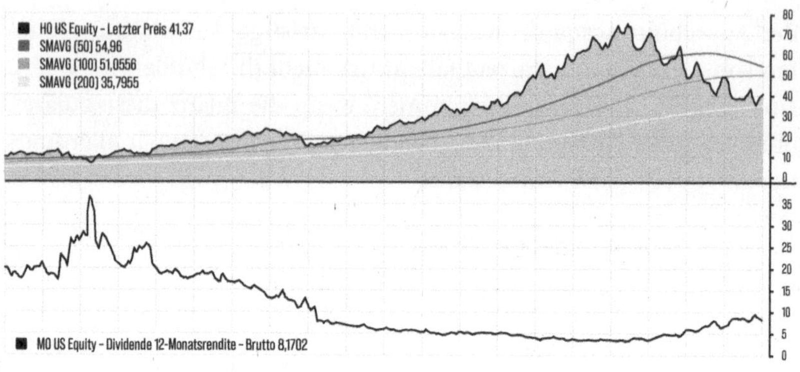

Abbildung 7: Entwicklung des Aktienkurses (oben) und der Dividendenrendite (unten) der Altria Group Quelle: Bloomberg

Die Grafik zeigt die langfristige Kursentwicklung der Aktie der Altria Group (MO) und deren Dividendenrendite. Das Unternehmen erhöhte stetig seine Dividende (außer während der Finanzkrise 2008). Die Eintrittsbarriere für eine Erstposition liegt für uns – wie bereits erwähnt – bei einer Rendite von 5 Prozent. Hatte Altria die Rendite von 5 Prozent unterschritten, so war die Aktie von ihrem Kurshoch nicht mehr weit entfernt – eine Umschichtung in andere Dividendenwerte wurde hiernach sinnvoll. Bei einer Dividendenrendite von 3 bis 4 Prozent ist aus unserer Sicht das Marktrisiko, das man dann bei diesem Aktieninvestment eingeht, überwiegenderweise nicht das Festhalten an der Position wert. Ein guter Zeitpunkt zum Verkaufen beziehungsweise Umschichten ist, wenn die Dividende für den Einkommensinvestor keine attraktive Rendite mehr abwirft. Ein definitiver Grund, einen Dividendenwert zu verkaufen, ist, wenn das Unternehmen plötzlich beginnt, fragwürdige Übernahmen zu tätigen – vor allem in kompetenzfremden Bereichen. Denn eine solche Übernahme ist teuer und in der Regel nicht profitabel. Daraus ergibt sich, dass am Ende des Geschäftsjahres ein geringerer Gewinn an die Aktionäre ausgeschüttet wird. Peter Lynch spricht in diesem Zusammenhang von »Di-worse-sification«.

Eines gilt es noch zu beachten. Dividenden tragen historisch gesehen, vor allem in Krisenzeiten, mehr als 50 Prozent zur langfristigen

Anlagerendite bei, trotzdem haben Dividendenzahler oftmals ein Problem gemeinsam: Es fehlen die Möglichkeiten, das Kapital zu einer höheren Rendite einzusetzen. Altria ist eines der erfolgreichsten Unternehmen aller Zeiten und konnte seinen Anlegern über 10.000 Prozent Rendite ermöglichen, davon allerdings den Großteil in Zeiten zweistelliger Umsatz- und Gewinnwachstumsraten. Eine fair bewertete Aktie, die jährlich beispielweise 90 Prozent ihrer Gewinne zu 5 Prozent Rendite an uns Aktionäre ausschüttet, wird von dem Niveau aus kein weiterer Tenbagger (Werte, die sich verzehnfachen) mehr werden, sondern mittelfristig Kursgewinne in Höhe der Dividendenrendite erfahren. Zudem stellt sich für Sparer, die ohnehin einen monatlichen Liquiditätsüberschuss aufweisen, das Problem der Wiederanlage. Sparer allerdings, die die monatlichen, quartalsweisen oder jährlichen Ausschüttungen zum Verleben verwenden möchten, haben auch Alternativen. Zum Beispiel könnten jedes Jahr 5 Prozent anderer Aktien veräußert werden, durch die historische Vier-Prozent-Regel sollte der Wert des Portfolios sogar unverändert bleiben. Anleger müssen für jedes ihrer Investments eine realistische Erwartungshaltung entwickeln.

Average Grower

Unternehmen, die ihre Gewinne stetig und mit einer jährlichen Wachstumsrate von circa 3 bis 15 Prozent steigern können sowie über einen Burggraben (englisch »Moat«) verfügen.

- Kaufen: sobald eigene Bandbreitenbewertung unter historischem Durchschnitt.
- Verkaufen: sobald eigene Bandbreitenbewertung über historischem Durchschnitt.

Was zeichnet einen guten Average Grower aus:

Das Wachstum eines Unternehmens wird mit dem der Gesamtwirtschaft verglichen. Wachstumsschwache Unternehmen sind solche, die langsam wachsen. Wir erwarten von diesen meist großen Unternehmen, dass sie etwas schneller wachsen als das Bruttosozialprodukt, vor allem aber müssen diese Unternehmen eine steigende

Inflationsrate auch an die Verbraucher weitergeben können. Wir definieren die Average Grower als »Value-Aktien«. Fälschlicherweise definieren viele Anleger Value-Aktien durch einen niedrigen Buchwert oder geringe Umsatz-Multiples. Früher oder später wird aus nahezu jeder wachstumsstarken Aktie beziehungsweise wachstumsstarken Branche eine wachstumsschwache. Die Frage ist nur, ob das Unternehmen ab einem gewissen Zeitpunkt noch weiter wächst oder nach und nach Marktanteile abgibt und letztlich von der Bildfläche verschwindet. Unternehmen aus dieser Kategorie zahlen in der Regel zwar eine ansehnliche Dividende, nutzen aber üblicherweise einen Teil ihrer Gewinne, um diese ins Unternehmen zu reinvestieren und um weiter zu expandieren. Für uns Anleger ist das Ziel einer Investition in Average Grower, eine Rendite von mehr als 10 Prozent im Jahr zu erzielen. Die sogenannten »Double Digits« können sich aus Kursgewinnen, Aktienrückkäufen und Dividendenzahlungen zusammensetzen. Allerdings sollte wie immer das organische Wachstum intakt sein und eine Erweiterung des Geschäftsmodells langfristig nicht zulasten des Eigenkapitals gehen. Die Besonderheit dieser Kategorie liegt oftmals in der Einfachheit des Geschäftsmodells und, noch viel wichtiger, in der Vorhersehbarkeit, einen fortlaufenden »Free Cashflow« zu generieren und hohe Kapitalrenditen zu erwirtschaften. Zudem verfügen diese Unternehmen über solide Bilanzen und sind für das Wachstum nicht auf Fremdkapital angewiesen.

Da das Wachstum der Unternehmen begrenzt ist, sollten sie über einen Burggraben (»Moat«) verfügen. Die Branche weist folglich hohe Markteintrittsbarrieren auf. Investoren sollten sich die Frage stellen:

Wie hoch ist das Risiko, dass zwei Studenten, die gerade bei einem Bier in ihrer Garage sitzen, an einer Idee arbeiten, welche das Geschäftsmodell unseres Investments überflüssig macht? Eisenbahngesellschaften verfügen über einen natürlichen Burggraben. Schließlich kann niemand so einfach ein zweites Streckennetz errichten und damit einen Preiskrieg auslösen. Die Unternehmen sind in ihrem Bereich der dominierende Akteur. Dadurch lassen sich auch hohe Margen durchsetzen. Erstaunlicherweise verdient ein Unternehmen, das einen Marktanteil von 40 Prozent aufweist, in der Regel viermal so viel wie ein Unternehmen, das auf einen Marktanteil von nur 20 Prozent kommt. Noch viel wichtiger als hohe Markteintrittsbarrieren ist für uns allerdings die Bedeutung der »Marke«. Wenn Sie beispielweise in eine Aktie aus dem Bereich »Consumer Staples« (lebensnotwendige Güter) investieren und es sich dabei um einen Lebensmittelproduzenten handelt, sollten die Produkte des Unternehmens nahezu in jedem Snackautomaten an Bahnhöfen vertreten sein. Bei einer diskontierten langfristigen Cashflow-Bewertung eines Unternehmens zerstört eine Rezession im Allgemeinen nicht mehr als 5 bis 10 Prozent des Unternehmenswerts.

Umgang mit Average Growern: Kauf und Verkauf

Average Grower sind für risikoaverse Anleger eine geeignete Aktienkategorie. Warren Buffett sagte einmal: »Kaufen Sie nur etwas, das Sie gerne halten würden, wenn der Markt zehn Jahre lang geschlossen wäre.« Es gibt kaum ein Unternehmen mit einem stärkeren Wettbewerbsvorteil als die Canadian Pacific Railway (TSX: CP). Es gibt nur zwei große kanadische Eisenbahnen, daher arbeitet CP ausschließlich in einem Duopol. Wer nun argumentiert, alternative Fortbewegungsmittel wie »FlixBus« könnten hier eine ernsthafte Bedrohung darstellen, sollte sich fragen, ob er in einem rauen Wintermonat bei minus 30 Grad tatsächlich in einem Reisebus durch Edmonton fahren möchte. Von dieser Sichtweise ausgehend würden wir das Unternehmen gerne kaufen, es handelt aktuell jedoch über seiner historischen Bandbreitenbewertung. Hier halten wir es wie Warren Buffett: Wir möchten lieber ein gutes Unternehmen zu einem fairen Preis als ein durchschnittliches Unternehmen zu einem guten Preis. Um das Renditeziel von ungefähr 10 Prozent im Jahr zu erwirtschaften, ist der Kaufpreis allerdings eines der wichtigsten Kriterien für den richtigen Einstieg. Wer einen Average Grower zu einem KGV von 20 kauft, obwohl das historische KGV bei 10 lag, muss zehn Jahre Gewinnwachstum von je 7 Prozent abwarten, bis die Gewinne sich verdoppelt haben und die Bewertung – ohne Kursveränderung – wieder bei einem KGV von 10 liegt.

Wachstumswerte

Wachstumswerte sind Aktien, die jährlich um mehr als 15 Prozent wachsen können. Dabei handelt es sich meistens um kleine und mittelgroße Unternehmen, deren Aktienkurse sich möglicherweise vervielfachen können. Aber auch Large Caps (Aktien mit einer Marktkapitalisierung von mehr als 10 Milliarden US-Dollar) können genau dieselben Eigenschaften aufweisen. Aktien aus dieser Kategorie sollten so früh wie möglich gefunden werden, damit die Wachstumsphase über möglichst viele Jahre begleitet werden kann. Denn in dieser Kategorie findet man die häufigsten sogenannten »Tenbagger« (»Verzehnfacher«). Bei Wachstumswerten muss es sich nicht zwingend um Unternehmen in einer schnell wachsenden Branche handeln. Auch Expansionen in einer ansonsten »trägen« Branche sind möglich. Beispiele hierfür sind Anheuser-Busch und Marriott Hotels. Beide Unternehmen sind in einer eher stagnierenden Branche zu Hause (nämlich Bierbrauereiwesen und Hotellerie) und haben es trotzdem geschafft, durchschnittlich um 20 Prozent und mehr zu wachsen, indem sie Marktanteile hinzugewonnen haben – entweder durch organisches Wachstum oder durch Übernahmen.

Was zeichnet einen guten Wachstumswert aus?

Wachstumsunternehmen sollten, zumindest unserer Meinung nach, eine starke Bilanz aufweisen, um ihr Wachstum auch finanzieren zu können. Gleichzeitig soll das Unternehmen substanzielle Gewinne erzielen beziehungsweise es soll aus den Geschäftsberichten erkennbar sein, dass auch zukünftig nachhaltiger Cashflow generiert werden kann. Hohe Wachstumsraten und aggressive Expansion der Marktanteile sind zwar schön und gut, allerdings sollten dabei in absehbarer Zeit auch Gewinne an die Aktionäre ausgeschüttet werden. Ist man langfristig in einer Wachstumsaktie investiert, profitiert man vom Zinseszins. Erzielt beispielsweise ein Unternehmen über fünf Jahre ein Gewinnwachstum von 20 Prozent pro Jahr, so liegt der Endwert circa 250 Prozent über dem Anfangswert. Darum sind nachhaltige Wachstumsraten von möglichst mehr als 20 Prozent ausschlaggebend. Dabei ist es gar nicht so wichtig, ob man eine erste Kursrallye verpasst hat, solange der Wachstumstrend intakt ist. Idealerweise ist das Geschäft nicht-kapitalintensiv und die Anzahl an Wettbewerbern gering beziehungsweise der Wettbewerb im direkten Vergleich schlechter. Viele junge Unternehmen verbuchen zu Beginn hohe Wachstumsraten. Das ist auch logisch, da sie bei »null« anfangen. Obwohl historische Wachstumsraten ein Indikator für die Zukunft sein können, sind sie nicht unbedingt ausschlaggebend für die Einstufung als Wachstumsaktie. Viel wichtiger sind Fragen wie: Kann das Unternehmen weiter wachsen? Ist der Markt bereits gesättigt? Ist das Geschäftsmodell skalierbar?

- Wachstumsstarke Unternehmen geben fünfmal mehr an die Aktionäre zurück.
- Unternehmen, die bei Erreichen von 100 Millionen US-Dollar Marktkapitalisierung um 60 Prozent wuchsen, erreichten mit achtfacher Wahrscheinlichkeit 1 Milliarde US-Dollar Marktkapitalisierung als Unternehmen mit einem Wachstum von 20 Prozent.
- Steigende Wachstumsraten führen zu einem doppelten Marktkapitalisierungsgewinn durch Margenverbesserungen.

Umgang mit Wachstumswerten: Kauf und Verkauf

Wachstum ist gut, aber welchen Preis ist man bereit, dafür zu zahlen? Klassische Bewertungsmodelle wie das Discounted-Cashflow-Modell oder EPV sind Möglichkeiten zur Bewertungsfindung. Wachstumsunternehmen sind kaufenswert, solange sie konstant oder sogar noch stärker wachsen. Bei ersten Anzeichen einer Abflachung des Wachstums oder einer Marktsättigung werden Wachstumsaktien in der Regel massiv abgestraft. Kurseinbrüche von 20 Prozent oder mehr innerhalb eines Handelstages – wenn beispielsweise der jüngste Quartalsbericht den Erwartungen nicht gerecht wurde – sind keine Seltenheit. Hierbei wird die Aktie im Grunde doppelt bestraft. Einerseits wächst sie weniger stark und andererseits tritt ein sogenanntes »De-Rating« ein. Das heißt, dass die Investoren nur noch eine deutlich niedrigere Bewertung akzeptieren. Wie bereits erwähnt, ist das (Gewinn-) Wachstum das ausschlaggebende Kriterium und nicht etwa die Bewertung der Aktie. Es ist nicht einmal so wichtig, ob die aktuelle Bewertung über dem historischen Durchschnitt liegt. Denn bei fünf Jahren Gewinnwachstum von 20 Prozent jährlich liegt der Gewinn nach fünf Jahren bei 248 Prozent vom Ausgangswert. Selbst wenn ein Investor beim Kauf 20 Prozent über dem historischen Durchschnitt bezahlt, überstrahlt der Werttreiber »Gewinnwachstum« den Werttreiber »Bewertungsänderung« bei Weitem. Nichtsdestotrotz ist der Einstieg zu einem möglichst angemessenen Preis empfehlenswert. Oftmals sind die Erwartungen des Marktes derartig hoch, dass sie – gemäß den Wachstumsraten – nicht logisch begründet sind. Die Price-Earnings-to-Growth-Ratio (PEG) bietet hierbei eine Hilfestellung. Die PEG setzt das Kurs-Gewinn-Verhältnis zum erwarteten Gewinnwachstum je Aktie ins Verhältnis. Je geringer die Price-Earnings-to-Growth-Ratio ist, desto günstiger ist die Bewertung. Oder anders gesagt: Aktien, deren Wachstumsraten über ihrem aktuellen KGV liegen, scheinen eine attraktive Long-Position zu sein. Werte kleiner 1 sind sehr vielversprechend (Vorsicht vor sogenannten Value-Traps!), Werte zwischen 1 und 2 sind attraktiv. Ein PEG von über 2 sehen wir nicht mehr als attraktiv an. Unter diesem Gesichtspunkt hatten wir die FAMG-Aktien (Facebook, Apple, Microsoft und Google) im Januar 2018 in unser Portfolio aufgenommen. Die Bewertungen waren zwar vermeintlich »teuer« (gemessen am KGV oder am Buchwert), aber dies hatte auch seinen Grund: Unternehmen mit besserer Bilanz und höheren Wachstumsraten sollten in der Regel höher bewertet werden als (in dieser Hinsicht) schlechtere Konkurrenten. Die Wachstumsraten und Gewinnmargen waren so fantastisch, dass fast alle Werte mit einer PEG zwischen 1 und 2 gehandelt wurden. Für Weltmarktführer und »Quasi-Monopolisten« bezahlt man gerne eine höhere Prämie zum Wettbewerb, solange (!) das Wachstum intakt ist. Leider konnten wir die gesamte Wachstumsphase – wie oben beschrieben – nicht mitnehmen, da wir bei diesen Positionen eher vorsichtig agiert haben. Nichtsdestotrotz waren es profitable Trades.

Indikatoren für Monopole:

- hohe Kundenbindung.
- Preissetzungsmacht. Bruttomarge ist im Laufe der Zeit steigend.
- hohe Renditen auf inkrementelles investiertes Kapital.

Optionalitäten

Bei den Optionalitäten handelt es sich um Aktien, die stark ansteigen, wenn ein bestimmter Katalysator eintritt. Häufig findet man diese Aktien im Pharma- beziehungsweise Biotech-Bereich, die davon profitieren, dass ihre Medikamente von einer Gesundheitsbehörde zugelassen werden. Aber die Ursachen für Optionalität können natürlich ganz verschieden sein. Ein bekanntes Beispiel für Optionalität ist Allergan. Dessen Produkt Botox wurde ursprünglich bei der Behandlung schielender Augen eingesetzt. Die Anwendung wurde auf den Kosmetikbereich ausgeweitet und heutzutage gilt es als *das* Mittel gegen Falten. Nach der entsprechenden Genehmigung stieg der Aktienkurs seit 2002 um 1.600 Prozent. Dementsprechend ist Allergan mittlerweile ein milliardenschweres Unternehmen. Optionalitäten sind in zweifacher Hinsicht sehr interessant. Zum einen besitzen diese Aktien ein enorm hohes Gewinnwachstumspotenzial. Zum anderen profitieren diese Aktien, sofern der Katalysator eintritt, von einem sogenannten »Re-Rating«. Hierbei steigt die Bewertung der Aktie stark an und Investoren sind bereit, deutlich höhere Prämien zu zahlen, da sich die Zukunftsaussichten des Unternehmens ebenfalls verbessert haben. (Das ist beispielsweise der Grund dafür, warum Wachstumsaktien mit höheren KGVs bewertet werden als stagnierende Unternehmen.) Aktien aus dieser Kategorie sollten eine sehr gute Bilanz aufweisen. Das heißt: geringe Verschuldung und hohe Cashbestände. Damit besitzt man einen Puffer für unerwartete Produktverschiebungen oder Vergleichbares. Das Erkennen von Optionalitäten erfordert ein tiefes Verständnis für das Unternehmen und seine Produkte. Aufgrund des hohen Analyseaufwands werden diese Kurskatalysatoren vom Markt zunächst häufig ignoriert. Am besten investiert man in solche Aktien noch bevor das Potenzial vom Markt erkannt wird. Denn die Kursanstiege (häufig Tenbagger) vollziehen sich häufig derart schnell, dass man einen Großteil der Rallye verpassen kann. Daher ist der genaue Einstieg bei solchen Aktien gar nicht so relevant wie bei anderen Kategorien – Hauptsache, man nimmt an den großen Kursgewinnen teil.

Abgesehen davon braucht der Investor eine Menge Geduld, bis die Investmentthese eintritt. Zum Beispiel benötigte Allergan ganze zehn

Jahre, um die Zulassung von Botox als kosmetisches Produkt zu erhalten. Verkaufen sollte man Optionalitäten, wenn die Katalysatoren nicht eintreten oder der Eintritt immer unwahrscheinlicher wird (zum Beispiel die Zulassung einer Gesundheitsbehörde für ein bestimmtes Medikament). Häufige Kapitalerhöhungen und Verwässerung der Aktionäre, ohne dass die zufließenden Mittel sinnvoll investiert werden (beispielsweise in Forschung & Entwicklung), sollten ebenfalls misstrauisch werden lassen.

Untersuchungen zeigen, dass die überwiegende Mehrheit der Einzelinvestoren langfristig kaum die Gewinnschwelle erreicht, nachdem die Auswirkungen der Inflation auf die Renditen berücksichtigt wurden. Ähnliche Untersuchungen haben auch Aufschluss darüber gegeben, warum dies der Fall ist. Wie sich herausstellt, haben Anleger nicht Probleme, weil sie nicht die richtigen Aktien auswählen, sondern weil sie nicht lange genug warten.

Anders ausgedrückt: Viele Anleger sind nicht geduldig genug, und deshalb ist Geduld eine der wertvollsten Fähigkeiten, die ein Anleger erwerben kann.

Warren Buffett hat einmal bemerkt, dass Investoren nur eine Handvoll guter Ideen in ihrem Leben finden müssen, um erfolgreich zu sein. Wir würden noch einen Schritt weiter gehen. Die meisten Anleger brauchen nur *eine* gute Idee in ihrem Leben.

In der Tat würde ein Investor, der klug genug war, 1990 100.000 US-Dollar in einen S&P-500-Tracker-Fonds zu investieren, heute auf einem finanziellen Notgroschen im Wert von 1,73 Millionen US-Dollar sitzen. Wenn derselbe Investor monatlich 1.000 US-Dollar hinzugefügt hätte, hätte er heute fast 4 Millionen US-Dollar.

Einfach ausgedrückt ist es nicht schwierig, eine gute Investition zu finden. Gute Investitionen als solche zu erkennen, ist die größte Herausforderung. Dies gilt insbesondere für Wachstumsaktien.

Peter Lynch, der als einer der größten Investoren aller Zeiten gilt, hat dieses Problem 1994 in einem Artikel umrissen. Er hob den Fall von Charles Silk hervor, einem Investor, der über eine 150-Bagger-Aktie gestolpert war:

> »Nennen Sie Charlie einen glücklichen Mann, der über Cook Data Services gestolpert ist, aber das Glück hat ihn nicht zum Millionär gemacht. Der schwierige Teil bestand darin, die Aktie lange genug zu halten, um den vollen Nutzen daraus zu ziehen. Nachdem sich der Preis verdoppelt und dann verdreifacht hatte, sagte er sich nicht, ich werde meine Gewinne mitnehmen und weglaufen, wie viele Anleger, die willkürliche Regeln für den Zeitpunkt des Verkaufs erfinden. Er hatte keine Angst, als der Preis fiel, wie es mehrmals der Fall war, und er ignorierte die öffentlich bekannt gewordenen negativen Kommentare von Prognostikern und ›Experten‹, die weniger über Blockbuster wussten als er. Er hatte die Disziplin, sich zu halten, solange die Grundlagen des Unternehmens günstig waren. Es war keine Vermutung von seiner Seite. Er hat die ganze Zeit seine Hausaufgaben gemacht.«

Lynch erklärte weiter, dass es acht Jahre gedauert habe, bis Cook Data Services ein 150-Bagger geworden sei. Acht Jahre scheinen eine lange Zeit zu sein, aber angesichts des pro Jahr verdienten Geldbetrags sieht es viel vernünftiger aus.

Zum Beispiel habe Cook Data Services in acht Jahren aus einer Investition von 10.000 US-Dollar 1,5 Millionen US-Dollar gemacht, was 187.500 US-Dollar pro Jahr entspricht.

II. Die Zykliker

Zykliker verdienen eine eigene Kategorie. Denn sie werden oftmals mit Wachstumsunternehmen verwechselt. Jedoch liegt der Unterschied zwischen beiden Kategorien darin, dass Zykliker wiederkehrenden Trends unterliegen, während Wachstumsaktien von langjährigen Trends – welche über mehrere Jahre oder sogar Jahrzehnte andauern – profitieren. Damit ist der Umgang mit sowie der Kauf und Verkauf von Zyklikern anders als bei den anderen Kategorien.

Typische Zykliker

»Einen Boden kann man nicht timen. Aber man kann einen Zyklus für fünf Jahre vorausahnen. Und die Menschen werden fragen, warum sie nicht gekauft haben.«

MARC LASRY

Zykliker sind Unternehmen, deren Umsätze und Gewinne in einer (mehr oder weniger) vorhersehbaren Art und Weise schwanken. Meistens folgen die Erträge dem Wirtschaftszyklus. Das heißt: Wächst die Konjunktur, so steigen die Einkommen und der Konsum sowie Investitionsausgaben und folglich haben die Zykliker ihre beste Ertragszeit. Ist das Gegenteil der Fall, leiden die Zykliker stark unter der wirtschaftlichen Lage. Beispiele für zyklische Industrien sind die Automobilindustrie, die Stahlindustrie und auch die Luftfahrtbranche. In Krisenzeiten werden nun mal weniger Autos und Flugtickets und so weiter gekauft. Abgesehen vom Wirtschaftszyklus gibt es weitere Zyklen, die für eine Aktie von Bedeutung sein können. Zum Beispiel sind auch Rüstungsunternehmen zyklisch, da ihre Gewinne mit dem Budget für Militärausgaben steigen und fallen. Je nach Geschäftsmodell spielen Angebots- und Nachfragedynamiken des hergestellten Produkts eine wichtige Rolle. Wie bei Rohstoffen folgen diese Produkte in der Regel einem sogenannten »Schweinezyklus«. Technologie-Up-Grades (beispielsweise bei Chips) gelangen auf den Markt und werden zunächst stark nachgefragt. Dadurch steigen die Margen sowie die Preise in dieser Branche beziehungsweise für das Produkt. Somit profitiert das Unternehmen am stärksten, dem es gelingt, diese Innovation als Erstes auf den Markt zu bringen (First Mover Advantage). Durch die steigenden Margen springen früher oder später die Mitbewerber (oder sogar neue Unternehmen) auf den Zug auf, sodass das Angebot stärker steigt als die Nachfrage. Schlussendlich beginnen die Preise wieder zu fallen, so lange, bis der Zyklus von Neuem startet. Beispielweise ist für den Fleischproduzenten Tyson Foods, Inc. (TSN) der Hähnchenzyklus relevant. Was zeichnet einen typischen Zykliker aus? Wie erkennt man Zykliker? Zuallererst ist dies aus dem Geschäftsmodell erkennbar. Aber auch ein einfacher Blick in die Geschäftszahlen kann diese

Frage beantworten. Zykliker verlieren (Daumenregel) in einer Rezession mindestens 50 Prozent ihrer Gewinne. Schauen Sie also, wie sich der Gewinn von Unternehmen während Rezessionen wie 2000, 2008 oder 2020 verhalten hat. Daher sollten diese Unternehmen immer mit ausreichend Eigenkapital und einer grundsoliden Bilanz arbeiten, um schlechte Jahre auffangen zu können – ansonsten können aus Zyklikern in kurzer Zeit Turnaround-Kandidaten werden (siehe unten). Darüber hinaus sollten Zykliker mit hohen Eigenkapitalrenditen und Cashflow-Margen agieren, da die meisten ihrer Art in kapitalintensiven Branchen (zum Beispiel im Automobilbereich) operieren. Eine Studie des Bureau of Economic Analysis besagt, dass für die US-Wirtschaft bis zu 60 Prozent der Kosten auf Löhne zurückzuführen sind. Das sorgt zum einen für den erwähnten Puffer in schlechten Zeiten, zum anderen dafür, dass die guten Zykliker am stärksten vom Wirtschaftsaufschwung profitieren.

Umgang mit Zyklikern: Kauf und Verkauf

Maßgeblicher Treiber der Gewinne eines Zyklikers ist somit der Wirtschafts- (beziehungsweise Geschäfts-) Zyklus. Insofern ist es wichtig zu verstehen, in welchem Geschäftszyklus man sich aktuell befindet. Ausgehend davon plant man in dieser Aktienkategorie den Einstiegs- und Ausstiegszeitpunkt. Zu Beginn eines Wirtschaftszyklus gehören Zykliker in der Regel zu den am besten performenden Sektoren (siehe Abbildung 8).

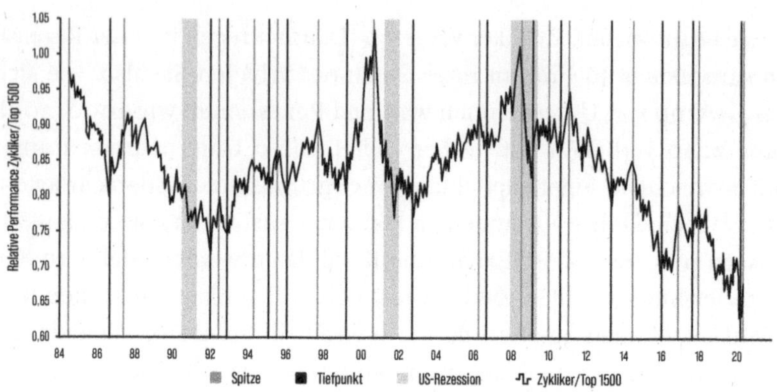

Abbildung 8: Relative Performance von Zyklikern zum Gesamtmarkt

Quelle: ClariFi, Bloomberg, FactSet, Morgan Stanley Research

Daher sollten diese Unternehmen dann gekauft werden, wenn das konjunkturelle Tief erreicht ist, also wenn sie besonders geringe Erträge abwerfen. Oft ist das KGV dann sehr niedrig oder gar negativ, weil das Unternehmen Verluste schreibt. Das ist aber ein gutes Signal, da es darauf hinweist, dass sich der Zyklus seinem Tief nähert. Viele kurzfristig denkende Anleger verstehen gar nicht, dass eine Aktie ein Zykliker ist, und verlieren angesichts der geringen Erträge oder der Verluste das Vertrauen und verkaufen das jeweilige Unternehmen. Der Aktienkurs sinkt und bietet somit eine attraktive Gelegenheit zum Einstieg. Das Eigenartige an Zyklikern ist also, dass sie dann teuer sind, wenn sie auf Basis des KGV gerade günstig wirken – und vice versa. Sobald die Gewinne wieder deutlich anziehen und die Gewinnmarge sich dem langfristigen Höchstwert annähert, sollten die Aktien mit deutlichen Gewinnen verkauft werden. Denn der nächste Schweinezyklus beginnt bestimmt. Bei den Zyklikern ist somit Timing alles. Sie müssen in der Lage sein, die Signale, die auf einen Ab- oder Aufschwung hindeuten, rechtzeitig zu erkennen. Wenn Sie beruflich mit Stahl, Aluminium, der Luftfahrt, Autos oder etwas Ähnlichem zu tun haben, genießen Sie einen Informationsvorteil. Ein Signal für einen kommenden Abschwung können die Vorräte liefern, die in den Bilanzen ausgewiesen werden. Für ein produzierendes Unternehmen ist die Zunahme der Lagerhaltung gewöhnlich ein schlechtes Zeichen.

Wachsen die Vorräte sogar schneller als die Umsätze, so ist das ein ernstes Warnsignal. Ein hoher Warenbestand ist problematisch, da stetig neue Waren mit technologischen Verbesserungen auf den Markt kommen. Der alte Warenbestand konkurriert damit mit den neuen Waren, die einen höheren Mehrwert besitzen – eventuell wird diese Ware sogar obsolet. Das heißt, dass Preise gesenkt werden müssen und damit die Margen sowie die Gewinne sinken. Eine besonders hohe Anzahl an neuen Mitbewerbern, die dem Markt beitritt, ist ebenfalls ein Verkaufssignal. Denn Markteintritte erfolgen nur, wenn die Margen hoch sind. Der erhöhte Wettbewerbskampf sorgt dafür, dass die Preise mittelfristig sinken.

Bandbreiten/Regression to the mean

> *»Die Definition von Wahnsinn ist, immer wieder das Gleiche zu tun und andere Ergebnisse zu erwarten.«*
>
> Albert Einstein

Die wichtigste aller Regeln in den Finanzmärkten ist diese: das ewige Gesetz der Rückkehr zum Mittelwert. Einfach ausgedrückt, ist die Wertlücke die Differenz zwischen dem Kurs einer Aktie und dem zugrunde liegenden Wert des Geschäfts. Benjamin Graham sagte einmal: »Kurzfristig ist der Markt eine Wahlmaschine, aber auf lange Sicht ist er eine Waage.« Genau das hat er beschrieben. Er beschrieb, wie Marktschwankungen kurzfristig Aktien überall hinbewegen, aber der zugrunde liegende Wert des Geschäfts bestimmt den Preis auf lange Sicht. Nehmen wir als Beispiel ein zyklisches Unternehmen mit einer starken Bilanz. Wir wissen, dass es am Beginn des Zyklus im Allgemeinen Geld verliert oder nicht viel Geld verdient, am Ende des Zyklus viel Geld verdient und dazwischen seine Einnahmen angemessen steigert.

In Abbildung 9 haben wir den materiellen Buchwert pro Aktie für unser Beispielunternehmen isoliert. Dies ist eine unserer bevorzugten Bewertungsmetriken, mit denen wir Unternehmen bewerten. Im Kapitel zum Thema »Chancen-Risiko-Verhältnis (CRV)«, werden wir dies noch umfangreicher beleuchten, möchten Ihnen hier aber schon mal eine schnelle Bewertungsmöglichkeit mitgeben. Der materielle Buchwert oder Nettowert besteht für diejenigen, die nicht damit vertraut sind, aus allen Vermögenswerten eines Unternehmens abzüglich aller Verbindlichkeiten. Davon subtrahieren Sie den Wert von Goodwill, Patenten und Urheberrechten, und was Sie übrig haben, ist greifbar beziehungsweise materiell. Wenn Sie sich die Abbildung ansehen, sehen Sie, dass es in den letzten 20 Jahren zwar Höhen und Tiefen gegeben hat, der Buchwert unserer Aktie jedoch im Laufe der Zeit ziemlich stetig gewachsen ist.

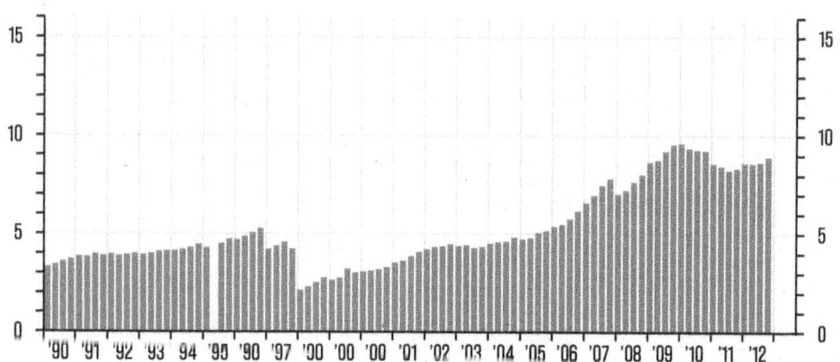

Abbildung 9: Beispielfirma materieller Buchwert pro Aktie Quelle: Manager Review

Schauen wir uns nun den Aktienkurs im selben Zeitraum in der nächsten Abbildung an. Er ist volatil, zuerst von 5 auf 25 Dollar gestiegen, zurück auf 5 Dollar, auf 10 Dollar, auf 5 Dollar, wieder auf 30 Dollar, zurück auf 8 Dollar und so weiter.

Abbildung 10: Beispielfirma Aktienkurs Quelle: Manager Review

Der Total-Return-Investor sieht diese Volatilität und sagt: »Was für eine großartige Gelegenheit.« Die Masse sagt jedoch im Allgemeinen: »Diese Aktie ist viel zu riskant, ich werde Abstand halten.« Wir glauben fest an die Anlagephilosophie »Niedrig kaufen, hoch verkaufen« anstatt durch alle Phasen hinweg zu halten, es sei denn, es handele sich um Spawner-Aktien. Für uns wäre dies eine großartige Gelegenheit. Jetzt ist es an der Zeit, unsere Bandbreiten anzuwenden, und in Abbildung 11 stellen wir die Diagramme 1 und 2 zusammen, um Preis und Wert zu vergleichen.

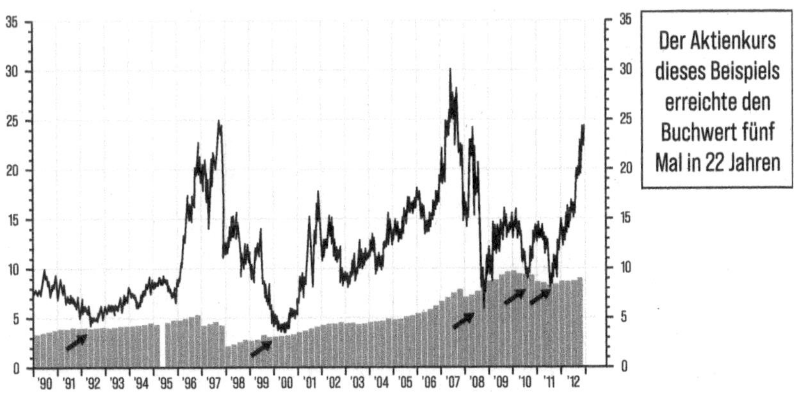

Abbildung 11: Beispielfirma Aktienkurs und materieller Buchwert im Verhältnis
Quelle: Manager Review

Was Sie in Abbildung 11 erkennen, ist, dass jedes Mal, wenn der Preis auf den materiellen Buchwert trifft (fünfmal in 22 Jahren), der Tiefpunkt des Aktienkurses erreicht wird. Außerdem bleibt er nicht lange unten. Dies fällt auch mit der Zeit zusammen, in der die Aktie am billigsten ist und das Chancen-Risiko-Verhältnis somit am aussichtsreichsten. Leider ist es auch die Zeit, in der die Masse normalerweise Angst vor der Volatilität hat, diese Aktien oft verkauft oder ganz ignoriert und so das Potenzial für eine große Chance aufgibt. Jetzt, da wir wissen, dass die Aktie beim Verkauf bei materiellem Buchwert normalerweise den Tiefpunkt erreicht, besteht der letzte Schritt darin, diese in ein Verhältnis von Preis zu materiellem Buchwert umzuwandeln, um zu sehen, wie hoch dieses Verhältnis in den letzten 20 Jahren war. In Abbildung 12, zeigen wir die Zahlen null bis acht. Die in der Grafik dargestellte Zone weist darauf hin, dass dies eine gute Kaufgelegenheit ist, wenn die Aktie zum Ein- bis Anderthalbfachen des materiellen Buchwerts gehandelt wird. Umgekehrt weisen wir jedes Mal, wenn die Aktie zum Drei- bis Vierfachen des materiellen Buchpreises handelt, darauf hin, dass sich die Aktie in der stark überbewerteten Zone befindet und der Verkauf beziehungsweise ein Leerverkauf das aussichtsreichste Chancen-Risiko-Verhältnis darstellt.

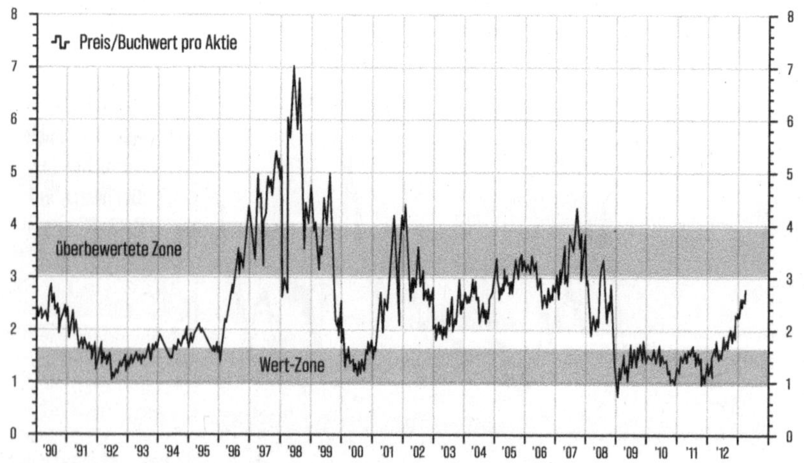

Abbildung 12: Kauf- und Verkaufszonen der Beispielfirma
Quelle: Manager Review, Value Investing Live: Arnold Van Den Berg Questions Transitory Inflation, https://www.youtube.com/watch?v=H6QNGyYtuCA&t=3250s

Wenn wir alles zusammenfassen, fügen wir es in unsere Bewertungsstruktur ein. In diesem Beispiel würden wir unseren Worst Case auf das 0,9-Fache des materiellen Buches, unseren Kaufpunkt auf das 1,15-Fache des materiellen Buches und unseren Verkaufspunkt auf das Dreifache des materiellen Buches festlegen. Während wir viele Bewertungskennzahlen verwenden, um zu unserer Gesamtbewertung zu gelangen, da bestimmte Bewertungskennzahlen für bestimmte Unternehmen und Branchen relevanter sind als andere, glauben wir, dass dieser Prozess bei der Bewertung eines Unternehmens uns die Möglichkeit bietet, dass die Wertlücke geschlossen wird und wir die Volatilität zu unseren Gunsten ausnutzen.

Turnarounds

> *»Im Risiko steckt die Belohnung.«*
>
> Carl Icahn

Bei den Turnarounds handelt es sich um Unternehmen, die sich in ernsthaften operativen oder finanziellen (exzessive Verschuldung) Schwierigkeiten befinden. Oftmals stehen Turnarounds kurz vor der Insolvenz. Turnaround-Kandidaten sind meist arg mitgenommen und so geschwächt, dass sie einem drohenden Konkurs nur knapp entgehen können. Sie weisen keinerlei Wachstum mehr auf und die Aktienkurse verharren auf dem Tiefststand. Hierbei handelt es sich nicht um zyklische Werte, die sich im Fallen befinden, sondern um potenzielle Todeskandidaten wie zum Beispiel Chrysler vor langer Zeit. Eigentlich war Chrysler auch ein zyklischer Wert, der jedoch so weit fiel, dass die meisten Investoren dachten, das Unternehmen würde sich nie wieder erholen. Ein schlecht gemanagtes zyklisches und damit konjunkturabhängiges Unternehmen ist immer ein potenzieller Turnaround-Kandidat. Das Beste an einer Investition in erfolgreiche Turnaround-Aktien ist jedoch, dass deren Auf- und Abwärtsbewegungen von allen Aktienkategorien am wenigsten mit der Entwicklung des Gesamtmarktes zusammenhängen. Turnarounds sind Sondersituationen, sodass sich die betroffenen Unternehmen und auch die jeweiligen Kurstreiber deutlich unterscheiden. Deshalb gibt es mehrere Arten von Turnarounds, darunter:

- Kandidaten für eine Notrettung: Beispiele hierfür sind Chrysler und Lockheed in den 1980ern oder die großen Banken nach der Finanzkrise 2008.
- Unternehmen, bei denen die Furcht übertrieben war: Ein Beispiel hierfür ist die Ölkatastrophe auf der Plattform Deepwater Horizon von BP.

Restrukturierung zur Maximierung des Shareholder Value: Meistens sind das Unternehmen, die schlechte Übernahmen getätigt haben und sich bilanziell übernommen haben (»di-worse-sification«). Mit Ausgliederungen möchte man sich nun wieder auf das Kerngeschäft konzentrieren. Hier kann man zum Beispiel die E.ON SE nennen (wobei wir diese mittlerweile primär als Dividendenwert einstufen). Turnarounds sind Investitionen mit einem großen potenziellen Ertrag, allerdings sind sie auch mit großen Risiken verbunden. Denn bei dieser Kategorie ist die Kompetenz des oftmals neuen Managements wohl am wichtigsten. Das Eigenkapital ist häufig fast vollständig aufgezehrt. Der Markt glaubt nicht mehr so richtig an ein Fortbestehen des Unternehmens und Panikverkäufe treiben den Aktienkurs nach unten. Da sich die Turnarounds am Rande der Insolvenz bewegen, hat das Management nur einen sehr kleinen Spielraum für Fehler. Das Management sollte einen konkreten Turnaround-Plan haben, der zugleich klar kommuniziert werden muss. Die Trennung von unprofitablen Geschäftsbereichen ist sinnvoll, selbst wenn sie kurzzeitig schmerzhaft ist. Denn diese Bereiche müssen abgeschrieben werden, was sich gewinnmindernd auswirkt. Allerdings ist dies nur ein einmaliger Effekt. Anschließend kann sich das Unternehmen vollkommen auf seine Kernkompetenzen konzentrieren. Abgesehen davon muss ersichtlich sein, wie das Unternehmen seine Kosten senken und wieder höhere Auftragseingänge verbuchen kann. Darüber hinaus sollte man wissen, wie hoch die Liquidität im Verhältnis zu den Schulden ist. Eventuell hat das Unternehmen wertvolle Vermögenswerte (zum Beispiel Immobilien, Patente, bestimmte Rechte für Landbesitz et cetera), die für einen erfolgreichen Turnaround hilfreich sein können. Damit einhergehend klärt man die Frage, ob und wie sich das Unternehmen – bei Banken oder am Anleihemarkt – refinanzieren kann.

Den Turnaround sollte man verkaufen, wenn die eingeleiteten Maßnahmen nicht wirken und die Ziele nicht eingehalten werden. Indikatoren für einen Fehlschlag sind zum Beispiel plötzlich stark steigende Schulden, die vorher nicht kommuniziert wurden. Auch Vorräte, die deutlich schneller wachsen als der Umsatz, sind ein negatives Signal. Schließlich gilt es auch, die Kunden des Turnarounds zu beachten. Besonders bei Unternehmen, die hohe Abhängigkeiten von einzelnen wenigen Kunden haben. Geraten diese Kunden in Schwierigkeiten, so wird es zwangsläufig auch den Turnaround-Kandidaten treffen. Aufgrund des Risikos sollte man als Investor einen ganzen Korb von Turnarounds zum »Ausverkaufspreis« kaufen und somit auf eine zyklische Erholung setzen. Zwar dürften einige der Unternehmen tatsächlich bankrottgehen, aber die anderen sollten sich in der Erholungsbewegung vervielfachen, sodass sie die Verluste bei den gescheiterten Werten bei Weitem übersteigen sollten.

»Ausgebombte« Firmen und einmalige Chancen

Wir glauben, dass die Märkte nicht vollkommen effizient sind und dass die Verhaltenspsychologie die Aktionen und Reaktionen der Anleger beeinflusst. Daher investieren wir auch in »ausgebombte« und »verstoßene« Unternehmen, die niemand mehr haben möchte. Das Unternehmen muss sich mit temporärer Unsicherheit auseinandersetzen, beispielsweise mit einem Monopolprozess oder einem Datenskandal, wie beim heutigen Meta-Konzern im Jahr 2018, von dessen Tief aus sich der Kurs binnen dreier Jahre knapp verdreifachen konnte. Es steht also vor einer einmaligen Herausforderung.

Unternehmen, bei denen Skandale an der Tagesordnung sind, scheiden aus – es sei denn, die Anschuldigung lautet »Monopolbildung«. Das Interessante am Vorwurf der Monopolbildung ist, dass Unternehmen, die eine Monopolstellung innehaben, ständig behaupten, dies stimme nicht. Hingegen reden Unternehmen, die sich in einem intensiven Wettbewerb befinden, stets von einer Quasimonopolstellung und von Marktführerschaft. Behauptet ein Unternehmen von sich selbst, eine Quasimonopolstellung innezuhaben, ist dies meist nicht der Fall. Beherrscht ein Unternehmen jedoch mehr oder weniger allein den Markt, meidet es aus Angst vor einer möglichen Zerschlagung solche Aussagen wie der Teufel das Weihwasser.

Unsere Absicht ist es, ausschließlich in Unternehmen zu investieren, bei denen es sich um Monopole, Duopole oder Oligopole handelt. Ob es sich dabei um einen Nischenmarkt handelt, ist zweitrangig, diese Märkte können aber besonders lukrativ sein. Durch Spezialisierungen und Nischen können Unternehmen direkten Wettbewerb vermeiden, Doppelarbeit reduzieren und Skaleneffekte steigern. In ähnlicher Weise kann das leise Betreten und/oder das Abgrenzen verschiedener Nischen das Risiko einer direkten Konfrontation und aggressiver Reaktionen minimieren.

III. Asset Plays

»Eine der Schönheiten von Asset Plays ist, dass ihre Werte mit der Inflation wachsen.«

Mario Gabelli

Und dann gibt es noch die sogenannten Asset Plays. Das sind Unternehmen, die auf Werten »sitzen«, die derzeit nicht »gehoben« werden. Werte können Grundstücke, Marken, Patente, Beteiligungen und so weiter sein. Diese Aktien sollten daher immer dann gekauft werden, wenn diese Assets bisher im Kurs noch keine Berücksichtigung finden, weil sie aktuell noch nicht genutzt werden. Allerdings muss die Aussicht bestehen, dass die Assets in naher Zukunft gehoben werden können. Dies kann beispielsweise durch einen Wechsel im Management oder aber auch in der Eigentümerstruktur erfolgen. Verkauft werden diese Aktien dann, wenn die Werte gehoben worden sind. Ein Beispiel für ein Asset Play war Fiat Chrysler Automobiles. Aufgrund geringer Gewinne im Kerngeschäft (Marken Fiat und Chrysler), war das Unternehmen an der Börse sehr gering bewertet. Als jedoch bekannt gegeben wurde, die Marke Ferrari an die eigenen Aktionäre abzuspalten, hat sich der Aktienkurs mehr als verdoppelt. Ferrari ist hochprofitabel und eine wertvolle Marke.

Ein Asset Play ist im Wesentlichen ein Unternehmen mit versteckten Assets, von dem wir (und vielleicht ein paar andere Value-Investoren) wissen, das aber vom Rest des Marktes mehr oder weniger ignoriert wird. Die Vermögensquellen können unterschiedlichen Ursprung haben. Auch hier hat man in vielen Fällen mit Sondersituationen zu tun. Aber im Wesentlichen kommen die folgenden vier Fälle vor:

- Eine Firma (meistens ein Konglomerat) hat verschiedene Segmente in voneinander grundsätzlich unterschiedlichen Industrien.
- Ein von den Investoren nicht wahrgenommener hoher Barmittelbestand.
- Eine Firma hat signifikante Investitionen in anderen Firmen (Long-Term-Investments).
- Ein Unternehmen besitzt ein größeres Immobilienvermögen.

Aktien aus dieser Kategorie kann man im Grunde überall finden. Allerdings benötigt es einen großen Research-Aufwand, das Unternehmen zu analysieren und die versteckten Vermögenswerte zu finden. Aufgrund des hohen Aufwands bleiben diese Aktien oftmals unentdeckt. Aber hat man erst mal ein solches Asset Play gefunden, ist Geduld angesagt. Denn wie bereits erwähnt, bleiben diese Thesen vom Markt oftmals unentdeckt. So kann die Aktie auch nicht steigen, solange niemand etwas von diesen werthaltigen Substanzen in der Bilanz mitbekommt. Unter Umständen kann es tatsächlich Jahre dauern, bis die These eintritt. Oftmals sind es dann die großen aktivistischen Investoren (Carl Icahn, Paul Singer, Mario Gabelli, Daniel Loeb, Bill Ackman et cetera), die den Startschuss für steigende Kurse geben. Diesen Perlensuchern können Privatinvestoren ebenfalls folgen und etwaige Investments nachahmen. Es ist wichtig, dass bei diesen Asset Plays die Wahrscheinlichkeit tatsächlich vorhanden ist (und nicht nur eine

Wunschvorstellung), Gewinne für das Unternehmen zu heben. Des Weiteren müssen die Vermögenswerte in Relation zu den Verbindlichkeiten gesetzt werden. Denn der wahre Wert der Assets muss um die Schulden bereinigt werden. Hohe Kreditaufnahmen mindern die Vermögenswerte. Führt das Unternehmen Kapitalerhöhungen durch – trotz des Abschlags auf den inneren Wert –, ist das in der Regel auch ein Verkaufssignal. Dies deutet darauf hin, dass bei den Assets irgendwelche Probleme lauern. Warum sollte sich ein Unternehmen mit neuen Aktionären verwässern, wenn es Zugriff auf Vermögenswerte hat und diese monetarisieren kann?

Zu einem weiteren Verkaufssignal kommt es, wenn das Unternehmen beziehungsweise der Substanzwert übernommen wird. In der Regel wird hier ein deutlicher Aufpreis zum Marktpreis gezahlt. Beispiele für Asset Plays sind gute Unternehmen als Bestandteil eines größeren Unternehmens beziehungsweise Konglomerats: So etwa die Marken Ferrari oder Jeep als Bestandteil von Fiat Chrysler. Auch Siemens ist ein solches Beispiel. Ein anderes Beispiel für ein Asset Play war Naspers Ltd. Dieses Unternehmen hatte eine hohe Beteiligung an Tencent Holdings Ltd als Aktivposten in der Bilanz. Dieser Aktivposten war so hoch, dass man das rechtliche Geschäft von Naspers »kostenlos« dazubekommen hat.

IV. Andere Anlageklassen und Cash

Darüber hinaus lassen sich noch weitere Kategorien – außerhalb der Anlageklasse Aktien – klassifizieren. Bei diesen Kategorien lässt sich die Handhabung leider nicht pauschalisieren. Trotzdem versuchen wir, eine Hilfestellung mit an die Hand zu geben.

Edelmetalle und Rohstoffe

Angebots- und Nachfragedynamiken spielen zwar eine primäre Rolle (bei Edelmetallen eher etwas weniger), aber andere Faktoren wie Wechselkurse oder Wetterverhältnisse sind ebenso bedeutsam. Jeder einzelne Rohstoff und jedes Metall ist für sich betrachtet eine Sondersituation. Grundsätzlich bieten Rohstoffe einen Inflationsschutz. Erstens haben marktbreite Rohstoffindizes in den letzten Jahrzehnten teils Renditen erzielt, die – bei vergleichbarem Risiko – grob in der Größenordnung von Aktienindizes liegen. Zweitens entwickelt sich der Preis physischer Ressourcen typischerweise teilweise losgelöst vom Aktienmarkt. Die Berücksichtigung eines marktbreiten Rohstoffindex im Gesamtportfolio soll daher die Schwankungen eines reinen Aktienportfolios ausgleichen. Drittens liegt ein weiterer Vorteil von Rohstoffen darin, dass sie sich historisch weitgehend unabhängig nicht nur von den Aktien-, sondern auch von den Anleihemärkten entwickelt haben. Edelmetalle und Rohstoffe unterliegen ihrem eigenen Zyklus und ihren eigenen Werttreibern. Handeln Rohstoffe oder Edelmetalle 20 Prozent unter ihren Produktionskosten, bietet sich fast immer eine ideale Einstiegsgelegenheit, da viele Marktteilnehmer aus dem Wettbewerb gedrängt werden und die verbleibenden Anbieter somit wieder ihre Preise steigern können. Dieser Typ kann im wahrsten Sinne des Wortes Gold wert sein. Wo die jeweiligen Produktionskosten liegen, kann meist innerhalb einer 20-minütigen Internetrecherche in Erfahrung gebracht werden.

Zum Abschluss noch ein Hinweis für alle Leserinnen und Leser, die sich für Investments in Edelmetalle interessieren. Obwohl wir den Erwerb physischer Edelmetalle bevorzugen, stellen die nachfolgenden ETCs eine gute Alternative dar:

- WisdomTree Physical Swiss Gold, ISIN: JE00B588CD74, Kürzel: SGBS, Börse: LSE.
- WisdomTree Physical Silver, ISIN: JE00B1VS3333, Kürzel: PHAG, Börse: LSE.
- WisdomTree Physical Platinum, ISIN: JE00B1VS2W53, Kürzel: PHPT, Börse: LSE.

Die WisdomTree-ETCs ermöglichen eine einfache Investition in Edelmetalle, deren Rendite den Spotpreisbewegungen des zugrunde liegenden Edelmetalls abzüglich der jeweiligen Verwaltungsgebühren entspricht. Die Wertpapiere sind durch das physische Edelmetall gedeckt, das von der HSBC Bank plc in London (Silber und Platin) beziehungsweise von JPMorgan in Zürich (Gold) als Depotbank verwahrt wird. Nur Metalle, die den Anforderungen für Warenlieferungen (»Good Delivery Rules«) der London Bullion Market Association (bei Gold und Silber) beziehungsweise des London Platinum and Palladium Market (bei Platin) entsprechen, können von der Depotbank akzeptiert werden. Jeder physische Barren wird getrennt aufbewahrt, einzeln gekennzeichnet und zugeordnet. Jedes einzelne Wertpapier verbrieft einen effektiven Anspruch auf das jeweilige Metall. Bei Ausgabe im April 2007 verbrieften die Wertpapiere folgende Ansprüche:

- WisdomTree Physical Swiss Gold 1/10 Feinunze Gold,
- WisdomTree Physical Silver 1 Feinunze Silber,
- WisdomTree Physical Platinum 1/10 Feinunze Platin.

Da die Managementgebühr dem Wertpapier direkt belastet wird, verringert sich dementsprechend der Anspruch auf das physische Metall kontinuierlich. Die Managementgebühr beträgt bei Swiss Gold 0,25 Prozent pro Jahr und bei Silber und Platin jeweils 0,49 Prozent pro Jahr. Per 27. März 2019 lag den Papieren der folgende Anspruch zugrunde:

- WisdomTree Physical Swiss Gold 0,0967055 Feinunzen Gold,
- WisdomTree Physical Silver 0,9431144 Feinunzen Silber,
- WisdomTree Physical Platinum 0,0943114 Feinunzen Platin.

Der Preis richtet sich nach dem Spotpreis des Metalls multipliziert mit dem jeweiligen Metallanspruch. Die Inhaber des WisdomTree Physical Swiss Gold haben die Möglichkeit, sich das physische Gold liefern zu lassen.

Währungen/Bargeld

Das Handeln von Währungen basiert fast ausschließlich auf makroökonomischen Überlegungen. Hier spielt eine Vielzahl von Variablen wie Zinsdifferenzen, BIP-Wachstum, Demografie, Staatshaushalte sowie soziale und politische Faktoren eine wichtige Rolle. Auch bei Währungen lässt sich die Vorgehensweise leider nicht pauschalisieren.

Wohin mit dem Cash?

Cash, »sicher« geparkt in Fremdwährungen: Viele Zuschriften erreichen uns zum Thema Cash-Aufbewahrung. Beachten Sie allerdings: Cash und Fremdwährungen sind keine Anlagen zur Renditegenerierung. Währungen generieren keine Rendite und inflationieren langfristig und der Realverlust ist immens. Eine Währung kann nur auf- oder abwerten. Daher halten Sie nur in Cash, was Sie auch wirklich benötigen. Vermeiden Sie allerdings ein reines Klumpenrisiko in einer Währung, vor allem im Euro. Alternativen sind: US-Dollar, Neuseeland-Dollar, Kanadischer Dollar, Australischer Dollar, Singapur-Dollar, Schweizer Franken, Norwegische Krone, Schwedische Krone und Tschechische Krone. Darüber hinaus kann selektiv auch in Kryptowährungen wie Ethereum diversifiziert werden. Der US-Dollar ist das geringere Übel im Verhältnis zum Euro und zum Yen. Europa befindet sich bereits in einer japanartigen Sklerose, das Ende des Euros ist wie bei jeder Währung leider nur eine Frage der Zeit. Der Yen ist für uns mittelfristig eine »Schrottwährung«. Hier liegen die Staatsausgaben seit Jahren regelmäßig mehr als 100 Prozent über den Steuereinnahmen. In erster Instanz dürfte der Yen allerdings auch von einem Euro-Verlust profitieren.

Australien zum Beispiel hat nur eine Verschuldung von ungefähr 25 Prozent des Bruttosozialprodukts. Relativ solvent sind auch Singapur, Neuseeland und Kanada. Trotz unserer positiven Meinung zu Neuseeland, Australien oder Kanada sollte man keinesfalls vergessen, dass die privaten Haushalte hier – relativ zum Einkommen – deutlich höher verschuldet sind als etwa in Deutschland. In der Euro-Zone liegt die Verschuldung im Schnitt bei rund 100 Prozent des Bruttosozialprodukts. Wahrscheinlich werden wir bis zum Ende des Euros bei

150 bis 200 Prozent angekommen sein. Großbritannien hat zwar deutlich schlechtere Kennzahlen, das Haushaltsdefizit ist zudem höher als im EU-Durchschnitt, aber eine Staatspleite ist aktuell nicht zu befürchten. Höchst selektiv kann man hier vorgehen. Wir glauben, dass England der große Gewinner Europas werden kann und eventuell neben der Schweiz und Liechtenstein einen Schutzhafen innerhalb Europas darstellen wird.

Wir empfehlen Ihnen zudem, sich die Eigenkapitalquote Ihrer Bank bezogen auf die Bilanzsumme genauer anzuschauen. Eine Eigenkapitalquote über 10 Prozent wäre eine gute Basis, um eine Geschäftsbeziehung zu erwägen. Trotzdem sollte nicht unberücksichtigt bleiben, dass eine drohende Immobilienblase in Deutschland die Genossenschaftsbanken und Sparkassen erheblich treffen würde. In diesem Szenario ist Folgendes möglich: Das liquide Vermögen aus der Euro-Zone herauszuschaffen und in kurzfristig laufende Staatsanleihen von solchen Ländern anzulegen, deren Wechselkurs gegenüber dem Euro im Fall einer Euro-Krise wahrscheinlich ansteigen würde.

Hinweis zur Einlagensicherung in Deutschland

Bankeinlagen sind in Deutschland durch den gesetzlichen Einlagensicherungsfonds bis zu einer Höhe von 100.000 Euro pro Bankkunde abgesichert. Manche Banken gehören zudem freiwilligen Einlagensicherungssystemen an, die einen noch weitergehenden Schutz bieten. Diesen kann man bei seiner kontoführenden Bank direkt nachfragen. Zu den geschützten Einlagen zählen Guthaben auf Girokonten, Sparkonten, Tagesgeldkonten und Festgeldkonten. Inhaberschuldverschreibungen oder auch Zertifikate, die eine Bank ausgestellt hat, sind allerdings nicht durch den Einlagensicherungsfonds geschützt.

Im Gegensatz zu Einlagen werden Depotbestände von der Bank beziehungsweise dem Broker lediglich treuhänderisch für die Kunden verwahrt und bleiben im Eigentum des Depotinhabers. Im Falle eines Moratoriums beziehungsweise einer Insolvenz hat der Depotinhaber einen Aussonderungsanspruch und kann das gesamte Depot auf eine neue Adresse übertragen lassen.

Für den Fall, dass man Guthaben oberhalb der gesetzlichen Entschädigungsgrenze von 100.000 Euro kurzfristig »parken« möchte, kann man dies etwa durch den Kauf von Geldmarktfonds tun, die dann im Depot verbucht werden. Aufgrund der aktuellen Zinssituation muss allerdings mit einer negativen Performance gerechnet werden. Vor dem Erwerb eines Geldmarktfonds lohnt auf jeden Fall ein Vergleich, da es teilweise große Unterschiede beim Ausgabeaufschlag sowie bei der Verwaltungsvergütung gibt. So fällt zum Beispiel beim Geldmarktfonds Metzler Euro Renten Defensiv – ISIN DE0009761684 – kein Ausgabeaufschlag an und die Verwaltungsvergütung ist mit 0,05 Prozent pro Jahr im Vergleich mit anderen Geldmarktfonds günstig.

Risikoabsicherung

Hier sollten Sie sich fragen, ob Sie Ihre Risiken durch Finanzprodukte oder anderweitig absichern können. Das Wichtigste ist zunächst, eine persönliche Vermögensbilanz aufzustellen. Auf der einen Seite stehen die Geldwerte, also das Tages- und Festgeld, die Lebensversicherung oder der Bausparvertrag. Auf der anderen Seite listen Anleger ihre Sachwerte auf wie Immobilien und Edelmetalle. Und natürlich Aktien. Dann muss man sich vor Augen halten, dass bei einer Währungsreform circa 90 Prozent der Geldwerte vernichtet werden können. Die Vermögensverluste bei Sachwerten hingegen sind viel geringer. Schauen Sie sich Ihr Investmentportfolio genauer an und fragen Sie sich, ob Sie die vorhandenen Positionen wirklich mittel- und langfristig halten wollen. Die Zeiten hohen Wachstums der Weltwirtschaft sind vorbei. Bestenfalls wird die Weltökonomie in der kommenden Dekade deutlich langsamer wachsen als in vergangenen Boom-Phasen, denn die zunehmende Verschuldung erzeugt immer weniger Wirtschaftswachstum – und dies trotz fallender Zinsen. Versuchen Sie, zumindest das potenzielle Risiko zu kalkulieren. Auf keinen Fall sollten Sie Ihr gesamtes Pulver (Bargeld) auf einmal verschießen, beziehungsweise komplett investieren, sondern vielmehr Kursschwankungen nutzen, um Positionen opportunistisch auf die gewünschte Zielgröße auszubauen. Insgesamt halten wir es für nahezu unmöglich, kontinuierlich und in jeder Marktphase die Kursentwicklungen akkurat vorherzusagen. Wir setzen unsere Energie lieber ein, um das Investmentportfolio ständig zu optimieren, indem wir gute Long- sowie Short-Kandidaten finden: Stück für Stück, aus makroökonomischer und quantitativer Sicht, durch Branchen- und Unternehmensanalysen.

Währungsreform und möglicher Crack-up-Boom

»Die EZB ist bereit, im Rahmen ihres Mandats
alles zu tun, was nötig ist, um den Euro zu retten.
Und glauben Sie mir: Es wird genug sein.«

Mario Draghi

Vereinfacht gesagt, ist eine Währungsreform nichts anderes als der Tausch von Guthaben der Bürger gegen die Schulden des Staates. Wenn ein Staat Schulden macht, da er tatsächliche Leistungen erbringt, zum Beispiel bei Infrastruktur und Bildung, ist das de facto gar nicht so schlimm. Wenn aber der Punkt erreicht ist, an dem die Schulden, so wie jetzt, nur noch durch beliebiges Drucken von Papiergeld gedeckt werden können, wird es kritisch und führt immer zu einer Währungsreform. Sollte es zu einer galoppierenden Inflation oder gar Hyperinflation kommen – eine Erinnerung an den Crack-up-Boom in Deutschland nach dem Ersten Weltkrieg: Im Herbst 1919 begann die Aufwärtsbewegung der Aktienkurse, die im November 1921 einen ersten Höhepunkt erreichte (936 Punkte im Aktienindex des Statistischen Reichsamtes). Die sogenannte »Katastrophenhausse« (»Crack-up-Boom«), die im Juli 1922 einsetzte, hatte den Aktienindex bis zum 90-Fachen des Vorkriegsstandes im Dezember 1922 hinaufgeführt. Immer schneller beschleunigte sich die Abwertung der Papier-Mark, bis schließlich der Index im Juli 1923 bei rund 1,4 Millionen Punkten landete. Bis Oktober 1923 ging es dann weiter auf 171,3 Milliarden Punkte hoch.

Bei Aktien und Immobilien befinden wir uns auch nach den jüngsten Rücksetzern am obersten Ende der historischen Bewertungsskala (für den Gesamtmarkt). Extreme Bewertungsblasen platzen ausnahmslos. Genauso wie die klassische, stark erhöhte Geldmenge bei steigenden Staatsdefiziten normalerweise zu einer Hyperinflation und einer Abwertung und in besonders extremen Fällen zu einer Währungsreform führt.

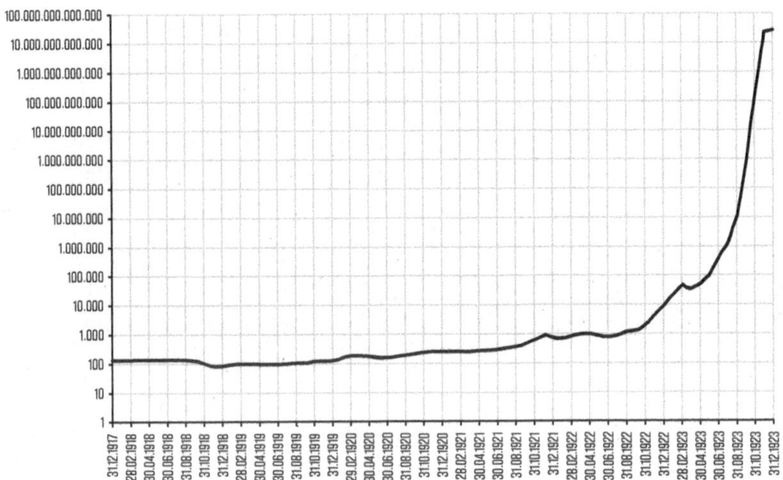

Abbildung 13: Aktienindex des Statistischen Reichsamtes in Papiermark
Quelle: Jashuah, Wikimedia Commons

Unter dem Begriff »Währungsreform« versteht man eine staatliche Neuordnung des Geldwesens. Es geht also um Änderungen von fixierten Umrechnungskursen (sogenannten Pegs), beispielsweise zu anderen Währungen. Auch die Lancierung einer neuen Währung fällt in die Kategorie der Währungsreform. Grundsätzlich werden in einer Währungsreform die Guthaben abgebaut. Zu einer Währungsreform kommt es, wenn eine Nation hoffnungslos überschuldet ist und die Haushaltsdefizite auswuchern. Die Vorstufe ist in der Regel ein Währungskollaps. Extreme Staatsausgaben stehen in keinem Verhältnis mehr zu den Steuereinnahmen. Das Staatssystem wird auf Pump aufrechterhalten. Wenn das Staatswesen langfristig über seinen Verhältnissen lebt, besteht kaum eine Chance, die Zinsen zu bezahlen – zumindest nicht ohne dramatische Steuererhöhungen. Auch ist es unmöglich, die Verbindlichkeiten jemals abzubauen. In diesem Umfeld drucken die Zentralbanken Unmengen an Geld, damit der Staat seine

Zahlungen tätigen kann. Dieses auf Knopfdruck produzierte Geld erhöht die Geldmenge. Eine rapide steigende Geldmenge bei einer hohen Umschlagshäufigkeit fördert die Inflation. Das Vertrauen in die nationale Zentralbank sinkt. Der Staat begleicht seine Rechnungen mit frisch gedrucktem oder elektronisch geschaffenem Geld. Falls sich dieses Muster fortsetzt, führt es in Ländern wie Argentinien, Venezuela und Simbabwe zu einer Hyperinflation, die später fast immer in eine Währungsreform mündet. In den kommenden Jahren rechnen wir verstärkt mit dem Kollaps von Währungen und einigen Währungsreformen. Aber auch in diesem Bereich sollte sich ein Privatanleger ausgiebig fortbilden, bevor er in Forex investiert beziehungsweise auf einen Währungskollaps oder eine Währungsreform spekuliert. Das gilt vor allem, wenn er mit einem hohen Hebel oder gar einer hohen Beleihung arbeiten will.

> *»Wenn Leute wie ich ein Währungsregime stürzen können, stimmt das System nicht.«*
>
> George Soros

In einem Vortrag auf der Hamburger Mark Banco Anlegertagung im Mai 2016 hatte ich, Florian Homm, bereits ausführlich auf enorme Risiken der Türkischen Lira gegenüber dem US-Dollar und dem Euro hingewiesen. In diesem Fall ging es um einen Währungskollaps. Im Mai 2016 konnte man mit 1 US-Dollar 2,90 Türkische Lira erwerben. Im Dezember 2021 konnte man für 1 US-Dollar 16,60 Lira erwerben. Das war ein Return von mehreren Hundert Prozent. Bei Forex (Währungsgeschäften) dieser Art investieren professionelle Anleger oft mit Hebel, also auf Kredit.

Renten

Die Korrelation im Aktienuniversum war in der Vergangenheit recht hoch. Damit ließ sich mit Aktien allein nur ein begrenzter Diversifikationsvorteil realisieren. Renten hingegen entwickelten sich historisch betrachtet nahezu unabhängig vom Weltaktienmarkt. Insofern stellten sie einen Sicherheitspuffer dar, mit dessen Hilfe das Gesamtrisiko eines Portfolios gesenkt und die Rendite pro Einheit des eingegangenen Risikos erhöht werden konnte.

Derivate (VIX, Carry Trades und andere)

Bei Derivaten, also Optionen, Futures, CFDs und so weiter, handelt es sich um »exoterischere« Wertpapiere, die einen bestimmten Index beziehungsweise Basiswert abbilden. Mit Derivaten lassen sich teilweise besondere Strategien abdecken. Aktuell halten wir einen VIX Future. Dieser gewinnt an Wert, wenn die Volatilität im S&P 500 zunimmt – das ist in der Regel der Fall, wenn der Aktienindex fällt (so im November 2017, Dezember 2019, März 2020 und November 2021). Auch hier gilt: Jedes Investment anhand eines Derivats stellt für sich betrachtet eine Sondersituation dar und der Umgang damit lässt sich nicht verallgemeinern. Das ist allein schon deswegen nicht möglich, da die Gewinne und Verluste von mehreren Faktoren abhängen können – zum Beispiel Volatilität, Zins-, Rollover- und Lagerhaltungskosten.

ETFs

Die Bilanz der Research-Analysten der großen Maklerfirmen bei der Vorhersage künftiger Gewinne oder Aktienkurse ist ziemlich schlecht – und wenn Sie glauben, dass die Bilanz kleinerer Maklerfirmen, die Pennystocks anpreisen, besser ist, schreiben Sie uns gerne Ihre Adresse und fordern Sie eine Rückerstattung des Buchpreises an; Ihnen kann nicht geholfen werden. Selbst institutionelle Kunden seriöser Wertpapierfirmen werden nicht besonders gut beraten. Die Gründe für dieses durchweg schlechte Abschneiden sind weitgehend systematischer Natur. Die große Mehrheit der Analysten wird nicht direkt von den Kunden bezahlt. Die Research-Empfehlungen und Berichte, die von diesen Analysten erstellt werden, werden von den Börsenmaklern des Unternehmens im Tausch gegen Provisionen weitergegeben. Ein immerwährendes Problem ist der überwältigende Anreiz für Analysten, Kaufempfehlungen abzugeben. Das Universum der Aktien, die ein Kunde nicht besitzt, ist immer viel größer als die Liste der Aktien, die er derzeit besitzt. Folglich ist es viel einfacher, Provisionen aus neuen Kaufempfehlungen zu generieren als aus Empfehlungen zum Verkauf. Außerdem decken die meisten Analysten nur eine Branche ab. Es gibt Chemieanalysten, Bankanalysten und Einzelhandelsanalysten, die wenig über die vergleichbaren Anlagevorteile von Aktien in anderen Branchen wissen. Wenn also ein Chemieanalyst eine Aktie in seiner Branche zum Kauf empfiehlt, hat er die Investitionsaussichten nicht mit Aktien aus 50 anderen Industriezweigen verglichen. Ein Stadtviertel in der Innenstadt von X mag im Vergleich zu einem Viertel drei Blocks weiter gut aussehen, aber nicht im Vergleich zu Y.

Warren Buffett hat festgestellt, dass es »in jeder Art von Wettbewerb – finanziell, geistig oder körperlich – ein enormer Vorteil ist, wenn man Gegner hat, denen man beigebracht hat, dass es sinnlos ist, es überhaupt zu versuchen«. Wir glauben, dass Qualitätsinvestoren im Laufe der Zeit besser abschneiden werden als der Markt.

Die Indexierung ist aus mehreren Gründen eine gefährlich fehlerhafte Strategie. Erstens wird sie selbstzerstörerisch, wenn immer mehr Anleger sie anwenden. Obwohl die Indexierung von effizienten Märkten ausgeht, werden die Märkte umso ineffizienter, je höher der Prozentsatz aller Anleger ist, die indexieren. Die Märkte werden ineffizienter, da immer weniger Anleger Research und Fundamentalanalyse durchführen.

Im Extremfall, wenn alle Anleger indexieren würden, würden sich die Aktienkurse nie relativ zueinander verändern, weil es niemanden mehr gäbe, der sie bewegen könnte. Ein weiteres Problem ergibt sich, wenn ein oder mehrere Indexwerte ersetzt werden müssen; dies geschieht, wenn ein Indexmitglied in Konkurs geht oder übernommen wird. Die Aktienauswahl ist schwieriger, als es den Anschein hat. Buffett warnte davor, in einzelne Aktien zu investieren. »Ich glaube nicht, dass der Durchschnittsmensch Aktien auswählen kann«, sagte er.

»Ich möchte, dass besonders Neueinsteiger an der Börse kurz nachdenken, bevor sie versuchen, 30 oder 40 Trades pro Tag durchzuführen, um von einem scheinbar sehr einfachen Spiel zu profitieren«, so Buffett. Um zu veranschaulichen, wie schwierig es ist, bei der Aktienauswahl erfolgreich zu sein, veröffentlichte Buffett bei einer seiner Jahreshauptversammlungen zunächst eine Liste der 20 Aktien mit der größten Marktkapitalisierung im März – darunter Apple, Saudi Aramco, Microsoft, Amazon, Alphabet und Facebook. Er fragte das Publikum nach seiner Einschätzung, welche dieser Aktien in 30 Jahren noch bestehen würden. Buffett teilte dann in der nächsten Folie die Top-20-Unternehmen im Jahr 1989 nach Marktkapitalisierung mit; die Liste umfasste japanische Firmen, Exxon, GE, Merck und IBM. Keine davon ist mehr in den Top 20. »Ich würde vermuten, dass nur sehr wenige von Ihnen ›null‹ gesagt hätten, und ich glaube nicht, dass es so sein wird, aber es ist eine Erinnerung daran, was für außergewöhnliche Dinge passieren können«, sagte Buffett. »Wir waren uns unserer Sache genauso sicher wie die Wall Street, 1989, wie wir es heute sind. Aber die Welt kann sich auf sehr, sehr dramatische Weise verändern.« Anstelle einer Aktienauswahl schlug Buffett vor, in einen kostengünstigen Indexfonds zu investieren. »Ich empfehle den Indexfonds S&P 500«, sagte Buffett. Dieser hält 500 der größten Unternehmen der USA. Um seinen Standpunkt klarzumachen, zeigte Buffett eine Folie, die die große Anzahl von Automobilunternehmen zu Beginn des 20. Jahrhunderts hervorhob. »Hier gab es mindestens 2.000 Unternehmen, die in das Autogeschäft einstiegen, weil es eindeutig war, dass diese Branche eine unglaubliche Zukunft hatte«, sagte er. »Und 2009 waren noch drei übrig, von denen zwei in Konkurs gingen.« – »Das ist ein großartiges Argument für Indexfonds«, sagte Buffett. »Wenn Sie nur eine diversifizierte Gruppe von Aktien hätten, US-Aktien, wäre das meine Präferenz, aber nur wenn Sie diese über einen Zeitraum von 30 Jahren halten.« Buffett sagte, dies sei der Grund, warum er den für seinen Nachlass zuständigen Treuhänder angewiesen habe, für seine Frau 90 Prozent seines Geldes in den S&P 500 und 10 Prozent in Staatsanleihen zu investieren, nachdem er gestorben sei. »Ich denke einfach, dass es am besten ist, für 90 Prozent des Geldes den S&P-500-Indexfonds zu kaufen.«

70/30-ETF-Strategie

Da wir Buffetts Optimismus bezüglich der Zukunft der USA nicht uneingeschränkt teilen und Asien sowie die Emerging Markets als weitere Gewinner des laufenden Jahrhunderts sehen, würden wir passiveren Investoren eher zur 70/30-ETF-Strategie raten, zudem minimiert es das Risiko.

Eine der wohl bekanntesten und gleichzeitig beliebtesten Kombinationen ist die aus den Indizes MSCI World und MSCI Emerging Markets. Der Grund für diese Aufteilung ist, dass der MSCI World nur in Industriestaaten investiert, die Schwellenländer aber ausklammert. Kombiniert mit einem zusätzlichen Investment in den MSCI Emerging Markets, können etwa 85 Prozent des weltweit investierbaren Aktienmarktes nach Marktkapitalisierung abgedeckt werden.

Eine empfohlene Aufteilung ist 70 Prozent in Industriestaaten und die restlichen 30 Prozent in Schwellenländer. Eine Aufteilung nach dem Bruttoinlandsprodukt (BIP) würde sogar eine Gewichtung von etwa 60 Prozent Industriestaaten und 40 Prozent Schwellenländer ergeben:

- iShares Core MSCI World UCITS ETF,
- Xtrackers MSCI Emerging Markets UCITS ETF.

Anleger, die nur einen ETF in ihr Depot aufnehmen und auf jährliches Rebalancing verzichten möchten, können auf folgenden ETF zurückgreifen:

Der MSCI All Countries World Index (ACWI) enthält Aktien der 3.000 größten börsengehandelten Unternehmen aus insgesamt 50 Ländern. Anders als beim Industrieländer-Index MSCI World sind beim All Countries auch Unternehmen aus 27 Schwellenländern wie China, Südkorea oder Mexiko repräsentiert.

Wenn Sie sich für diesen passiven Long-only-Weg der Anlage entscheiden, brauchen Sie nicht viel mehr zu tun, als einen Sparplan einzurichten und regelmäßig zu besparen. Wer sich nicht weiter mit der Geldanlage beschäftigen möchte und noch einen Anlagehorizont von 30 Jahren hat, macht auch nichts verkehrt, wenn er passiv investiert.

Das ist definitiv besser, als sein Geld negativverzinst auf dem Sparkonto liegen zu haben, allerdings sollten Sie die eiserne Reserve stets in der Rückhand behalten. Die eiserne Reserve in Höhe von drei bis sechs Monatsgehältern sorgt für ein gutes Gefühl der Sicherheit und ermöglicht, Notfälle und finanzielle Engpässe für eine gewisse Zeit zu überbrücken. Damit erspart man sich teure Girokonto-Überziehungen oder Notverkäufe von langfristigen Geldanlagen. Wir würden eher dazu tendieren, für ganze zwölf Monate eine Reserve zu bilden.

Die ETF-Landschaft hat sich im vergangenen Jahrzehnt jedoch stark verändert, es kamen Tausende themenbezogene ETFs auf. Buzzword-Themen wie Künstliche Intelligenz, Automatisierung, Robotik, 3D-Druck, erneuerbare Energien, Weltraum, vegane Ernährung und vieles mehr halten wir für bedenklich, da dies dem Ansatz des passiven Investierens widerspricht und wir uns bei der Zusammensetzung der einzelnen Assets oftmals fragen, wie diese überhaupt entstanden sind. Man kann dabei schnell den Eindruck bekommen, dass es sich um schlecht gemanagte Fonds handelt.

Immobilien

Generell gilt, dass eine jährliche Nettomietrendite von mindestens 4 Prozent angestrebt werden sollte, um von einer »guten Rendite bei Immobilien« sprechen zu können. Andernfalls sollte das Geld besser anderweitig angelegt werden. Als Value-Investoren präferieren wir eher eine Nettorendite von größer als 8 Prozent. In den letzten Jahren wurde es durch die ausgelöste Asset-Price-Inflation zur Regel, dass Immobilien zu nahezu jedem Preis gekauft werden. Das ist auf der einen Seite naheliegend, da Immobilien auch als »Betongold« und »sicherer Hafen« bezeichnet werden, allerdings ergibt sich ebenso wie bei Gold und Kryptowährungen das Problem, dass der Kauf einer Immobilie ohne attraktive Nettorendite lediglich ein Hoffen auf Wertsteigerung darstellt. Der große Vorteil bei Immobilien liegt in der Hebelwirkung durch Kreditfinanzierung. Während es bei Aktien im deutschsprachigen Raum unüblich ist, den Aktienkauf auf Kredit zu finanzieren, ist dies bei Immobilien die Regel. Müssen lediglich 20 bis 30 Prozent des Kaufpreises als Eigenkapital hinterlegt werden und es handelt sich um eine Wohnimmobilie mit attraktiver Nettorendite, guter Lage und Vollauslastung, kann auch eine hohe einstellige Rendite in Kauf genommen werden. Da wir allerdings keine Immobilienexperten sind, möchten wir diese Thematik nicht weiter vertiefen, sondern lediglich für uns wichtige Aspekte an die Hand geben.

Kapitel 2

Die schwarzen Tasten des Pianos – Leerverkauf

»Wenn es darum geht, unternehmerischen Betrug aufzudecken, sind die Shortseller häufig in der Rolle der Detektive, während unsere Regulierer leider allzu oft Archäologie praktizieren.«

Jim Chanos

Nachdem wir die weißen Tasten des Pianos einmal durchgespielt haben, kommen wir nun zu den schwarzen Tasten – der Kunst des Short Selling. Möglicherweise ist Ihnen der Begriff auch als »Baisse-Spekulation« bekannt. Das Leerverkaufen (Short Selling) ist eine Methode, um von fallenden Kursen zu profitieren. Beim Short Selling veräußert der Verkäufer Werte – beispielsweise Aktien –, die sich nicht in seinem Eigentum befinden. Vielmehr leiht er sie sich für den Leerverkauf von einem Broker oder einem institutionellen Investor. Gleichzeitig verpflichtet er sich, die Werte zu einem späteren Zeitpunkt wieder zurückzugeben. Die geliehenen Papiere verkauft er anschließend an der Börse. Zu einem späteren Zeitpunkt kauft er sie wieder zurück, um sie an den Verleiher zu übertragen, sie ihm also zurückzugeben. Das klingt jetzt vielleicht erst einmal kompliziert, in der Praxis läuft es aber voll automatisiert ab. Genauso wie Sie den »Kauf«-Button bei einem Wertpapier drücken, betätigen sie nun einfach den »Verkauf«-Button und die Wertpapiere werden mit einem negativen Vorzeichen ins Depot gebucht. Daher profitiert der Leerverkäufer von einem Preisrückgang: Er verkauft zuerst »hoch« und kauft später »niedrig«. Der Gewinn beziehungsweise der Verlust des Verkäufers ergibt sich aus der Differenz zwischen Verkaufs- und Kaufpreis, wobei noch Gebühren und Zinsen abgezogen werden müssen. Für die Wertpapierleihe fallen für den entsprechenden Zeitraum Leihzinsen an. Ihre Höhe hängt maßgeblich davon ab, wie stark das jeweilige Wertpapier nachgefragt wird. Diese Nachfrage lässt sich beispielsweise mithilfe des »Short Interest« messen, einer Kennzahl, die angibt, welcher Teil der umlaufenden Aktien leerverkauft wurde. In der Regel veröffentlichen die Börsen diese Daten zweimal im Monat.

Durch Leerverkäufe steht mehr Kapital zum Investieren zur Verfügung, sei es durch Kapitalerhalt oder durch das Profitieren von fallenden Kursen. Ein weiterer Vorteil ist die Tatsache, dass ein Kursverfall oder gar Crash wesentlich schneller vonstattengeht als ein Kursanstieg. Grund dafür ist, dass häufig in Fällen von Panik oder Manie die Marktteilnehmer zu überhasteten Entscheidungen tendieren und Aktien aus Angst verkaufen. Vereinzelt kommt es auch zu Kettenreaktionen, wenn automatisierte Trading-Programme ab einem gewissen Verlust – zum Beispiel von 20 Prozent – durch sogenannte Stop-Loss-Mechanismen automatisch Sell-Order abgeben. Dies führt oftmals zu weiteren Kursverlusten.

Darüber hinaus verdoppelt die Einbeziehung von Leerverkäufen in Ihre Anlagestrategien Ihre Gewinnchancen, da Sie nicht nur mit Aktienkurssteigerungen, sondern auch mit Aktienkursrückgängen Geld verdienen können. Der erfolgreiche Value-Investor fokussiert sich auf wenig verschuldete Substanzwerte oder ertragsstarke und wachstumsorientierte Unternehmen. Der Leerverkäufer achtet wiederum auf Börsenwerte, die nach denselben Auswahlkriterien unattraktiv sind. Es geht beim Leerverkauf primär darum, Schwächen und Überbewertungen zu identifizieren. Dies sind oftmals Aktien mit einem hohen und bedrohlichen Verschuldungsgrad, marginaler Profitabilität, minimaler Konkurrenzfähigkeit, schwacher Substanz, miserablen Gewinnmargen und bestenfalls noch einem inkompetenten Managementteam.

Um den Leerverkauf zu verstehen, muss man lernen, wie die erfolgreichsten Investoren investieren. Mit anderen Worten bedeutet dies: Sie müssen wissen, wie man »long« geht, also welche Kriterien für ein erfolgreiches Investment entscheidend sind.

Der Leerverkauf ist bis heute eine »Marktlücke« und wird nur von den raffiniertesten Investoren erfolgreich angewandt. Angesichts der aktuellen Entwicklungen am Kapitalmarkt wird sich die Mühe für denjenigen oder diejenige, die diese Kunst beherrscht, definitiv auszahlen. Die aktuelle Marktlage begünstigt hervorragende Investitionsmöglichkeiten mit sehr guten Chancen-Risiko-Verhältnissen. Lange Zeit war der Leerverkauf nur einer kleinen Minderheit von »elitären« Marktteilnehmern wie zum Beispiel Hedgefonds zugänglich. Gewöhnliche Discountbroker boten Leerverkäufe gar nicht oder nur sehr umständlich an. Heute jedoch kann bereits der Kleinanleger vom Leerverkauf profitieren, sofern sein Broker ihm oder ihr diese Möglichkeit bietet. Eine Brokerempfehlung von uns finden Sie im Anhang des Buches. Der Leerverkauf ist im Prinzip nichts anderes als ein Mittel, um von fallenden Kursen zu profitieren. Um die Funktionsweise genauer zu verstehen, betrachten Sie folgendes fiktives Beispiel: Nach einer wochenlangen Recherche kommen Sie zu dem Schluss, dass der Aktienkurs der SuperCredit AG (SC) aus zahlreichen Gründen nicht gerechtfertigt ist. Um von Ihrem umfänglichen Wissen über die Firma zu profitieren, entscheiden Sie sich, die Aktie leerzuverkaufen (»shorting«). Sie leihen sich von Ihrer Depotbank oder Ihrem Broker Aktien der SuperCredit AG und verkaufen diese umgehend. Nach einigen Wochen verkündet der CEO einen Gewinneinbruch und korrigiert die Prognose für das nächste Jahr drastisch nach unten. Einige Aktionäre sind entsetzt und stoßen die Aktien umgehend ab. Ihre Analyse war korrekt: Der Kurs ist um über 20 Prozent gefallen. Sie kaufen dieselbe Anzahl an Aktien, die Sie sich ursprünglich geliehen hatten, und geben sie dem Verleiher zurück. Lassen Sie uns das eben genannte Beispiel mit Zahlen durchspielen: Der Kurs des Unternehmens ist bei 100 Euro pro Aktie. Sie leihen sich 500 Aktien und verkaufen diese sofort. Somit erhalten Sie 50.000 Euro auf Ihr Konto. In vielen Fällen können Sie jetzt mit diesem Geld arbeiten. Dies hängt jedoch von Ihrem Leihvertrag mit der Depotbank oder dem Broker ab. Auf jeden Fall haben Sie die Verpflichtung, diese Aktien zu einem späteren Zeitpunkt zurückzugeben. Der

Preis sinkt um 20 Prozent, also auf 80 Euro. Jetzt hat die Aktie ein Kursniveau erreicht, bei dem Sie Ihren Profit realisieren wollen. Sie kaufen 500 Aktien zu einem Stückpreis von 80 Euro, also zu einem Kaufpreis von insgesamt 40.000 Euro. Die Leihe ist abgeschlossen, der Eigentümer erhält seine Aktien zurück. Verrechnen wir Ihren Profit aus dem Verkauf mit den Kosten des Rückkaufs, erhalten Sie die Differenz von (plus) 10.000 Euro, Ihren persönlichen Gewinn. Dies war ein erfolgreicher Leerverkauf. Natürlich kann dieser auch gegen Sie verlaufen, wie folgendes Beispiel zeigt: Sie leihen sich abermals 500 Aktien und verkaufen sie zu je 100 Euro. Aufgrund von Meldungen über Gewinn- und Umsatzsteigerungen, erhöht sich der Kurs auf 120 Euro. Sie müssen Ihre Position »glattstellen«, also decken Sie sich ein bei einem Preis von 120 Euro. Ihr Verlust: 10.000 Euro.

Der weitere Vorteil ist die Hebelwirkung. Da Sie beim Margin-Trading Leerverkäufe tätigen können, indem Sie nur einen Prozentsatz des Gesamtwerts der von Ihnen gehandelten Aktie aufbringen, können Sie mit einer geringeren Investition mehr Geld verdienen. Beispielsweise kann ein Trader mit 25.000 Euro auf einem Margin-Konto eine Short-Position von bis zu 50.000 Euro eingehen. Nehmen wir nun an, die zugrunde liegende Aktie fällt um 10 Prozent auf 45.000 Euro, bevor die Position mit einem Gewinn von 5.000 Euro geschlossen wird. In diesem Fall beträgt der Gewinn des Traders tatsächlich 20 Prozent, da nur 25.000 Euro des Kapitals aufs Spiel gesetzt wurden (25.000 Euro x 0,20 = 5.000 Euro).

Das Prinzip sollte nun klar sein: Der Leerverkäufer leiht sich bei seiner Depotbank ein Wertpapier, um es unmittelbar danach zu verkaufen. Zu einem späteren Zeitpunkt kauft der Short Seller – je nach Verlauf der Aktie idealerweise mit Gewinn – zurück und gibt sie dem ursprünglichen Verleiher wieder. Durch die Leihe von Wertpapieren ergeben sich zahlreiche Möglichkeiten und Anlagestrategien. Während Leerverkäufe zum einen rein profitorientiert angewendet werden können, ist dieser Anlagestil häufig auch ein Mittel, um die Volatilität zu minimieren und sein Portfolio vor Markteinbrüchen zu schützen (Hedging). Entscheidend für den Erfolg eines jeden Leerverkaufs ist der Analyseprozess. Dieser ähnelt in weiten Teilen demjenigen, den

Sie bei der Suche nach einem Long-Investment vornehmen sollten. Als Leerverkäufer müssen Sie das Geschäftsmodell eines leerzuverkaufenden Unternehmens, seine Bilanz, die Treiber hinter dem Wachstum und den Sektor, in dem es tätig ist, verstehen. Einziger Unterschied zum Long-Investment ist, dass Sie zudem nach sogenannten Red Flags fahnden (wobei dies auch bei Long-Kandidaten angewandt werden sollte), also nach schwerwiegenden Problemen, die als Katalysator für eine Kurskorrektur oder gar für eine Insolvenz dienen können und die der Markt noch nicht erkannt hat. Grundsätzlich gilt: Jeder Leerverkauf ist einzigartig! Aber oft zeigen sich Parallelen zwischen einzelnen Leerverkäufen. Im Folgenden gehen wir auf einen Aktienselektionsprozess ein, der Ihnen als Leerverkäufer bei der Recherche vielversprechender leerzuverkaufender Unternehmen helfen soll. Denn eine erfolgreiche Leerverkaufsstrategie umfasst nicht nur die Fundamentalanalyse von Einzelwerten, sondern setzt diese auch in Bezug zu den Entwicklungen und Trends innerhalb unterschiedlicher Branchen sowie zum Gesamtmarkt. Den Unternehmen, die für Leerverkäufer am attraktivsten sind, stehen naturgemäß auf allen drei Ebenen Herausforderungen gegenüber, also sowohl auf dem Gesamtmarkt als auch in der Branche und im Unternehmen selbst. Diese Konstellation wird die Aktienkurse dieser Unternehmen mit hoher Wahrscheinlichkeit unter Druck setzen. In anderen Fällen reichen einzelne gravierende Vorwürfe – beispielsweise der einer schweren Bilanzmanipulation – aus, um den Aktienkurs eines Unternehmens auf Talfahrt zu schicken. Und das unabhängig von weiteren Entwicklungen. Um jedoch das Chancen-Risiko-Verhältnis zu optimieren, sollten dennoch möglichst bei allen drei Ebenen die »Signallampen rot aufleuchten«. Grundsätzlich gilt: Jeder Leerverkauf ist einzigartig, aber oftmals werden Sie Parallelen zwischen einzelnen Shorts entdecken. Es liegt ganz bei Ihnen, Ihre ganz persönliche Short-Strategie zu entwickeln. Es gibt Dutzende Aktien, die fallen, und mindestens genauso viele, die steigen. Wichtig bei Leerverkäufen ist, wie in vorherigen Kapiteln bereits beschrieben, sich die Kandidaten auszusuchen, die bereits angezählt sind oder kurz davor stehen. Noch besser, wenn der Markt diese Frösche für Prinzen hält. Im Folgenden werden wir ein Framework präsentieren, das Sie als Inspiration nutzen können, um solche Unternehmen zu identifizieren. Die Liste wurde nicht nach Wichtigkeit der Punkte geordnet, da diese von Sektor zu Sektor und von Unternehmen zu Unternehmen unterschiedlich sind. Logischerweise betreffen die besten Leerverkäufe die Kandidaten, die sowohl in Markt- als auch Branchen- als auch Unternehmensanalyse schlecht bis sehr schlecht abschneiden. Ein »ungenügend« in der Fundamentalanalyse des Unternehmens allein reicht manchmal schon aus, vor allem, wenn es um einen Konkurskandidaten geht. Um jedoch das Chancen-Risiko-Verhältnis zu maximieren, sollten alle drei Bereiche (Gesamtmarkt, Branche, Unternehmen) rot aufleuchten. Generell fokussieren wir uns auf der Short-Seite auf schwache Fundamentaldaten kombiniert mit hartem Wettbewerb, vorzugsweise mit einem schwachen Management ausgestattet.

Die vier Kategorien der Leerverkäufe

> *»Investieren ist ein Geschäft, bei dem du sehr lange sehr dämlich aussehen kannst, bevor du Recht bekommst.«*
>
> Bill Ackman

Prinzipiell lassen sich Leerverkäufe in vier Kategorien einordnen:

Pair Trades

> *»Von 1.028 Einschätzungen von Brokern im ersten Quartal 2001 (Spitze des Bullenmarktes) waren nur sieben Short-Empfehlungen.«*
>
> Florian Homm

Bei Pair Trading kauft der Investor einen Wert, den er als stark einstuft, und verkauft gleichzeitig ein schwach erscheinendes respektive überteuertes Wertpapier. Pair Trading ist eine Möglichkeit, gewisse Marktrisiken einzugrenzen. Wenn der Markt steigt, laufen diese Werte kurzfristig mit dem Markt. Ein weiteres Tool, um Risiken zu reduzieren, ist, dass man nicht sofort alles auf eine oder mehrere Karten setzt. Ziel ist, das Markt- und Branchenrisiko bestmöglich zu eliminieren. Folglich erwartet der Investor – unabhängig von der Entwicklung des Gesamtmarktes und der Branche –, dass sich die Long-Position besser als die Short-Position entwickelt. Bei einem Pair Trade werden meist Wertpapiere aus demselben Industriesegment gewählt, die eine – zumindest bislang – hohe positive Korrelation zueinander aufweisen. Die Pairs müssen aber nicht zwingend aus derselben Branche stammen. Viel wichtiger ist der dazugehörige Treiber der Aktienkursreaktion. Beispielsweise hätte man nach dem Ausbruch der Corona-Pandemie Anfang 2020 bis zur Bekanntgabe der erfolgreichen Impfstoffentwicklung Ende 2020 einen kurzfristigen »Corona-Basket« mit Hightech- und E-Commerce-Aktien auf der Long-Seite sowie Aktien der Old Economy und Zyklikern auf der Short-Seite zusammenstellen können. Ein konkretes Beispiel für einen Pair Trade zeigt die Entwicklung der Aktienkurse von JPMorgan (long) und der Deutschen Bank (short) seit dem Jahr 2010. Im Vergleich zur Deutschen Bank erzielt JPMorgan deutlich höhere Margen und verfügt über eine bedeutend bessere Bilanz. Nicht alle Pair Trades reduzieren das Risiko. Man kann mit einem schlechten Hedge auch das Risiko erhöhen, also auf der Long- und der Short-Position Geld verlieren. Oft sichern Leerverkäufer ihre Short-Position mit Index-Futures ab. In diesem Fall wären auch Futures auf diverse Bankindizes geeignet gewesen. Bei Futures kann man auch short gehen, aber das ist nur bei wenigen Aktien möglich. Generell ziehen wir vor, bei höchster Qualität long zu sein und Schrottwerte zu shorten. Mittelfristig und langfristig ist die Kursperformance der Qualitätsaktien (Wertschöpfer, Value Creators) wesentlich besser als die der Schrottwerte (Wertzerstörer, Value Destroyer).

Im Englischen sagt man zwar: »Every dog has his day«, aber prinzipiell sollten Sie sich als Long-Investor von den Aktien fernhalten, die nicht nachhaltig ihre Kapitalkosten (Eigen- und Fremdkapital) erwirtschaften. Das Timing ist wichtig und man sollte Crowded Trades vermeiden, weil zu viele Profis, meistens zu viel besseren Kursen, bereits in diesen Trades positioniert sind. Pair Trades eignen sich für Einsteiger, da es einfacher ist, ein Long-Short-Portfolio aufzubauen, wenn man weiß, welchem Wertschöpfer welcher Wertzerstörer gegenübersteht.

Ein Beispiel: Vor ungefähr zehn Jahren kamen wir zu der Überzeugung, dass der Online-Handel ein besseres Kundenerlebnis bei einer deutlich niedrigeren Kostenstruktur als im Offline-Handel bietet, sollte sich ein Großteil der Einkäufe schließlich ins Internet verlagern. Gleichzeitig gibt es mehr Vorteile durch Skalierung und weniger Gründe für eine Marktanteilsfragmentierung als im Offline-Handel, werden die Gewinner im Online-Handel schließlich deutlich mehr Umsatz machen als ihre Offline-Pendants in ihrer Blütezeit, und schließlich sollten die Online-Einzelhändler aufgrund ihrer überlegenen Wirtschaftsmodelle einen höheren Wert haben. Über die Zeit ergab sich ein idealer Pair Trade.

Betting on Zero

> *»Es ist lächerlich zu glauben, dass man Blasen nur im Nachhinein erkennen kann.«*
>
> Michael Burry

Beim Betting on Zero geht es um Aktien, deren wahrer Wert nahe null liegt. Oftmals handelt es sich um Unternehmen, die ihre Bilanzen, Umsätze und Gewinne schönen oder sogar fälschen – anders ausgedrückt: um Betrug. Da die Bewertung dieser Unternehmen auf verfälschten Daten beruht, ist der reale Wert der Aktie deutlich niedriger, als der an der Börse notierte. Die Möglichkeiten, Geschäftszahlen zu fälschen, sind vielfältig und jeder Betrug hat seine Eigenheiten. Ebenso fallen Pleitekandidaten in diese Kategorie, also Unternehmen, deren Geschäftsmodell obsolet wurde oder die sich bilanziell übernommen haben. So werden die etablierten Kinoketten mehr und mehr durch Streaming-Dienste ersetzt, was diesen Unternehmen sukzessive die Geschäftsgrundlage entzieht. Investoren müssen bei dieser Leerverkaufskategorie Geduld mitbringen. Bilanzfälschungen bleiben teilweise über mehrere Jahre hinweg unentdeckt. Entsprechend wichtig ist es, dass Sie als Leerverkäufer sehr von Ihrem Research überzeugt sind.

Der bekannte Hedgefondsmanager Jim Chanos, einer der besten Leerverkäufer aller Zeiten, lässt aus diesem Grund einzelne Leerverkaufspositionen bis zu 50 Prozent gegen sich laufen, um nicht unerwartet ausgestoppt zu werden und um an einer sich anschließenden Korrektur partizipieren zu können. Es kann also sinnvoll sein, einzelne Leerverkaufspositionen zu traden und das für einen Leerverkauf günstige Momentum abzuwarten. Dies trifft grundsätzlich auf sämtliche Leerverkaufspositionen zu. Egal wie hoch die Überzeugung ist: Da eine Leerverkaufsposition theoretisch unendlich steigen kann, sollte eine einzelne Position niemals mehr als 10 Prozent Ihrer Gesamtportfoliogewichtung ausmachen. Zum Start sollten es nicht mehr als 5 Prozent sein.

20 Warnsignale für Investoren und Short Seller, um Betrüger am Kapitalmarkt zu erkennen

Neben den genannten Merkmalen bei typischen Leerverkaufskandidaten sollten Investoren bei Aktien, bei denen potenziell (Bilanz-) Betrug vorliegt, zusätzlich auf weitere Warnsignale achten:

- Das Management präsentiert den Investoren glänzende Zukunftsaussichten, wobei sich die Prognosen bereits in der Vergangenheit als zu optimistisch erwiesen haben. Oftmals bleibt ungewiss, ob das Unternehmen einen Gewinn oder positive Cashflows erwirtschaften kann. Vielmehr versucht das Management, durch neue, vielversprechende Produkte sowie deren Wachstumspotenziale von den eigentlichen Problemen des Unternehmens abzulenken.
- Ein medienaffiner CEO, der einen bedeutenden Teil seiner Zeit der Umwerbung von Investoren widmet.
- Buy-Ratings von kleineren Research-Häusern, deren Bewertungsmethoden nicht nachvollziehbar oder überzogen erscheinen.
- Allgemeine Abneigung des Managements gegenüber Hedgefonds und kritischen Journalisten.

- Das Verfolgen von Kritikern durch bezahlte Dritte und/oder das Herabsetzen von Personen, die zu viele Fragen stellen. Letztere werden vom Management meist als »nicht relevant«, »unbegründet« und »langweilig« abgetan.
- Allgemeine Verlangsamung der Wachstumsdynamik von Umsatz und Gewinn, trotz der ambitionierten Prognosen des Managements.
- Fragwürdige Alleinstellungsmerkmale gegenüber der Konkurrenz sowie obsolete oder nicht ausgereifte Produkte. Anzeichen dafür, dass die Mitbewerber Marktanteile gewinnen.
- Eine ungewöhnliche Margenentwicklung im zeitlichen Kontext oder auch gegenüber dem Wettbewerb. Die Vertriebsgemeinkosten sinken trotz globaler Expansion oder die Bruttomarge bleibt trotz zunehmend niedriger Verkaufspreise unverändert.
- Hinweise darauf, dass das Unternehmen seine Lieferanten, Mitarbeiter, Vermieter verspätet oder nicht bezahlt.
- Eine hohe Verschuldung in Verbindung mit hohen, liquiden Mitteln, obwohl die Rendite auf Letzteres minimal ist (geringer Return on Invested Capital).
- Das Unternehmen versucht, durch zahlreiche Übernahmen zu wachsen und so von eigenen operativen Problemen abzulenken.
- Eine umfangreiche Nutzung von liberalen Bilanzierungspraktiken, zudem regelmäßige Versuche, durch Einmaleffekte Verluste in temporäre Gewinne zu verwandeln.
- Hinweise darauf, dass das Unternehmen seine Zahlen durch exotische Firmenstrukturen selbst fabriziert und diese durch Dritte (beispielsweise Wirtschaftsprüfer) nicht mehr nachvollzogen werden können. Verdächtig sind zudem plötzliche Umsatzsteigerungen ausgerechnet zum Quartalsende bis einschließlich des letzten Tags des Berichtszeitraums.
- Eine eher unbekannte Wirtschaftsprüfungsgesellschaft.
- Hohe Mitarbeiterfluktuation, insbesondere in den Bereichen Finanzen und Recht. Mitbegründer oder Aufsichtsratsmitglieder verlassen die Firma.

- Ein narzisstisch veranlagter CEO, teilweise mit Allmachtsanspruch.
- Ein schwaches Management mit wenigen Personen, meist mit persönlichen Beziehungen zum CEO.
- Trotz geringer Rentabilität des Unternehmens ist die Vergütung des Managements überdurchschnittlich, auch im Vergleich zu den Mitbewerbern.
- Die Vergütungspakete des Topmanagements sind nicht an operative Erfolgskennzahlen gebunden, sondern rein an den Aktienkurs.

Valuation

»Eine Aktie, die stark gefallen ist, kann auch noch weiter fallen. Eine Aktie, die stark gestiegen ist, kann auch noch weiter steigen.«

Peter Lynch

Diese Kategorie betrifft Aktien von Unternehmen, deren Bewertung – besonders im Vergleich zum direkten Wettbewerb – übertrieben ist. Eine stark überzogene Bewertung der Aktie weist eine große Fallhöhe zum historischen Mittelwert der Bewertung auf. Allerdings ist bei solchen Unternehmen ein konkreter Katalysator nötig, um die Neubewertung der Aktie anzustoßen. Katalysatoren können vielseitig sein, dazu gehören zum Beispiel der Eintritt neuer und besserer Konkurrenten in den Markt oder eine zunehmende Regulierung durch die Politik. Wichtig: Eine hohe Bewertung allein ist kein Grund, auf fallende Aktienkurse zu setzen. Besonders Wachstumsunternehmen sind im Vergleich zu den etablierten Mitbewerbern oftmals stark überbewertet, wenn es nach den klassischen Bewertungskennzahlen geht. Dies liegt häufig an höheren Wachstumsraten und an Alleinstellungsmerkmalen gegenüber dem Wettbewerb. Ein Beispiel für ein stark überbewertetes Unternehmen ist der deutsche Werbeflächenanbieter Ströer SE & Co. KGaA. Sein Kerngeschäft, der Verkauf von Offline- und Online-Werbeflächen, steht mittelfristig vor großen Herausforderungen. Hinzu kommen eine sehr liberale Bilanzierung und der Ausweis von »organischem Wachstum«, obwohl ein Großteil des Wachstums lediglich durch zahlreiche Übernahmen entstanden ist. Die Überbewertung eines Unternehmens lässt sich ebenso gut wie die Unterbewertung eines Unternehmens durch die klassische Bandbreitenbewertung ermitteln und in Chancen-Risiko-Verhältnisse kategorisieren.

Wertzerstörer

> *»Mit anderen Worten, wir haben kein Problem damit, billige Aktien zu shorten, wenn wir langfristig strukturelle Schwierigkeiten oder Wettbewerbsprobleme sehen.«*
>
> LEE AINSLIE

Wertzerstörer sind Unternehmen, die nicht einmal die eigenen Kapitalkosten (WACC > ROIC) erwirtschaften können. Im Regelfall handelt es sich um schlecht positionierte und stark verschuldete Unternehmen, die in einem wirtschaftlichen Abschwung besonders hart betroffen wären. Um Wertzerstörer zu identifizieren, sollten Sie die Entwicklung der EBITDA und der Gewinnmargen in konjunkturellen Auf- und Abschwüngen genau beobachten. In einem wirtschaftlichen Abschwung wird klar, ob es sich um ein zyklisches Unternehmen handelt und wie hoch das Absturzpotenzial der Erträge ist. Letzteres ist im Regelfall umso höher, je schlechter die Bilanz ist. Wählen Sie zudem Unternehmen, die die Zinskosten nur in geringem Umfang aus ihren Erträgen bedienen können. Auch eine wirtschaftliche Aufschwungsphase kann Ihnen wichtige Erkenntnisse über das leerzuverkaufende Unternehmen liefern. Steigt seine Verschuldung trotz des positiven Marktumfelds an und sind die Margen weiter rückläufig, handelt es sich zweifelsfrei um einen Wertzerstörer. Wenn ein Unternehmen in guten Zeiten keine Gewinne erzielen kann, wann denn dann? Entsprechend sind Wertzerstörer vor allem in kapital- und wettbewerbsintensiven Branchen mit geringen Margen zu finden. Zusammenfassend sind Wertzerstörer also das Gegenteil von Wachstumsaktien auf der Long-Seite. Übrigens ist es nicht entscheidend, wie weit die Aktie schon im Kurs gefallen ist. Was ist eine Aktie, die 90 Prozent im Minus notiert? Eine Aktie, die 80 Prozent im Minus notierte und sich dann halbierte. Viele Anleger betrachten bei stark gefallenen Aktien die Charts und sprechen davon, dass alles eingepreist sei. Aktien haben allerdings kein Gedächtnis, sie wissen nicht, wo ihr Hochpunkt war, und alte Tiefs sagen uns auch nicht, dass hier die Fallhöhe erreicht ist.

Wie identifiziert man geeignete Short-Kandidaten?

»Gefallene Blüten kehren nicht zum Zweig zurück.«

Japanisches Sprichwort

Typische leerzuverkaufende Unternehmen weisen einen Großteil der folgenden Eigenschaften auf:

- Änderungen im Geschäftsmodell.
- Auslaufende Patente.
- Sinkende Nachfrage nach Kernprodukten.
- Geopolitische Faktoren.
    - Unternehmen in Branchen, die sehr krisenanfällig sind und ihre Kapitalkosten selbst in Hochzeiten kaum oder gar nicht verdienen können (zum Beispiel Stahlproduzenten wie ThyssenKrupp).
    - Zyklische Produkte, bei denen die Kaufentscheidung leicht hinausgezögert werden kann.
    - Branchen, in denen ein starker Wettbewerb und Preiskampf stattfindet.
    - Wenige oder keine Alleinstellungsmerkmale gegenüber dem Wettbewerb.
    - Wenig Preissetzungsmacht (»Pricing Power«).

- Bedeutende Nachteile bei den Produktionskosten relativ zur Konkurrenz.
- Hoher Erfolgsdruck (»Top oder Flop«) durch die Mitbewerber oder durch technische Entwicklungen (zum Beispiel neue Filmproduktionen bei Filmstudios).
- Geringe Gewinnmargen.
- Deutliche Verschlechterung bei den Gewinnmargen, dem Auftragsbestand und den wichtigen Bilanzrelationen.
- Hohe Zinsbelastung und Verschuldung.
- Wenig Substanz und geringes Eigenkapital.
- Niedrige und unregelmäßige Dividendenzahlungen sowie eine schlechte Dividendenhistorie.
- Intransparente und unverständliche Bilanzen.
- Liberale, freizügige Bilanzierungspraktiken.
- Aktie ist historisch stark überbewertet, auch teilweise im Branchenvergleich.

Insbesondere Abschreibungen – den Feind eines jeden Investors – möchten wir einmal separat hervorheben:

Investoren sind oft zu optimistisch in ihrer Einschätzung der Zukunft. Ein gutes Beispiel dafür ist die übliche Reaktion auf die Abschreibung von Unternehmen. Diese Bilanzierungspraxis ermöglicht es einem Unternehmen, sich sofort von unrentablen Vermögenswerten, uneinbringlichen Forderungen und faulen Krediten zu verabschieden und die mit der Abschreibung einhergehende Unternehmensumstrukturierung einzuleiten. In der Regel werden solche Maßnahmen nach einer kurzen, schmerzvollen Abstrafung von Analysten und Anlegern an der Wall Street begeistert aufgenommen; nach der Abschreibung weist das Unternehmen in der Regel eine höhere Eigenkapitalrendite und bessere Gewinnspannen aus. Diese verbesserten Ergebnisse werden dann in die Zukunft projiziert und rechtfertigen eine höhere Bewertung an der Börse. Die Anleger sollten jedoch nicht so großzügig zulassen, dass die Vergangenheit einfach weggewischt wird. Wenn historische Fehler ausradiert werden, ist es zu einfach, die Vergangenheit als fehlerfrei zu betrachten. Es ist dann nur noch ein kleiner Schritt, diese fehlerfreie Vergangenheit in die Zukunft zu projizieren und die unwahrscheinliche Vorhersage zu treffen, dass kein derzeit profitables Geschäft scheitern wird und dass nie wieder Fehlinvestitionen getätigt werden. Im Endeffekt wird allerdings jedes Mal massiv Shareholder Value vernichtet.

Ein weiterer wertvoller Indikator ist der Beneish-M-Score, der die Gewinnqualität misst und eine Einschätzung gibt, ob die Unternehmensbilanz manipuliert ist oder nicht. Die empirisch belegte Trefferwahrscheinlichkeit des Tools liegt bei 76 Prozent. Die Bestimmung erfolgt mittels acht Kennzahlen und folgender Formeln:

$$M = -4{,}84 + 0{,}920\ DSRI + 0{,}528\ GMI + 0{,}404\ AQI + 0{,}892\ SGI + 0{,}115\ DEPI - 0{,}172\ SGAI - 0{,}327\ LVGI + 4{,}679\ TATA.$$

- DSRI: Forderungslaufzeit,
- GMI: Rohertrag,
- AQI: Asset Quality,
- SGI: Umsatzwachstum,
- DEPI: Abschreibung,
- SGAI: Vertriebs- und Verwaltungsaufwendungen,
- LVGI: Leverage Index,
- TATA: Total Accruals to Total Assets.

Ein Wert größer als –2,22 weist auf eine mögliche Manipulation der Bilanzen hin.

Ebenfalls möchten wir uns den Piotroski-F-Score anschauen. Dieser Score ist ein Analyse-Tool, mit dessen Hilfe man unterbewertete und werthaltige Aktien von wertzerstörenden Aktien unterscheiden kann. Entscheidungsgrundlage bilden neun Kennzahlen, welche in die Untergruppen Profitabilität, Finanzierung und Effizienz eingeteilt werden können. Die Entscheidungskriterien sehen folgendermaßen aus:

1. Profitabilität
   - Nettogewinn > Nettogewinn Vorjahr,
   - Operativer Cashflow > Operativer Cashflow Vorjahr,

- Return on Assets > Return on Assets Vorjahr,
- Cashflow > Jahresüberschuss.

2. Finanzierung
   - Wachstum langfristige Verschuldung < Wachstum der Bilanzsumme,
   - Anzahl umlaufender Aktien < Anzahl umlaufender Aktien Vorjahr,
   - Liquidität dritten Grades < Liquidität Vorjahr.

3. Effizienz
   - Brutto-Marge > Brutto-Marge Vorjahr,
   - Kapitalumschlag > Kapitalumschlag Vorjahr.

Für jedes erfüllte Kriterium gibt es jeweils einen Punkt.

Erfüllt ein Unternehmen acht von neun Kriterien, so impliziert dies fundamentale Stabilität und generiert ein Kaufsignal. Erreicht ein Unternehmen lediglich ein oder zwei Punkte, kann das Unternehmen ein geeigneter Short-Kandidat sein, wichtig ist, wie überall, nicht Äpfel und Birnen miteinander zu vergleichen. Ein zyklisches Unternehmen wird andere Charakteristika aufweisen als ein Versorger. Daher ist es immer wichtig, die Unterscheidung in die jeweiligen Kategorien festzulegen, um zu verstehen, wann man was kauft beziehungsweise leerverkauft.

Keine Sorge, Sie müssen diese Ratios nicht selbst ausrechnen, die meisten lassen sich durch eine kurze Internetrecherche ausfindig machen. Um genau zu verstehen, worum es geht, empfehlen wir, zur Einordnung generell einmal jede Kennzahl, die in diesem Buch erwähnt wird, selbst nachzurechnen, es wird sich lohnen.

Profitieren von fallenden Kursen - Leerverkäufe, inverse ETFs und Derivate

»Angst ist wie Feuer. Es kann hilfreich sein, wenn du weißt, wie du es verwendest. Wenn nicht, wirst du dich verbrennen.«

MIKE TYSON

Es gibt eine Vielzahl an Finanzinstrumenten, um von fallenden Kursen zu profitieren. Die einfachste Möglichkeit ist über den direkten Leerverkauf eines Unternehmens/einer Anleihe/eines Rohstoffs und so weiter … über ein Marginkonto. Von Indexshorts sehen wir generell eher ab, da der Index sich fortlaufend bereinigt und wir nicht auf einen fallenden Gesamtmarkt, sondern nach der Definition des Ökonomen Joseph Schumpeter auf Güter ohne Daseinsberechtigung shorten möchten, als Teil der »kreativen Zerstörung«. Die schöpferische Zerstörung ist ein Begriff aus der Makroökonomie, dessen Kernaussage lautet: Jede ökonomische Entwicklung baut auf dem Prozess der schöpferischen oder kreativen Zerstörung auf.

Zwei weitere Möglichkeiten sind inverse ETFs und Leerverkäufe. Letztere wurden bereits hinreichend erläutert, deswegen konzentrieren wir uns auf inverse ETFs. Ein Exchange Traded Fund (ETF) ist ein börsengehandelter Fonds, der in der Regel einen Index wie den DAX oder den S&P 500 abbildet. Steigt zum Beispiel der DAX um 1 Prozent, so tut dies auch der ETF. Es gibt jedoch auch den sogenannten inversen ETF, der das Gegenteil des Index abbildet. Dies bedeutet, dass eine Kursentwicklung von plus 1 Prozent im DAX in einem Wertverlust von 1 Prozent des ETF resultiert. Fällt der DAX aber um 1 Prozent, dann steigt der Wert des ETFs um 1 Prozent. Manche ETFs werden auch gehebelt, sodass das Fallen des DAX um 1 Prozent einen Wertzuwachs des ETFs von zum Beispiel 2 Prozent bedeutet. Ein besonderes Merkmal inverser ETFs ist jedoch die sogenannte Pfadabhängigkeit. Nehmen wir einen gewöhnlichen Long-ETF, der einen beliebigen Index abbildet, zum Beispiel den DAX, und einen inversen oder Short-ETF. Beide ETFs haben zu Beginn den Wert 500. Am ersten Handelstag steigt der Index um 5 Prozent, also hat der Long-ETF nun einen Wert von 525 und der Short-ETF von 475. Am zweiten Handelstag erreicht der Index wieder den Wert 500, also ein Rückgang um rund 4,76 Prozent. Der Short-ETF wird im Wert steigen (plus 4,76 Prozent), allerdings nicht auf den Wert 500 kommen, denn er war zuvor auf 475 reduziert worden. Ein Anstieg um 4,76 Prozent resultiert in einem Wert von rund 497,6. Bei diesem Beispiel handelt es sich um einen Zeitraum von zwei Handelstagen und daher um überschaubare Differenzen. Je länger jedoch der Zeitraum, desto größer ist die Diskrepanz zwischen eigentlicher Entwicklung des Index und Entwicklung des Short-ETFs. Unser Favorit, um von fallenden Kursen zu profitieren, ist daher ganz klar der klassische Leerverkauf.

Es gibt jedoch noch eine Vielzahl anderer Finanzinstrumente wie CFDs (Differenzkontrakte), Futures (Terminkontrakte) oder Optionen und andere Derivate. Der größte »Nachteil« bei Futures für den Privatanleger sind die sehr großen Kontraktgrößen. Der Wert eines Terminkontrakts auf den DAX beträgt zum Beispiel 25 Euro pro Index-Punkt. Bei einem Wert von 10.000 entspricht dies 250.000 Euro. Dadurch, dass Sie auch hier Sicherheitsmargen hinterlegen müssen, können schon Kosten im fünfstelligen Bereich für einen einzigen Kontrakt entstehen. Interessant sind die sehr geringen Kosten bei Futures-Kontrakten. Hier entsteht ein Preis ohne Market Maker, also keine klassische Preisspanne zwischen Geld und Brief. Nicht alle Futures haben einen so hohen Kontrakt-Gegenwert wie der Bund oder der DAX-Future. Weil der Kapitaleinsatz gelegentlich sehr hoch sein kann, sind Futures eher für den betuchten, professionellen Privatanleger geeignet. Eine Alternative sind sogenannte CFDs. Es handelt sich hierbei um derivative Finanzprodukte, die die Kursentwicklung von Aktien, Devisen, Indizes, Futures oder Rohstoffen abbilden. CFDs können mit und ohne Hebel gehandelt werden und haben dadurch ein Totalverlustrisiko. Eine Nachschusspflicht gibt es nicht mehr. Anders als bei Futures ist die Kontraktgröße geringer und dadurch sind CFDs auch dem Privatanleger zugänglich. Beim CFD auf eine Aktie sind Sie nicht der Besitzer einer Aktie, sondern Inhaber einer Forderung. Dies hat den Vorteil, dass Sie nicht nur long (kaufen Sie einen CFD), sondern auch short (verkaufen Sie einen CFD) gehen können. Ein weiterer Vorteil gegenüber Futures ist die unbegrenzte Laufzeit (Ausnahme: CFDs auf Futures). Dies beinhaltet dennoch Kosten für Sie, wenn Sie Ihre Positionen zum Beispiel für einen längeren Zeitraum halten. Auch hier gibt es von Broker zu Broker Unterschiede. Ein maßgeblicher Grund, warum für einige Anleger CFDs besonders attraktiv wirken, ist die Hebelwirkung. Selbstverständlich können Spielchen mit Hebel auch gegen Sie verlaufen. Der Hebel ist ein Spiel mit dem Feuer und sollte daher nur äußerst bedacht eingesetzt werden. All die bereits erwähnten Produkte setzen einen hohen Grad an Know-how und eine durchdachte Risikomanagement-Disziplin voraus.

Für Anleger mit »Waffenschein« könnten vor allem Put-Optionen eine hervorragende Möglichkeit sein, ihr Portfolio gegen sogenannte Tail Risks zu schützen oder sehr hohe Gewinne einzufahren. Allerdings entsprechen diese Vehikel weder unserem Anlagestil noch unserem Anlagehorizont. Wir schließen Put-Optionen nicht kategorisch aus, allerdings sind wir nicht bereit, sehr hohe Prämien für unsere Positionen zu zahlen. Die Kurse für Put- und Call-Optionen werden nicht nur durch Angebot und Nachfrage ermittelt, sondern basieren auf relativ komplexen Bewertungsmethoden wie dem Black-Scholes-Modell. Allgemein gilt, dass das Pricing einer Option auf der aktuellen und historischen Volatilität des unterliegenden Werts basiert. Wenn eine Aktie sehr volatil ist, wird die Option über den Verlauf ihrer Lebensdauer mit starken inhärenten Kosten belastet. Diese können leicht 40 Prozent betragen. Das bedeutet, dass der Zeitwert Ihrer Option um 40 Prozent fällt, wenn der Kurs sich nicht bewegt. Allgemein gilt, dass circa 90 Prozent der erworbenen Optionen wertlos verfallen. Andererseits ist der Hebeleffekt bei gewissen Optionen und Optionsscheinen 20-mal so hoch oder höher als bei einem ungehebelten Leerverkauf. Das bedeutet, dass Ihnen vielleicht sensationelle Gewinne winken, wenn Sie ausnahmsweise mal bei Ihrer Einschätzung richtig liegen und das Timing perfekt ist. Aber darauf verlassen können Sie sich nicht, weil der Market Maker Ihnen einfach die notwendige Liquidität verwehrt oder Preise stellt, die in keiner Weise berechtigt sind. Einige professionelle Trader halten Ausschau nach kurzfristigen Put-Optionen (weniger als sechs Monate), die keinen Hebel haben und bei denen der Strike Price sehr nah am Aktienkurs liegt. Falls der Kurssturz der Aktie noch nicht in der erwarteten Zeitspanne eingetreten ist, schichten viele Trader die Put-Option bei Ablauf in eine ähnliche Put-Option um. In der Regel sind die jährlichen Kosten dieser Put-Optionen deutlich geringer als bei längerfristigen Out-of-the-money-Optionen mit hohem Hebel. Der Profi-Trader vergleicht dann die Kosten dieser Put-Option mit den Kosten einer vergleichbaren Leerverkaufstransaktion und entscheidet sich für die liquideste und kostengünstigste Variante.

Trotzdem ist dies ein Casino, in dem meistens nur der Betreiber verdient. Wollen Sie sich das wirklich antun? Leerverkäufe ermöglichen außerdem das Halten von Positionen über einen längeren Zeitraum mit überschaubaren Kosten. Auch sogenannte Knock-out-Scheine oder Zertifikate begrenzen sicherlich das Risiko eines Totalverlusts, sind aber so strukturiert, dass Sie in der Laufzeit der Option mit hoher Wahrscheinlichkeit finanziell ausgeknockt werden und Ihr eingesetztes Kapital verlieren. In der Regel liegen die jährlichen Kosten für eine gewöhnliche Aktienleihe zwischen 2 und 5 Prozent und demnach weitaus niedriger als Kosten von 30 Prozent bei Optionen im selben Zeitraum. Zudem ist das Leerverkaufen im Vergleich zum Handel mit Derivaten deutlich transparenter, verständlicher und für den Privatanleger leichter umzusetzen. Die Wertentwicklung von Derivaten wie Optionen hängt von vielen Faktoren ab, beispielsweise der impliziten Volatilität. Es kann vorkommen, dass die (Put) Option an Wert verliert, obwohl der Basiswert fällt. Außerdem kommen – wegen des asymmetrischen Risikoprofils – Risikoprämien und Zeitwertverluste hinzu. Aufgrund der intransparenten Preisbildung bei Derivaten lassen sich die Gefahren nicht ausreichend einschätzen. Schließlich müssen Sie noch die Hebelwirkung der Papiere berücksichtigen, die das Risiko für den Kleinanleger vergrößern kann.

Von der Nervosität an den Börsen profitieren – der VIX Future

»Verwechsle niemals die Abwesenheit von Volatilität mit Stabilität.«

Nassim Taleb

Einfach ausgedrückt, steigt der VIX Future, wenn der S&P 500 in kurzer Zeit fällt und somit die Schwankungen zunehmen. VIX Futures sind an der Chicago Board Options Exchange (Cboe) handelbar. Ein Investment in VIX Futures erfordert Geduld, da es mehrere Monate dauern kann, bis die Volatilität ansteigt. Der Volatilitätsindex (»Volatility Index«, kurz VIX) gibt die kurzfristige Schwankungsintensität (implizite Volatilität) anhand von Optionspreisen auf den S&P 500 über einen 30-tägigen Zeitraum an. Zur Berechnung wird der Mittelwert der Preise von diversen SPX- (S&P 500) Puts-and-Calls gebildet, um die unmittelbare Volatilität der Optionspreise einzuschätzen. Das heißt, der VIX stellt ein Maß für die Erwartungen des Marktes an die Volatilität der Aktienmärkte über den nächsten 30-Tages-Zeitraum dar. Wie das genau aussieht, schauen wir uns noch an. Der VIX ist ein synthetischer Index, der in Punkten notiert ist.

Ein hoher Wert weist auf einen unruhigen Markt hin, niedrige Werte lassen eine Entwicklung ohne starke Kursschwankungen erwarten. Der VIX wird daher auch »Angstbarometer« genannt. Zwischen dem VIX und dem S&P 500 liegt eine gegenläufige Korrelation vor.

Fällt der S&P 500, dann steigt in der Regel der VIX an. Steigt der S&P 500, dann fällt meist der VIX. Ein interessantes Merkmal besteht darin, dass der VIX eine ausgeprägte positive Tendenz aufweist: Er steigt nämlich mehr und in schnellerem Tempo, als er fällt, daher ist er mit etwas Geschick ein idealer Portfolio-Hedge.

Diese positive Tendenz hat einen einfachen Grund: Der VIX ist ein Maß für die an den Märkten vorherrschende Angst. Angst breitet sich rasch aus und geht irgendwann in Panik über. Jedenfalls kommt es nicht häufig vor, dass Angst schnell abflaut. Sobald der Schock dann in eine Seitwärtsbewegung mündet, korrigiert der VIX-Index wieder auf sein früheres Niveau. Ein weiteres wichtiges Merkmal besteht in der Rückkehr zum Mittelwert. Aktien können langfristige Trends aufgrund einer Veränderung der Fundamentaldaten aufweisen (das heißt, nicht zum Mittelwert zurückkehren). Beim VIX hingegen handelt es sich um einen Volatilitäts- und nicht um einen Wertmaßstab. Doch was sagt uns der VIX konkret?

Anfang Januar 2019 notierte der VIX beispielsweise bei 15 Punkten. Dies bedeutet nicht, dass die Anleger erwarten, dass der S&P 500 in den nächsten 30 Tagen eine solch hohe Volatilität aufweist. Die Chicago Board Options Exchange berechnet den VIX unter Verwendung von Standard-SPX-Optionen und wöchentlichen SPX-Optionen, die für den Handel an der Cboe zugelassen sind. Standard-SPX-Optionen verfallen am dritten Freitag eines jeden Monats, wöchentliche SPX-Optionen verfallen an allen anderen Freitagen. Bei der Berechnung des VIX geht die Cboe wie nachfolgend beschrieben vor. Erschrecken Sie bitte nicht, was die Komplexität dieser Berechnung betrifft. Diese Berechnungsschritte sind nicht zwangsläufig nötig, um den Vorgang auch in der Realität umzusetzen. Wir versuchen, Ihnen die Logik in einer einfachen Rechnung zu vermitteln:

- Optionen mit einer Verfallszeit von 23 bis 37 Tagen werden ausgewählt.
- Die Beträge der Gesamtabweichung jeder Option werden berechnet.
- Die Gesamtabweichung der ersten und der zweiten Fälligkeit wird berechnet.
- Danach folgt die Abweichung der 30-Tage-Varianz, welche durch das Interpolieren der beiden Abweichungen berechnet wird.
- Die Quadratwurzel wird ermittelt, um die Volatilität als Standardabweichung zu erhalten.

VIX-Stand (06.01.2019) = 15; erwartete Volatilität im nächsten Monat: $0{,}15 \times \sqrt{(30/365)} = 4{,}3\ \%$. Also: (VIX-Stand in Prozent) x Quadratwurzel von (Berechnungszeitraum in Tagen/365).

3 Prozent war die Volatilität, die Anleger in den folgenden 30 Tagen im S&P 500 erwarten konnten. Dieser Wert wird nur über die implizite Volatilität der Optionen ermittelt. Die Rechnung würde auch mit einer anderen Anzahl von Tagen funktionieren. Wir setzen in der Regel nur auf einen steigenden VIX, um unser Portfolio gegen hohe Marktschwankungen abzusichern, aber auch ein Verkauf der Volatilität (Short) kann äußerst lukrativ sein. Nach der Subprime-Krise im Oktober 2008 erreichte der VIX sein 20-Jahres-Hoch und kletterte bis auf 90 Punkte. Allerdings hatte der S&P 500 zu diesem Zeitpunkt bereits 47 Prozent seiner Marktkapitalisierung verloren. Nach dem obigen Rechenexempel hätte dies innerhalb der nächsten 60 Tage einen Kurssturz von 36 Prozent bedeuten müssen, innerhalb des nächsten Jahres (365 Tage) sogar einen weiteren Kursverlust von 90 Prozent. Insbesondere Extremsituationen an den Märkten führen zu diesen Ausreißern.

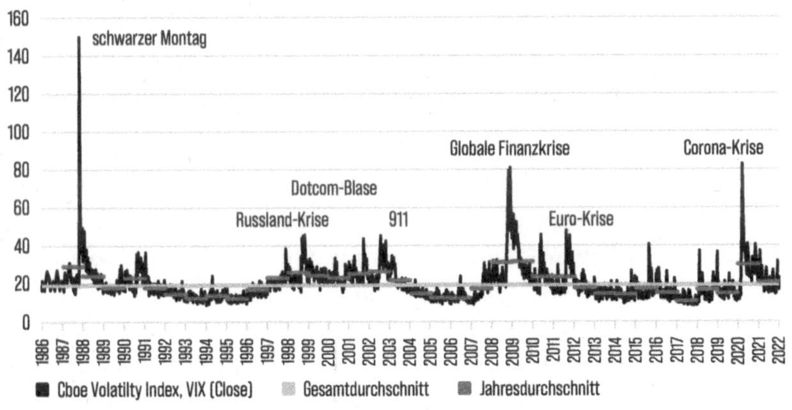

Abbildung 14: Entwicklung des VIX seit 1986
Quelle: Chicago Board Options Exchange, Zurich Invest,
https://www.zurichinvest.ch/de/news-und-publikationen/news/2021/2101_achterbahnfahrt

Selbstverständlich wäre dies möglich, aber eben sehr unwahrscheinlich gewesen. Wie Sie bereits wissen, ist das Arbeiten mit Wahrscheinlichkeiten die wichtigste Prämisse, um ein gesundes Chancen-Risiko-Profil zu ermitteln.

Wie handelt man den VIX?

Der VIX ist ein Index, also lediglich eine Kennzahl. Sie können eine Kennzahl nicht kaufen oder verkaufen. Im Gegensatz zum S&P 500, der aus einem stabilen Portfolio von Aktien besteht, wird der VIX ständig neu zusammengesetzt. Sie können diesen Index allerdings durch Finanzprodukte kaufen (long gehen) oder verkaufen (shorten). Damit ist aber auch klar, dass viele der Zertifikate und ETFs auf den VIX möglichen Rollverlusten unterliegen können. Schuld an den Rollverlusten sind Kursdifferenzen, welche die an den Terminbörsen gehandelten Kontrakte zu einem bestimmten Zeitpunkt aufweisen können. Die Preisdifferenzen zwischen dem fairen Preis des neuen und des alten Futures werden als »Rollkosten« bezeichnet. Rollkosten entstehen also, wenn der Preis des Futures aufgrund von Angebot und Nachfrage nicht seinem theoretischen Wert entspricht. Das heißt, wir bezahlen zu viel oder zu wenig für den neuen Future. Bei einer Long-Position generieren wir einen Rollgewinn, wenn der Preis des neuen Futures zu niedrig ist. Handelt der neue Future hingegen zu hoch, entstehen Rollverluste. Bei einer Short-Position verhält es sich genau umgekehrt. Weitere Verluste können entstehen, wenn der Bid-Ask Spread (die Geld-Brief-Spanne) im neuen Future aufgrund von geringerer Liquidität sehr groß ist. Auf folgender Internetseite ist es beispielsweise möglich, sich die monatlichen Rollover-Daten für den VIX Future anzusehen: https://www.macroption.com/vix-expiration-calendar/.

Die wichtigsten Instrumente für den Volatilitätshandel sind die VIX Futures, VXM Mini Futures (für alle unter 100.000 Euro Portfoliogröße sinnvoll) und die VIX-Optionen: Sie können die Instrumente gemäß Ihren Volatilitätserwartungen kaufen oder verkaufen.

Erfahrene Trader handeln die an der Cboe gelisteten VIX Futures, aber eine einfachere Methode für Privatanleger ist die Verwendung von ETNs, die VIX-Future-Strategien replizieren. ETNs (Exchange Traded Notes) sind an der Börse gehandelte Schuldverschreibungen. Sie können ETFs und ETNs verwenden, um jeweils in eine Richtung zu spekulieren. ETFs und ETNs sind jedoch unvollkommene Nachbildungen beziehungsweise Referenzindizes für deren Performance und partizipieren daher nie an der vollen Wertentwicklung. Die Kosten bei der

Nutzung dieser Instrumente sind hingegen überproportional hoch. Daher raten wir in diesem Fall zum Mini-Future. Steht der VIX bei 20, müssen 2.000 Euro für einen Mini-Future aufgewendet werden, für einen normalen Future hingegen 20.000 Euro.

ETFs auf den VIX

Wenn Sie einen inversen ETF kaufen, müssen Sie eine hohe Gebühr zahlen und die Möglichkeit in Kauf nehmen, die gesamte Anlage zu verlieren, wenn eine Liquidationsklausel ausgelöst wird. ETFs und ETNs bieten eine Möglichkeit, Futures zu handeln. Allerdings sind wir wegen der hohen Kosten nicht vollends überzeugt von diesen Instrumenten. Wir bevorzugen daher Futures. Der VIX Future wurde im März 2004 an der Chicago Board Options Exchange eingeführt. Die Cboe kann bis zu sechs kurzfristige Wochen- und neun Monatsfälligkeiten für den Future-Kontrakt zum Handel zulassen. Die Symbole der wöchentlichen Fälligkeiten sind durch Angabe der jeweiligen Woche (1 bis 53) gekennzeichnet, während die monatlichen Kontrakte mit Buchstaben versehen sind. VX01F22 ist somit die erste wöchentliche Fälligkeit (8. Januar) im Jahr 2022. Dem Monat Januar 2022 wurde der Buchstabe F (VXF22) zugeordnet, dem Monat Februar der Buchstabe G (VXG22) und so weiter. Der letzte Handelstag ist immer der Tag vor der Fälligkeit des Kontrakts. Normalerweise handelt es sich dabei um einen Dienstag. Der Multiplikator für einen Future-Kontrakt beträgt 1.000 US-Dollar, sodass der Kontrakt des Futures mit einem Kurs von beispielweise 17 einem Gegenwert von 17.000 US-Dollar entspricht. Eine Preisveränderung beim Future-Kontrakt von 0,01 entspricht 10 US-Dollar und eine Veränderung von einem Punkt somit 1.000 US-Dollar. Eine Position im Future kann durch ein Gegengeschäft geschlossen werden, das heißt eine bestehende Long-Position wird durch den Verkauf desselben Futures geschlossen. Bei nicht durch ein Gegengeschäft geschlossenen Positionen erfolgt am Fälligkeitstag automatisch ein Cash-Settlement. Soll zum Beispiel eine Long-Position in einem fällig werdenden Kontrakt weiterhin bestehen bleiben, muss der Future »gerollt« werden, das heißt, die bestehende Long-Position wird durch den Verkauf des fällig werdenden Kontrakts geschlossen und parallel dazu wird die Position durch den Kauf eines länger laufenden Kontrakts wieder eingegangen. Wie bei allen Derivaten wird von der Börse für den Future-Handel die Hinterlegung einer Sicherheitsleistung (Initial Margin) verlangt, um mögliche Verluste abzudecken. Sollte die Initial Margin durch Kursverluste aufgebraucht sein, wird von der Börse ein Nachschuss verlangt. Sofern dieser nicht erbracht wird, wird die Position von der Börse durch ein Gegengeschäft geschlossen. Für alle wöchentlich fälligen Future-Kontrakte beträgt die Initial Margin in der Regel knapp die Hälfte der Gesamtsumme, die Margin-Anforderung für den Future mit der kürzesten Fälligkeit ist am höchsten. Die Cboe kann die Höhe der Initial Margin jederzeit ändern, sodass auch nachträglich eine höhere Sicherheitsleistung verlangt werden kann. Darüber hinaus handelt es sich bei den hier aufgeführten Margin-Anforderungen ausschließlich um die von der Cboe geforderten Sicherheitsleistungen. Broker beziehungsweise Banken können auch höhere Sicherheitsleistungen verlangen. Daher sollte jeder, der den VIX Future handeln möchte, sich im Hinblick auf die Margin-Anforderungen vorab genauestens bei seinem Broker oder seiner Bank informieren.

Wie stark reagieren die einzelnen Future-Fälligkeiten auf Veränderungen des VIX?

Das nachfolgende von der Cboe veröffentlichte Schaubild zeigt die Kursentwicklung des VIX sowie ausgewählter VIX-Future-Fälligkeiten vom 1. August bis zum 15. August 2019. Am 5. August 2019 stieg der VIX um 39,6 Prozent. Am gleichen Tag konnte der mit einer Restlaufzeit von 16 Tagen am 21. August 2019 fällige Future um 23,7 Prozent zulegen, während der VIX Future mit Fälligkeit im März 2020 (Restlaufzeit von circa sieben Monaten) lediglich um 3,8 Prozent anstieg.

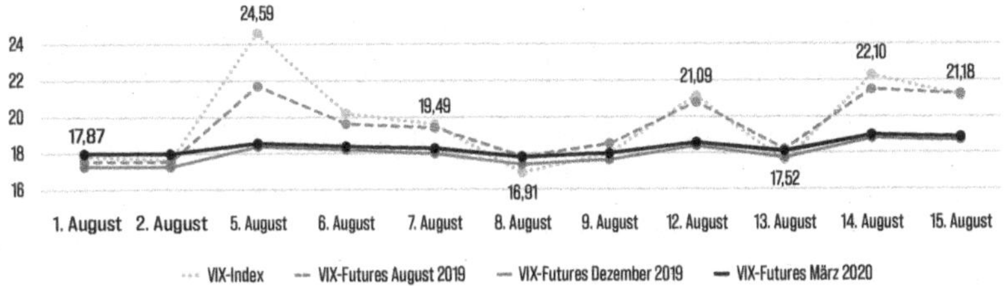

Abbildung 15: VIX Index und ausgewählte Futures im August 2019
Quelle: Chicago Board Options Exchange

Die nachfolgende Grafik zeigt das Beta von VIX Futures mit unterschiedlichen Laufzeiten zum VIX. Das Beta gibt an, wie stark die Futures auf Schwankungen des VIX reagieren. Ein Beta von 1 bedeutet, dass die Futures genauso stark schwanken wie der Index. Bei einem Beta von unter 1 fallen die Schwankungen dementsprechend schwächer aus. Hier wird deutlich, dass Futures mit kurzen Laufzeiten wesentlich stärker auf Veränderungen des VIX reagieren als die länger laufenden Futures.

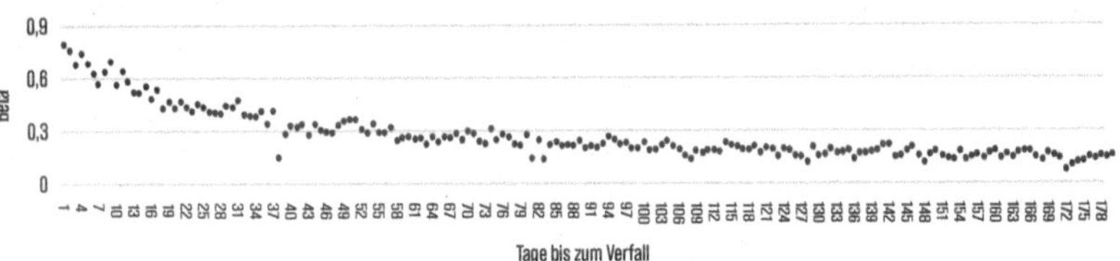

Abbildung 16: Beta von VIX Futures Quelle: Chicago Board Options Exchange

Oft werden wir gefragt, ob man auch auf verschiedene VIX-Zertifikate setzen soll, die in Deutschland handelbar sind. Wir sind von dieser Produktkategorie hinsichtlich der Liquidität sowie der Preisspanne und der Preisfindung nicht unbedingt überzeugt. Wenn Sie solche Produkte handeln wollen, dann reicht es nicht, einmal im Monat in Ihr Depot zu schauen. Sie sollten Ihr Handelsverhalten sowohl von Ihrem Verständnis für Risiken abhängig machen als auch von Ihrer Bereitschaft, solche einzugehen.

Psychologie

»Shortseller sind für die Märkte wie Kanarienvögel in den Kohleminen: Sie sind das Frühwarnsystem, das dich auf ein Problem hinweist.«

Bill Ackman

Echtes Expertenwissen im Leben und Investieren gibt es nicht, nur unterschiedliches Unwissen. Dies ist kein Problem, das es zu lösen gilt, die Welt funktioniert einfach so. Wir können nicht alles wissen, aber wir können hart daran arbeiten, clever genug zu werden, um im Laufe der Zeit überdurchschnittliche Entscheidungen zu treffen. Das ist der Schlüssel zum erfolgreichen Investieren. Eine Möglichkeit, das Gleichgewicht zu unseren Gunsten zu kippen, besteht darin, eine Umgebung zu schaffen, in der wir rationaler agieren können. Um bessere Investitionsentscheidungen zu treffen, hilft es unermesslich, eine Reihe von Regeln und Routinen zu entwickeln, die wir konsequent anwenden können. Das bringt mehr Ordnung und Planbarkeit und reduziert die Komplexität des Entscheidungsprozesses. Je tiefer man in ein Gebiet eintaucht, desto bescheidener wird man im Allgemeinen (auch bekannt als »Dunning-Kruger-Effekt«). Unsere persönlichen Erfahrungen mit Geld machen vielleicht 0,1 Prozent dessen aus, was in der Welt passiert ist, aber 90 Prozent dessen, wie die Welt unserer Meinung nach funktioniert. Nicht jeder Erfolg ist auf harte Arbeit zurückzuführen und nicht alle Armut ist auf Faulheit zurückzuführen. Die meisten Menschen erkennen nicht, dass sie es nicht verstehen, wenn sie mit etwas konfrontiert werden, das sie nicht verstehen. Wir alle treffen Entscheidungen auf der Grundlage unserer eigenen einzigartigen Erfahrungen, die uns im Moment sinnvoll erscheinen. Indem wir intellektuelle Demut demonstrieren und anerkennen, was wir nicht wissen, versetzen wir uns in eine vorteilhafte Position, um mehr zu lernen. Der Grund, warum wir als Anleger mit einem rein quantitativen Ansatz und der Vernachlässigung der menschlichen Natur nicht erfolgreich sein können, liegt darin, dass Finanzmärkte soziale Konstrukte sind, die von Menschen angetrieben werden, die der gesamten

Bandbreite menschlicher Emotionen ausgesetzt sind. Der Versuch, die Finanzmärkte zu verstehen, ohne die menschliche Psychologie und die Grundlagen mentaler Modelle zu verstehen, wäre wie der Versuch, eine exakte Wissenschaft wie die Physik begreifen zu wollen, ohne zuerst die zugrunde liegende Mathematik zu verstehen. Finanzmärkte sind mehr als Zahlen und Gleichungen und der erste Schritt besteht darin zu verstehen, wie Menschen denken. Wenn Sie einen Stein in einen ruhigen Teich fallen lassen, sehen Sie Wellen. Ebenso brauchen Sie beim Investieren einen friedvollen und zufriedenen Geist, wenn Sie die großen Ideen sehen wollen. Als Leerverkäufer müssen Sie einen starken Magen für Volatilität und kurzzeitige Verluste haben. Börsen steigen über einen langfristigen Zeitraum und das Sentiment im Markt ist überwiegend positiv. Keynes sagte: Die Märkte sind länger irrational, als Sie solvent bleiben können. Ein sehr wichtiges Statement, denn selbst wenn Sie einen vermeintlich brillanten Short-Kandidaten finden, kann es Monate, wenn nicht Jahre dauern, bis der Markt dies realisiert. Es ist daher von höchster Bedeutung, Auslöser oder Events zu identifizieren, die den Prozess beschleunigen. Es gibt eine Vielzahl von diesen, die entweder das Unternehmen selbst, den Sektor oder den Gesamtmarkt betreffen. Außer in Bärenmärkten schwimmen Sie stets gegen den Strom und das ist kontraintuitiv. Sie müssen daher konträr denken und sämtliche Fakten auf den Prüfstand stellen. Die Mehrheit der Anleger vertraut auf Aussagen des Managements (Agency Problem) oder Analyseberichte. Das Herdendenken ist ein weiteres Risiko für den Short Seller, da resultierende Kursentwicklungen oftmals fundamental nicht gerechtfertigt, sondern rein markttechnisch basiert sind. Übertreibung, Panik oder Euphorie gehören zur Natur der Märkte und führen oftmals zu kurzzeitigen Kursentwicklungen, die den emotionalen Short Seller an seinen Positionen verzweifeln lassen. Es ist daher ratsam, sich ausschließlich auf Unternehmen zu konzentrieren, die von einem fundamentalen Problem oder gar mehreren bedroht sind. Als Privatanleger ist Ihnen ein Tool fast gänzlich verwehrt: das aktive Bewerben Ihrer Position. Marketing ist ein hervorragendes Mittel, das vor allem bei US-amerikanischen Investoren beliebt ist, um auf Missstände in Unternehmen aufmerksam zu machen. Mir wurde etliche

Male bei großen Short-Positionen wie MLP, WCM und Bremer Vulkan »aktive Sterbehilfe« vorgeworfen. Die Unternehmen hatten sich ausnahmslos selbst heruntergewirtschaftet und in einigen Fällen viel zu liberal bilanziert. Ich habe »nur« auf diese Missstände hingewiesen. Bei der Bekanntmachung von Short-Positionen von renommierten Investoren kommt es daher oft zu einem Fall der Kurse, und dies aus rein psychologischer Sicht. Zwar haben Sie nicht denselben Bekanntheitsgrad wie jene Investoren von »Weltrang«, allerdings können Sie in Medien wie *wallstreet:online* oder *Seeking Alpha* mit anderen Anlegern Ihre Positionen diskutieren und Ideen austauschen. Bedenken Sie dabei, Ihre Positionen – sofern dies zutrifft – offenzulegen und sich an die Regeln der jeweiligen Foren zu halten, um nicht Opfer sinnloser Rechtsstreitigkeiten zu werden.

Sind Leerverkäufe moralisch verwerflich?

»Short Seller stabilisieren fallende Märkte durch Aktienkäufe, um ihre Shorts zu decken. Das resultiert in Unterstützungsniveaus und kann die Volatilität reduzieren.«

Jim Chanos

Zweck dieses Buches ist nicht, eine philosophische Abhandlung über die Ethik des Leerverkaufs zu schreiben. Wir maßen uns auch nicht an, Moral und Ethik absolut zu definieren und allgemein geltend zu machen. Leerverkäufe haben gemeinhin einen schlechten Ruf. Einige Kritikpunkte sind gerechtfertigt, einige andere übertrieben oder gänzlich falsch. Sind Sie Leerverkäufen gegenüber negativ eingestellt, wird dieser Teil Sie wohl kaum umstimmen. Dennoch: Wir werden nun einige Perspektiven kurz veranschaulichen und Ihnen die Entscheidung überlassen. Fakt ist, dass gedeckte Leerverkäufe unter bestimmten Voraussetzungen eine Bereicherung für Märkte sind. So wird durch Short Selling der Markt »organisch« reguliert und eine Blasenbildung verhindert. Marode Unternehmen mit betrügerischen Geschäftspraktiken werden so eliminiert – man denke an weiße Blutkörperchen. Gewissermaßen agieren Hedgefonds als verlängerter Arm der BaFin oder der SEC, indem sie äußerst gründliche Recherche betreiben und so – nicht gänzlich uneigennützig – Leichen im Keller an die Öffentlichkeit bringen. Aufsichtsbehörden haben oftmals nicht die notwendigen Kapazitäten, um solch umfassende Recherchen durchzuführen. Durch »Shorties« erhöht sich außerdem die Liquidität im Markt, wodurch die allgemeine Volatilität sinkt. Im Zuge der Finanzkrise gewährte die SEC einigen Market Makern sogar das Recht, Leerverkäufe weiterhin durchzuführen, um die Liquidität dieser Werte zu erhöhen. So werden Preise in Schach gehalten und eine gewisse Preisstabilität ermöglicht. Gewinner von Leerverkäufen sind idealerweise Sie (durch Profite) und Ihre Depotbank (durch Gebühren). Aktionäre von Unternehmen, die erfolgreich leerverkauft wurden, gehen oftmals im wahrsten Sinne des Wortes »leer« aus und sind die Verlierer. Dies wird häufig als Hauptgrund angeführt, warum Short Selling ethisch fragwürdig sein soll. Nun ist es aber so, dass viele Short-Positionen meist aufgrund betrügerischer oder hochriskanter Praktiken erfolgreich sind: Enron, Allied Capital, Lehman Brothers, Bremer Vulkan oder andere Firmen. Das Ironische ist, dass es für jede gekaufte Aktie einen Verkäufer geben muss: Sind Sie von einer Aktie überzeugt, glauben Sie, diese entwickele sich positiv. Der Verkäufer vermutet eine Überbewertung oder keine positive Entwicklung, also nehmen Käufer und Verkäufer gegensätzliche Positionen ein. Folgt man dieser Argumentationskette, dürfte man keine Aktie verkaufen, da der Verkäufer – theoretisch – dem Käufer überteuerte Ware verkauft. Wir bitten Sie, nur eine Sache zu bedenken. Wenn an den Märkten aufgrund von massiven Zins- und Geldmengen-Manipulationen Kurse nach oben schießen, dann sollten Sie nicht zu den Opfern dieser makropolitischen Maßnahmen gehören, wenn diese Kurse eines Tages dramatisch einbrechen. Einerlei – es ist allein Ihnen überlassen, sich über die Ethik des Leerverkaufs Gedanken zu machen und zu schlussfolgern, was das Richtige ist. Wir hoffen, dass dieses kurze Kapitel einen Überblick über die wichtigsten Punkte gegeben hat.

Kapitel 3

Entwicklung einzelner Assetklassen in verschiedenen Preisniveaus

»Die Amerikaner werden immer stärker. Vor 20 Jahren brauchte man zwei Leute, um einen 10-Dollar-Einkauf zu tragen. Heute kann das ein Fünfjähriger.«

BENJAMIN GRAHAM

Mein Mentor Peter Lynch nutzte keine makroökomischen Vorhersagen. Seiner Meinung nach kann niemand die Entwicklung der Zinsen oder der Börse vorhersagen. »Sich damit zu beschäftigen, ist komplette Zeitverschwendung«, so Peter Lynch. Wichtig ist, wie sich die Unternehmen entwickeln, die wir halten, und wie sie bewertet sind. Wir analysieren Makrotrends, um so die am schnellsten wachsenden Sektoren zu finden. Makrotrends werden als langanhaltende, allgegenwärtige Verschiebungen definiert, die eine große Population betreffen. Sie fallen im Allgemeinen in eine der folgenden Kategorien:

- Demografie,
- Wirtschaft,
- Umgebung,
- Staat,
- Gesellschaft,
- Technologie.

Des Weiteren analysieren wir diese Sektoren daraufhin, welche Unternehmen zu einem angemessenen Preis am schnellsten wachsen.

- Kauf von Aktien, die vom Markt unterbewertet zu sein scheinen.
- Kauf von Aktien mit einer Erfolgsgeschichte von konstantem Gewinnwachstum und angemessenen Bewertungen.

Weitere Schlüsselkennzahlen werden ebenfalls zur Bewertung von Unternehmen herangezogen, darunter Umsatz und Eigenkapitalrendite. Vor allem aber die Stabilität der Erträge während einer Rezession oder einem Börsencrash. Jede Anlageklasse performt in verschiedenen Marktphasen unterschiedlich. Da Prognosen auch immer Unsicherheiten beinhalten, ist es entscheidend, eine intelligente Portfoliostruktur aufzubauen und gleichzeitig dynamisch und entsprechend den Umständen flexibel handeln zu können. Angesichts der Makrofaktoren bevorzugen wir bei den Aktien äußerst selektiv klare Wertschöpfer. Dazu gehören nicht-zyklische Unternehmen mit hoher Preismacht, hohen Eintrittsbarrieren und ausgezeichneten Bilanzen. Sollte das Szenario der Stagflation eintreffen, werden wir das Aktien-Exposure weiter in Edelmetalle und Rohstoffe beziehungsweise Nahrungsmittel umschichten. Zu den Werten, die wir meiden, gehören Wertzerstörer in zyklischen Branchen wie Banken oder Bauwesen sowie kapitalintensiven Branchen (Automobil oder Flugzeuge). Das gilt besonders für Unternehmen mit »Erpressungspotenzial«, die von einzelnen Großkunden abhängig sind und kaum staatliche Subventionen erhalten, was auf den Großteil der Zuliefererindustrie zutrifft. Auch bei Anleihen sollte man – aufgrund der aktuell hohen Bewertungen – äußerst selektiv vorgehen. Höhere Zinssätze sind für Vermögenswerte, deren Cashflows näher an der Gegenwart liegen, äußerst unangenehm. Für Vermögenswerte, deren Cashflows stärker in der Zukunft liegen, sind sie sogar verheerend. Ein Beispiel dazu: Wenn die Zinsen um 1 Prozent steigen, sinkt eine Anleihe mit einer Laufzeit von drei Jahren um etwa 2,5 Prozent, während eine Anleihe mit einer Laufzeit von 30 Jahren um etwas mehr als 15 Prozent sinkt. Das Gleiche gilt für Unternehmen, deren Cashflows weit in der Zukunft liegen und die dadurch auf Zinserhöhungen empfindlich negativ reagieren. Bis vor Kurzem noch haben solche Unternehmen überproportional von den niedrigen Zinsen profitiert. Die Aktien dieser Unternehmen sind diejenigen, die sich heutzutage am wahrscheinlichsten inmitten einer Blase befinden. Genug von steigenden Zinsen, hin zur Inflation: Anfang der 1990er-Jahre erlebten wir eine Hyperinflation in Russland, die beispielsweise Zigarettenpreise über Nacht mehr als verdoppelte. Für uns Mitteleuropäer aktuell noch unvorstellbar. Anfang des letzten Jahrhunderts sah dies in der Weimarer Republik allerdings noch gravierender aus und auch heute besteht die Gefahr der Truthahn-Illusion. Bitte beachten Sie: Die Zentralbanker sind nicht Ihre Freunde. Unternehmen, deren Kosten am wenigsten von steigenden Preisen betroffen sind, schneiden in solchen Phasen relativ gut ab. Dies gilt generell auch für Unternehmen mit einem höheren Fixkostenanteil. Dabei ist es wichtig zu unterscheiden, ob die Kapitalintensität eines Unternehmens in der Vergangenheit oder in der Zukunft liegt. Ein Unternehmen, dessen hohe Kapitalintensität in der Vergangenheit lag, kann von der Inflation sogar profitieren. Der Großteil der Kosten eines Pipeline-Unternehmens ist zum Beispiel fix und entstand in der Vergangenheit. Zwar werden auch die Kosten für die Wartung der Pipelines steigen, aber im Verhältnis zu den Baukosten sind die Wartungskosten eher gering. Die untere Tabelle fasst die zu bevorzugenden Anlageklassen in den unterschiedlichen Marktphasen zusammen.

	Heute (niedrige Inflation)	**Stagflation**	**Deflation**
Cash	Verkaufen	Verkaufen	Kaufen
Anleihen	Kaufen	Verkaufen	Kaufen
Aktien	Kaufen	Verkaufen	Verkaufen
Rohstoffe	Kaufen	Kaufen	Verkaufen
Gold	Kaufen	Kaufen	Neutral
Immobilien	Neutral	Verkaufen	Verkaufen

Abbildung 17: Zu bevorzugende Anlageklassen in unterschiedlichen Marktsituationen

Quelle: Eigene Darstellung

Inflation

Anleihen

Historisch gesehen neigen Inflationsüberraschungen dazu, die Preise von Vermögenswerten stärker zu beeinflussen, als die tatsächliche Änderungsrate der Inflation ausmacht. Oder anders gesagt: Eine Inflation von 4 Prozent macht vermutlich keinen großen Unterschied, wenn diese Rate ohnehin von den Märkten bereits eingepreist wurde. Jedoch hat es einen großen Effekt, wenn der Markt lediglich 2 Prozent erwartet hatte. Deshalb ist es wichtig, die Ausgangsbedingungen sowie den Weg zur Inflation zu verstehen, denn nicht jede Inflation wird »gleich geschaffen«. Anleihen sind in einer Stagflation keine geeignete Anlageform. Anleihen können möglicherweise kurzzeitig durch die »Flucht in die Sicherheit« profitieren, wodurch die Kurse ansteigen. Aber angesichts der extremen Defizite ist es fraglich, ob Anleihen tatsächlich ein sicherer Hafen bleiben. Hinzu kommt die Inflation, die die Zinseinnahmen auffressen wird. Dennoch finden wir eine besondere Nische bei den Anleihen attraktiv. Inflationsindexierte Anleihen sind Schuldverschreibungen, deren Wert vertraglich an einen Konsumentenpreisindex gebunden ist. Am Konsumentenpreisindex wird die Inflation gemessen (die Inflationsrate gibt die prozentuale Änderung des Index im Vergleichszeitraum an). Diese Anleihen können als Eckpfeiler eines Portfolios zur Inflationsabsicherung fungieren.

Anleihen sind sicherer als Aktien

Nun, das sind sie, nicht wahr? Ja, Anleihen sind weniger riskant, wenn Sie mit »Risiko« kurzfristige Volatilität meinen. Doch wie Ken Fisher in seinem Buch *The Little Book of Market Myths* zeigt, sinkt die Volatilität von Aktien über einen langen Anlagehorizont – sagen wir, 20 Jahre – auf fast das gleiche Niveau wie die von Anleihen, und dennoch bieten Aktien historisch gesehen Renditen, die ungefähr doppelt so hoch sind wie die von Anleihen. Und wir haben das Thema Inflation noch nicht einmal angesprochen, das Anleihen viel härter trifft als Aktien.

Aber noch grundlegender stellen Aktien etwas dar, was Anleihen niemals können: eine Beteiligung an einem wachsenden Unternehmen. Das Beste, was Sie von einer Anleihe in Bezug auf den Kapitalzuwachs erwarten können, ist der Nennwert bei Fälligkeit. Das Aufwärtspotenzial der Aktie eines wachsenden Unternehmens ist jedoch buchstäblich grenzenlos. Der Hauptgewinn für Distressed-Investoren ist, wenn man eine Anleihe für 30, 40 oder 50 Cents auf den Dollar kauft und sein Investment vom Buchwert abgedeckt wird.

Edelmetalle als Cash-Substitut

> *»Gold funktioniert seit der Zeit Alexanders des Großen. Wenn etwas über 2.000 Jahre Bestand hat, dann vermutlich nicht aufgrund von Vorurteilen oder einer falschen Theorie.«*
>
> Bernard Baruch

Gold und Silber gehören selbstverständlich ebenfalls in das Portfolio. Neben der relativ einfachen Lagerung besitzen Gold und teilweise auch Silber Eigenschaften eines Zahlungsmittels. Die Edelmetalle können dazu beitragen, im Falle von kompetitiven Währungsabwertungen unterschiedlicher Länder die eigene Kaufkraft zu erhalten.

Rohstoffe

Die Investition in Rohstoffe kann helfen, sich gegen steigende Nahrungsmittel- und Energiepreise abzusichern, die einen Großteil des Konsumentenpreisindex ausmachen und dessen volatilste Komponenten sind. Rohstoffinvestitionen können daher als Stoßdämpfer für Inflationsüberraschungen wirken. Wir würden auf Rohstoffe setzen, die auch in einer Rezession konsumiert werden. Dazu zählen vor allem auch Nahrungsmittel, die kaum substituiert werden können, lange haltbar sind und eine hohe Gewichtung bei der Inflationsmessung haben.

Rohstoffe haben – verglichen mit anderen Anlageklassen – das höchste Beta zur Inflation. Mit anderen Worten: Für jeden Prozentpunkt Anstieg des Inflationsniveaus, haben Rohstoffe im Durchschnitt den größten Gewinn. Daher bieten sie eine Hebelwirkung auf die Inflation, sodass Anleger eine relativ kleine Menge an Rohstoffen halten können, um ein viel größeres Portfolio abzusichern:

- Weil Rohstoffe noch nie ein Totalausfall waren.
- Weil Rohstoffe selbst in schwer deflationären Phasen nachweislich über enormes Wertsteigerungspotenzial verfügen.
- Weil sich Rohstoffe in einer sehr schweren und andauernden Krise zu einem alternativen Zahlungsmittel entwickeln könnten.
- Weil Rohstoffe auch nicht so leicht konfisziert oder steuerlich belastet werden können.
- Weil Rohstoffe sowohl bei galoppierender Inflation als auch in einem deflationären Umfeld performen können.
- Des Weiteren kommt eine Studie der renommierten Yale University zu dem Ergebnis, dass Rohstoffe mit der Inflation positiv korrelieren. In den vergangenen 60 Jahren waren Rohstoffe sogar ein besserer Inflationsschutz als Aktien und Anleihen.
- Zwischen 1966 und 1974 stieg der Preis für Zucker-Futures von 1,4 auf 66 Cent (ein Anstieg um 4.714 Prozent). Mais-Investoren konnten immerhin einen Gewinn von 295 Prozent verbuchen. Der Ölpreis verfünfzehnfachte sich in den 1970er-Jahren bis auf 40 US-Dollar je Barrel. Im selben Zeitraum bewegte sich der Aktienmarkt seitwärts und zweistellige Zinssätze ließen den Anleihemarkt kollabieren. Wer zum Beispiel 1998 vor dem Dotcom-Crash in Rohstoffe investierte, verzeichnete sechs Jahre später einen Gewinn von 190 Prozent, währenddessen der NASDAQ in der Spitze knapp 83 Prozent seines Wertes einbüßen musste.
- Der Trend zum Elektroauto wird mittel- bis langfristig erheblichen Einfluss auf den Preis mancher Rohstoffe haben. Dazu zählen etwa Kobalt, Grafit, Lithium und Seltene Erden. Hier sollte die Nachfrage weiter steigen. Auch bei Kupfer wird sich noch einiges tun, selbst bei Aluminium.

- Agrarrohstoffe können Schutz vor einer Aktienbaisse und einer galoppierenden Inflation sein und können Investoren womöglich ohne große Verluste durch eine schwerwiegende Wirtschaftskrise kommen lassen. Zu drei Zeitpunkten waren die Rohstoffpreise im Vergleich zu den Aktienkursen historisch niedrig. Das war 1970, kurz vor der Dotcom-Krise 1999 – und in der laufenden Dekade. Auch beim Aktiencrash von 1987 notierten die Rohstoffe niedrig, ähnlich wie heute. Jeweils nach diesen Tiefstständen stiegen die Kurse im nachfolgenden Jahrzehnt enorm, bis wieder ein Höhepunkt erreicht war.
- Von 1962 bis Anfang der 2000er-Jahre lag die Gesamtperformance von Rohstoffen dreimal so hoch wie die Gesamtperformance der entsprechenden Aktien.

Als Investor sollten Sie unbedingt die verschiedenen Pflanzen im Agrarrohstoffbereich kennen. Dabei ist es wichtig, sich über die Eigenschaften und Verwendungsarten der Pflanzen sowie über die wichtigsten Hersteller und Verbraucher und die größten Im- und Exporteure zu informieren. Sie sollten wissen, in welchen Jahreszeiten die Pflanzen jeweils angebaut werden, und auch die wichtigsten Berichte und Veröffentlichungen sollten bekannt sein.

Rohstoffe werden in der Regel über Futures gehandelt. Ein Futures-Kontrakt beinhaltet die Vereinbarung, eine zugesicherte Gütermenge gegen einen vereinbarten Preis zu einem bestimmten Datum in der Zukunft einzutauschen. Dies erlaubt Ihnen, Rohstoffkontrakte direkt zu handeln, ohne die zugrunde liegenden Güter physisch zu besitzen. Die Rohstoffkontrakte sollten dringend vor dem Lieferdatum geschlossen werden. Es sei denn, Sie möchten aus Ihrem Keller ein Warenlager machen.

»Contango« und »Backwardation« sind Begriffe, um die Form des Futures-Kurses für einen bestimmten Rohstoff über die kommenden Monate zu beschreiben. Die Preiskurve des Futures zeigt den Preis eines Futures-Kontrakts nach Laufzeit. Verlieren Sie diese bei Futures-Trading niemals aus den Augen.

Immobilien

Real Estate Investment Trusts (REITs), die in Renditeobjekte investieren und Dividenden ausschütten, bieten eine potenzielle Absicherung gegen den Anstieg der Wohnungskosten, die mehr als 30 Prozent des Konsumentenpreisindex ausmachen. Während REITs über längere Zeiträume eine hohe Korrelation mit der Inflation aufweisen, weisen sie über kürzere Zeiträume hinweg eher eine hohe Korrelation mit Aktien auf. Selbstverständlich ist die Risikoprämie bei Immobilien entscheidend: Indexgebundene Mieten sind zwar gut und schön, aber nur so lange, wie Lagerhäuser und Büros nicht leer stehen. Sollten 90 Prozent der Wirtschaft intakt bleiben, könnte man erwarten, dass auch die meisten Immobilien-Cashflows intakt bleiben. Ein weiteres inflationsgebundenes Asset, das in Betracht gezogen werden sollte, ist Ackerland, das sich in den 1970er-Jahren als ein Gewinner erwies und auch seit 1990 kein Jahr mit negativer Rendite verbuchen musste.

Währungen

Der US-Dollar: Für alternative Investitionsansätze während einer Stagflationsperiode ist es aufschlussreich, die Entwicklung des US-Dollars im Verhältnis zu anderen Währungen sowie im Verhältnis zur Inflation während der Hochphase der Stagflation der 1970er-Jahre zu betrachten. Zudem verlor der US-Dollar im Vergleich zu einem Korb der wichtigsten Weltwährungen an Wert. Während Preisentwicklungen in auf US-Dollar lautende Vermögenswerte wie Gold und Öl dazu beitragen werden, diesen Effekt auszugleichen, können andere Anlageklassen in diesem Umfeld laufende Erträge und attraktive reale Renditen erzielen. In einem Umfeld mit Stagflation könnte eine Allokation in Auslandsanleihen unter dem Gesichtspunkt der zu erwartenden Rendite attraktiv erscheinen. Die Portfolios könnten nicht nur von einer stärkeren Diversifizierung profitieren, sondern eventuell auch von Währungseffekten, da sie Anleihen in verschiedenen Währungen aus der ganzen Welt halten. Anleihen aus Industrie- und Schwellenländern könnten auch in Zeiten einer schwächelnden US-Währung attraktive reale Renditen erzielen. Während der Stagflation stieg Anfang der 1980er-Jahre die US-Inflation auf 15 Prozent an und die Leitzinssätze wurden auf 20 Prozent angehoben, wodurch die Rendite der zehnjährigen US-Staatsanleihen auf fast 16 Prozent anzog. Unternehmensanleihen schnitten trotz einer relativ niedrigen Ausfallrate sogar noch schlechter ab. Darüber hinaus verdreifachte sich die Volatilität der Anleihen. Diese verhielten sich zunehmend wie Aktien, sodass sie weniger zur Diversifikation beitragen konnten.

Alternative Assets

Um den Schuldenberg aufzulösen, gibt es grundsätzlich vier Möglichkeiten:

1. Wachstum: Der angenehmste Weg aus der Schuldenfalle führt über reales Wirtschaftswachstum. Je schneller das reale Bruttoinlandsprodukt steigt, desto schneller schmilzt der relative Schuldenberg. Voraussetzung hierfür ist jedoch, dass der Schuldenberg langsamer wächst als das BIP.
2. Haushaltsüberschüsse: Der Staat kann Ausgaben senken oder die Steuern erhöhen, um damit Primärüberschüsse zu erzielen. Diese Überschüsse werden genutzt, um Schulden abzubauen.
3. Restrukturierung der Schulden: Zum Beispiel durch Schuldenschnitte oder Währungsreformen. Schulden werden damit »aufgelöst«.
4. Inflation: Die Schuldenquote sinkt auch, wenn die Realzinsen kleiner sind als das reale Wirtschaftswachstum.

Stagflation - Gewinner und Verlierer

»Es gibt riesige Unterschiede zwischen Bären- und Bullenmärkten. Wenn man zum Beispiel die Dips in einem echten Bullenmarkt kauft, funktioniert das recht gut. Die Dips in einem Bärenmarkt zu kaufen, radiert dich aus.«

DANIEL J. ZANGER

Stagflation ist eine Kombination aus wirtschaftlicher Stagnation (kein oder nur geringes Wirtschaftswachstum) und Inflation. Häufig liegen die Ursachen einer Stagflation in unerwarteten Angebotsschocks – beispielsweise einem Angebotseinbruch bei einem Rohstoff –, wodurch der Preis in die Höhe schießt. Ein solches Ereignis fand in den 1970er-Jahren statt, als die OPEC die Ölförderung aufgrund geopolitischer Spannungen verknappte. Daraufhin hat sich der Ölpreis zwischen 1973 und 1975 verdoppelt. Da Öl ein wesentliches Verarbeitungsprodukt in der Industrie ist, stiegen die Produktionskosten und in der Folge auch die Inflationsrate. 1974 erreichte die US-Inflation einen Spitzenwert von fast 13 Prozent, während der Durchschnitt in den 1970ern bei 7,25 Prozent lag. Das hatte schwerwiegende makroökonomische Folgen. Aufgrund der gestiegenen Kosten sank die Nachfrage, wodurch wiederum die Arbeitslosigkeit anstieg. Die US-Arbeitslosenrate in den 1970ern betrug zwischen 6 und 9 Prozent.

Aufgrund der gestiegenen Lebenshaltungskosten (Inflation) wurden höhere Löhne gefordert. Die Lohninflation wiederum setzte die Unternehmen unter Druck, was zu weiter steigenden Preisen und weniger Neueinstellungen führte. So kam es zu einer negativen Feedbackschleife, wodurch sich die Situation stetig verschlechterte.

Ein weiterer wesentlicher Faktor, der zu diesen Umständen beigetragen hat, war das gestiegene US-amerikanische Haushaltsdefizit. Die USA befanden sich im Vietnamkrieg, was hohe Ausgaben verursachte, und zudem wurde das Great Society Spending (Maßnahmen zur Reduzierung der Ungleichheit) umgesetzt. All dies führte zu einer steigenden Verschuldung des Staates.

Ferner muss man auch die schlechte Geldpolitik der US-amerikanischen Federal Reserve Bank (Fed) erwähnen. Die Fed hatte zunächst nämlich kaum auf den stark gestiegenen Ölpreis reagiert. Die Notenbank machte sich mehr Sorgen über die negativen Auswirkungen des Ölpreisanstiegs auf das BIP-Wachstum als über die Auswirkungen auf die Inflation. Folglich wurden die Zinsen viel zu lange viel zu niedrig gehalten. Erst Anfang der 1980er-Jahre beschloss die Fed, die Leitzinsen drastisch auf 20 Prozent zu erhöhen. In der Folge stürzte die

US-Wirtschaft in eine schwere Double-Dip-Rezession – erst ein Jahrzehnt später wurde die Inflation eingedämmt.

Die nachfolgende Abbildung zeigt zum einen, wie extrem sich die US-Inflation in den 1970er-Jahren entwickelte, und zum anderen die Effekte auf das reale Wachstum des Bruttoinlandsprodukts (BIP). Von 1972 bis 1974 befand man sich in einer Rezession, 1982 kam es zu der erwähnten Double-Dip-Rezession.

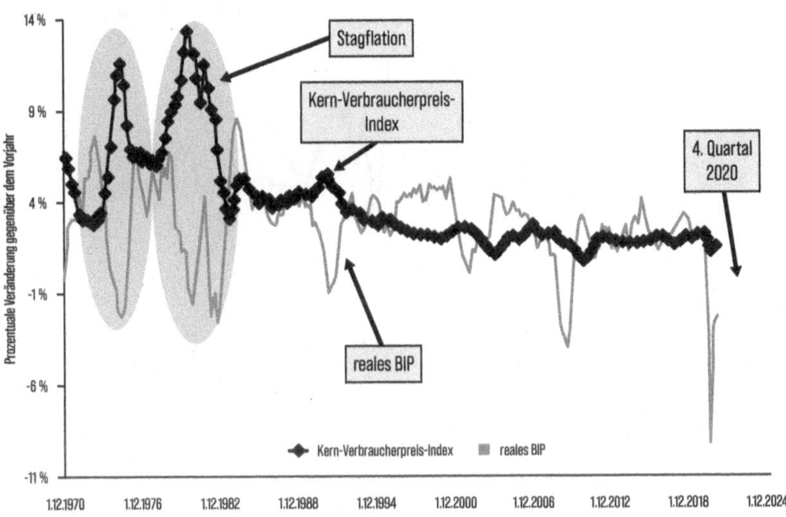

Abbildung 18: Jährliche Änderungsrate des Core Consumer Price Index (rote Linie) und des realen BIP-Wachstums (lila Linie) seit 1970

Quelle: US Commerce Department, US Labor Department

Auswirkungen auf die Kapitalmärkte

»Jene, die sich nicht an die Vergangenheit erinnern, sind dazu verdammt, sie zu wiederholen.«

George Santayana

Abbildung 19 verdeutlicht, wie schlecht die Aktienmärkte in der damaligen Zeit performten. Zwischen 1970 und 1990 erzielte man als Buy-and-Hold-Investor keine Realrendite – ganze 20 Jahre lang! Während der Stagflation in den 1970er-Jahren kam es zu einem Drawdown von fast 55 Prozent. Dieser dauerte knapp zwei Jahre.

Abbildung 19: Entwicklung des S&P 500 zwischen 1960 und 1990 (inflationsbereinigt)
Quelle: Macrotrends

Das allein spricht Bände und jeder Investor sollte sich unserer Ansicht nach intensiv mit dem Thema Stagflation auseinandersetzen. Investoren sollten nicht vergessen, dass das Börsenjahr 2020 mit der schnellen Erholung kein typisches Börsenjahr war. 2020 war in der Geschichte der Börsen ein klarer Ausreißer.

Zu Beginn der 1970er-Jahre bestand der S&P 500 zu fast 35 Prozent aus Industriewerten, also zyklischen Werten, die eng mit der Wirtschaftsleistung zusammenhängen. Weitere Segmente mit hoher Gewichtung waren Konsumgüter (Consumer Discretionary) und Basiskonsumgüter (Consumer Staples). Abbildung 20 zeigt die reale Entwicklung der zehn Branchen des S&P 500 während der Stagflation in den 1970ern. Per Ende 1979 gab es lediglich zwei Branchen, die einen realen Gewinn vorweisen konnten – Energie (Energy) mit plus 21 Prozent und Versorger (Utilities) mit plus 10 Prozent. Das entspricht einer Rendite von etwa 1 bis 2 Prozent pro Jahr – weit unter dem historischen Durchschnitt. Das größte Verlierer-Segment war der Gesundheitssektor (Health Care) (minus 33 Prozent), gefolgt von Konsumgütern, Basiskonsumgütern und IT (jeweils fast minus 27 Prozent).

Jahr	Energie	Materialien	Industrie	Konsumgüter	Gebrauchsgüter	Gesundheitswesen	Finanzwesen	Informationstechnologie	Telekommunikation	Versorgungsunternehmen
1974	2,2	5,2	(6,4)	(7,8)	3,5	8,3	2,4	(9,1)	19,4	1,6
1975	(13,2)	9,1	(0,7)	32,3	(2,7)	(26,7)	6,7	(3,5)	(11,7)	15,9
1976	11,2	(0,8)	9,3	(5,9)	(11,0)	(21,9)	11,0	1,5	11,2	10,3
1977	5,3	(15,7)	3,8	(7,7)	3,3	(1,7)	(3,5)	2,5	9,6	17,4
1978	5,2	(5,3)	3,3	(6,2)	(1,1	2,6	(0,8)	7,9	(0,5)	(11,9)
1979	26,9	14,0	2,0	(9,3)	(14,0)	5,0	(0,1)	13,0	(18,9)	(3,9)
1980	42,0	(4,6)	7,8	(14,4)	(17,1)	(1,2)	(15,0)	15,1	(29,0)	(15,5)
1981	(18,7)	(3,8)	(7,3)	11,0	22,4	8,3	15,4	10,5	39,6	13,8
1982	(33,8)	(12,0)	0,8	27,0	16,0	0,4	3,0	32,6	(7,4)	7,5
1983	3,3	6,6	10,4	(0,5)	(3,6)	(14,9)	(4,1)	4,9	(10,8)	(3,0)
1984	1,8	(13,3)	(7,0)	(2,5)	8,5	0,2	4,4	(7,2)	14,3	20,5
1985	(13,2)	(0,9)	(1,7)	0,3	11,7	11,2	9,2	(8,0)	7,0	(3,6)
1986	(1,7)	7,5	(1,4)	1,8	15,1	11,6	(7,9)	(25,0)	5,7	7,5
1987	3,5	17,1	(2,6)	(3,8)	6,8	1,4	(21,9)	8,9	(0,1)	(12,6)
1988	4,8	(6,4)	(4,2)	8,2	13,2	(3,6	0,7	(19,0)	4,7	(1,5)
1989	8,7	(9,2)	(4,8)	(10,3)	16,6	11,2	1,7	(37,6)	29,9	6,2
1990	6,7	(8,5)	(3,4)	(10,9)	20,9	17,3	(18,3)	5,4	(12,1)	2,6
1991	(25,2)	(5,5)	(1,0)	(1,6)	17,8	21,6	19,4	(18,0)	(16,4)	(6,5)
1992	(5,3)	2,9	2,0	12,1	(0,8)	(23,2)	15,8	(4,2)	8,8	0,9
1993	2,7	4,5	9,6	10,6	(16,7)	(15,9)	1,1	9,7	4,9	3,5
1994	1,3	4,0	(4,1)	(8,4)	4,5	12,0	(4,6)	15,5	(5,8)	(12,8)
1995	(7,2)	(20,1)	2,2	(15,4)	(0,7)	21,0	16,2	1,0	3,6	(6,1)
1996	2,8	(9,5)	1,9	(9,1)	1,6	(0,8)	13,3	19,3	(22,2)	(18,8)
1997	(8,6)	(25,4)	(5,7)	(3,8)	3,5	7,9	16,2	(5,3)	7,3	(8,4)
1998	(26,1)	(37,1)	(19,1)	4,5	(5,7)	12,8	(19,5)	48,5	23,0	(14,2)
1999	(6,0)	9,0	(2,0)	(0,1)	(22,7)	(30,4)	(17,3)	56,4	(1,4)	(30,8)
2000	29,1	(8,8)	13,0	(15,2)	14,7	47,3	35,0	(29,4)	(28,9)	67,5
2001	1,0	15,3	4,5	16,5	8,7	(0,2)	3,0	(13,0)	(0,4)	(20,2)
2002	5,9	14,6	(3,7)	(3,9)	15,5	2,9	8,0	(14,7)	(11,7)	0,7
2003	(2,5)	9,7	3,7	6,8	(12,8)	(13,6)	3,5	18,2	(21,7)	(4,5)
2004	20,4	2,8	7,9	0,2	(2,5)	(8,9)	(0,5)	(6,3)	8,4	9,5
2005	26,5	(0,2)	(2,9)	(10,0)	(1,4)	1,1	1,5	(5,1)	(9,3)	9,7
2006	8,5	3,0	(2,3)	2,8	(2,2)	(8,1	4,0	(7,7)	21,3	6,1
2007	28,9	16,4	6,3	(18,4)	7,7	1,7	(24,1)	11,5	6,0	12,5
2008	1,4	(8,6)	(2,9)	2,9	23,0	13,6	(18,3)	(6,7)	6,0	7,3
2009	(12,4)	21,9	(5,2)	15,9	(12,7)	(7,3)	(10,4)	35,6	(18,1)	(14,9)
2010	5,4	7,2	11,5	12,8	(0,8)	(12,3)	(2,8)	(4,9)	4,0	(9,5)
2011	2,6	(11,9)	(2,7)	4,0	11,9	10,6	(19,2)	0,3	4,2	17,9
2012	(11,4)	(1,0)	(0,7)	7,9	(5,2)	1,9	(12,8)	(1,2)	2,3	(14,7)

Abbildung 20: Jährliche Performance der einzelnen Sektoren des S&P 500 gegenüber dem Gesamtindex Quelle: FactSet, Goldman Sachs Global ECS Research

Interessant finden wir auch, wie sich die Wachstumswerte entwickelt hatten. Wie man Abbildung 21 entnehmen kann, hatten Growth-Aktien bis 1974 deutlich größere Drawdowns und haben sich auch anschließend von der Rezession wesentlich schlechter erholt. Bis in die frühen 1980er-Jahre hinein hatten Large-Cap-Growth-Aktien immer noch einen Realverlust hinzunehmen. Im Vergleich dazu haben sich Substanzwerte deutlich besser entwickelt und auch der Drawdown fiel geringer aus.

Darüber hinaus zeigt die Grafik, dass Small Caps und Mid Caps – egal ob Wachstums- oder Substanzwert – über den Zehnjahreszeitraum die besseren Performer waren als großkapitalisierte Aktien, trotz höherer Volatilität. Zum einen sind kleinkapitalisierte Unternehmen in der Regel weniger abhängig von der Wirtschaftslage als bereits etablierte Unternehmen. Zum anderen drängen Kleinunternehmen oft in einen viel größeren gesamt adressierbaren Markt oder erschaffen sich diesen. Selbst wenn sich die Wirtschaft in einer Rezession befindet und ein Small Cap dann beispielsweise in einem dreimal größeren Markt agiert, sollte sich das mittelfristig positiv auf den Aktienkurs auswirken.

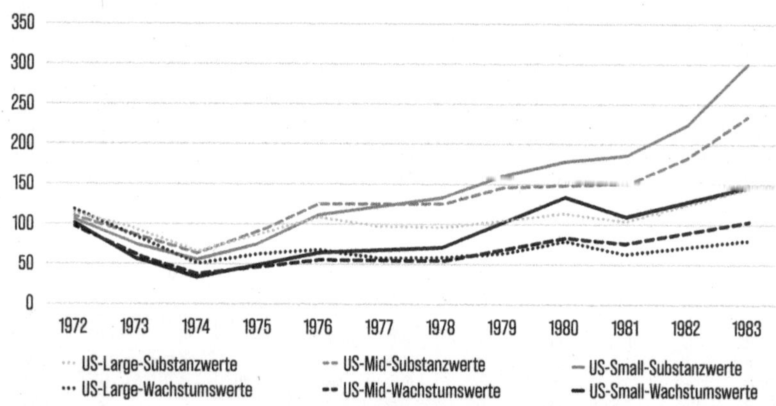

Abbildung 21: Reale Performance von Wachstums- und Substanzwerten während der Stagflation (1971 = 100) Quelle: FactSet, Goldman Sachs Global ECS Research

Die Analyse zeigt, dass man mit Aktien während der Stagflation in den USA nur sehr schwer Geld verdienen konnte. Würden wir – wenn es zu einer Stagflation kommen sollte – dieselben Branchen blind leerverkaufen und long gehen, die in den 1970er-Jahren schlecht beziehungsweise gut performten? Nein – denn die Welt heute ist eine ganz andere als noch vor 50 Jahren. Die Ursachen und Treiber der nächsten Stagflation können daher unterschiedlicher Natur sein. Wie so oft kommt es im Finanzgeschäft auf die Nuancen an.

Es gab allerdings auch einige Aktien, die besser abschnitten als der Gesamtmarkt. Heruntergebrochen auf banale Kriterien verfügten diese Unternehmen über eine oder mehrere der nachfolgenden Eigenschaften:

- Monopolartige Marktstrukturen (entweder lokal oder landesweit).
- Warren Buffett, der den S&P 500 in den 1970er-Jahren um 16 Prozent pro Jahr outperformen konnte, investierte beispielsweise in Verlage wie die Buffalo Evening News Company. Das Unternehmen hatte in seiner Region lediglich einen weiteren Konkurrenten. Hinzu kam, dass die Zeitungen täglich gelesen wurden.
- Produkte des täglichen Bedarfs.
- Die Walmart-Aktie war ein guter Performer. Der Aktienkurs hatte seit seinem IPO im Jahr 1972 bis zum Jahr 1983 um 1.750 Prozent zugelegt und damit den S&P 500 bei Weitem outperformt. Walmart verkauft nicht nur Alltagsprodukte, sondern baute in den 1970er-Jahren seine Anzahl an Standorten erfolgreich aus und konnte so beachtliches Umsatzwachstum erzielen. Dementsprechend wurden die Aktionäre auch belohnt.
- Geschäfte mit dem Staat, zum Beispiel in Form von vertraglich geregelten Abnahmeverträgen oder Konzessionsverträgen.
- Rundfunk und Fernsehen waren eine attraktive Branche, da sie Lizenzeinnahmen mit dem Staat generierten. Sie kennzeichneten sich durch eine hohe Marge und geringen Aufwand für Working Capital aus, sodass sie kaum von der Stagflation betroffen waren.
- Neuartige Technologien mit einer unmittelbaren Nachfrage. Die zu erwartenden Cashflows dürfen also nicht zu weit in der Zukunft liegen.
- Lockheed Martin, ein US-amerikanischer Rüstungskonzern, stellte damals neuartige Radarsysteme her, die das US-Militär dringend für den Vietnam- und den Jom-Kippur-Krieg benötigte. Die Aktie erzielte eine Performance von sage und schreibe

fast 6.000 Prozent. Unserer Meinung nach war Lockheed viel mehr als nur ein Rüstungskonzern – nämlich zugleich auch ein Technologieunternehmen.

- Sinnvolles Financial Engineering.
- Dividendenaktien, welche ihre Ausschüttungen konstant halten konnten, waren ebenfalls gute Performer. Da die Börsen volatil waren und Aktien aufgrund der Makrofaktoren mehr Downside-Risiken als Upside-Potenzial hatten, stellten Dividenden einen wichtigen Renditefaktor dar. In den 1970er-Jahren waren Dividendenausschüttungen für fast 75 Prozent der erzielten Erträge verantwortlich (siehe Abbildung 22). Allerdings möchten wir hier anmerken, dass wir heutzutage Aktienrückkaufprogramme – zu sinnvollen Kursen (unter dem fairen Wert) und ohne die eigene Bilanz zu verhageln – bevorzugen.

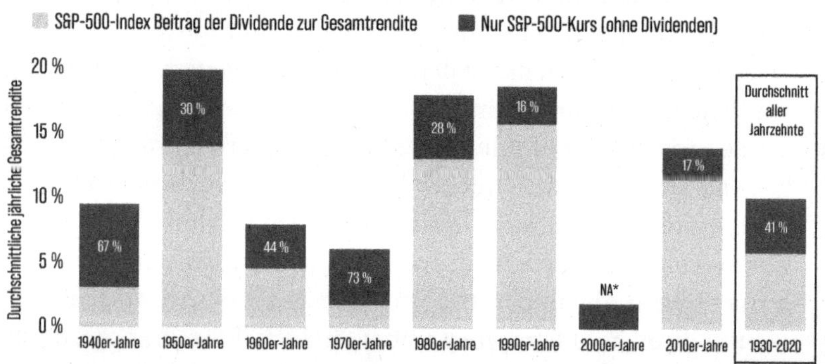

Abbildung 22: Beitrag von Dividendenzahlungen zur Gesamtrendite nach Jahrzehnt
Quelle: Morningstar/Hartford Funds, 02/2020

Zusammengefasst: Unternehmen in Branchen mit hohen Eintrittsbarrieren und Preissetzungsmacht, die ihre Eigenkapitalrenditen auch während der Stagflation steigern konnten.

Als Total-Return-Investoren genießen wir selbstverständlich die Freiheit, die gesamte Klaviatur des Anlageuniversums zu spielen – nicht nur Aktien, sondern auch Rohstoffe, Edelmetalle, Anleihen und Währungen. Die nachfolgende Abbildung zeigt die reale Entwicklung unterschiedlicher Anlageklassen während der Stagflation.

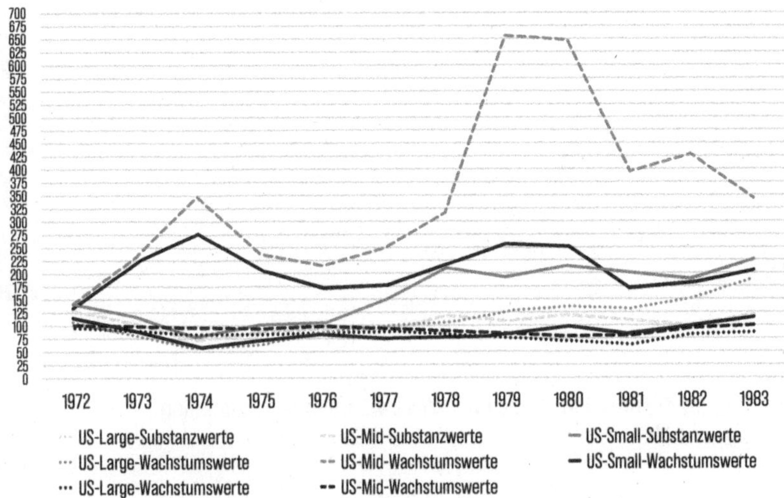

Abbildung 23: Entwicklung verschiedener Anlageklassen während der Stagflation (1971 = 100)
Quelle: FactSet

Gold und Rohstoffe waren in den 1970er-Jahren sehr gute Performer. Insbesondere Gold profitierte von zwei Faktoren und konnte sich bis 1979 im Preis verzehnfachen. Einerseits vom »Flight to safety«, da Gold bekanntermaßen als Sicherheitshafen gilt. Andererseits vom schwachen US-Dollar, der während der Stagflation knapp 30 Prozent an Wert einbüßte (siehe Abbildung 24). Silber konnte sich im selben Zeitraum sogar verfünfzehnfachen. Von einem schwachen US-Dollar profitieren auch Regionen außerhalb der USA, die die gestiegenen Rohstoffpreise zum Teil kompensieren konnten. Zudem waren Emerging Markets nicht von einer Stagflation betroffen. Insofern sind Unternehmen, die in andere Regionen exportieren und von einer schwachen inländischen Währung profitieren, während einer Stagflation ebenfalls attraktive Anlagemöglichkeiten.

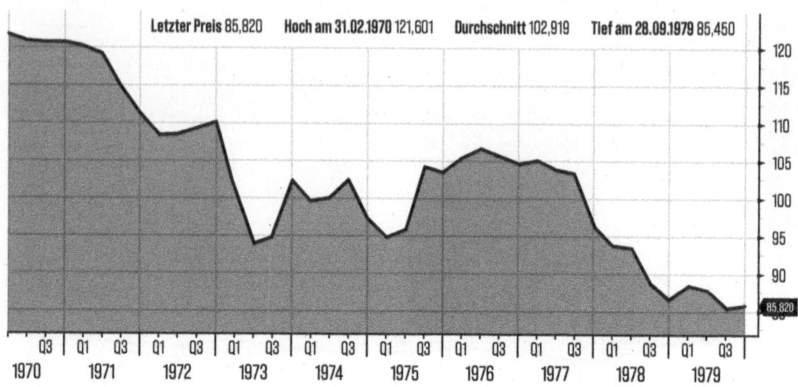

Abbildung 24: Entwicklung des US-Dollars während der Stagflation
Quelle: Bloomberg

Real Estate Investment Trusts (REITS) waren sehr volatil und konnten dennoch eine positive Realperformance aufweisen. Allerdings muss man das Endergebnis differenziert betrachten. Denn REITS-Gewinner waren häufig Gesellschaften, die in Regionen mit deutlichem Bevölkerungszuwachs agierten. So verdreifachte sich beispielsweise der Wert kalifornischer Immobilien im Laufe des Jahrzehnts, da die Bevölkerungszahl des Bundesstaates erheblich wuchs. In anderen Teilen des Landes waren Wohnimmobilien hingegen eine schlechte Investition, da die Bundesstaaten Mietpreiskontrollen einführten und damit die Höhe der Mieten begrenzten. Niedrigere Mieten sowie höhere Arbeitslosigkeit in bestimmten Regionen bedeuteten niedrige Immobilienpreise.

In diesem Zusammenhang möchten wir noch landwirtschaftliche Flächen als Gewinner erwähnen. Der durchschnittliche Preis von US-Ackerflächen im Jahr 1970 betrug 137 US-Dollar pro Hektar. Zehn Jahre später lag der Preis bei 737 US-Dollar pro Hektar. Das entsprach einem Zuwachs von 14 Prozent pro Jahr. Darin sind etwaige Erträge aus den Ernten der Anbauflächen noch gar nicht berücksichtigt. So hatte sich in diesem Zeitraum der Preis für Rindfleisch verdoppelt, für Mais verdreifacht und für Weizen sogar vervierfacht.

Klare Verlierer hingegen waren Anleihen, da die hohe Inflation die regelmäßigen Zinserträge »aufgefressen« hat und Anleihen folglich an Attraktivität verloren (siehe Abbildung 25). Dabei darf man sich nicht von der Rolle der Anleihen als »sichere Häfen« beirren lassen. Seit 2000 korrelieren Aktien und Anleihen negativ. Fallen die Kurse am Aktienmarkt, dann steigen die Anleihekurse. Jedoch waren Aktien und Anleihen während der Stagflation positiv korreliert, sodass Anleihen in diesem Fall keine Absicherung darstellten.

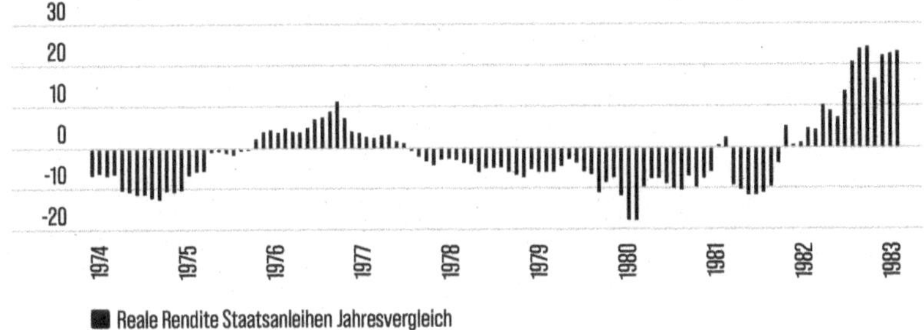

Abbildung 25: Jährliche Realerträge von US-Staatsanleihen während der Stagflation

Quelle: Morningstar/Hartford Funds, 02/2020

Kapitel 4

Ideengenerierung und Investmentkriterien

Ermittlung des Chancen-Risiko-Verhältnisses (CRV)

»Ich habe wohl nicht mehr als in der Hälfte aller Fälle recht, aber ich verdiene einfach sehr viel Geld, wenn ich richtig liege, und ich verliere so wenig Geld wie möglich, wenn ich unrecht habe.«

George Soros

Lynch, Greenblatt und Klarman verfolgen alle in irgendeiner Art und Weise den Value-Ansatz. Aber wie kaum jemand sonst in der Branche verstehen sie es, diejenigen Faktoren ausfindig zu machen, die die Gewinne einer Aktie (und damit den Kurs) tatsächlich beeinflussen. Sehr oft steht der Schlüsselfaktor im Zusammenhang mit dem Gewinn. Aktien aus der Chemie- oder Halbleiterbranche verhalten sich jedoch ganz anders: In diesen Branchen scheint der Schlüsselfaktor die Kapazität zu sein. Der ideale Zeitpunkt für den Kauf dieser Aktien ist, wenn die Produktionskapazitäten dieser Branche zu steigen beginnen und es einen Katalysator gibt, der eine wachsende Nachfrage auslösen wird. Umgekehrt ist der ideale Zeitpunkt für den Verkauf dann, wenn viele neue Anlagen angekündigt werden, und nicht erst, wenn die Erträge sinken. Denn Expansionspläne bedeuten, dass die Gewinne in zwei bis drei Jahren zurückgehen werden, und der Aktienmarkt, der eine Abzinsungsmaschine für die Zukunft ist, neigt dazu, solche Entwicklungen vorwegzunehmen. Für eine Aktie sind die Erträge wichtig, aber mehr jene der Zukunft als jene der Vergangenheit. Die meisten Marktteilnehmer nehmen die Gewinne der jüngsten Vergangenheit und extrapolieren sie einfach in die Zukunft. Sie versäumen es, sich mit dem Mechanismus auseinanderzusetzen, der das Endergebnis für ein bestimmtes Unternehmen oder einen bestimmten Sektor bestimmt. Der Schlüssel zu einem guten Investment liegt darin, den Faktor beziehungsweise die Faktoren zu identifizieren, die die Gewinne der Zukunft treiben.

Wann ist ein Asset kaufenswert?

Diese Frage lässt sich nur sehr schwer pauschal beantworten. Der Grund dafür: Jeder verfolgt bei der Geldanlage andere Ziele. Unterscheidungskriterien können beispielsweise sein:

- die erwartete Rendite,
- die Bereitschaft, zur Erzielung der Rendite Risiken einzugehen,
- die gewünschte Diversifikation,
- die Anlagedauer,
- der zur Verfügung stehende Anlagebetrag,
- ausreichend Interesse und Zeit für den eigenen Vermögensaufbau,
- Know-how und Wissen über einzelne Assets.

Grundsätzlich lässt sich festhalten, dass ein Asset immer dann kaufenswert erscheint, wenn die Chancen und Risiken in einem günstigen Verhältnis zueinander stehen. Aber was bedeutet das konkret? Eine Investition in ein Asset ist nur dann zu bevorzugen, wenn entweder die Renditeerwartung deutlich höher ist oder das eingegangene Risiko besonders gering ausfällt.

Im folgenden Kapitel möchten wir uns einer der uns am häufigsten gestellten Fragen widmen: Wie ermittelt man das Chancen-Risiko-Verhältnis? Dazu stellen wir uns zuerst folgende Frage: Was ist der Worst Case? Wie tief kann unser potenzielles Investment fallen? Die meisten Anleger fragen sich immer erst, wenn ihre Position im Minus liegt, wie tief es noch gehen kann. Doch das ist der falsche Zeitpunkt. Wir müssen vorab wissen, wann wir verkaufen möchten, wann wir eventuell die Position aufstocken möchten und wann wir die Position wieder erfolgreich veräußern wollen. Dazu ist es wichtig, den Unternehmenswert ins Verhältnis zu verschiedenen Kennzahlen zu setzen, sogenannten »Ratios«, aus denen wir dann faire Multiples ableiten können. Ein Multiple ist eine nützliche Vergleichsgröße, um Szenarien zu simulieren und daraus ein Chancen-Risiko-Verhältnis abzuleiten. Folgende Multiples schauen wir uns daher genauer an:

Enterprise Value (Gesamtunternehmenswert) im Vergleich zu:

- Sales (Umsatz),
- EBIT (»Earnings Before Interest and Taxes«, deutsch »Gewinn vor Zinsen und Steuern«),
- EBITDA (aus der gewöhnlichen Geschäftstätigkeit eines Unternehmens sich ergebender Gewinn ohne Berücksichtigung von Zinsen, Steuern, Abschreibungen und sonstigen Finanzierungsaufwendungen).

Kurs der Aktie im Vergleich zu:

- Book Value (Buchwert),
- Tangible Book Value (materieller Buchwert),
- Sales (Umsatz),
- Net Current Assets (Gesamtverbindlichkeiten eines Unternehmens werden von seinem Umlaufvermögen abgezogen),
- EBIT (Operating Earnings),
- Cashflow (Einzahlungen und Auszahlungen innerhalb eines bestimmten Zeitraums werden einander gegenübergestellt),
- Free Cashflow (beziffert die Summe der Mittel, die dem Unternehmen nach allen Ausgaben innerhalb einer Periode frei zur Verfügung stehen).

Was wäre, wenn wir Ihnen sagen, dass es eine Möglichkeit gibt, die Schlumberger-Aktie aus dem Beispiel in Abbildung 26 innerhalb der dunkelgrauen Kreise zu kaufen und innerhalb der hellgrauen Kreise zu verkaufen, und dass man dieses Verfahren auf alle anderen Investments anwenden kann? Ist es möglich, Aktien am Tief zu kaufen und am Hoch zu verkaufen? Die Antwort lautet ja! Vergleichen wir den Ein- und Ausstieg eines Investments mit einer Uhr, ist es zwar nicht immer möglich, um Punkt zwölf das Schiff zu verlassen, aber kurz nach zwölf schaffen wir es, ebenso beim Einstieg. Natürlich funktioniert dies nicht immer. In einer Investmentkarriere über Dutzende Trades mit vorteilhaftem Chancen-Risiko-Verhältnis gilt allerdings das Gesetz der großen Zahlen.

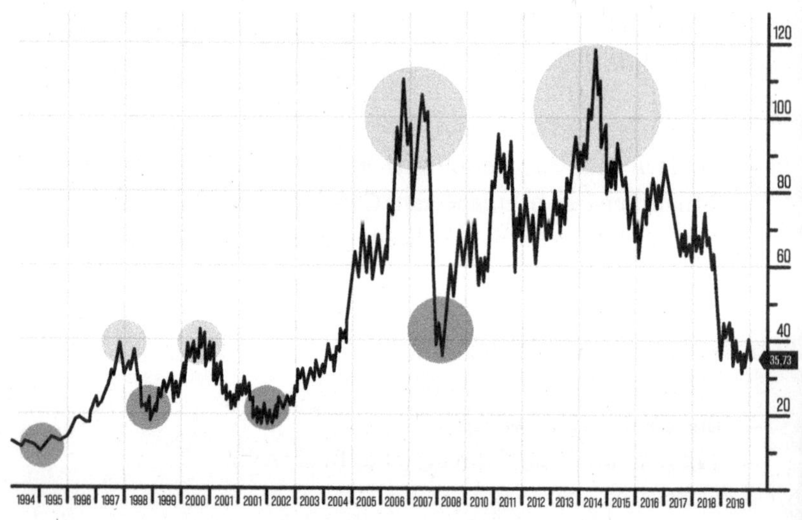

Abbildung 26: Kursentwicklung Schlumberger-Aktie

Quelle: Bloomberg, Century Management

Nehmen wir einmal die Kennzahl EV/EBITDA. Der EV to EBITDA, auch bekannt als »Unternehmenswert zu operativem Gewinn« oder »EBITDA Multiple«, ist eine Kennzahl für die Bewertung von Aktien und Unternehmen. Die Kennzahl gilt als Alternative zum Kurs-Gewinn-Verhältnis und gehört zu den sogenannten Multiples. Diese lassen eine schnelle Ermittlung des fairen Unternehmenswertes zu.

In der Bewertungspraxis ist daher der EV/EBITDA ein Teil der groben Erstanalyse einer Aktie oder eines Unternehmens. Darüber hinaus ist die Kennzahl intelligent zusammengesetzt, weil der Enterprise Value und das EBITDA geeignete Gegenspieler sind.

Den Schlumberger-Kursgraphen setzen wir nun ins Verhältnis zum EV/EBITDA Multiple. Die dunkelgrauen Kreise im Graphen sind nun die dunkelgrau gefärbten Kästchen in der Tabelle und stehen für die Tiefpunkte der historischen EV/EBITDA-Multiple-Bewertung über 15 Jahre, ein Zeitraum, der repräsentativ genug ist. Die hellgrauen Kreise beziehungsweise Kästchen in der Tabelle spiegeln die jeweiligen Hochpunkte der historischen EV/EBITDA-Multiple-Bewertung wider.

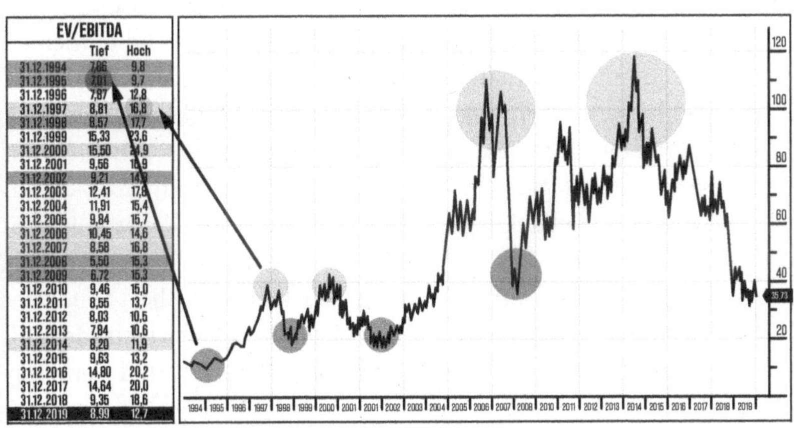

EV/EBITDA	Tief	Hoch
31.12.1994	7,86	9,8
31.12.1995	7,01	9,7
31.12.1996	7,87	12,8
31.12.1997	8,81	16,8
31.12.1998	8,57	17,7
31.12.1999	15,33	23,6
31.12.2000	15,50	24,9
31.12.2001	9,56	16,9
31.12.2002	9,21	14,8
31.12.2003	12,41	17,8
31.12.2004	11,91	15,4
31.12.2005	9,84	15,7
31.12.2006	10,45	14,6
31.12.2007	8,58	16,8
31.12.2008	5,50	15,3
31.12.2009	6,72	15,3
31.12.2010	9,46	15,0
31.12.2011	8,55	13,7
31.12.2012	8,03	10,5
31.12.2013	7,84	10,6
31.12.2014	8,20	11,9
31.12.2015	9,63	13,2
31.12.2016	14,80	20,2
31.12.2017	14,64	20,0
31.12.2018	9,35	18,6
31.12.2019	8,99	12,7

Abbildung 27: Kursentwicklung Schlumberger-Aktie im Verhältnis zum EV/EBITDA
Quelle: Bloomberg, Century Management

Sie stellen sich nun sicher die Frage, ob es sich dabei um einen Zufall oder ob es sich um ein duplizierbares System handelt. Jede Industrie und Branche korreliert mit gewissen Multiples, es ist allerdings wichtig herauszufiltern, welche die richtige Korrelation abbilden. Wenn wir das Schaubild in Abbildung 28 betrachten wird deutlich: Mit EV/EBITDA, EV/Sales, Price/Free Cashflow und dem normalen P/E- (KGV-) Ratio lassen sich zukünftige Bewertungsszenarien ermitteln, wir unterteilen hierbei in WC (Worst Case), Buy (Kauf), FV (Fair Value) und Sell (Verkauf). Börse ist die meiste Zeit keine Herausforderung, historisch gesehen ist der Markt in drei von vier Jahren, also 75 Prozent der Zeit, gestiegen. Herausfordernd sind die Zeiten extremer Volatilität, Verluste wiegen psychisch viel schwerer als Gewinne und sind Studien zufolge vom Schmerz her vergleichbar mit einem Hundebiss. In diesen Zeiten fühlen wir uns allerdings pudelwohl, da sich einzigartige Kauf- und Verkaufsgelegenheiten ergeben. Über den 15-Jahres-Zeitraum gab es jeweils vier Zeiträume hoher Schwankungen, die Aufmerksamkeit erforderten, den Rest der Zeit befindet sich die Aufmerksamkeit überwiegend im Autopiloten. Nun betrachten wir diese Zeiträume und ziehen unsere Schlüsse:

1. Aus den Low Cycle Multiples leiten wir das Worst-Case-Szenario (WC) ab, hierfür verwenden wir den Tiefpunkt und gewichten diesen mit den darauffolgenden drei schlechtesten Jahren.
2. Weil wir den Tiefpunkt nicht ideal erwischen können, da auch überhaupt nicht gesagt ist, dass das Investment genau darauf zurückfällt, legen wir den Buy (Kaufzeitpunkt) über diesen Punkt und nutzen gegebenenfalls noch einmal die Möglichkeit aufzustocken, wenn dieser Punkt erreicht ist.
3. Dies gilt sowohl auf der Long- als auch auf der Short-Seite. Der Fair Value (fairer Wert) des Investments ergibt sich aus der Differenz zwischen dem Sell (Verkaufszeitpunkt) und dem Buy (Kaufkurs).
4. Beim Betrachten aller Multiples innerhalb der rechten Kästchen wird deutlich, dass zwischen dem WC-Punkt und dem Sell-Punkt knapp 100 Prozent Differenz liegen und zwischen dem WC- und dem Buy-Punkt zwischen 15 und 20 Prozent, quasi als Sicherheitsmarge und als Chance zur Nachkaufgelegenheit. Ebenso liegen zwischen dem Buy-Punkt und dem Fair Value knapp 25 Prozent und zwischen dem Fair Value und dem Verkaufszeitpunkt ebenfalls zwischen 20 und 25 Prozent. Wir sehen also, welche Ratios in unserer Bewertung Sinn ergeben.

Niedrige Zyklusmultiplikatoren							
	1994/95	1998	2002	2008/09	Tief	die nächsten 3 niedrigsten Jahre	Median aus den 25 niedrigsten Jahren
EV/EBITDA	7,4	8,6	9,2	6,1	6,1	8,4	9,1
EV/SLS	1,6	1,8	1,9	1,9	1,6	1,9	2,2
P/FREECASH	55,6	48,8	23,5	14,7	14,7	42,6	23,9
P/E	18,6	20,4	34,6	10,5	10,5	24,5	19,5
Div's Yield	3,2 %	2,0 %	2,2 %	2,4 %	2,03 %	2,4 %	2,0 %

Hohe Zyklusmultiplikatoren							
	1997/98	2000	2006/07	2014	Hoch	die nächsten 3 höchsten Jahre	Median aus den 25 höchsten Jahren
EV/EBITDA	17,3	24,9	15,7	11,9	24,9	14,9	15,2
EV/SLS	3,9	5,4	5,5	3,3	5,5	4,9	3,8
P/FREECASH	134,0	129,0	38,5	21,0	134,0	100,5	21,0
P/E	38,2	69,0	25,4	21,2	69,0	44,2	21,2
Div's Yield	0,9 %	0,9 %	0,7 %	1,4 %	0,65 %	1,0 %	2,0 %

EV/EBITDA	
WC	7
BUY	8,40
FV	11,2
SELL	14

EV/SLS	
WC	1,6
BUY	1,92
FV	2,46
SELL	3,00

P/FREECASH	
WC	12
BUY	14,40
FV	19,70
SELL	25,00

P/E	
WC	15
BUY	18,00
FV	24,00
SELL	30,00

Abbildung 28: Ermittlung des Chancen-Risiko-Verhältnisses
Quelle: Bloomberg, Century Management

Betrachten wir einmal den S&P 500 Oil & Gas Equipment & Service Sub Industry Index im Vergleich zu den Hoch-/Tiefpunkten der Price-to-Book Ratio (Kurs-Buchwert-Verhältnis) im Zeitraum von 1997 bis 2019.

S&P 500 Oil und Gas Equipment und Service Sub Industry						
Tief		Hoch	Tage			% der Zeit, in der er wahrscheinlich steigt
			Anzahl der Tage	%	kumuliert	
7,10	-	7,70	7	0,1 %	100,0 %	0,0 %
6,50	-	7,10	5	0,1 %	99,9 %	0,1 %
5,90	-	6,50	62	0,8 %	99,8 %	0,2 %
5,30	-	5,90	422	5,6 %	99,0 %	1,0 %
4,70	-	5,30	766	10,1 %	93,4 %	6,6 %
4,10		4,70	613	8,1 %	83,3 %	16,7 %
3,50		4,10	578	7,6 %	75,2 %	24,8 %
2,90		3,50	1094	14,5 %	67,5 %	32,5 %
2,30		2,90	2318	30,7 %	53,1 %	46,9 %
1,70		2,30	1344	17,8 %	22,4 %	77,6 %
1,10		1,70	348	4,6 %	4,6 %	95,4 %

0;50		1,10	0	0,0 %	0,0 %	100,0 %
			7557			
aktuell 1,25		1,36	28.01.2020	0,8 %		99,2 %
		Standardabweichungen unter dem Median				
Hoch		7,65	22.07.1997			
Tief		1,20	27.08.2019			
Durchschnitt		3,21				
Median		2,82				
Standardabweichung		1,17				

Abbildung 29: Buchwert des S&P 500 Öl und Gas Equipment und Service Industry Index
Quelle: Bloomberg, Century Management

Wir unterteilen den Buchwert in zwölf verschiedene Perzentile von 0,5 bis 7,7. In der Spalte daneben erkennen wir die Anzahl der Tage und den Anteil der Zeit in Prozent, die der Buchwert im jeweilen Perzentil verweilt. Anhand dessen können wir ermitteln, wie hoch die Wahrscheinlichkeit ist, dass die Aktie vom jeweiligen Punkt steigt oder fällt. Vereinfacht wird dies, indem wir die Perzentile kumulieren.

Verharrt der Buchwert im Abschnitt zwischen 0,5 und 1,1 Prozent, liegt die historische Wahrscheinlichkeit bei 100 Prozent, dass der Wert von diesem Niveau aus steigt.

Liegt der Buchwert zwischen 1,1 und 1,7 Prozent, liegt die historische Wahrscheinlichkeit bei 95,4 Prozent, dass der Wert von diesem Niveau aus steigt.

Liegt der Buchwert zwischen 1,7 und 2,3 Prozent, liegt die historische Wahrscheinlichkeit bei 77,6 Prozent, dass der Wert von diesem Niveau aus steigt. Danach nimmt die Wahrscheinlichkeit signifikant ab und liegt nur noch bei 46,9 Prozent. Dasselbe können wir auf der Short-Seite anwenden:

Liegt der Buchwert zwischen 7,1 und 7,7 Prozent, liegt die historische Wahrscheinlichkeit bei 100 Prozent, dass der Wert von diesem Niveau aus fällt.

Liegt der Buchwert zwischen 6,6 und 7,1 Prozent, liegt die historische Wahrscheinlichkeit bei 99,9 Prozent, dass der Wert von diesem Niveau aus fällt.

Liegt der Buchwert zwischen 4,1 und 4,7 Prozent, liegt die historische Wahrscheinlichkeit bei 83,3 Prozent, dass der Wert von diesem

Niveau aus fällt. Danach nimmt die Wahrscheinlichkeit signifikant ab und liegt nur noch bei 75,2 Prozent. Wir können also jederzeit Geld verdienen, und zwar mit einer hohen Wahrscheinlichkeit. Verwendet man die richtigen Ratios, kann man dieses Verfahren auf alle Branchen anwenden.

Um zu zeigen, dass es sich hier nicht um einen Zufall handelt, wird im Schaubild in Abbildung 30 dasselbe Verfahren noch einmal mit dem Enterprise-Value (EV) zum Kurs-Umsatz-Verhältnis angewendet. Die Wahrscheinlichkeiten liegen in etwa gleich verteilt. Je mehr Ratios wir anwenden und zu denselben Resultaten kommen, umso mehr Gewissheit können wir für den Trade haben.

S&P 500 Oil und Gas Equipment und Service Sub Industry – EV/Umsatz						
Tief		Hoch	Tage			% der Zeit, in der er wahrscheinlich steigt
			Anzahl der Tage	%	kumuliert	
3,45	-	3,70	26	0,3 %	100,0 %	0,0 %
3,20	-	3,45	195	2,5 %	99,7 %	0,3 %
2,95	-	3,20	422	5,4 %	97,2 %	2,8 %
2,70	-	2,95	490	6,3 %	91,8 %	8,2 %
2,45	-	2,70	481	6,1 %	85,5 %	14,5 %
2,20		2,45	807	10,3 %	79,4 %	20,6 %
1,95		2,20	1003	12,8 %	69,1 %	30,9 %
1,70		1,95	1382	17,7 %	56,2 %	43,8 %
1,45		1,70	1024	13,1 %	38,6 %	61,4 %
1,20		1,45	1134	14,5 %	25,5 %	74,5 %
0,95		1,20	858	11,0 %	11,0 %	89,0 %
0,70		0,95	2	0,0 %	0,0 %	100,0 %
			7824			
aktuell 0,96		1,29	27.01.2020	18,1 %		81,9 %
		Standardabweichungen unter dem Median				
Hoch		3,61	21.09.2007			
Tief		0,91	31.08.1998			
Durchschnitt		1,94				
Median		1,87				
Standardabweichung		0,61				

Abbildung 30: EV/Umsatz des S&P 500 Öl und Gas Equipment und Service Industrie Index
Quelle: Bloomberg, Century Management, 31.01.1990 bis 27.01.2020

Da es sich bei Schlumberger um ein zyklisches Unternehmen aus der Ölbranche handelt, empfiehlt es sich, die zugrunde liegende Korrelation mit dem Ölpreis zu untersuchen, da über die meiste Zeit hinweg eine Korrelation mit dem Rohstoff herrscht. Gibt es sowohl Abweichungen nach oben als auch nach unten, müssen wir überprüfen, ob und was sich am Unternehmen verändert hat. Beispielweise kann ein schlechtes Management oder eine Regulierung dafür sorgen, dass die Korrelation bricht. Allerdings gibt es nicht immer für jede Firma eine Korrelation mit einem Rohstoff; dann empfiehlt es sich, eine Peer-Group-Korrelationsanalyse vorzunehmen, den Vergleich mit Konkurrenzunternehmen. Die Visualisierung der Korrelation ist bei den meisten kostenlosen Chart-Softwareprogrammen enthalten, unter anderem bei Yahoo Finanzen.

Abbildung 31: Korrelation des Ölpreises und der Schlumberger-Aktie

Quelle: Centman.com

Nun verstehen wir, dass es für viele Privatanleger zu mühsam ist, die ganzen Zahlen zusammenzutragen. Es ist glücklicherweise nicht zwangsläufig notwendig, alle Zahlen aufwendig herauszusuchen. Um die Visualisierung dahinter zu verstehen, ist es allerdings notwendig, die Zahlen deuten zu können. Die Abbildung 32 zeigt das EV/EBIT-

DA, das wir oben in der Tabelle untergliedert gesehen haben, nun als Schaubild. Die Ein- und Ausstiegskorridore lassen sich zwar nicht mehr so exakt ermitteln, trotzdem ist es mehr als ausreichend, um einen ersten Eindruck zu gewinnen und zu überlegen, ob es sich lohnt, sich aktuell überhaupt mit der Aktie auseinanderzusetzen.

Abbildung 32: Kursentwicklung Schlumberger-Aktie im Verhältnis zum EV/EBITDA
Quelle: Bloomberg, Century Management

Nachdem wir nun die Visualisierung dieser Datenreihen vor uns liegen haben, sehen wir Korridore, die interessant für einen Ein- und Ausstieg sind, nun einmal für die EV/Sales-Ratio.

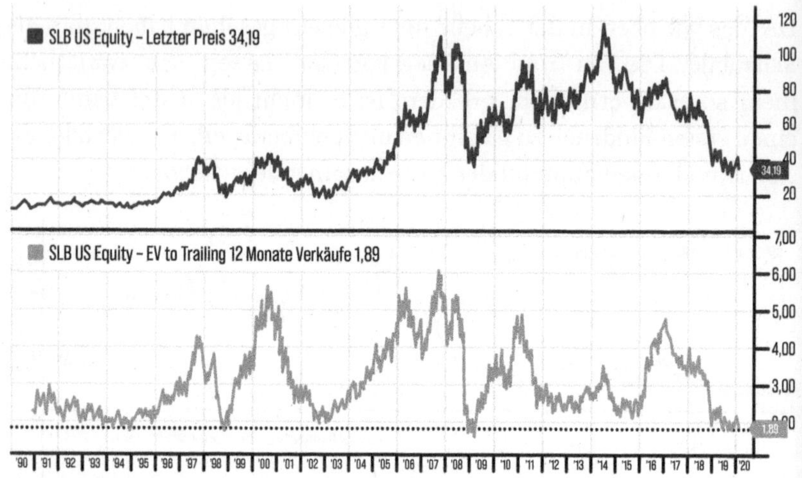

Abbildung 33: Kursentwicklung Schlumberger-Aktie im Verhältnis zum EV/EBITDA
Quelle: Bloomberg, Century Management

Nach einer intensiven Kennzahlenanalyse der Schlumberger-Aktie können wir nun das jeweilige Chancen-Risiko-Verhältnis (CRV) anhand verschiedener Ausgangskurse ermitteln.

Company =	Schlumberger
CRV – PRICE STRUCTURE	
WC	26
BUY	32
FV	43
SELL	55
Dividend	$2.00
Yield	5.4 %

Abbildung 34: Ermittlung des Chancen-Risiko-Verhältnisses
Quelle: Bloomberg, Century Management

Wir erkennen nun, zu welchen Kursen Schlumberger ein interessantes Investment ist. Investieren wir bei 32 US-Dollar, liegt das Aufwärtspotenzial bei 71,9 Prozent und einem Kursziel von 55 US-Dollar. Da wir den Worst Case bei 26 US-Dollar ermittelt haben, liegt das Abwärtspotenzial bei minus 18,8 Prozent. Daraus ergibt sich ein Chancen-Risiko-Verhältnis von 4,8 zu 1. Wir haben gelernt, dass wir Investments beginnend mit einem CRV von 3 zu 1 als lukrativ einstufen. Je höher das CRV ist, umso attraktiver ist das Investment. Fällt die Aktie beispielsweise auf 28 US-Dollar und wir kaufen hier unsere erste Position, liegt das CRV bei 13,5 zu 1, was selten vorkommt. Innerhalb der Range zwischen 32 und 28 US-Dollar bietet sich also ein interessanter Korridor, die Aktie zu erwerben. Je mehr wir akkumulieren, umso besser wird das CRV. Trotzdem darf auch hier die Positionsgröße nicht ausarten, da wir nicht jedes Mal richtigliegen. Allerdings zeigt uns die Historie, dass wir, wenn wir unsere Investments auf diese Art und Weise auswählen, in zwei von drei Fällen richtigliegen und durch ein hohes CRV marktunübliche Renditen generieren können. Unser Erfolg gründet auf vielen guten Entscheidungen und nicht auf ein paar großen Home Runs. Da wir antizyklisch agieren und nach historischer Bewertung kaufen, ist das Markettiming wieder einmal zweitrangig. Beginnend bei 32 US-Dollar zu akkumulieren, macht es allerdings Sinn, eine solche Position auf bis zu 10 Prozent Gewichtung im Portfolio auszubauen. Je weiter die Position sich dem Kursziel nähert, umso unvorteilhafter wird das Chancen-Risiko-Verhältnis, deshalb bietet es sich an, die Aktie mit Stoppkursen schon einmal abzusichern oder aber langsam aus der Position auszusteigen, wir sprechen hierbei von »Scale-out«. Allerdings ist nicht gesagt, dass die Position bei Erreichen des Kursziels nicht auch noch weiter steigen kann. Genauso wie die Aktie vorher massiv unterbewertet war, kann sie in eine massive Überbewertung hineinlaufen. Wir müssen uns daran erinnern, dass etwa 90 Prozent der Anleger ihre Anlageentscheidung nicht nach fundamentalen Daten ausrichten, sondern reine Trendfolger sind. Dies wird durch den stetig steigenden Einsatz von Algorithmus-Trading verstärkt. Wenn man noch kein Ersatzinvestment gefunden hat, in das man seine Position umschichten will, kann man das alte Investment auch am

Kursziel durch einen Stop Loss absichern und weiterlaufen lassen. Ab diesem Zeitpunkt macht ein nachlaufender Trailing-Stop-Loss Sinn, um die angehäuften Gewinne nicht wieder herzuschenken. Allerdings sind wir stets bestrebt, ein Investment mit besserem CRV ausfindig zu machen, da jeder investierte Euro optimal allokiert sein sollte. Zudem müssen wir auch nicht jede Position veräußern, im Idealfall können wir Investments so lange wie möglich halten, um das Compounding nicht zu unterbrechen. Für langfristige Investoren ist die Qualität des Unternehmens wichtiger als die Bewertung. Ein Investor hätte im Jahr 1973 für L'Oréal 280-fache, für Colgate 156-fache und für Brown-Forman 150-fache Gewinne zahlen und trotzdem bis heute den Markt schlagen können. Wachstumsunternehmen und Spawner, also Kernpositionen in unserem Portfolio gelingt es meist fortlaufend, in ihre Bewertung hineinzuwachsen, in diesem Fall passt sich das vorteilhafte CRV fortlaufend an. Leider ist dies nur bei den wenigsten Unternehmen der Fall. Wir nutzen daher solche Trades, um ein Grundrauschen zu erzeugen, also die kontinuierliche Erzielung von Rendite. Da unsere Kernpositionen Schwankungen unterliegen und daher nicht immer fortlaufend Rendite generieren, bieten uns solche Bandbreiten-Trades, ebenso wie Special Situations, Magic Formula und Optionalitäten die Möglichkeit, ein Zusatzeinkommen zur marktüblichen Rendite zu erzielen, also das Alpha zu generieren.

Kaufpreis	Worst Case	Abwärtspotenzial	Kursziel	Aufwärtspotenzial	Chancen-Risiko-Verhältnis
32 US-Dollar	26 US-Dollar	–18,8 %	55 US-Dollar	71,9 %	4,8 zu 1
30 US-Dollar	26 US-Dollar	–13,3 %	55 US-Dollar	83,3 %	6,3 zu 1
28 US-Dollar	26 US-Dollar	–7,1 %	55 US-Dollar	96,4 %	13,5 zu 1

Abbildung 35: Ermittlung des Chancen-Risiko-Verhältnisses
Quelle: Eigene Darstellung

Ein weiterer Vorteil liegt in der Möglichkeit, über eine Absicherung unser Investment gegen einen fallenden Gesamtmarkt zu schützen. Kaufen wir eine Aktie innerhalb der unteren Perzentile und leerverkaufen wir eine oder mehrere Aktien aus den oberen Perzentilen, ergibt sich ein interessanter Portfoliomix, der marktunabhängig eine positive und eine nicht-korrelierende Rendite erwirtschaftet. Ein halbes Dutzend dieser Trades pro Jahr ist vollkommen ausreichend, zudem liegt es an uns, wann und wie oft wir zugreifen möchten. Wir können Trades mit einem CRV von 5:1 eingehen oder warten auf die wenigen Gelegenheiten mit einem CRV von 10:1 oder mehr. Wir werden als Anleger nicht für Aktivität belohnt und können auf seltene Gelegenheiten warten. Als Anleger haben wir oftmals das Gefühl, wir müssten am Markt aktiv sein; nichts zu tun gibt uns das Gefühl, nicht am Puls der Zeit zu sein. Jede Entscheidung, nichts zu tun, ist allerdings auch eine bewusste Entscheidung.

> *»Das ganze Unglück der Menschen rührt allein daher, dass sie nicht ruhig in einem Zimmer zu bleiben vermögen.«*
>
> Blaise Pascal, französischer Mathematiker, Physiker und Philosoph

Mit diesem Wissen können wir uns nun der Ideengenerierung widmen: Wie finden wir nicht nur historisch günstig bewertete Unternehmen, sondern wissen, ob es sich um ein qualitativ hochwertiges Business handelt oder nicht?

Die perfekte Aktie

> *»Abgesehen von der Preisfrage ist das beste Unternehmen ein Unternehmen, das über einen längeren Zeitraum große Mengen an zusätzlichem Kapital zu sehr hohen Renditen einsetzen kann.«*
>
> Warren Buffett, Aktionärsbrief von 1992

Früher haben wir bereits viel über die sogenannten »Economic Moats« (»Burggräben«) und ihre Bedeutung geschrieben. Marktführer weisen eine Reihe attraktiver Eigenschaften auf, die für Sie ein Engagement unter Risikogesichtspunkten besonders ertragreich machen. Marktführer sind in der Regel profitabler als andere Unternehmen, da sie von Größenvorteilen im Einkauf begünstigt werden, von denen die Nummer zwei oder drei naturgemäß in weit geringerem Ausmaß profitieren kann.

Menschen kaufen die Produkte von Marktführern, weil sie genau dieses Produkt haben wollen. Denken Sie an Apple, das sich aufgrund seiner extremen Qualitätsansprüche den Ruf aufgebaut hat, das beste Smartphone anzubieten.

Das Management von Marktführern ist visionärer als jene von sogenannten »Me-too-Unternehmen«, die Produkte anbieten, die keinerlei Alleinstellungsmerkmale aufweisen. Steve Jobs, der legendäre Gründer von Apple, ist den meisten von Ihnen ein Begriff. Doch haben Sie schon mal den Namen von Kim Ki-Nam gehört, dem letzten amtierenden Vorstandsvorsitzenden von Samsung? Die Produkte von Marktführern werden über einen Konjunkturzyklus gleichmäßiger nachgefragt als die von anderen Unternehmen. Dies belegen sämtliche Absatzanalysen der bekannten Marktforschungsinstitute.

Kurzum: Marktführer sind aus einem oder mehreren Gründen attraktiver als andere Unternehmen. Das macht sie so wertvoll und das ändert sich auch nicht von heute auf morgen. Denn Marktführer werden, um den legendären Investor Warren Buffett zu zitieren, durch ihre krisenresistente Marktstellung von besonders tiefen »Burggräben« geschützt. Dieser Begriff wurde von Warren Buffett, wenn nicht erfunden, so doch populär gemacht.

Dabei ist der Burggraben ein Begriff aus dem Mittelalter. Er schützte eine Burg vor feindlichen Angreifern. Je tiefer der Burggraben war, desto schwieriger war es für einen Angreifer, ihn zu überwinden. Und genau diesen Zweck erfüllen die (heute unsichtbaren) Burggräben auch bei Unternehmen. Burggräben sind vermutlich die wichtigste Eigenschaft, die ein Unternehmen aufweisen sollte, wenn man dessen Aktie kaufen will. Im übertragenen Sinn sind Burggräben die Wettbewerbsvorteile eines Unternehmens. Unternehmen mit einem dauerhaften Wettbewerbsvorteil sind in der Lage, langfristig Gewinne zu erzielen und diese nachhaltig zu steigern.

Auch Warren Buffett war die Bedeutung von Burggräben zu Beginn seiner langen Karriere unbekannt. Auf der Suche nach neuen Anlageideen war es sein Ziel, günstige Kaufgelegenheiten zu entdecken. Wie so viele andere Anleger auch heute noch, war Buffett auf der Suche nach Schnäppchen. Er war auf der Suche nach billigen Unternehmen oder zumindest nach Unternehmen, die günstig bewertet waren. Auch Buffett musste das mit den Burggräben erst lernen.

Er beschäftigte sich mit der wenig ansprechenden Wirtschaftlichkeit von Landmaschinenherstellern, mit drittklassigen Kaufhäusern und der Textilindustrie in New England. Als besonders günstiges Schnäppchen erschien ihm damals ein in New England ansässiges Textilunternehmen namens Berkshire Hathaway, das Buffett 1965 erwarb. Nur um das Unternehmen 20 Jahre später endgültig zu schließen. Zumindest dessen Textilproduktion. Sie schrieb rote Zahlen und war nach Lage der Dinge nicht zukunftsfähig. Warum? Weil asiatische Wettbewerber Textilien viel günstiger herstellen konnten. Die Textilproduktion aus New England hatte keinen langfristigen Wettbewerbsvorteil, keinen Burggraben.

Dieses Beispiel soll Ihnen zeigen, wie eine langfristige Kapitalanlage funktioniert. Und zwar nur so. Denn die gerade in Deutschland verbreitete Weisheit, nach der im Einkauf der Gewinn liegt, stimmt nicht. Zumindest dann nicht, wenn das Unternehmen nicht von einem Burggraben umgeben ist. Wenn Sie nur darauf achten, ob eine Aktie günstig bewertet ist, aber nicht analysieren, ob die Produkte des Unternehmens weiter nachgefragt werden, dann werden Sie feststellen, dass die Aktie in einem Jahr noch günstiger bewertet ist, obwohl der Kurs weiter gefallen ist.

Economic Moat ist der dauerhafte Wettbewerbsvorteil, den ein Unternehmen hat und der dabei hilft, über einen längeren Zeitraum höhere Gewinne zu erzielen. Der Begriff wird von vielen Anlegern häufig verwendet, jedoch oft missverstanden. Moats manifestieren sich im Allgemeinen in der Preissetzungsmacht. Jedes Mal, wenn eine Unternehmensleitung schwache Umsätze mit makroökonomischen Entwicklungen begründet, bedeutet dies, dass das Unternehmen keine Preissetzungsmacht – also keinen Moat – hat.

Ein Unternehmen zu gründen war noch nie so einfach wie heute. Einerseits hat das Internet die Eintrittsbarrieren gesenkt, was grundsätzlich gut für den Wettbewerb ist. Große Technologieunternehmen erbringen wertvolle Dienste für dieses aufkeimende Ökosystem kleinerer Unternehmen und erheben im Gegenzug dafür eine Gebühr. So helfen Instagram, YouTube und TikTok beispielsweise Start-ups beim Aufbau eines Publikums (Kundenstamm), Shopify bietet die Backend-Infrastruktur für den Online-Verkauf der Produkte, Stripe wickelt Zahlungen ab, AWS ermöglicht die Skalierung von Rechenleistung und Speicherbedarf ohne große Investitionen. Diese Dienste können mit dem fortschreitenden Wachstum eines Unternehmens zunehmend kostspieliger werden, erfordern aber keine großen Vorabinvestitionen.

Wir orientieren uns bei der Geldanlage stark an dem Gesetz der Mittelwertrückkehr. Die Theorie der Mean Reversion lässt vermuten, dass die Wertentwicklung von Aktienkursen früher oder später zu einem Durchschnitts- oder Mittelwert zurückkehrt.

Warum scheinen die Überrenditen bei einigen wenigen Unternehmen eher zu steigen, als zum Mittelwert (Mean Reversion) zurückzukehren?

Im Allgemeinen ziehen hohe Gewinne Wettbewerb an. In der Vergangenheit haben Unternehmen mit hoher Kapitalrendite Kapital angezogen, was über einen Zeitraum von 10 bis 15 Jahren zu einem Rückgang der Kapitalrendite geführt hat. Es gibt allerdings auch eine geringe Anzahl von Unternehmen, bei denen dies nicht der Fall ist – und das sind die Unternehmen, die über einen echten Burggraben verfügen.

Der Wert von Burggräben hängt weitestgehend von den Reinvestitionsmöglichkeiten ab. Beispiel: Laut Professor John Kubiatowicz von der University of California, Berkeley wiegen alle Elektronen, aus denen das Internet besteht, zusammen etwa 50 Gramm und damit weniger als eine einzelne Erdbeere. In gewisser Weise ist dies einer der Gründe, warum die Mean Reversion einen Teil ihrer »Schwerkraft« verloren haben könnte.

Im Vergleich zu digitalen Dingen ist physisches Material schwerer, nimmt mehr Platz ein, ist schwieriger zu transportieren und das Herstellen dauert länger. Gewicht, Platz, Versand und Zeit binden Kapital. Digitale Inhalte können sofort erstellt und schnell skaliert werden. Jeder neue Kunde kann sofort und praktisch ohne zusätzliche Kosten bedient werden. Wenn das Wachstum Bits anstelle von Atomen erfordert, gibt es nahezu keine Grenzen. Die Nachfrage kann sehr schnell skalieren und das Angebot kann im Gleichschritt mithalten. Diese beiden zusammenwirkenden Bedingungen ermöglichen es bestimmten Unternehmen, sehr schnell zu wachsen und sehr wertvoll zu werden.

Das Orakel von Omaha, Warren Buffett, bemerkte dies früh, als es herausfand, dass Google jedes Mal eine Gebühr erhält, wenn jemand auf eine Anzeige seiner Geico-Versicherung klickte (investiert hat er hier zu seinem großen Bedauern allerdings nie). Die von Google errichtete »Mautstraße« kostete zwar Geld in Form von Rechenzentren und Programmiertalenten, aber jeder zusätzliche Klick über diese Fixkostenbasis hinaus ist Reingewinn. Es gibt allerdings nicht nur bei Technologieunternehmen breite Burggräben.

Seit Jahren versuchen wir, immer besser zu verstehen, warum so viele großartige Unternehmen den Gesetzen der »Schwerkraft« trotzen, wenn es um Kapitalrendite, Rentabilität und Größe im Allgemeinen geht.

Wenn man die Rückkehr zum Mittelwert über lange Zeiträume hinweg betrachtet, neigen hochprofitable Unternehmen dazu, zunehmend Profitabilität zu verlieren, wenn Konkurrenten in ihren Markt einsteigen. Wir wissen jedoch sowohl empirisch als auch intuitiv, dass es einigen wenigen Unternehmen im Wesentlichen gelingt, den Gesetzen der wirtschaftlichen »Schwerkraft« zu trotzen und über Jahrzehnte hinweg hohe Kapitalrenditen und höhere Rentabilität zu erzielen.

Monster Beverage, LVMH, Altria und Microsoft sind nur einige Beispiele. In fast jeder Branche lässt sich ein Unternehmen mit einem breiten Burggraben finden, das auch im konzentrierten Wettbewerb profitabel bleibt. Dies gelingt diesen rund 250 globalen Unternehmen, weil sie strukturelle Barrieren errichtet haben. Barrieren, die inhärent und nachhaltig sind.

Ihr Ziel könnte sein, ein Portfolio zu entwickeln, das unabhängig von der Marktlage sowohl bei steigenden als auch bei fallenden Kursen eine positive und absolute Performance aufweist. Um dies zu erreichen, müssen Sie einige essenzielle Regeln verinnerlichen, die allgemein gültig sind. Die erste Regel lautet, dass Sie niemals ein Wertpapier auf Empfehlung kaufen, solange Sie das Chancen-Risiko-Verhältnis nicht eigenständig verifiziert haben. Das minimale Verhältnis sollte zwei zu eins sein, besser drei zu eins und idealerweise fünf zu eins oder mehr. Im ersten Fall bedeutet dies, Sie riskieren 1 Euro, um 2 Euro zu erwirtschaften. Im zweiten Fall riskieren Sie ebenfalls 1 Euro, allerdings mit der Möglichkeit, 3 Euro zu erwirtschaften und so weiter. In anderen Worten bedeutet ein Chancen-Risiko-Verhältnis von fünf zu eins, dass Sie in 80 Prozent der Fälle falschliegen können und dennoch gewinnen, wenn Sie in 20 Prozent der Fälle im Recht sind. Es versteht sich daher: Je besser ein Chancen-Risiko-Verhältnis, desto attraktiver ist ein Investment. Ich habe im Laufe meiner Karriere eine Strategie entwickelt, die bis heute leider nur von sehr wenigen Investoren konsequent und diszipliniert angewandt wird, die Competitive Verification. Es handelt sich hierbei – in Anlehnung an Michael Porters Competitive Advantage – um überlegene Recherchemethoden, mit denen Informationen nicht nur von Firmenchefs und Investmentpublikationen gesammelt werden, sondern von einer Vielzahl von Marktteilnehmern: früheren und aktuellen Mitarbeitern, Konkurrenten, Zulieferern, Kunden, Aufsichtsräten, Universitäten, Gläubigern, Handels- und Industrieverbänden und je nach Bereich vielen anderen Personen und Instanzen. Auskünfte vom Management sind oftmals einseitig und leiden unter dem Agency Problem. Competitive Verification ist daher eine Möglichkeit, sich gegenüber anderen Marktteilnehmern entscheidende legale Informationsvorsprünge zu verschaffen.

Die fünf Wettbewerbskräfte nach Michael Porter:

1. Bedrohung durch neue Substitute,
2. Bedrohung durch neue Marktteilnehmer,
3. Verhandlungsmacht der Käufer,
4. Verhandlungsmacht der Lieferanten,
5. Intensität der Wettbewerbsrivalität.

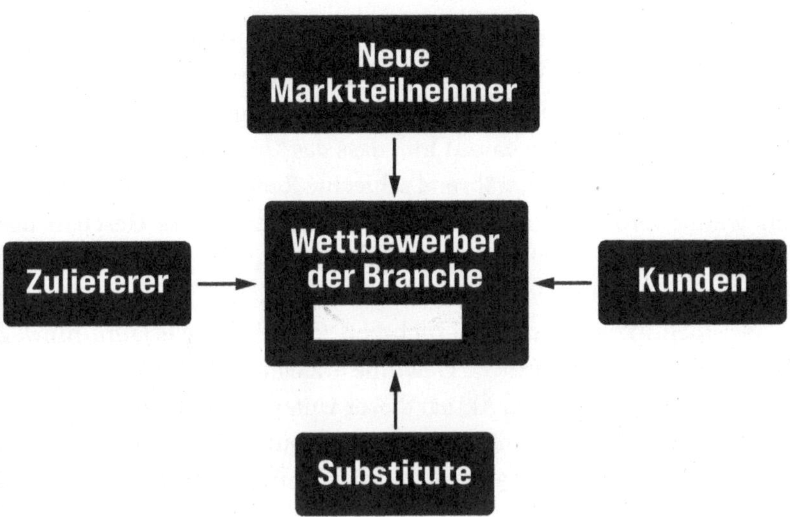

Abbildung 36: Porter's 5 Forces Quelle: Columbia Business School, Michael Porter

Markteintrittsbarrieren beziehen sich auf Merkmale, die konkurrierende Unternehmen oder neue Marktteilnehmer nicht nachbilden können. Wettbewerbsvorteile und -barrieren sind zwei Seiten derselben Medaille.

Ohne Eintrittsbarrieren werden neue Marktteilnehmer eintreten und konkurrierende etablierte Unternehmen imitieren. Dies wird die Rendite des Unternehmens auf die Kapitalkosten senken. Um überlebensfähig zu bleiben, müssen diese Firmen effizient arbeiten oder sonst immer einen Schritt voraus sein. Wir glauben, dass Unternehmen am langlebigsten sind, wenn sie Nachfragevorteile mit Skaleneffekten kombinieren. Genau aus diesem Grund sind Unternehmen wie Facebook schwer zu stürzen. Viele Vorteile sind jedoch nur temporär, wenn Wettbewerber sie im Laufe der Zeit replizieren können. Unternehmen, die rein auf allgemeines Know-how setzen, wie Beratungsunternehmen oder Marketingagenturen, sind beispielsweise anfällig für Nachahmungen und Neueinsteiger.

Ebenso ist es unwahrscheinlich, dass neue Innovationen einen Vorteil bieten, wenn sie replizierbar sind. Eine Branche, in der das »neueste« Unternehmen gewinnt, ist eine Branche, in der es unwahrscheinlich ist, dass Eintrittsbarrieren bestehen. Um zu sehen, ob ein Unternehmen einen Wirtschaftsgraben hat, überprüfen Sie zunächst seine historische Erfolgsbilanz bei der Erzielung von Kapitalrenditen. Starke Renditen deuten darauf hin, dass das Unternehmen möglicherweise einen Graben hat, während schlechte Renditen auf einen Mangel an Wettbewerbsvorteilen hindeuten – es sei denn, das Geschäft des Unternehmens hat sich wesentlich geändert.

- Identifizieren Sie Unternehmen, die über viele Jahre hinweg überdurchschnittliche Gewinne erzielen können.
- Warten Sie, bis die Aktien dieser Unternehmen unter ihrem inneren Wert gehandelt werden, und kaufen Sie dann.
- Halten Sie diese Aktien, bis sich entweder das Geschäft verschlechtert, die Aktien überbewertet sind oder Sie eine bessere Anlage finden. Diese Haltedauer sollte in Jahren und nicht in Monaten gemessen werden. Wiederholen Sie diesen Vorgang.
- Aus diesem Grund ist es wichtig, die Wettbewerbsposition der Unternehmen, in die Sie investiert haben, kontinuierlich zu überwachen und auf Anzeichen für eine Erosion des Burggrabens zu achten. **Wenn Sie einen nachlassenden Wettbewerbsvorteil frühzeitig erkennen können, können Sie Ihre Chancen, Ihre Gewinne bei einer erfolgreichen Investition zu erhalten, erheblich verbessern – oder Ihre Verluste bei einer erfolglosen Anlage reduzieren.**

Die vier Arten von Burggräben, nach denen wir bei unserer Analyse des Weiteren suchen, sind:

- Immaterielle Vermögenswerte (Intangible Assets),
- Wechselkosten (Customer Switching Costs),
- der Netzwerkeffekt (Network),
- Kostenvorteile (Cost Advantages).

Burggraben 1 - Immaterielle Vermögenswerte (Intangible Assets)

Ein immaterieller Vermögenswert ist genau das, wonach er klingt. Es ist ein Vermögenswert, der einen Preisvorteil verschafft, ohne dass man ihn anfassen kann. Denken Sie an eine Marke, ein Patent oder eine behördliche Zulassung: Sie können diese Dinge nicht anfassen oder fühlen, aber Sie werden sicherlich mehr für eine Disney-Mickey-Mouse bezahlen als für eine andere beliebige Stoffmaus. Sie werden 30 Prozent mehr für einen Diamanten bezahlen, wenn er in einer blauen Box mit der Aufschrift »Tiffany« geliefert wird. Das ist kein Witz, denn ein Diamant in einem Tiffany-Karton kostet tatsächlich bis zu 30 Prozent mehr als ein vergleichbarer von einem No-Name-Anbieter. Die Marke verleiht Tiffany Preissetzungsmacht und diese Preissetzungsmacht verändert im Grunde das Verhalten der Verbraucher. Das macht eine Marke aus, die einem Unternehmen einen Burggraben verschafft. Das ist etwas anderes als beispielsweise die Marke Sony. Sony ist sehr bekannt, aber sind Sie bereit, für ein Elektronikgerät von Sony wirklich mehr als für ein vergleichbares von Philips oder Panasonic zu zahlen? Vor 15 Jahren hätte man es vielleicht getan, aber wer das heute macht, ist mit Sicherheit in der Minderheit. Bekanntheit allein bedeutet nicht, dass ein Unternehmen eine Marke hat. Oberflächlich betrachtet haben Marken, Patente und behördliche Lizenzen wenig gemeinsam. Aber als Burggräben funktionieren sie alle im Wesentlichen auf die gleiche Weise – indem sie eine einzigartige Position auf dem Markt aufbauen. Jedes Unternehmen mit einem dieser Vorteile hat ein Mini-Monopol, das es ihm ermöglicht, seinen Kunden Wert zu entlocken.

Patente: Ein Patent ist ein gewerbliches Schutzrecht für eine Erfindung. Das Schutzrecht wird für eine bestimmte Zeit gewährt und der Inhaber ist berechtigt, anderen die Nutzung der Erfindung zu untersagen. Somit handelt es sich um ein »rechtliches Monopol«. Da Patente befristet sind und auch angefochten werden können, ist ein Unternehmen mit vielen Patenten also besser als ein Unternehmen, das sich allein auf ein einziges Patent verlässt.

Lizenzen und Zulassungen: Eine Lizenz ist die Genehmigung zur Ausübung eines Gewerbes oder zur Nutzung eines Patents. Als »Zulassung« bezeichnet man allgemein eine behördlich erteilte Erlaubnis, die ein Produkt zu einem Markt zulässt oder einer Person gesetzlich festgelegte Rechte einräumt. Nicht jeder kann eine Lizenz oder Zulassung bekommen. Beispiele sind Casinos, Mülldeponien, Steinbrüche, der Pharmaziesektor, spezielle Medizinprodukte wie Implantate oder auch Flugzeugteile (in der Regel mit einer Gewinnspanne von bis zu 40 Prozent).

Marken können ihren Glanz verlieren, Patente können angefochten und Lizenzen von derselben Regierung widerrufen werden, die sie erteilt hat. Die beste Art von Regulierungsgraben ist einer, der durch eine Reihe kleinerer Regeln geschaffen wird, und nicht durch eine große Regel, die geändert werden könnte.

Burggraben 2 - Wechselkosten (Customer Switching Costs)

Ein weiterer Burggraben, nach dem wir Ausschau halten, sind etwaige Wechselkosten der Kunden. Hierbei handelt es sich im Grunde genommen um die Kosten beziehungsweise den Aufwand, der in Form von Geld, Zeit, Arbeit, Ressourcen, Planbarkeit oder auch Sicherheit entsteht, wenn man von Produkt A zu Produkt B wechselt. Wenn Sie Adobe Photoshop benutzen oder vielleicht ein Ingenieur sind und Autodesk anwenden, dann wissen Sie, dass dies sehr komplexe Softwareprogramme sind. Sie sind schwer zu erlernen und für eine Umschulung ist viel Arbeit erforderlich, sodass Sie im Grunde nicht von Produkt A zu Produkt B wechseln wollen. Die »Kosten« für den Wechsel zu einem alternativen Produkt überwiegen die Vorteile und Sie sind daher wahrscheinlich auch bereit, Jahr für Jahr etwas mehr für dieses Produkt zu zahlen. Solange die Unternehmen ihre Preissetzungsmacht nicht überreizen oder die Forschung und Entwicklung an ihren Produkten einstellen, ist der Burggraben über lange Zeit geschützt.

Laufende Servicebeziehungen: Beispiel: Aufzugsfirmen wie Schindler versuchen, eine hohe »Attach Rate« zu erzielen (beim Verkauf eines Aufzugs einen Servicevertrag abzuschließen). Wenn der

Lift einmal im Gebäude verbaut wurde, bleibt er in der Regel jahrzehntelang erhalten.

Nutzen-Kosten-Verhältnis: Die Bedeutung des Produkts für das Gesamtbild ist hoch.

- Beispiel 1: Fastenal (oder in Europa Würth) – Der Kunde des Unternehmens hat eine Schraube in der Montagelinie, die bei einem Ausfall den gesamten Fertigungsprozess für Stunden unterbrechen kann. Der Wert dieser Schraube wird sehr hoch sein.
- Beispiel 2: Fuchs Petrolub – Die Schmiermittel können die Effizienz von Bergbaumaschinen um x Prozent steigern. Der Kunde würde folglich für seine Qualität einen Aufpreis zahlen.

Kosten in Prozent der Gesamtkosten (für den Kunden): Je niedriger das Verhältnis, desto höher der Aufschlag, den der Kunde für die Aufrechterhaltung der Qualität zahlen würde.

Burggraben 3 - Der Netzwerkeffekt (Network)

Ein weiterer Burggraben ist der Netzwerkeffekt, der auftritt, wenn der Wert eines Produkts oder einer Dienstleistung mit der Anzahl der Nutzer steigt. Er ist vielleicht sogar der stärkste der vier Burggräben. Denken Sie beispielsweise an Kreditkarten. Jeder von Ihnen besitzt wahrscheinlich eine Visa Card oder Mastercard oder zumindest einen PayPal-Account. Der Grund, warum Sie dies haben, ist, dass die meisten Händler diese Zahlungsmethoden allesamt akzeptieren. Und die Händler *müssen* sie auch akzeptieren, da möglichst viele von uns damit bezahlen möchten. Somit profitieren beide Parteien von der zunehmenden Verwendung dieser Karten. Hierbei handelt es sich um ein interaktives Netzwerk. Ein radiales Netzwerk ist weniger wertvoll als ein interaktives Netzwerk. Beispiel: Western Union hat die meisten Filialen in der Welt, aber niemand schickt Geld von Bangladesch nach Mexiko-Stadt, das meiste Geld wird von Chicago nach Mexiko-Stadt transferiert. Ein Wettbewerber kann sich folglich nur auf die Kanäle konzentrieren, die wesentlich sind, und dort einen niedrigeren Preis verlangen, um zu konkurrieren. Auktionen und Finanzbörsen funktionieren auf die gleiche Weise: Jeder kauft und verkauft beliebige Sachen bei eBay, weil viele andere auch beliebige Dinge bei eBay kaufen und verkaufen. eBay hat trotz seines langsamen Wachstums in jüngster Vergangenheit bei Online-Auktionen einen sehr hohen Marktanteil behalten, weil es von genau demselben Netzwerkeffekt profitiert wie im Beispiel mit den Kreditkarten. Je größer das Netz der Nutzer, desto größer der Wert des Netzes.

Formal gesehen ist dieses Konzept als »Netzwerkeffekt« bekannt. Ein Netzwerkeffekt liegt vor, wenn der Wert einer Ware oder Dienstleistung steigt, wenn mehr Menschen diese Ware oder Dienstleistung nutzen. In einem typischen Netzwerk erhöht das Hinzukommen eines neuen Kunden die Bereitschaft aller Teilnehmer, für die Netzwerkdienste zu zahlen. Der Ethernet-Erfinder Bob Metcalfe hat diese Idee in den 1970er-Jahren mathematisch formuliert. Das Metcalfesche Gesetz besagt, dass der Wert (V) eines Netzes mit dem Quadrat seiner Knoten (n) zunimmt. Metcalfes Formel lautet: $V = n^2 - n$. Also hat ein Netzwerk von zehn Personen einen Wert von 90 (100 – 10 = 90), aber ein doppelt so großes Netzwerk hat einen mehr als viermal so hohen Wert (400 – 20 = 380).

Burggraben 4 - Kostenvorteile (Cost Advantages)

Den vierten Burggraben bilden Kostenvorteile. Und die klingen wie das Einmaleins der BWL. Wenn Sie der Produzent mit den niedrigsten Kosten in einem Rohstoffgeschäft sind, haben Sie einen Wettbewerbsvorteil. Es ist jedoch sehr wichtig, die Arten der Kostenvorteile voneinander zu unterscheiden, weil einige dauerhaft und andere lediglich temporär sind.

Prozessbasierte Kostenvorteile – bei denen man im Wesentlichen eine bessere »Mausefalle« erfindet oder einen verbesserten Produktionsablauf, sind in der Regel nicht so dauerhaft. Denken Sie beispielsweise an Dells »Build-to-Order«-Geschäftsmodell oder an Ryanairs »Point-to-Point«-Low-Cost-Modell, das viel billiger war als das der großen Fluggesellschaften. Dell und Ryanair waren für einige Zeit wunderbare Unternehmen, aber beide Prozesse wurden kopiert und beide Firmen sind seither nicht mehr die ausgewiesenen Low-Cost-Leader in ihrer Branche.

Weitaus besser sind dagegen skalenbasierte Kostenvorteile, die umso größer werden, je größer auch das Unternehmen wird. Ein gutes Beispiel hierfür ist der Paketdienstleister UPS, der über ein sehr dichtes Netz brauner Lieferwagen verfügt, die Pakete in der ganzen Welt ausliefern. Für ein zusätzliches Paket in einem Lieferwagen, der bereits auf einer bestimmten Route unterwegs ist, fallen also lediglich sehr geringe Kosten an.

Dieses Netz bedeutet, dass der Gewinn für jedes der zusätzlichen Pakete sehr, sehr hoch ist, und dieser Kostenvorteil wird immer größer, je dichter das Netz wird und je mehr Transporter UPS auf immer mehr Routen schickt. Im Gegensatz zu einem prozessbasierten Kostenvorteil ist dieser dauerhaft. DHL (mit einem dichten Netz in Europa) hat beim Versuch, mit UPS in den USA zu konkurrieren, 1 Milliarde US-Dollar verloren, da es nicht skalieren konnte. In einigen Branchen können nur ein bis zwei Akteure rentabel operieren. Ein dritter Akteur würde dazu führen, dass alle Geld verlieren, und daher wird ein Dritter auch nicht in dieses Segment einsteigen. Diese Unternehmen werden in Zukunft vielleicht nicht mehr viel wachsen, sind aber Cash Cows.

Neben den vier wesentlichen Burggräben ziehen wir auch noch einige weitere Burggräben in Betracht, um bei einzelnen Positionen zu einer möglichst hohen Überzeugung zu gelangen.

Burggraben 5 – Gutes Management

Ein guter Jockey wird in einem Rennen auf einer Ziege höchstwahrscheinlich schlechter abschneiden als eine x-beliebige Person auf einem Pferd. Unternehmen und Geschäftsmodelle sind also wichtiger als das Management, oft ist dies naturgemäß bereits durch die jeweilige Branche des Unternehmens bedingt.

Manager sind im Zusammenhang mit einem Burggraben wichtig: Das erforderliche Niveau der Managementfähigkeiten steht in umgekehrtem Verhältnis zur Qualität des Unternehmens. Burggräben können Fehler des Managements auffangen. Beispiel: Microsoft hat trotz der fatalen Leistung des ehemaligen CEOs Steve Ballmer Geld verdient. Ryanair hat dank CEO Michael O'Leary auch unglaubliche Mengen an Geld anhäufen können. Obwohl der Airlines-Sektor unserer Ansicht nach zu den katastrophalsten Geschäftsmodellen überhaupt zählt. Der beste Tag im Leben einer Airline ist ihr erster Flug. Danach ist das Unternehmen mit steigenden Kosten durch immer älter werdendes Personal sowie unaufschiebbare Wartungsarbeiten an immer älter werdenden Flugzeugen konfrontiert. Dabei fällt uns stets der alte Witz ein: Wie wird man am schnellsten Millionär? Indem man als Milliardär eine Fluggesellschaft kauft.

Gute Manager sind hingegen ständig bestrebt, den Graben des Unternehmens zu erweitern (beispielsweise Amazons dauerhafte Konzentration auf das Kundenerlebnis). Vertrauen spielt online eine deutlich größere Rolle als offline. Wie viele von uns überprüfen zum Beispiel den Preis bei einem weiteren Anbieter, bevor wir etwas bei Amazon kaufen? Das Anklicken einer neuen Website dauert nur wenige Sekunden.

Schlechte Manager investieren Kapital außerhalb des Burggrabens eines Unternehmens, wodurch die Gesamtkapitalrendite sinkt. Es ist äußerst wichtig, dies von Innovation und der Entwicklung neuer Produkte zu unterscheiden. Unternehmen, die dies aus Stärke heraus tun, sind in der Regel innovativ (Google bringt neue Produkte auf den Markt, um die Saat für großartige Geschäfte in der Zukunft zu legen), im Gegensatz zu Unternehmen, die dies nur tun, um ihr Wachstum zu sichern oder weil ihr Kerngeschäft stirbt oder sich das Wachstum verlangsamt. Das wichtigste Unterscheidungsmerkmal ist also zu verstehen, ob es aus einer Stärke oder aus einer Schwäche heraus geschieht.

Unternehmen, die neue Geschäfte eröffnen, nur um ihren Umsatz zu steigern, sind nicht unbedingt gut. In vielen Fällen haben die neuen Geschäfte eine geringere Kapitalrendite. (Es gab einen Punkt, an dem Starbucks weit mehr Filialen als erforderlich eröffnete, und das bei geringerer Kapitalrendite. Der bessere Weg war, weniger Filialen zu eröffnen und den Umsatz pro Filiale zu erhöhen, indem man in den bestehenden Filialen Lebensmittel hinzufügte.)

Burggraben 6 - Geografische Unterschiede

Lokale Unterschiede schaffen Burggräben (in einem globalen Kontext). Beispiel:

- Ausländischen Unternehmen ist es nicht gestattet, in Kanada Banken zu besitzen.
- Bäume zur Zellulosegewinnung wachsen in Brasilien doppelt so schnell wie in Europa.
- Eine Tonne Zuschlagstoffe kostet rund 10 Euro. Sobald der Transportweg dieser Stoffe länger als 50 bis 100 Kilometer wird, entstehen aufgrund des hohen Gewichts enorme Transportkosten. Daher ist es unwirtschaftlich, Sand, Kies und Schotter über eine weite Distanz zu transportieren. Das wissen die Betreiber von Steinbrüchen und schlagen auf die Produktionskosten eine satte Gewinnspanne. Den Kunden bleibt keine andere Wahl, sie akzeptieren die erhöhten Preise.
- Mülldeponien unterliegen strengen Genehmigungsverfahren, sodass die Konkurrenz überschaubar bleibt.

Burggraben 7 - Minimale effiziente Größe

Beispiel: Südafrikanische Einzelhändler erwirtschaften einen viel höheren ROCE als US-Primus Walmart, da der Markt kleiner ist und nur zwei bis drei Einzelhändler konkurrieren. Für einen neuen einheimischen Marktteilnehmer ist es schwer zu konkurrieren, und der Markt ist zu klein, als dass sich ein globaler Marktteilnehmer dafür begeistern könnte.

Kulturelle Präferenzen – Beispiel: Bier ist ein globales Produkt, doch Süßigkeiten und Snacks sind es aufgrund der kulturellen Unterschiede nicht.

Sicherheitsmarge versus Opportunitätskosten: Die meisten Investoren verbringen viel Zeit mit der Analyse der Sicherheitsmarge und nicht mit der Analyse der Opportunitätskosten. Man sollte sich vergewissern, dass das Unternehmen nicht in Konkurs geht, doch wenn es sich um ein Unternehmen mit einem Burggraben handelt, sollte man nicht zögern, eine gewisse Prämie zu zahlen.

Quantitative versus qualitative Daten: Quantitative Daten werden vom Markt leicht eingepreist, während qualitative Daten (wie Burggräben) tendenziell weniger effizient eingepreist sind. Zitat Bill Miller: »Alle Informationen liegen in der Vergangenheit, aber der ganze Wert liegt in der Zukunft.«

2nd Order Thinking: Wenn Unternehmen mit einem breiten Burggraben zu sehr hohen Bewertungen gehandelt werden, sollten Sie Unternehmen in Betracht ziehen, die wichtige Herstellungsstoffe liefern.

Beispiel: Ein Unternehmen, das Coca-Cola mit Aromastoffen beliefert, oder ein Unternehmen, das Enzyme für Joghurt und so weiter herstellt, ist ein FMCG-Unternehmen (Fast-Moving Consumer Goods – schnelllebige Konsumgüter). Diese Unternehmen erzielen in der Regel gute Margen.

Operative Exzellenz/Effizienz: Dies könnte ein strategischer Vorteil für ein Unternehmen sein. Solche Unternehmen sind sehr schwer zu finden und oft nur temporär aufrechtzuerhalten.

Operative Hebelwirkung/Gearing: Nur sehr wenige Unternehmen, die über einen operativen Leverage-Vorteil verfügen, werden entsprechend bewertet.

Größe: Größe bedeutet nicht automatisch, einen Burggraben zu haben. Manchmal ist klein sein sogar besser.

Wertschöpfungskette im Flugzeugbau: Boeing oder Airbus haben keine Burggräben. Sie sind zwar Duopolisten, haben aber dennoch keinen Burggraben! Wen kümmert es, ob man mit Boeing- oder Airbus-Flugzeugen fliegt, solange sie sicher genug sind. Unternehmen, die Teile für bestimmte Flugzeugmodelle herstellen, verdienen einen Aufschlag, da Boeing und Airbus lediglich Montagebetriebe und auf diese wichtigen Teile angewiesen sind. Ihr Anschlussgeschäft ist allerdings die Krönung, denn nur einer kann es liefern.

Die Essenz der Kapitalrendite

Da wir gelernt haben, wie wichtig Kapitalrenditen sind, möchten wir uns nun einigen Differenzierungsmerkmalen widmen. In diesem Abschnitt führen wir Sie durch die Relevanz und Anwendung verschiedener Rendite-Kennzahlen – ROA (Return on Assets), ROE (Return on Equity), ROIC (Return on Invested Capital), ROCE (Return on Capital Employed) und so weiter. Dies wird Ihnen helfen, die Unternehmensqualität besser einzuschätzen und somit besser in Unternehmen mit einem breiten Burggraben zu investieren. Unternehmen arbeiten im Allgemeinen so:

- Kapitalbeschaffung in Form von Eigen- und Fremdkapital.
- die Umwandlung dieses Kapitals in Vermögenswerte, also die Erschaffung neuer Produkte, Software, Inventar, Fabriken und so weiter.
- das Generieren von Cashflow aus diesen Vermögenswerten und im Laufe der Zeit die Ausschüttung des erwirtschafteten Cashs an die Eigentümer, also uns Aktionäre. Je weniger Geld eingesetzt werden muss, desto besser, denn im Umkehrschluss kann umso mehr ausgeschüttet werden.

Nehmen wir einmal an, wir haben zwei Unternehmen zur Auswahl: Unternehmen A und Unternehmen B.

A ist ein »kapitalintensives« Unternehmen – wie ein Telekommunikationsanbieter. Es braucht 20 US-Dollar an Vermögenswerten, um einen Jahresgewinn von 1 US-Dollar zu erzielen. B ist ein »Capital Light«-Unternehmen – wie ein Softwareunternehmen, am besten ein Abomodell »SaaS – Software as a Service«. Es braucht nur 2 US-Dollar an Vermögenswerten, um jährlich 1 US-Dollar zu verdienen. Aus der Sicht eines Eigentümers ist B wahrscheinlich ein besseres Unternehmen als A. Nehmen wir zum Beispiel an, wir sind Eigentümer, die 100.000 US-Dollar an Kapital investieren müssen. In welches Geschäft sollten wir unsere 100.000 US-Dollar investieren? A oder B? Sie werden vermutlich schon eine erste Vermutung haben, was das bessere Unternehmen ist, aber sehen wir weiter.

Option 1: Wir stecken unsere 100.000 US-Dollar in A. Wir verwenden sie, um Telekommunikationsanlagen im Wert von 100.000 US-Dollar zu kaufen – Routing-Ausrüstung, Switches, Türme, was auch immer. Diese Vermögenswerte werden uns 5.000 US-Dollar pro Jahr einbringen. Weil das »Renditeverhältnis« von A 1/20 Dollar oder 5 Prozent pro Jahr beträgt.

Option 2: Wir stecken unsere 100.000 US-Dollar in B. Wir zahlen einem Entwickler 100.000 US-Dollar, um neue Software für das Unternehmen zu entwickeln. Und wir verkaufen diese Software, um 50.000 US-Dollar pro Jahr zu verdienen. Die »Return Ratio« 1/2 Dollar würde also 50 Prozent pro Jahr betragen. Für dieselben 100.000 US-Dollar, die wir einzahlen, können wir nur 5.000 US-Dollar pro Jahr von A, aber 50.000 US-Dollar pro Jahr von B erwirtschaften. A ist wie ein Sparkonto, das uns 5 Prozent Zinsen zahlt. B hingegen zahlt uns 50 Prozent Zinsen. Unser obiges Beispiel, das Telekommunikationsunternehmen versus das Softwareunternehmen, war eher simpel. Um zu unserer Renditequote zu gelangen, haben wir einfach die jährlichen Einkünfte jedes Unternehmens genommen und diese durch das Vermögen des Unternehmens geteilt. Dies wird als »ROA« bezeichnet: Return on Assets. Es gibt aber einige Probleme mit dem ROA. Ein Telekommunikationsunternehmen hat im Gegensatz zu Softwareunternehmen normalerweise eine Menge Schulden, schließlich haben wir oben gesehen, wie teuer das Equipment ist. Es verdient möglicherweise nur 5 Prozent auf Vermögenswerte, also Assets. Aber die meisten dieser Vermögenswerte wurden möglicherweise mit geliehenem Geld gekauft, sind also kein Eigenkapital. Diese Hebelwirkung kann die von einem Eigentümer erzielte Rendite erheblich verbessern. Wenn wir zum Beispiel davon ausgehen, dass unsere 100.000 US-Dollar »Eigentümergeld« mit 400.000 US-Dollar Schulden bei 2 Prozent Zinsen kombiniert werden, dann springt unsere Renditequote schlagartig von 5 auf 17 Prozent pro Jahr. Diese 17 Prozent werden »Return on Equity« (ROE) genannt. Der ROE spiegelt wider, dass nicht alles Geld von seinen Eigentümern stammen muss. Nur der Eigenkapitalanteil kommt von den Eigentümern. Wenn der Nicht-Eigenkapitalanteil (zum Beispiel Schulden) überhandnimmt, kann der ROE den ROA deutlich übersteigen. Das liegt daran, dass der »Nenner« für den ROA alle Vermögenswerte sind. Aber für den ROE ist es nur der Equity-Anteil dieser Vermögenswerte.

Wenn die »Überschüsse« ausgeschüttet werden, sehen die Renditequoten sofort besser aus. Dies ist Teil einer breiteren Unterscheidung zwischen Kapital, das bereits produktiv eingesetzt wurde (ROIC) und allem im Unternehmen gehaltenen Kapital, unabhängig davon, ob es produktiv eingesetzt wurde oder nicht (ROCE).

Da wir so viele Varianten der Return Ratio haben, stellt sich natürlich die Frage: Welche ist die beste? Welche sollten wir für unsere Analysen verwenden? Die Antwort lautet: Es kommt auf die Situation an.

1. Das KGV (Kurs-Gewinn-Verhältnis oder PE Ratio) ist eines der beliebtesten Instrumente, die Analysten zur Bewertung von Aktien verwenden. Aber es bleibt eine der am meisten missverstandenen Metriken.

2. Eine Aktie, die mit dem 30-fachen KGV bewertet wird, ist im Vergleich zu einer anderen Aktie, die mit dem 15-fachen KGV gehandelt wird, möglicherweise nicht teuer. Ebenso bedeutet eine Aktie mit einem niedrigeren KGV im Vergleich zum Zehn-Jahres-Median-KGV nicht, dass es sich um ein Schnäppchen handelt.

3. Um dieses Tool anwenden zu können, müssen wir zunächst das KGV dekonstruieren, um besser zu verstehen, was darin enthalten ist. Das KGV ist eine Abkürzung, um zur DCF-Bewertung zu gelangen – die CFs, also Cashflows, die ein Unternehmen für seine Eigentümer über Zeit generieren wird, woraufhin es diese CFs wieder auf ihren gegenwärtigen Wert d/c diskontiert.

4. Daher hängt die Bewertung eines Unternehmens ab:
   - von der Höhe des FCF (wird das Geschäft für seine Aktionäre Cash generieren?),
   - davon, wie stark das Geschäft wachsen kann, und
   - vom angewandten Diskontierungssatz.

- Dies bringt uns zur nächsten Frage: Warum ist der Cashflow, der den Aktionären zur Verfügung steht, von Unternehmen zu Unternehmen unterschiedlich?

5. Zwei Unternehmen mit gleichem Umsatz und Nettogewinn können für die Aktionäre durchaus unterschiedliche Cashflows generieren. Dies liegt daran, dass verschiedene Unternehmen unterschiedliche Reinvestitionen in ihr Geschäft für das Wachstum benötigen.

Beispiel 1*:* Unternehmen A: 20 Prozent ROIC; reinvestiert 30 Prozent des Cashflows; verwendet 70 Prozent für Dividenden, Rückkäufe, M&A et cetera. Nur ein Drittel des Cashflows bringt 20 Prozent ROIC ein ... unter der Annahme, dass die inkrementelle Kapitalrendite gleich der Gesamtkapitalrendite ist.

Beispiel 2*:* Unternehmen B: 20 Prozent ROIC, reinvestiert 70 Prozent des Cashflows. Ausreichende Möglichkeiten vorausgesetzt, erwirtschaftet der Großteil des Cashflows 20 Prozent ROIC.

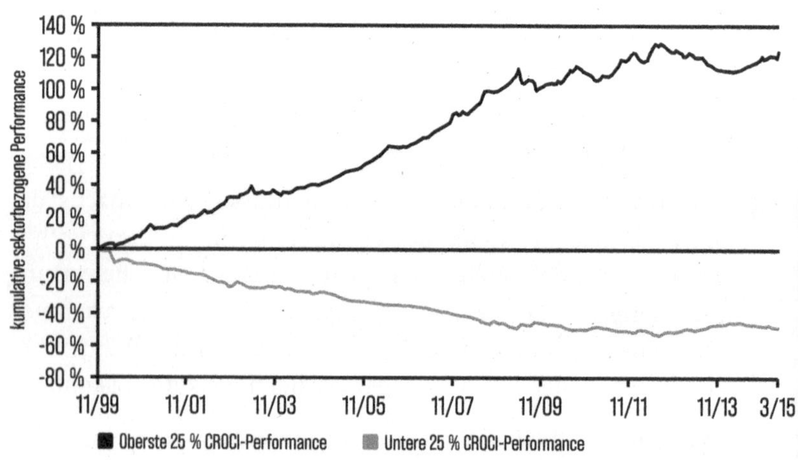

Abbildung 37: Unternehmen mit einem hohen ROIC schlagen den Markt über die Zeit

Quelle: Goldman Sachs Research Estimates

Geringeres Kapitalallokationsrisiko: Kapital wird reinvestiert.

- Die Rendite der Reinvestition ist höher als das, was typischerweise an Aktienmärkten erzielt werden kann.
- Die Gruppe der Unternehmen mit einer nachhaltigen Kapitalrendite von über 20 Prozent ist viel größer als die Gruppe der Investoren mit langfristigen Nettorenditen von über 20 Prozent.

1. Je mehr ein Unternehmen reinvestieren muss, um Wachstum zu erzielen, desto weniger behält das Unternehmen für die Aktionäre. Und diese Variation wird hauptsächlich durch die Unterschiede in der erzielten Rendite auf das investierte Kapital (ROIC) sichtbar. Unternehmen müssen den 1-Dollar-Test bestehen. Das heißt, sie müssen eine Rendite des investierten Kapitals (ROIC) erzielen, die die Opportunitätskosten des Kapitals übersteigt. Pro investiertem Dollar muss also mindestens eine Zahl größer eins generiert werden. Ansonsten wird Geld vernichtet.
2. Betrachten Sie zwei Unternehmen: Unternehmen A und Unternehmen B erwirtschaften beide 1 US-Dollar Gewinn pro Aktie. Beide Unternehmen wollen ihre Gewinne im nächsten Jahr um 10 Prozent steigern. Sie tun dies, indem sie ihre Erträge für die Expansion reinvestieren. Wie viel Kapital jedes Unternehmens wird benötigt, um ein Gewinnwachstum von 10 Prozent zu erzielen?
3. Angenommen, Unternehmen A ist in der Lage, einen ROIC von 60 Prozent zu erzielen. Dies bedeutet, dass jeder in das Unternehmen investierte Dollar zu einem Gewinnwachstum von 60 Prozent führt. Um seinen Gewinn um 10 Prozent zu steigern, müsste Unternehmen A nur 16,7 Prozent des diesjährigen Gewinns reinvestieren. Unternehmen B kann nur einen ROIC von 12 Prozent erzielen. Um seine Erträge um 10 Prozent zu steigern, müsste es 83,3 Prozent seiner Erträge reinvestieren, da eine Rendite von 12 Prozent auf 83,3 Prozent des aktuellen Gewinns 10 Prozent mehr Gewinn bringt. Hier sehen wir, dass der ROIC von Unternehmen A fünfmal höher ist als der von

Unternehmen B. Um das gleiche Wachstum von 10 Prozent zu erzielen, muss Unternehmen B das Fünffache seiner Gewinne im Vergleich zu Unternehmen A reinvestieren.

4. Im Wesentlichen zeigt uns dies, dass nicht jeder Dollar an Einnahmen gleich viel wert ist. Obwohl beide Unternehmen den gleichen Gewinn pro Aktie von 1 US-Dollar und ein Wachstum von 10 Prozent erzielen, erfordern sie unterschiedliche Reinvestitionsraten. Es kommt auf den ROIC an, den ein Unternehmen generieren kann. Ein Unternehmen mit einem höheren ROIC sollte ein höheres KGV aufweisen und umgekehrt. Wenn ein Unternehmen zum 30-fachen KGV gehandelt wird und ein anderes Unternehmen zum zwölffachen KGV, könnte dies bei beiden Unternehmen der Fair Value sein.
5. Nicht jedes Wachstum ist gut für die Aktionäre. Damit Wachstum Wert für die Aktionäre schafft, muss der ROIC höher sein als die Kapitalkosten. Der S&P 500 hat seit seiner Auflegung durchschnittlich etwa 10 Prozent Rendite erzielt. Daher können wir in Betracht ziehen, 10 Prozent als Kapitalkosten zu verwenden.
6. Wenn der ROIC 8 Prozent beträgt, würde eine Reinvestition für Wachstum den Wert für die Anleger verringern. Unternehmen sollten sich dafür entscheiden, alle ihre Gewinne an die Aktionäre auszuschütten, da die Erträge aus der Wiederanlage der Gewinne die Kapitalkosten von 10 Prozent nicht überschreiten. Der beste Weg, dies zu bedenken, ist, sich ein Unternehmen vorzustellen, das Kredite zu einem Zinssatz von 10 Prozent aufnimmt und für eine Rendite von 8 Prozent investiert. Jeder Dollar, der geliehen wird, um in Wachstum zu investieren, würde für die Aktionäre zu einer Rendite von minus 2 Prozent führen. Selbst wenn Unternehmen den gleichen Gewinn pro Aktie und die gleiche Wachstumsrate erzielen, bedeutet das nicht, dass sie das gleiche KGV wert sind.
7. Denn der ROIC macht einen großen Unterschied bezüglich der Frage, ob Wachstum Wert schafft oder Wert vernichtet. Bei der Bewertung des Unternehmens anhand des KGV ist zunächst zu berücksichtigen, ob das Unternehmen in der Lage ist, einen

ROIC über den Kapital- und Wachstumskosten zu erwirtschaften. Die gewonnenen Kenntnisse ermöglichen uns nun in Kürze, die Apple-Aktie ($APPL P/ E) zu bewerten. Apple wurde in den letzten zehn Jahren zweimal mit einem KGV von unter 10x gehandelt (2013 und 2016). In diesen Punkten war ein gewisser Pessimismus eingepreist, dass Apple bereits seinen Wachstumszenit erreicht hatte und sich in Zukunft schlechter als der Gesamtmarkt entwickeln würde.

Abbildung 38: Vierteljährliches Kurs-Gewinn-Verhältnis NAS/AAPL Quelle: Gurufocus

Im Vergleich zur Bewertung des breiten Marktes, in diesem Fall des amerikanischen S&P 500, lag Apple auch unter dem Bewertungs-KGV des Marktes von 17x während Punkt A und 21x während Punkt B. Mr. Market sagte uns, dass der ROIC und das Wachstum von Apple im Vergleich zu einem durchschnittlichen amerikanischen Unternehmen geringer sein würden. Anleger sollten dann prüfen, ob das aktuelle KGV den ROIC und das zukünftige Wachstum von Apple unterschätzt. Rückblickend erwirtschaftete $APPL weiterhin einen hohen ROIC von 30 Prozent und steigerte seinen Gewinn pro Aktie jährlich jeweils im zweistelligen Prozentbereich. Unter diesen Umständen war die Apple-Aktie ein klarer Kauf.

Wahrer Value oder Bären-Falle?

»Ob zutreffend oder nicht, der Begriff ›Value Investing‹ ist weitverbreitet. In der Regel bezeichnet dieser Begriff den Kauf von Aktien mit Eigenschaften wie ein niedriges Kurs-Buchwert-Verhältnis, ein niedriges Kurs-Gewinn-Verhältnis oder eine hohe Dividendenrendite. Leider sind diese Merkmale, selbst wenn sie in Kombination auftreten, bei Weitem nicht ausschlaggebend dafür, ob ein Anleger tatsächlich etwas zu dem Preis kauft, den es wert ist, und daher wirklich nach dem Prinzip des Value Investing handelt oder ob es sich um eine Value-Falle handelt. Dementsprechend sind gegensätzliche Merkmale – ein hohes Verhältnis von Kurs zu Buchwert, ein hohes Kurs-Gewinn-Verhältnis, eine niedrige Dividendenrendite – keineswegs unvereinbar mit einem ›Value-Kauf‹.«

BERKSHIRE HATHAWAY-JAHRESBERICHT 1992

Im Folgenden schauen wir uns einmal fünf verschiedene Unternehmensszenarien an.

Ebit-Wachstumsraten	Jahr 1	Jahr 2	Jahr 3	Jahr 4	Jahr 5	Jahr 6
Mr. Value Trap kein Wachstum, 2 % Inflation	-18 %	-22 %	-29 %	-43 %	-75 %	-43 %
Mr. Value Stock kein Wachstum, keine Kosteninflation	0 %	0 %	0 %	0 %	0 %	0 %
Mr. Growth Stock 5-prozentiges Wachstum, kein operativer Leverage	5 %	5 %	5 %	5 %	5 %	5 %
Mr. Good Business 5-prozentiges Wachstum, operativer Leverage	20 %	18 %	16 %	14 %	14 %	16 %
Mr. Great Business 5-prozentiges Wachstum, Preissetzungsmacht	50 %	35 %	27 %	22 %	19 %	30 %

Abbildung 39: Operative Hebelwirkung und Preissetzungsmacht fördern Wachstum

Quelle: Robert Vinall – RV Capital, Annual Letter 2014

Value-Falle (Wertzerstörer): Dieses Geschäft hat keine Preissetzungsmacht. Der Umsatz blieb konstant, während COGS und OPEX weiterhin inflationsbedingt um 2 Prozent stiegen. Im Laufe der Zeit fiel der Betriebsgewinn von 10 Millionen US-Dollar auf 0,6 Millionen US-Dollar. Eine scheinbar billige Aktie wurde unglaublich teuer. Um jeden Preis vermeiden.

	Jahr 0	Jahr 1	Jahr 2	Jahr 3	Jahr 4	Jahr 5
Verkäufe	100,0	100,0	100,0	100,0	100,0	100,0
COGS	60,0	61,2	62,4	63,7	64,9	66,2
Bruttogewinn	40,0	38,8	37,6	36,3	35,1	33,8
Bruttogewinnmarge	40,0 %	38,8 %	37,6 %	36,3 %	35,1 %	33,8 %
Opex	30,0	30,6	31,2	31,8	32,5	33,1
EBIT	10,0	8,2	6,4	4,5	2,6	0,6
EBIT-Marge	10,0 %	8,2 %	6,4 %	4,5 %	2,6 %	0,6 %
Umsatzwachstum	0 %	0 %	0 %	0 %	0 %	0 %
EBIT-Wachstum	-18 %	-18 %	-22 %	-29 %	-43 %	-75 %
EV	100	100	100	100	100	100
EV/EBIT	10,0	12,2	15,7	22,3	38,7	158,0

Abbildung 40 Quelle: Robert Vinall – RV Capital, Annual Letter 2014

Value Stock: Dieses Geschäft ist ein Average Grower. Es hat kein Wachstum, aber es ist in der Lage, seine Kosten gut zu kontrollieren. Nichts verändert sich. Wir können Geld verdienen, wenn es unter historische Preismultiplikatoren fällt und das Aufwärtspotenzial ebenfalls begrenzt ist.

Wachstumsaktie (Growth Stock): Diese Art von Unternehmen wächst zusammen mit der Wirtschaft um ungefähr nur 5 Prozent Wachstum bei Umsatz, COGS und Betriebskosten. Das EBIT wächst moderat und seine Forward Price Multiples gehen somit runter. Ein anständiges Unternehmen, das anständige Gewinne erzielen wird.

	Jahr 0	Jahr 1	Jahr 2	Jahr 3	Jahr 4	Jahr 5
Verkäufe	100,0	100,0	100,0	100,0	100,0	100,0
COGS	60,0	60,0	60,0	60,0	60,0	60,0
Bruttogewinn	40,0	40,0	40,0	40,0	40,0	40,0
Bruttogewinnmarge	40,0 %	40,0 %	40,0 %	40,0 %	40,0 %	40,0 %
Opex	30,0	30,0	30,0	30,0	30,0	30,0
EBIT	10,0	10,0	10,0	10,0	10,0	10,0
EBIT-Marge	10,0 %	10,0 %	10,0 %	10,0 %	10,0 %	10,0 %
Umsatzwachstum		0 %	0 %	0 %	0 %	0 %
EBIT-Wachstum		0 %	0 %	0 %	0 %	0 %
EV	100,0	100,0	100,0	100,0	100,0	100,0
EV/EBIT	10,0	10,0	10,0	10,0	10,0	10,0

Abbildung 41: Value-Aktien: keine Gewinne ohne Wachstum

Quelle: Robert Vinall – RV Capital, Annual Letter 2014

	Jahr 0	Jahr 1	Jahr 2	Jahr 3	Jahr 4	Jahr 5
Verkäufe	100,0	105,0	110,3	115,8	121,6	127,6
COGS	60,0	63,0	66,2	69,5	72,9	76,6
Bruttogewinn	40,0	42,0	44,1	46,3	48,6	51,1
Bruttogewinnmarge	40,0 %	40,0 %	40,0 %	40,0 %	40,0 %	40,0 %
Opex	30,0	31,5	33,1	34,7	36,5	38,3
EBIT	10,0	10,5	11,0	11,6	12,2	12,8
EBIT-Marge	10,0 %	10,0 %	10,0 %	10,0 %	10,0 %	10,0 %
Umsatzwachstum		5 %	5 %	5 %	5 %	5 %
EBIT-Wachstum		5 %	5 %	5 %	5 %	5 %
EV	100,0	100,0	100	100	100	100
EV/EBIT	10,0	9,5	9,1	8,6	8,2	7,8

Abbildung 42: Wachstumsaktien: 5 Prozent Wachstum ohne operativen Hebel

Quelle: Robert Vinall – RV Capital, Annual Letter 2014

Compounder: Umsatz und COGS steigen um 5 Prozent, erfordern aber keine zusätzlichen Betriebskosten. Operatives Wachstum entsteht, wenn das EBIT schneller wächst als der Gesamtumsatz.

Höheres Wachstum bedeutet: der Unternehmenswert steigt. Endlich etwas, worüber wir uns freuen können.

	Jahr 0	Jahr 1	Jahr 2	Jahr 3	Jahr 4
Verkäufe	100,0	105,0	110,3	115,8	121,6
COGS	60,0	63,0	66,2	69,5	72,9
Bruttogewinn	40,0	42,0	44,1	46,3	48,6
Bruttogewinnmarge	40,0 %	40,0 %	40,0 %	40,0 %	40,0 %
Opex	30,0	30,0	30,0	30,0	30,0
EBIT	10,0	12,0	14,1	16,3	18,6
EBIT-Marge	10,0 %	11,4 %	12,8 %	14,1 %	15,3 %
Umsatzwachstum		5 %	5 %	5 %	5 %
EBIT-Wachstum		20 %	18 %	16 %	14 %
EV	100,0	100,0	100	100	100
EV/EBIT	10,0	8,3	7,1	6,1	5,4

Abbildung 43: Die besten Unternehmen: 5 Prozent Wachstum mit operativem Hebel
Quelle: Robert Vinall – RV Capital, Annual Letter 2014

Es ist wie ein Traumgeschäft. Der Umsatz wächst durch steigende Preise, während COGS und OPEX gleich bleiben. Ein großer Teil der Einnahmen fällt direkt ins Endergebnis. Die Einnahmen wachsen rasant. Das ideale Geschäft zum Besitzen.

Wie sich diese unterschiedlichen Unternehmen über die Zeit entwickeln, zeigt Abbildung 44.

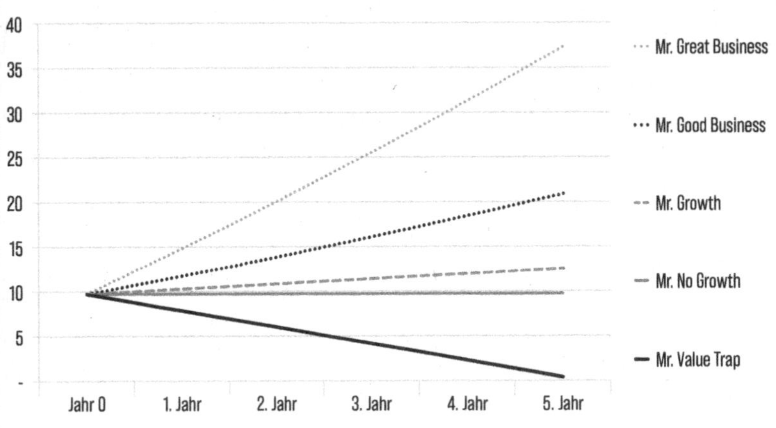

Abbildung 44: Entwicklung der jeweiligen Aktienkategorien über 5 Jahre
Quelle: Robert Vinall – RV Capital, Annual Letter 2014

Spawner-Aktie - die Schatzsuche nach 100-Baggern hat begonnen

»Insider sind normalerweise Investoren, keine Händler. Sie kaufen eher langfristig, nicht kurzfristig.«

CHRISTOPHER BROWNE

Was Sie wirklich interessiert, ist Folgendes: Am Ende des Jahres wird das Unternehmen einen bestimmten Geldbetrag verdient haben. Über diesen Haufen Bargeld möchten Sie wissen:

- Wie viel kann das Unternehmen in das Geschäft reinvestieren?
- Wie hoch wird die Rendite dieser Investition sein?

In Bezug auf die Berechnung der Kapitalrendite ist jedes Unternehmen anders und hat einzigartige Investitionsanforderungen, Cashflow-Generierungskapazitäten, Reinvestitionsmöglichkeiten, Werbekosten, F&E-Anforderungen und so weiter ... Verschiedene Geschäftsmodelle sollten individuell analysiert werden. Aber das Hauptziel ist Folgendes: **ein Unternehmen zu identifizieren, das reichlich Möglichkeiten hat, Kapital in Zukunft mit einer hohen Rendite zu reinvestieren.** Unternehmen mit Wettbewerbsvorteilen neigen dazu, ihre Gewinne und ihre Rentabilität auf verschiedene Weise zu steigern. Erstens können sie ihre gegebenen Vorteile in zusätzlichen Märkten nachbilden. Zweitens können sie mit ihrem Wachstum den Fokus auf ihre Nische oder ihren Produktbereich erhöhen. Schließlich streben sie möglicherweise eine Expansion in Segmenten an, die ihre bestehende Dominanz ergänzen. Dies ist die sogenannte Compoundiermaschine. Da Investieren immer ein Prozess ist, ist dies der Beginn dessen, was unserer meiner Meinung nach zu etwas immens Mächtigem heranwächst. Wir werden Ihnen einige Beispiele für Spawner-Aktien mitgeben und mit einem kompletten Investment-Framework abschließen, das Ihnen genügend Informationen geben sollte, um zu entscheiden, ob Spawner-Aktien etwas für Ihr Portfolio sind.

Spawner-Aktien können einen zusätzlichen Vorteil bieten, wenn es darum geht, in gute Unternehmen zu investieren, die zu einem fairen Preis handeln.

Das Spawning-Framework wurde erst kürzlich von Mohnish Pabrai entwickelt und zunächst in einer Präsentation über Spawner diskutiert, die er im Dezember 2020 für die Guanghua School of Management hielt. Es ist interessant, Value Investing und Investitionen in Spawner zu vergleichen, da sogar Deep-Value-Investor Pabrai die Strategien gewechselt hat. Das Problem beim Value Investing ist, dass Sie ständig auf der Suche nach neuen Schnäppchen sein müssen, während Sie bei Spawnern, wenn Sie einmal einen gefunden haben, nur sehr lange daran festhalten müssen.

Wenn man aus der Investitionsperspektive an Spawning denkt, geht es um Unternehmen, die es in ihrer DNA haben, ständig neue Geschäftsmodelle zu entwickeln. Ein gutes Beispiel für eine Spawner-Aktie ist Alphabet (GOOG) mit seinen vielen neuen Geschäftsideen, von denen einige mit dem Kerngeschäft Search in Verbindung stehen, andere weit davon entfernt sind.

Das sind die Alphabet-Unternehmen:

- **Access & Energy** – betreibt unter anderem das Netzwerk Project Fiber,
- **Calico** – das Unternehmen forscht am ewigen Leben,
- **Deepmind** – Erforschung der Künstlichen Intelligenz,
- **Google Capital** Alphabets Bank – stellt Kapital für andere Unternehmen zur Verfügung,
- **Google Ventures** – der Risikokapitalgeber, über den Alphabet an Hunderten weiterer Start-ups beteiligt ist,
- **Loon** – bietet Internetzugänge und Netzwerke über schwebende Ballons an,
- **Sidewalk Labs** – Innovationen rund um Städtebau und Stadtprojekte,
- **Verily** – Thema Gesundheit, hat unter anderem die smarte Kontaktlinse und die Baseline Study hervorgebracht,
- **Waymo** – Entwicklung und Betrieb der selbstfahrenden Autos, soll in Zukunft zur zweiten Cash Cow werden,

- **Wing** – das Unternehmen spezialisiert sich auf die Entwicklung und den Betrieb von Lieferdrohnen,
- **X** – Labor für hochexperimentelle Technologien, aus dem schon Waymo, Chronicle, Loon, Wing oder auch Google Glass stammte.

Für die weltweit größte Holding ist die Liste zwar überraschend kurz, aber das dürfte auch an der Philosophie des gesamten Unternehmens liegen: Praktisch alle Töchter beschäftigen sich mit »Moonshots«, also Wetten auf zukünftige Technologien, die entweder abheben oder eben in der Versenkung verschwinden.

Spawning-DNA

> *»Some companies have a soul, and others are just going through the motions.«*
>
> Josh Tarasoff

Die Idee hinter dem Investieren in Spawner ist, dass Sie an einem exponentiellen und lang anhaltenden Aufwärtstrend partizipieren können, weil Sie nie wissen, wie viel Anziehungskraft diese neuen Geschäftsideen in der Zukunft haben könnten. Wenn es Calico beispielsweise gelingt, einen Durchbruch im Bereich der Gesundheit im Alter zu schaffen, könnte es wertvoller werden als Google selbst.

Die Option eines unbegrenzten Aufwärtspotenzials, das normalerweise von null erzeugt wird, ist etwas, das Sie bei Unternehmen einfach nicht haben, die sich nicht darauf konzentrieren, ständig zu expandieren und neue Unternehmen zu gründen.

Um solche Moonshots zu generieren, müssen folgende Rahmenbedingungen gegeben sein:

- DNA: Permanente Erschließung neuer Geschäftsmodelle.
- Fehler: Viele Versuche und wenige Treffer.
- Steuereffizient: Wachstum wird aus dem Vorsteuergewinn erwirtschaftet.

Spawner-Unternehmen schaffen ständig neue Ideen, die unbegrenztes Wachstum bieten, und es liegt in ihrer DNA, sich auf solche Dinge zu konzentrieren, aber dies führt auch zu vielen Misserfolgen, Misserfolgen, die die kurzsichtige Wall Street hasst.

Denken Sie nur an die vielen Anleger, die wegen des Fire-Phone-Flops Amazon-Aktien verkauft haben. Amazon testete es, stornierte es umgehend, als es offensichtlich fehlgeschlagen war, und nahm eine Wertminderung in Höhe von 170 Millionen US-Dollar in Kauf. Im Jahr 2015 war die AMZN-Aktie gegenüber ihrem Höchststand von 2013 um 20 Prozent gesunken, hat sich aber im Anschluss mehr als verzehnfacht, und heute kann sich niemand mehr daran erinnern, sondern lediglich an alle erfolgreichen Projekte seitdem.

Schönheit des Scheiterns

Das Scheitern als gegeben zu akzeptieren, ist vielleicht einer der stärksten Investitionsbeiträge des Spawner-Investitionsrahmens. Die Wall Street, jeder mit Business-School-Ausbildung oder auch die meisten Menschen mit einer gewöhnlichen Ausbildung erwarten, dass sich die Dinge linear entwickeln. Der unbegrenzte Vorteil mit dem begrenzten Nachteil ist jedoch für die Menschen schwer zu fassen. Amazon hat mit dem Fire Phone 170 Millionen US-Dollar verloren, aber vergleichen Sie das mit dem Vorteil, wenn es funktioniert hätte – vielleicht 170 Milliarden US-Dollar angesichts der aktuellen Nachfrage nach Smartphones und der Implementierungsmöglichkeiten von Amazon. Um diese smarten Wetten zu platzieren, ist ein erfolgreiches Kerngeschäft elementar wichtig. Das Kerngeschäft muss Cashflow bestenfalls drucken, um diese Wetten finanzieren zu können. Im Falle von Google das klassische Advertising-Geschäft von Google Search, vermutlich eines der besten Geschäftsmodelle aller Zeiten – aber Google ruht sich nicht darauf aus und hat mit YouTube, Maps, Cloud, Earth und vielen weiteren Diensten sein Online-Imperium weiter vergrößert. Der Grund dafür, dass wir glauben, Technologieunternehmen seien eher Spawner, liegt in ihrer Daten-Feedback-Schleife. Investor John Huber beschreibt die Daten-Feedback-Schleife wie folgt: »Daten helfen Ihnen,

Ihre Kunden besser zu verstehen, Ihre Ressourcen effektiver für die Produktentwicklung einzusetzen und das hilft Ihnen, bessere Produkte herzustellen, die noch mehr Kunden anziehen.« Ein Technologieunternehmen kann sofortiges Feedback erhalten, wenn ein Produkt funktioniert, im Gegensatz zu einem »Old Economy«-Unternehmen, das Monate oder Jahre darauf warten muss zu erfahren, wie das Produkt im Markt angenommen wird. Zusammenfassend lässt sich sagen, dass Spawner müheloser neue Geschäftszweige gründen können, die den TAM (Total Adressable Market) erhöhen, was zu einer Erhöhung der Gesamtmarktkapitalisierung führt.

Spawner sparen Steuern

Eine weitere Besonderheit ist der Doppelbesteuerungsvorteil der Investition in Spawner. Für die Entwicklung des Fire Phone hat Amazon den Gewinn vor Steuern verwendet, was Investitionen für das Unternehmen viel steuereffizienter macht, während Übernahmen beispielweise nur mit dem Gewinn nach Steuern möglich sind, ebenso Dividendenzahlungen. Amazon beispielsweise meldet kaum Einnahmen und ist dafür berüchtigt, aufgrund seiner aggressiven Reinvestition in das Unternehmen kaum Steuern zu zahlen. Andernfalls wären etwa 30 Prozent seines Einkommens an den Staat gegangen. Vergleichen Sie dies mit unseren Buyback Champions, die **Gewinne nach Steuern** für den Rückkauf von Aktien oder für Akquisitionen verwenden – sie müssen zuerst Steuern auf ihre Gewinne zahlen, bevor sie Aktien zurückkaufen oder in andere Unternehmen investieren können.

Die vier Arten von Spawner-Aktien

> *»Staying in Day 1 requires you to experiment patiently, accept failures, plant seeds, protect saplings, and double down when you see customer delight.«*
>
> Jeff Bezos

1. Adjacent Spawners (ergänzende Spawner) – Expansion innerhalb des verwandten Geschäfts.
   - Starbucks mit abgepacktem Frappuccino, Tee, Essen und Alkohol.
2. Embrionic Spawners – kleine Unternehmen erwerben und wachsen lassen.
   - Meta (ehemals Facebook) mit Instagram, WhatsApp und Oculus.
3. Cloner Spawners – keine Innovation, aber die Bewältigung dessen, was funktioniert.
   - Microsoft mit Windows, Word, Excel, Teams, Azure (alle Funktionen gab es vorher bereits von anderen Unternehmen).
4. Non-Adjacent Spawners (nicht ergänzende Spawner) – gründen oder kaufen neue, unabhängige Unternehmen.
   - Tesla im Bereich autonomes Fahren.

Apex Spawners - alle vier oben genannten Kategorien (Idealfall für Investoren).

Die oben genannten Beispiele sind allesamt großartige Geschäfte, aber es ist noch besser, wenn Sie Apex-Spawner finden, die alle vier Typen in ihrer DNA haben:

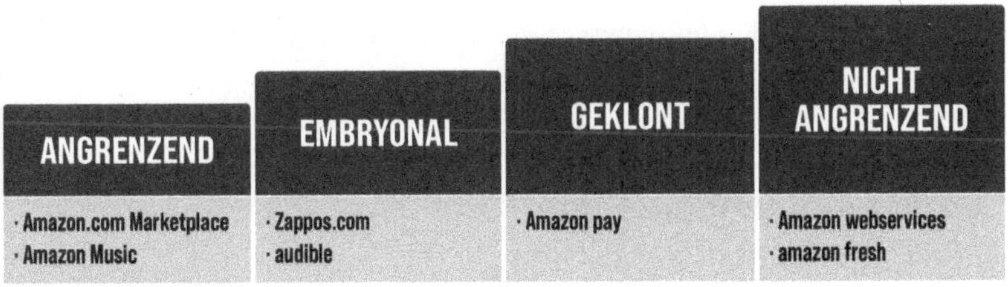

ANGRENZEND	EMBRYONAL	GEKLONT	NICHT ANGRENZEND
· Amazon.com Marketplace · Amazon Music	· Zappos.com · audible	· Amazon pay	· Amazon webservices · amazon fresh

Abbildung 45: Amazon Spawner Kategorien Quelle: Amazon Annual Report 2016

Apex-Spawner sind Unternehmen wie Amazon, Alibaba, Berkshire, Baidu, Tencent und Alphabet, die ständig in alle vier Geschäftskategorien investieren.

Allerdings ist die Spawning-DNA kein Selbstläufer. In einem Interview sagte der legendäre Hedgefondsmanager Stanley Druckenmiller (in 30 Jahren kein Verlustjahr erwirtschaftet!), dass die Google-Suche wahrscheinlich das beste Geschäft ist, das es je gab, aber auch, dass Alphabet Geld in so viele verschiedene Ideen wirft, deren Ergebnis sehr fragwürdig ist. Dabei darf der Return on Investment nicht vergessen werden. Auch nach zwei Jahrzehnten stammen immer noch knapp 80 Prozent der Einnahmen von Google aus der Werbung auf seinen Suchplattformen. Das Konzept der Apex-Spawner hilft Unternehmen dabei, generalistischer zu werden. Es ermöglicht ihnen, in einem dynamischeren Geschäftsumfeld zu überleben. Das Großartige an Spawnern ist, dass sie oft die Vormachtstellung in ihrem Spezialgebiet behalten, in dem sie ihre Expertise beim Erwerb von Spawner-Unternehmen einsetzen können. Amazon hat beispielsweise bereits mit Büchern den Grundstein für den Verkauf von allen möglichen Gegenständen gelegt. Sein Wissen und Know-how in einem Spezialgebiet konnte auf alle möglichen Waren angewendet werden und erfolgreich neue Ideen hervorbringen. Ob es sich um ein Unternehmen mit Spawner-DNA handelt, erkennen wir unter anderem an der Kommunikation des Unternehmens, in diesem Fall Alphabet:*

> *»People thought we were crazy when we acquired YouTube and Android and when we launched Chrome [...]. As we said in the original founders' letter, we will not shy away from high-risk, high-reward projects that we believe in because they are the key to our long-term success.«***

---

* Alphabet's Annual Reports

** »Die Leute hielten uns für verrückt, als wir YouTube und Android übernahmen und Chrome einführten [...]. Wie wir im original founders' letter sagten, werden wir nicht vor risikoreichen und lohnenden Projekten zurückschrecken, an die wir glauben, weil sie der Schlüssel zu unserem langfristigen Erfolg sind.«

Weiter führt das Unternehmen aus:

> *»Many companies get comfortable doing what they have always done, making only incremental changes.«**

Unternehmen mit einer Spawner-DNA möchten den Status quo nicht erhalten. Diese Unternehmen wissen, dass Stillstand mit einem langsamen Ausscheiden aus dem Wettbewerb gleichzusetzen ist.

Unsere Aufgabe als Spawner-Investoren liegt nach der erfolgreichen Auswahl dieser Unternehmen eigentlich lediglich darin, diese Aktivitäten zu überwachen und fortlaufend zu messen.

Spawner-Aktien-Anlagestrategie

Unternehmen können als Lebewesen betrachtet werden, und daher müssen wir damit rechnen, dass alle Unternehmen irgendwann sterben, da sich die Dinge ständig ändern. Um am Leben zu bleiben, müssen Unternehmen daher »laichen«.

Ohne die Expansion in neue Produkte wären Unternehmen wie IBM oder GE schon vor vielen Jahren aus dem Markt gegangen, während viele Unternehmen, die derzeit ihre jeweiligen Märkte dominieren, nur Schatten ihrer selbst wären, wenn sie nicht im Laufe der Zeit neue Unternehmen hervorgebracht hätten. Stellen Sie sich vor, dass Apple immer noch nur ein Computerunternehmen wäre und nicht in das Smartphonegeschäft eingestiegen wäre. Als reiner Hardwarehersteller wäre Apple vermutlich heute so bedeutungslos wie Blackberry. Unternehmen wie Apple verstehen den Lebenszyklus eines Unternehmens und investieren ständig in neue Geschäftsmöglichkeiten wie Kopfhörer, Uhren, Streaming-Dienste und so fort. Ein weiteres Beispiel ist das chinesische Facebook namens Tencent:

* »Viele Unternehmen machen es sich bequem, wenn sie das tun, was sie schon immer getan haben, und nehmen nur schrittweise Änderungen vor.«

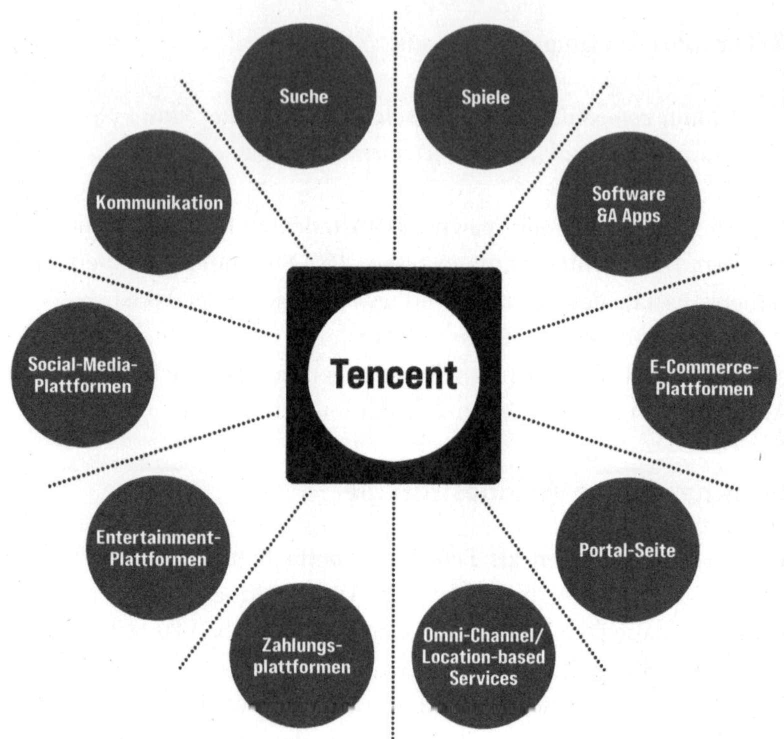

Abbildung 46: Tencent Geschäftsbereiche

Quelle: https://medium.com/@annezhou618/what-would-be-next-challenge-of-the-chinese-internet-giant-tencent-bb3d3d69b096

Das Spawner-Kaffeedosenportfolio – zehn für zehn

Fünf bis zehn Positionen in Spawner-Aktien ist bereits diversifiziert genug. Die Identifikation von zwei oder drei Spawnern im Jahr ist vollkommen ausreichend, selbst wenn es nur einer sein sollte, brauchen sie sich nicht zu hetzen. Lieber einen richtigen Spawner pro Jahr aufnehmen als mehrere Unternehmen, die keine hundertprozentige Spawner-DNA aufweisen. Beispielweise bietet sich ein eigenes Spawner-Depot mit zehn Werten à 10 Prozent Gewichtung und einer Laufzeit von mindestens zehn Jahren an.

> *»Was am Ende zählt, ist, ein gutes Geschäft zu einem vernünftigen Preis zu kaufen und es dann für lange, lange, lange Zeit zu vergessen.«*
>
> Warren Buffett

Einige werden das obige Zitat infrage stellen. Es ist offensichtlich wichtig, auf dem Laufenden zu bleiben, und ich verspreche, dass Buffett keine seiner Investitionen »vergisst«. Aber was Buffett damit andeutet, ist, dass Sie sich, sobald Sie eine Investition getätigt haben, nicht von »Lärm« ablenken lassen sollten.

Es gibt eine echte Tendenz unter den Anlegern, den Schlagzeilen zu viel Bedeutung beizumessen. Bei großen Unternehmen gibt es regelmäßig berichtenswerte Ereignisse. Häufig sind diese Ereignisse auch aktienkursbewegende Ereignisse. Aber selten sind diese berichtenswerten und marktbewegenden Ereignisse tatsächlich »intrinsische wertbewegende« Ereignisse.

Eine Möglichkeit, sich gegen den Lärm zu schützen, besteht darin, ein bekanntes (aber kaum genutztes) Portfolio-Managementkonzept namens »Kaffeedosenportfolio« (»Coffee Can Portfolio«) zu verwenden. Das Kaffeedosenportfolio ist eines der einfachsten und interessantesten Konzepte in der gesamten Portfolio-Managementtheorie. Es ist ein Begriff, der 1984 von Robert Kirby geprägt wurde, einem Portfoliomanager, der bemerkte, dass einer seiner Kunden besser abgeschnitten hatte als sein eigenes Portfolio, indem er heimlich alle Kaufempfehlungen von Kirby verwendet, aber seine Verkaufsempfehlungen ignoriert hatte. Dieser gewisse Kunde investierte etwa 5.000 US-Dollar in jede Aktie, die Kirby kaufte, und berührte die Aktie dann nie wieder. Er steckte das Aktienzertifikat in die sprichwörtliche »Kaffeedose« und dachte nicht mehr darüber nach. Die Ergebnisse jeder einzelnen Entscheidung waren sehr unterschiedlich. Einige Aktien verloren einen Großteil ihres Wertes, andere stiegen durchschnittlich, aber einige entwickelten sich unglaublich gut. Der größte Gewinner war 800.000 US-Dollar wert (bei einer Anfangsinvestition von 5.000 US-Dollar).

Ein Vorteil des Kaffeedosenansatzes besteht darin, dass er Sie dazu zwingt, darüber nachzudenken, wie Unternehmen in fünf bis zehn

Jahren aussehen werden, im Gegensatz zum nächsten oder übernächsten Jahr. Der Ansatz kann Sie dazu anregen, über zwei Arten von Unternehmen nachzudenken: die langlebigen Unternehmen, die ihre Wettbewerbsposition wahrscheinlich halten werden; oder die Unternehmen mit dem Potenzial für eine viel höhere Ertragskraft in der Zukunft (und damit einen viel höheren Wert).

Blumen gießen und Unkraut pflücken

Der Hauptgrundsatz der Coffee-Can-Strategie besteht darin, Ihre Gewinner laufen zu lassen. Es ist das Gegenteil davon, wie der Großteil der Investmentwelt funktioniert, wie Kirby sagt: »Wenn Ihre erfolgreichsten Anlagen an Wert gewinnen, tätigen Sie Teilverkäufe und transferieren das anfallende Kapital auf Ihre weniger erfolgreichen und billiger gewordenen Anlagen. Der Prozess führt dazu, dass ein Kapitalstrom von den dynamischsten Unternehmen, die normalerweise etwas überbewertet erscheinen, auf die am wenigsten dynamischen Unternehmen übertragen wird, die normalerweise etwas unterbewertet erscheinen.«

Das Kaffeedosenkonzept hilft Ihnen also, sich auf die Suche nach großartigen Unternehmen zu konzentrieren, in die Sie investieren können – und großartige Unternehmen sind diejenigen, die auf lange Sicht den größten Reichtum an der Börse schaffen. Kirbys Kommentar von 1984 ist heute noch relevanter:

»Als Vermögensverwalter habe ich mir häufig eine Anlageentscheidung angesehen, die meiner Meinung nach auf drei Jahre eine hohe Erfolgswahrscheinlichkeit hat, an der ich aber auf sechs Monate hin viele Zweifel hatte. Institutionelles Investieren … macht es einfach schwieriger, eine langfristige Entscheidung mit hoher Überzeugung zu treffen, als eine kurzfristige Entscheidung mit geringer Überzeugung zu treffen.«

Diese Probleme haben Sie als Privatanleger nicht, niemand ruft bei Ihnen an und beschwert sich darüber, dass der S&P 500 in den letzten vier Monaten besser abgeschnitten hat oder dass ein zwölfjähriger Neffe mit einem »Meme-Stock« 300 Prozent Rendite gemacht hat und er nicht. Sie stehen mit niemandem im Wettbewerb und müssen niemandem etwas beweisen.

Die 50-Milliarden-Regel

Spawner sind über quantitative Daten nur schwer ausfindig zu machen. Da sich die Börsenlandschaft heutzutage allerdings zu knapp 90 Prozent auf diese Daten stützt, werden diese Unternehmen temporär falsch eingeschätzt. Kursrückgänge von 40 Prozent oder mehr in einem Jahrzehnt können vorkommen. Wenn Sie nach Spawnern suchen, schauen Sie sich die Geschichte des Unternehmens an und fragen Sie, ob es (1) eine starke Spawn-DNA gezeigt hat und (2) einen großartigen Kapitalallokator an der Spitze hat.

Wenn Sie Anzeichen für einen Apex-Spawner erkennen, der idealerweise unter einer Marktkapitalisierung von 500 Millionen Euro liegt, haben Sie wahrscheinlich den Heiligen Gral gefunden. In den letzten 20 Jahren gab es in den USA über 3.700 Börsengänge, aber lediglich eine zweistellige Anzahl an Unternehmen, die in den letzten 20 Jahren an die Börse gingen, überschreiten eine Marktkapitalisierung von 100 Milliarden US-Dollar. Mit diesen Informationen können Sie davon ausgehen, dass es für Unternehmen, in die Sie investieren, sehr, sehr schwer wird, 50 Milliarden US-Dollar zu überschreiten. Nutzen Sie dies zu Ihrem Vorteil: Wie können wir in zehn Jahren einen Tenbagger bekommen?

15 Prozent CAGR (die durchschnittliche jährliche Wachstumsrate) geben uns ein 4x auf unser Investment in zehn Jahren, fügen Sie ein höheres Wachstum hinzu und wir können in zehn Jahren einen Tenbagger bekommen. Wie können wir in 20 Jahren einen 100-Bagger bekommen? 15 Prozent CAGR können uns in 20 Jahren auf das 40-Fache des Einstandspreises bringen. Aber wenn wir einfach ein paar Spawner hinzufügen können, die erfolgreich sein werden, gelingt es uns möglicherweise, einen Weg zu 100-Baggern zu finden. Wenn Sie einen Tenbagger haben möchten, müssen Sie unter 5 Milliarden Euro Marktkapitalisierung kaufen, und für einen 100-Bagger müssen Sie unter 500 Millionen Euro Marktkapitalisierung kaufen, um Ihre Wahrscheinlichkeiten zu erhöhen. Wenn beispielsweise das Unternehmen XYZ heute Waren im Wert von 400 Millionen Euro verkauft und es in den nächsten 10 bis 20 Jahren einen Wachstumspfad von 15 Prozent beibehalten kann, würde das Unternehmen am Ende

der Reise 16 Milliarden erlösen und wäre damit zu einem 40-Bagger geworden.

Die meisten Unternehmen haben nicht die DNA, um selbst Spawner zu sein, auch wenn sie außergewöhnliche Unternehmen sind. Sie konzentrieren sich intensiv auf das Kerngeschäft und sehen Nebengeschäfte als potenzielle Ablenkung. Selbst wenn sie über ein großartiges Geschäft stolpern, neigen sie dazu, es viel zu früh loszuwerden, um das Risiko einer Entgleisung des Kernunternehmens zu vermeiden. McDonald's hat beispielsweise Chipotle früh entdeckt und einen Anteil von mehr als 20 Prozent übernommen. Es empfand dies jedoch als Ablenkung und veräußerte seine Chipotle-Beteiligung im Jahr 2006, obwohl es lang anhaltende Wachstumsaussichten mit sich brachte. Der Aktienkurs von Chipotle ist seitdem um über 3.000 Prozent gestiegen. Es ist besser, einen Spawner zu verpassen, als einen Nicht-Spawner mit einem Spawner zu verwechseln.

Anhaltende Moats und Reinvestment-Moats

Diese Unternehmen sind selten und bilden eine kleine Gruppe, aber wir unterteilen die Gruppe weiter in das auf, was wir als »Anhaltende Moats« und das, was wir als »Reinvestment-Moats« klassifizieren. Die meisten Unternehmen mit einem dauerhaften Wettbewerbsvorteil gehören in den Anhaltende-Moats-Eimer, was bedeutet, dass die Unternehmen *hohe Kapitalrenditen erzielen, aber keine überzeugenden Möglichkeiten haben, zusätzliches Kapital zu ähnlichen Raten einzusetzen. Es* gibt eine noch elitärere Kategorie von Qualitätsunternehmen, die wir als Reinvestitionsgraben einstufen können. Diese Unternehmen haben alle Vorteile eines Anhaltenden Moat, haben aber auch die *Möglichkeit, inkrementelles Kapital zu hohen Raten einzusetzen.* Unternehmen mit langen Laufzeiten von renditestarken Anlagemöglichkeiten können das Kapital über lange Zeiträume vermehren, und ein Portfolio dieser außergewöhnlichen Unternehmen wird wahrscheinlich jahrelang starke Renditen erzielen.

Der »Alte Burggraben«

Unternehmen mit einem Anhaltenden Moat verfügen über eine solide Wettbewerbsposition, die zu gesunden Gewinnen und hohen Renditen auf das investierte Kapital führt. In den meisten Fällen unterhält ein Unternehmen mit einem Anhaltenden Moat kein kapitalintensives Geschäft und kann bescheiden wachsen, ohne dass zusätzliches Kapital benötigt wird. Da es jedoch *keine Reinvestitionsmöglichkeiten gibt, die die gleichen hohen Renditen bieten, muss das Geld, das das Unternehmen erwirtschaftet, anderweitig eingesetzt oder an die Eigentümer zurückgeschickt werden.*

Stellen Sie sich eine Lagerhalle in einer ländlichen Stadt mit hoher Auslastung und wenig Konkurrenz vor. Dieser Standort könnte 200.000 US-Dollar an jährlichem Free Cashflow generieren, eine solide Rendite für die 1.000.000 US-Dollar Kapital, die für den Bau der Anlage verwendet wurden. Solange es ein gut geführter Betrieb ist und kein konkurrierender Speicher auf der anderen Straßenseite eröffnet, kann der Eigentümer einigermaßen sicher sein, dass die Ertragskraft anhält oder im Laufe der Zeit leicht wächst.

Aber was macht der Eigentümer mit den 200.000 Dollar, die der Betrieb jedes Jahr generiert? Die Stadt kann einen anderen Standort nicht wirklich gebrauchen und benachbarte Städte decken den Speicherbedarf bereits ausreichend. Vielleicht investiert der Eigentümer es in ein anderes privates Unternehmen oder in Ersparnisse oder kauft ein Haus am See. Aber wo auch immer dieses Kapital hinfließt, wird es wahrscheinlich nicht die gleiche Rendite von 20 Prozent aus der ursprünglichen Fazilität erzielen.

Das gleiche Dilemma gilt für viele größere Unternehmen wie Hershey, Coca-Cola, McDonald's oder Procter & Gamble. Diese vier Unternehmen schütteten im Durchschnitt 80 Prozent ihres Jahresüberschusses als Dividende an die Aktionäre aus. Für diese Unternehmen ist diese Entscheidung sinnvoll, sie verfügen nicht über genügend attraktive Reinvestitionsmöglichkeiten, um das Einbehalten des Kapitals zu rechtfertigen.

Obwohl diese Anhaltenden-Moat-Unternehmen hohe Renditen auf das investierte Kapital (ROIC) aufweisen, ist es unwahrscheinlich, dass Sie als Investor außergewöhnliche Renditen erzielen, wenn Sie ihre Aktien heute kaufen und sie zehn Jahre lang besitzen. *Dies liegt daran, dass ihr hoher ROIC eher die Renditen auf das zuvor investierte Kapital als das inkrementell investierte Kapital widerspiegelt. Mit anderen Worten: Ein heute ausgewiesener ROIC von 20 Prozent ist für einen Investor nicht so viel wert, wenn keine 20 Prozent ROIC-Möglichkeiten mehr zur Verfügung stehen, um die Gewinne weiter zu reinvestieren.*

Der Aktienbesitz an diesen Unternehmen ähnelt am Ende einer Hochzinsanleihe mit einem Coupon, der im Laufe der Zeit steigen sollte. Daran ist absolut nichts auszusetzen, Unternehmen wie Procter & Gamble und Hershey liefern eine stetige Rendite und sind hervorragend darin, *Kapital zu erhalten, aber nicht unbedingt, um Wohlstand zu schaffen*. Wenn Sie Ihr Kapital zu ungewöhnlich hohen Raten aufstocken möchten, muss sich der Fokus darauf verlagern, Unternehmen zu identifizieren, die auch über einen »Reinvestitionsgraben« verfügen.

Der »Reinvestitionsgraben«

Es gibt eine zweite Gruppe von Unternehmen, die alle Vorteile eines Anhaltenden Moats haben, aber auch die *Möglichkeit, inkrementelles Kapital zu hohen Raten einzusetzen*, da sie über einen Reinvestment-Moat verfügen. Diese Unternehmen haben ihre aktuellen Gewinne durch einen Anhaltenden Moat geschützt, daher sollte die Kernertragskraft erhalten bleiben. Aber statt die Gewinne am Ende eines jeden Jahres an den Eigentümer zurückzugeben, wird der überwiegende Teil des Kapitals einbehalten und in Gelegenheiten eingesetzt, die mit hoher Wahrscheinlichkeit hohe Renditen erzielen.

Denken Sie an Walmart im Jahr 1972. Damals waren 51 Standorte geöffnet und das Gesamtgeschäft erzielte eine Vorsteuerrendite von 50 Prozent. Offensichtlich funktionierten die ersten Läden bereits super, Walmart dominierte Kleinstädte mit einem anderen Discountermodell und einer fanatischen Hingabe an niedrige Preise. Der klare Weg war, die Einnahmen so lange wie möglich wieder in die Eröffnung weiterer Walmarts zu investieren. Heute gibt es weltweit knapp 15.000 Walmart-Standorte und sowohl der Umsatz als auch der Nettogewinn sind gegenüber dem Niveau *von 1972* um mehr als das 5.000-Fache gestiegen.

In den vergangenen Jahren kam das neudeutsche Wort »Flywheel« (Schwungrad) auf. Genau in ein solches Schwungrad möchten wir investieren. Die Prämisse des Schwungrades ist einfach. Es handelt sich dabei um ein unglaublich schweres Rad, das große Anstrengung erfordert, um es zu schieben. Doch irgendwann hat es viel Schwung aufgebaut und schließlich beginnt es, sich selbst zu drehen und seine eigene Dynamik zu erzeugen – und dann wird ein Unternehmen von gut zu großartig und wir Aktionäre werden von wohlhabend zu reich.

Brad Stone beschreibt eine frühe Version von Amazons Schwungrad in *The Everything Store*:

Bezos entwarf sein eigenes Schwungrad, von dem er glaubte, dass es sein Geschäft antreiben werde, und das ging ungefähr so:

1. Niedrigere Preise führten zu mehr Kundenbesuchen.
2. Mehr Kunden steigerten das Verkaufsvolumen und zogen mehr provisionspflichtige Drittverkäufer auf die Website.
3. Dadurch konnte Amazon mehr aus den Fixkosten wie den Fulfillment-Centern und den Servern herausholen, die für den Betrieb der Website erforderlich sind.
4. Diese höhere Effizienz ermöglichte es dann, die Preise weiter zu senken.

Beurteilung der »Runway« für die Reinvestition

Viele Anleger konzentrieren sich ausschließlich auf Wachstumsraten und treiben die Bewertung eines Unternehmens mit hohen Wachstumsraten in die Höhe, selbst wenn das Wachstum keine positiven wirtschaftlichen Aspekte mit sich bringt, den Shareholder Value also nicht steigert. Der Schlüssel zu Reinvestment-Moats ist nicht die für das nächste Jahr prognostizierte spezifische Wachstumsrate, sondern die *Überzeugung, dass die Start- und Landebahn sehr lang ist und die Wettbewerbsvorteile, die diese hohen Renditen ermöglichen, im Laufe der Zeit bestehen bleiben oder sich verstärken werden.* Anstatt sich auf das nächste Quartal oder das nächste Jahr zu konzentrieren, besteht der Schlüssel darin, einen Schritt zurückzutreten und sich vorzustellen, ob dieses Unternehmen in ein oder zwei Jahrzehnten das Fünf- oder Zehnfache der heutigen Größe erreichen kann. Ich schätze, für 99 Prozent der Unternehmen werden Sie feststellen, dass es fast unmöglich ist, diese Art von Überzeugung zu haben. Das ist in Ordnung, seien Sie geduldig und konzentrieren Sie Ihre Energie darauf, das 1 Prozent zu identifizieren.

Dieses Beispiel veranschaulicht ein Konzept, das Charlie Munger in »Art of Stock Picking« beschrieben hat und das elementar für jeden Anleger sein sollte:

> »Wenn das Unternehmen über 40 Jahre 6 Prozent seines Kapitals verdient und Sie es für diese 40 Jahre halten, werden Sie nicht viel mehr als eine Rendite von 6 Prozent pro Jahr erzielen – selbst wenn Sie es ursprünglich mit einem großen Rabatt kaufen. Umgekehrt, wenn ein Unternehmen über 20 oder 30 Jahre 18 Prozent seines Kapitals verdient, werden Sie selbst dann, wenn Sie einen teuer aussehenden Preis zahlen, ein gutes Ergebnis erzielen.«

Um ein noch extremeres Beispiel zu schaffen: Wenn Sie ein Unternehmen finden, von dem Sie glauben, dass es über ein Jahrzehnt hinweg hohe Renditen erzielen kann, prüfen Sie, wie viel Sie »überbezahlen« können und dennoch eine Rendite erzielen, die einem typischen marktüblichen Unternehmen entspricht – was wäre der maximale Kaufpreis, den Sie berappen und trotzdem noch eine positive Rendite erzielen können?

Positive Indikatoren

Wenn ein Unternehmen es schafft, kontinuierlich wichtige Kennzahlen wie Benutzerzahl oder Bruttotransaktionen zu erhöhen, aber immer noch einen kleinen Prozentsatz des Gesamtmarktes ausmacht:

- Konzentrieren Sie sich auf Unternehmen mit einer hohen »Flow Through«-Marge bei einem inkrementellen Benutzer oder einer Transaktion, die dem Unternehmen helfen, die Margen zu erhöhen, wenn das Netzwerk wächst.

Wenn ein Unternehmen einen strukturellen Vorteil hat, der zu einem niedrigeren Kostenmodell als Wettbewerber führt:

- Dabei kann es sich um ein differenziertes Geschäftsmodell handeln, beispielsweise um den Direktverkauf statt über Agenten. Tesla etwa verkauft seine Autos direkt und spart sich damit die Provisionen für Autohändler, es gibt lediglich Ausstellungsräume in Innenstädten. Oder es könnte sich um einen im Laufe der Zeit entwickelten Vorteil handeln, wie beispielsweise eine Technologie, die zu einer stärkeren Automatisierung führt. Der strukturelle Vorteil darf für größere etablierte Unternehmen nur schwer zu kopieren sein, ansonsten sind die Vorteile lediglich temporär.

Wenn ein Multi-Unit-Einzelhändler derzeit weniger als 100 Standorte hat, aber einen Endmarkt von über 1.000 erwartet:

- Konzentrieren Sie sich auf Unternehmen mit einem konsistenten, profitablen und replizierbaren Modell. Das Unternehmen sollte in erster Linie den gleichen Prototyp immer wieder »reproduzieren« und gleichzeitig eine konsistente Einheitsökonomie schaffen.

Rote Flaggen (Warnzeichen)

Wenn ein Unternehmen, das behauptet, eine lange Start- und Landebahn zu haben, damit beginnt, in neue oder andere Märkte zu wechseln:

- Wenn die Zukunft so rosig ist, warum dann vom Plan abweichen? Das Management weiß möglicherweise bereits, dass die Start- und Landebahn begrenzt ist.

Wenn die Definition des gesamten adressierbaren Marktes (Total Addressable Market – TAM) durch das Management suspekt ist:

- Einige Managementteams werfen gerne eine massive TAM-Zahl in ein Slide-Deck, auf das sich die Anleger konzentrieren können. Überprüfen Sie die zugrunde liegende Quelle dieser Zahl. Wenn ihre Definition zu weit gefasst ist, versuchen sie möglicherweise, die Anleger in die Irre zu führen.

Wenn die Wachstumsinvestitionen der letzten Jahre niedrigere Renditen erzielen:

- Wenn die zuletzt eröffneten Geschäfte niedrigere Umsätze und Margen erzielen, aber genauso viele Kosten verursachen, zeigt der Runway einige Risse. Viele Multi-Unit-Unternehmen beginnen, niedrigere Stückrenditen zu erzielen, sobald sie sich außerhalb der Kernmärkte befinden.

Erzielen hoher Renditen mit Investitionen in Anhaltenden Gräben

Ein solider Anhaltender Moat, gepaart mit dem richtigen Managementteam und der richtigen Strategie, kann für Aktionäre über viele Jahre hinweg ein Vermögensaufbau sein. Um dies zu erreichen, muss das Playbook stärker auf die Kapitalallokation ausgerichtet werden und insbesondere einen systematischen Fokus auf Akquisitionen und das

Management der Kapitalstruktur legen. Die Fähigkeiten des Managementteams bei der Kapitalallokation müssen zum Reinvestment-Moat werden.

Obwohl die Forschung zu den negativen Folgen von Fusionen und Übernahmen für Unternehmen umfangreich ist, denken wir, dass es eine ausgewählte Gruppe von Managementteams gibt, die das Kapital des Unternehmens tatsächlich besser reinvestieren können, als es einzelne Aktionäre allein tun könnten. Sie sind in der Regel ausschließlich innerhalb ihres Kompetenzkreises tätig, der typischerweise der Sektor ist, in dem das zugrunde liegende Geschäft angesiedelt ist. Mit fundierten Branchenkenntnissen, Zugang zum Dealflow und der Fähigkeit, operative Synergien zu erzielen, können diese Unternehmen wie ein Private-Equity-Fonds mit permanentem Kapital (und ohne Gebührenstruktur) agieren. Bemerkenswerte Beispiele sind TransDigm Group, Danaher Corporation und Constellation Software.

Typischerweise besteht das Managementteam aus mindestens einem »Operator« und einem einzigen »Allocator«. Der Operator verwaltet die bestehenden Geschäfte streng, um ihre Wettbewerbsposition zu halten. Der Allocator fungiert eher als Investor denn als CEO, der nach Möglichkeiten sucht, Kapital zu hohen Raten einzusetzen und gleichzeitig die Kapitalstruktur zu optimieren. Für den Allocator ist die Kapitalstruktur ein weiteres Mittel zur Schaffung von Shareholder Value und es ist üblich, Sonderdividenden, den strategischen Einsatz von Leverage und pauschale Aktienrückkäufe zu sehen, die nur dann erfolgen, wenn die Aktie unterbewertet ist. William Thorndikes Buch *The Outsiders* leistet eine fantastische Arbeit, um diese einzigartigen Managementteams mit einem Talent für die Kapitalallokation zu beschreiben.

Wir haben festgestellt, dass der beste Weg, diese Unternehmen zu finden, darin besteht, jährliche Aktionärsbriefe zu lesen und bestimmte qualitative Muster aufzugreifen. Erstens ist ein durchdachter und informativer Jahresbericht der Schlüssel, weil er zeigt, dass die Manager die Aktionäre eher als Geschäftspartner und Miteigentümer sehen und nicht als lästige Gruppe, mit der sie sich jedes Quartal auseinandersetzen müssen. Obwohl wir es vorziehen, weiter zu recherchieren, ist der Brief in der Regel für einen potenziellen Eigentümer so aufschlussreich, dass er eine fundierte Investitionsentscheidung treffen könnte, indem er ihn jedes Jahr liest. Die Briefe enthalten in der Regel Begriffe wie »innerer Wert«, »Return on Capital Employed« und »Free Cashflow pro Aktie«, anstatt nur das Umsatzwachstum zu diskutieren. Wenn Sie zufällig auf eines dieser Unternehmen stoßen und denken, dass dem Managementteam noch einige Jahre mit vielen attraktiven M&A-Zielen übrig bleiben, raten wir Ihnen, die Aktien zu kaufen und sie die Verzinsung für Sie vornehmen zu lassen.

Die meisten Unternehmen, bei denen ein »Graben« identifiziert wird, sind in der Regel Anhaltende Gräben, die beständige und durch einen Burggraben geschützte Gewinne und hohe Renditen auf das zuvor investierte Kapital erzielen. Dies sind vollkommen gute Geschäfte und können auf angenehme Weise schöne Renditen für uns Anleger erzielen.

Wenn Sie jedoch darauf abzielen, Kapital zu hohen Zinssätzen aufzustocken, sollten Sie sich auf Unternehmen konzentrieren, die über einen Reinvestitionsgraben mit einer sehr langen Start- und Landebahn verfügen. Diese Unternehmen weisen heute eine starke Wirtschaftlichkeit auf, verfügen jedoch auch, was noch wichtiger ist, über eine ganze Reihe von Möglichkeiten, Kapital zu hohen inkrementellen Raten einzusetzen. Wenn diese schwer zu bekommen sind, ist die nächstbeste Alternative ein Geschäft mit der Kombination aus einem Anhaltenden Moat und einem außergewöhnlich starken Kapitalallokator. Es wird einige Arbeit und viel Disziplin erfordern, um zu den echten Compoundiermaschinen zu gelangen, aber ein Portfolio dieser außergewöhnlichen Unternehmen, das zu fairen Preisen erworben wurde und durch Shorts auf Wertzerstörer gut abgesichert wird, wird wahrscheinlich jahrelang starke Renditen erzielen.

Wann verkaufen?

»The first rule of compounding is to never interrupt it unnecessarily.«

Charlie Munger

- Akzeptieren Sie negative Nachrichten als gegeben, aber halten Sie das Geschäft, wenn es die DNA behält – Ergebnisse werden niemals in linearer Weise geliefert.
- Viele neue Unternehmungen werden scheitern und das Management wird eine Weile schlecht aussehen – der Markt ist kurzsichtig und die Leute wollen Aktien, die ständig steigen. Wenn die Dinge nicht wie geplant laufen, sollten Sie daher mit großen Kursschwankungen rechnen. Echte Anleger nutzen solche Gelegenheiten, aber Sie müssen sicher sein, dass es sich um einen Apex-Spawner handelt.
- Fragen zur Kapitalallokation werden immer Spawner betreffen – irrelevant bei echten Spawnern, da Gewinne irgendwann kommen werden, während sie für diejenigen, die unerbittlich spawnen, wichtig sind, damit, überspitzt gesagt, der CEO ein größeres Flugzeug bekommen kann.
- Ausstieg, wenn absolut klar ist, dass der Niedergang begonnen hat. Etwa wenn der Eigentümer anfängt, einen Großteil seiner Anteile abzustoßen oder statt kleinerer und vieler Wetten auf einmal »Alles oder nichts«-Wetten macht.

The Winner Takes It All – Marktplatzmodelle als Fallstudie für Economic Moats

Nachdem wir ausführlicher über Economic Moats geschrieben haben, möchten wir nun anhand einer kleinen Fallstudie ein Geschäftsmodell beleuchten, das diese Merkmale oftmals kombiniert, nämlich das Marktplatzmodell. Das Schwierigste bei einem Marktplatzmodell ist es, Angebot und Nachfrage gleichzeitig zu vereinen, denn nur so kann ein funktionierender Marktplatz entstehen, ähnlich wie auf einem gut funktionierenden Wochenmarkt.

Einige der revolutionären Unternehmen, die in den letzten drei Jahrzehnten entstanden, sind Marktplatz-Unternehmen. Wir sind der Meinung, dass es auch zukünftig genügend Platz für weitere Marktteilnehmer gibt. Kaufen und Verkaufen ist ein integraler Bestandteil unseres täglichen Lebens und mit innovativen Modellen und Strategien gibt es immer noch große Chancen zur Monetarisierung.

Das Internet hat vieles verändert und wird sicherlich auch weiterhin zu einschneidenden Veränderungen beitragen. Innerhalb von nur 25 Jahren ist es dermaßen allgegenwärtig geworden, dass man sich kaum noch daran erinnern kann, wie bestimmte Tätigkeiten vor dem Internet-Zeitalter gehandhabt wurden. Nirgendwo trifft dies mehr zu als bei der Art und Weise, wie Waren und Dienstleistungen getauscht werden. Vor nicht allzu langer Zeit war der Güter- und Servicemarkt eine rein regionale Angelegenheit. Handwerker und Bauern brachten ihre Waren auf den lokalen Marktplatz, um sie dort anzubieten. Als der Marktplatz jedoch »online ging«, wurde die Vorstellung von »lokal« und »global« über den Haufen geworfen. Dank des digitalen Marktplatzes ist die Wahrscheinlichkeit, einen Käufer beziehungsweise Verkäufer selbst in Nischenbereichen zu finden, deutlich gestiegen. Heute kann man mit wenigen Klicks nahezu alles kaufen und die Verkäufer haben einen nie da gewesenen Zugang zu einer globalen Kundschaft. Zudem sind Marktakteure rund um die Uhr in der Lage, Preise und Qualität der gehandelten Produkte zu vergleichen, was die Transparenz erhöht und somit eine riesige Menge an Liquidität freisetzt.

Ein Online-Marktplatz ist eine Website, die Verkäufer eines Produkts oder einer Dienstleistung mit Käufern zusammenführt – ein sehr trivialer Prozess. Käufer und Verkäufer hatten zuvor möglicherweise Schwierigkeiten, einander zu finden, und so schafft der digitale Marktplatz Effizienz in einem ansonsten ineffizienten Markt. Der Start von eBay im Jahr 1995 löste die erste Welle von produktbezogenen Marktplätzen aus. Mit dem Erfolg von Uber im Jahr 2010 entstand die zweite Generation von Marktplätzen für Dienstleistungen sowie auch Kombinationen aus Produkt- und Dienstleistungsmarktplätzen (wie zum Beispiel Essenslieferungen).

Ein Marktplatz unterscheidet sich von einer Standard-E-Commerce-Seite dahingehend, dass die Waren und Dienstleistungen von einer dritten Partei geliefert werden. Es werden also keine eigenen Produkte über die Plattform verkauft. In den meisten Fällen fungiert die Plattform des Marktplatzes als eine Art digitaler Zwischenhändler.

Der Marktplatz übernimmt einen Teil der für Transaktionen notwendigen Tätigkeiten zwischen Käufer und Verkäufer. Marktplätze wie eBay und Uber beispielsweise verwalten die gesamte Transaktion – vom Listing auf der Website bis hin zur Zahlungsabwicklung (wobei der Service und die Waren offline geliefert werden). Marktplätze können hinsichtlich der Akteure (sowohl auf der Angebots- als auch auf der Nachfrageseite) kategorisiert werden:

- P2P/C2C (peer-to-peer oder consumer-to-consumer): Bei dieser Form finden Transaktionen ausschließlich zwischen Privatpersonen statt. So dominierten Privatpersonen beispielsweise die Anfänge von eBay und Airbnb.
- B2C (business-to-consumer): Sobald ein Marktplatz eine gewisse Größe erreicht, ist es absehbar, dass sich die Verkäuferbasis professionalisiert. Dies hat zwei Gründe: Zum einen erkennen Unternehmen das Potenzial des Marktplatzes und wollen daran partizipieren. Zum anderen sehen auch Privatpersonen den Erfolg und gründen darauf basierend ein Unternehmen.
- B2B (business-to-business): Während B2B-Marktplätze in der Vergangenheit noch hinter P2P und B2C hinterherhinkten, haben sie sich mittlerweile zu einem schnell wachsenden Segment entwickelt. Die in unserem Total-Return-Portfolio enthaltene Alibaba ist der größte Player in dieser Kategorie.

Marktplätze sind aus vielerlei Hinsicht ein sehr spannender Bereich mit großartig geführten Unternehmen. Ein guter Marktplatz zeichnet sich durch die nachfolgenden Faktoren aus:

Hohe Skaleneffekte

Marktplätze genießen hohe Skaleneffekte, da keine eigenen Produkte hergestellt werden müssen, sondern lediglich Transaktionen abgewickelt werden. Da es sich um ein digitales Geschäftsmodell handelt, gibt es kaum physische Beschränkungen im Hinblick auf das Wachstum. So benötigte beispielsweise Uber fünfeinhalb Jahre, um 1 Milliarde abgeschlossener Fahrten zu verzeichnen. Weitere sechs Monate später wurden bereits 2 Milliarden Transfers erreicht.

Nutzen von Netzwerkeffekten

Einer der Hauptgründe für ein Investment in Marktplätze sind Netzwerkeffekte und deren Schaffung von Burggräben. Je mehr Leute eine bestimmte Plattform nutzen, desto besser für diese. Denn Verkäufer profitieren von mehr Käufern und vice versa (siehe Abbildung 47).

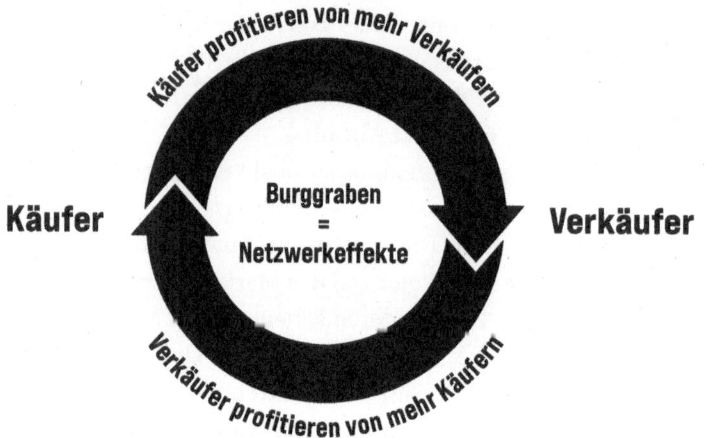

Abbildung 47: Netzwerkeffekte und ihre Vorteile
Quelle: Andreessen Horowitz, https://medium.com/@rodrigogalindof/marketplaces-a8afda1a0d47

Dabei geht es aber nicht allein um die Anzahl der Nutzer an sich. Netzwerkeffekte treten auch ein, wenn der Wert eines Produkts davon abhängt, wie viele andere Nutzer es gibt. Wenn ein neues Mitglied zum Netzwerk dazustößt, erhöht dies den Wert der Ware oder der Dienstleistung für alle anderen Nutzer. Dieser erhöhte Wert zeigt sich in Form von Kostensenkungen (zum Beispiel Kundenakquise), höherer Liquidität (mehr Handel auf einem Marktplatz), stärkerer Gemeinschaft oder tieferen Beziehungen (in sozialen Netzwerken).

Im Allgemeinen werden Netzwerkeffekte in zwei Arten unterteilt: direkte und indirekte. Die einfachsten Netzwerkeffekte sind direkte:

Eine Zunahme der Nutzung führt zu einer direkten Wertsteigerung für alle anderen Nutzer. Social Media wie Meta oder Twitter haben einen direkten Netzwerkeffekt. Wenn Sie Facebook beitreten und Inhalte teilen, an denen wir interessiert sind, wird Facebook für uns wertvoller.

Netzwerkeffekte können jedoch auch indirekt sein. Wenn mehr Menschen ein Produkt oder Netzwerk nutzen, regt dies die Produktion von komplementären Produkten und Gütern an – und erhöht so den Wert des ursprünglichen Produkts. Ein gängiges Beispiel sind Hardware und Software: Je mehr Menschen ein Hardwareprodukt nutzen, desto wahrscheinlicher ist es, dass Entwickler für diese Hardware Software und Apps entwickeln. Indirekte Netzwerkeffekte können auch für Marktplätze gelten. Entwickler bauen Anwendungen (Apps) und Produkte für bestehende Plattformen. Shopify hat zum Beispiel ein sehr aktives Entwickler-Ökosystem. Außerdem schießen unzählige Dienste zur Unterstützung beliebter Plattformen aus dem Boden – wie Guestys Verwaltungssoftware für Airbnb oder Drovers Mietwagenoptionen für Uber und Lyft.

Hohe Margen, da geringe Kapitalinvestitionen notwendig

Im Prinzip kann jeder einen Marktplatz mit minimalem Kapitalbedarf einrichten, da kein Inventar gekauft, aufgebaut oder verwaltet werden muss. Die Community, also die Nutzer der Plattform, übernehmen diese Aufgabe.

Aus Sicht der Nutzerakquise haben Verkäufer einen Anreiz, die Nutzung der Plattform breit zu bewerben. In diesem Prozess schaffen Marktplätze eine virale Feedbackschleife, die kostenlosen, organischen Traffic generiert und wenig Kapital erfordert.

Oligopol- beziehungsweise monopolartige Marktstrukturen ab einer bestimmten Größe.

Selbst Nischen besitzen einen großen adressierbaren Markt (Total Adressable Market, TAM).

In einigen Fällen konnte man den TAM sogar selbst erschaffen. Der Markt für private Wohnungsübernachtungen war vor zehn Jahren noch sehr gering. Niemand hatte daran gedacht, seine eigene Wohnung an Touristen zu vermieten. Aber Airbnb hat genau solch einen Markt erschaffen.

Sind Marketplaces weiterhin attraktiv?

Drei wichtige Trends

Marktplätze waren in der vergangenen Dekade ein beachtlicher Wachstumsmarkt (siehe Abbildung 48) und wir gehen davon aus, dass das Wachstum auch weiterhin anhält.

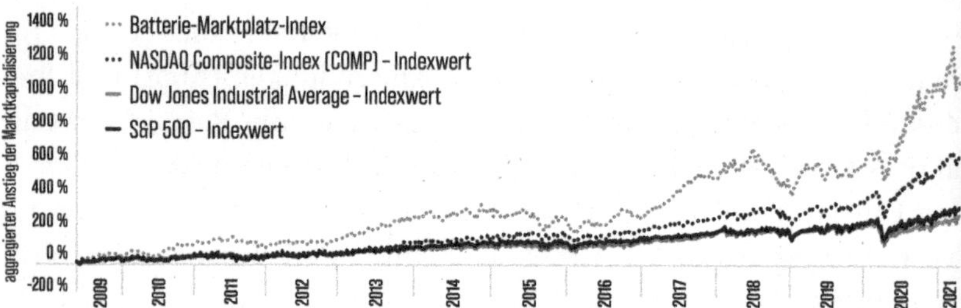

Abbildung 48: Battery Marketplace Index im Vergleich zu anderen US-Aktienindizes
Quelle: Battery Ventures, CapitalIQ, https://www.battery.com/blog/battery-marketplace-index/

Die Aktie von eBay haben wohl nur die wenigsten Investoren als »Hot Stock« auf dem Schirm. Zwar war eBay vor zehn Jahren noch hoch innovativ, aber die Branche hat sich seitdem kontinuierlich weiterentwickelt (siehe Abbildung 49) – von der reinen Vermittlung hin zur Spezialisierung in Nischen, Abwicklung von Transaktionen sowie On-Demand-Services.

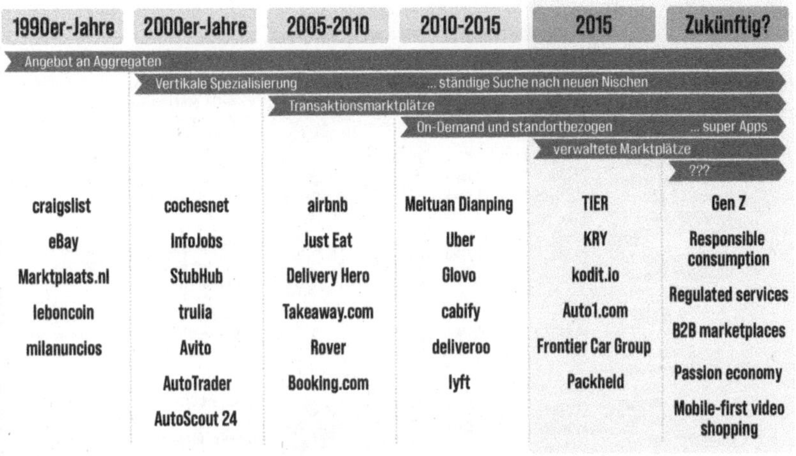

1990er-Jahre	2000er-Jahre	2005-2010	2010-2015	2015	Zukünftig?
craigslist	cochesnet	airbnb	Meituan Dianping	TIER	Gen Z
eBay	InfoJobs	Just Eat	Uber	KRY	Responsible consumption
Marktplaats.nl	StubHub	Delivery Hero	Glovo	kodit.io	Regulated services
leboncoin	trulia	Takeaway.com	cabify	Auto1.com	B2B marketplaces
milanuncios	Avito	Rover	deliveroo	Frontier Car Group	Passion economy
	AutoTrader	Booking.com	lyft	Packheld	Mobile-first video shopping
	AutoScout 24				

Angebot an Aggregaten
Vertikale Spezialisierung ... ständige Suche nach neuen Nischen
Transaktionsmarktplätze
On-Demand und standortbezogen ... super Apps
verwaltete Marktplätze
???

Abbildung 49: Entwicklung von Marketplaces Quelle: Adevinta, dealroom

Während ein Großteil der Investoren die Meinung vertritt, dass das Wachstum der Marketplaces nun vorbei sei, gehen wir davon aus, dass es noch einige Zeit anhalten wird. In der Branche gibt es einige anstehende Entwicklungen, die für enormes Potenzial sorgen. Zudem werden bisher lediglich 15 Prozent des Handels online abgewickelt. Wichtige Bereiche, auf die der Großteil der Konsumentenausgaben entfällt, sind noch gar nicht digitalisiert (siehe nachfolgende Abbildung): Gesundheitswesen, Bildung, öffentliche Dienstleistungen, Bauwesen. In all diesen Bereichen spielen Marktplätze eine primordiale Rolle.

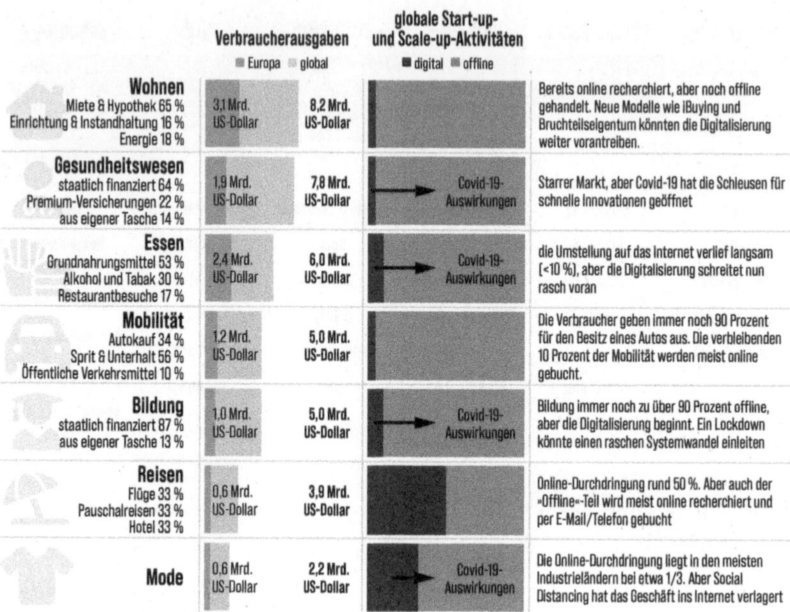

Abbildung 50: Potenzial der Skalierung in ausgewählten Bereichen
Quelle: Adevinta, dealroom

Mit Tencent und Alibaba sind in unserem TRP zwei Unternehmen enthalten, die neben vielen anderen Ventures auch Marktplätze betreiben und in die folgenden Trends maßgeblich involviert sind.

Trend 1: Vertikalisierung

Die ersten Marktplätze begannen damit, in mehreren Kategorien viele verschiedene Bereiche abzudecken. Diese nennt man auch »horizontale Marktplätze«. eBay oder Craigslist sind Beispiele hierfür. Im Jobbereich gelten Indeed oder LinkedIn als horizontale Seiten.

Die Kunden erkannten, dass man auf eBay ein bisschen von allem findet. Aber mit einer vertikalen Plattform, die stärker auf eine bestimmte Kategorie fokussiert ist, kann eine viel bessere Benutzererfahrung erzielt werden.

Für einige mögen diese Möglichkeiten recht bescheiden erscheinen. Aber wenn man mindestens einer Seite des Marktes – oder idealerweise beiden – ein Top-Benutzererlebnis bietet, kann durch niedrigere Kundenakquisitionskosten eine höhere Profitabilität erzielt werden. Setzt man Vertikalisierung erfolgreich um, gewinnt man eine loyale Kundenbasis, wodurch man in benachbarte Produktkategorien expandieren kann, die einen größeren TAM besitzen.

Diese Vertikalisierung hat bereits begonnen, und zwar nicht nur für Produkte, sondern auch für Dienstleistungen. Aber sie steckt in ihren Anfängen und viele Bereiche sind davon noch unberührt. Viele Investoren denken, dass vertikale Marktplätze sehr nischenhaft seien und dadurch keine ausreichende Marktgröße erreichen könnten. Doch Reverb oder das deutsche Musikhaus Thomann sind gute Beispiele für einen erfolgreichen vertikalen Marktplatz für Musikinstrumente, der fast 1 Milliarde US-Dollar pro Jahr an GMV (Bruttowarenvolumen) umsetzt.

In vielen Fällen ermöglicht diesen Marktplätzen ein stärkerer Fokus auf eine bestimmte Kategorie oder Vertikale, sich von breiteren Marktplätzen wie eBay oder Craigslist zu unterscheiden.

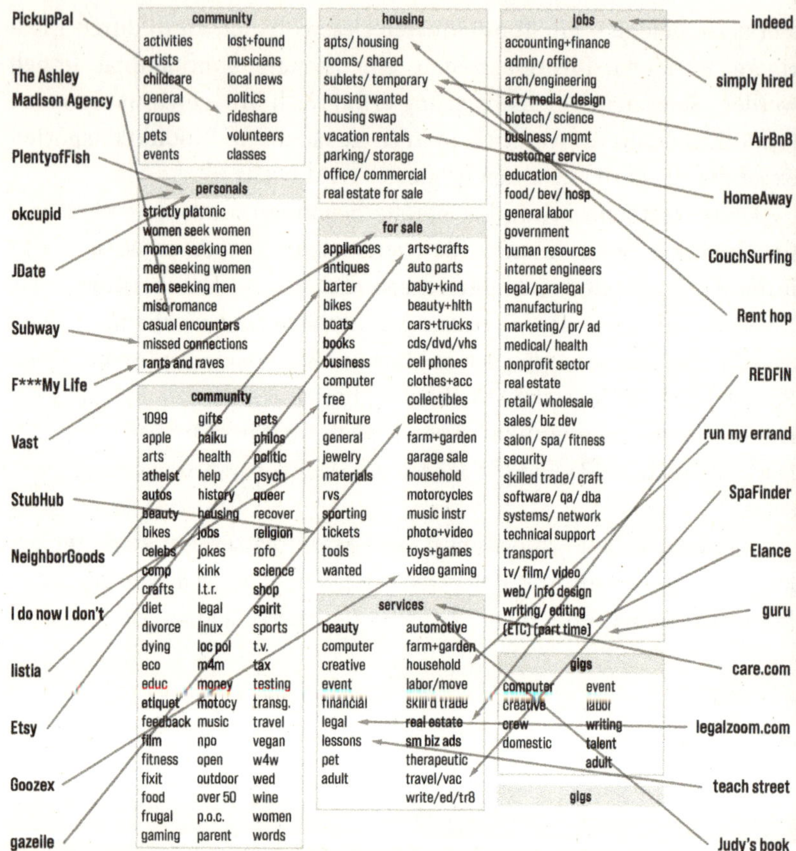

Abbildung 51: Beispiele für Vertikalisierung auf Craigslist (horizontaler Marketplace)
Quelle: Andrew Parker, https://acrowdedspace.com/post/166470695392/the-rebundling-of-craigslist

Die Abbildung zeigt sehr anschaulich, wie Unternehmen die einzelnen Kategorien (oder Nischen) besetzt und die Benutzerfreundlichkeit drastisch erhöht haben. Wenn Sie die Internetseite von Craigslist (www.craigslist.org) aufrufen, werden Sie sofort verstehen, inwiefern.

Trend 2: Marketplace Pick-Modelle

In der Zukunft werden sich Arbeitnehmer ausschließlich auf ihre Haupttätigkeit fokussieren. Alles andere wird ausgelagert und mithilfe vorhandener Technologien erledigt. Darum denken wir, dass Plattformen, die die Anbieter den Nachfragern direkt zuordnen, in Zukunft eine wichtige Rolle spielen werden. Der Marktplatz weiß, wer in Ihrer Nähe verfügbar ist und wer am besten zu Ihnen passt. So zum Beispiel Uber: Wenn Sie von A nach B fahren wollen, suchen Sie sich nicht selbst den Fahrer aus – dies übernimmt Uber für Sie. Uber sendet eine Benachrichtigung an den Fahrer und teilt ihm mit, dass diese Fahrt für ihn verfügbar ist. Diese Geschäftsmodelle nennt man auch »Marketplace-Pick-Modelle«.

Doch solche Plattformen müssen ihr Angebot stark kuratieren, da das Angebot (Uber-Fahrer) im Auftrag der Nachfrage (Passagier) ausgewählt wird. Sie müssen die allerbesten Anbieter auswählen und effektiv zusammenbringen. Dies ist ein entscheidender Erfolgsfaktor. Ansonsten nutzen Kunden den Service nicht und die Anbieter sind frustriert, da sie keine Aufträge über die Plattform erhalten.

Trend 3: B2B Marketplace

Der dritte große Trend sind B2B (Business to Business) Marktplätze. Das Internet hat die Verbraucherwelt (B2C, Business to Consumer) im Sturm erobert. Wenn man sich allerdings die Art und Weise anschaut, wie die meisten Unternehmen ihre Geschäfte immer noch abwickeln – vor allem auch die großen Unternehmen –, dann geschieht dies mehrheitlich noch über Excel-Tabellen. Es gibt kaum Online-Bestellungen und nur wenige Prozesse sind automatisiert worden.

Warum ausgerechnet jetzt?

Warum sollten diese Trends ausgerechnet jetzt eintreten – und werden sie auch in Zukunft Rückenwind haben? Die Antworten liefert die immer besser werdende Technologie. Bei Marketplace-Pick-Modellen (Trend 2) benötigt man einen guten Matching-Algorithmus. Mithilfe Künstlicher Intelligenz ist dies heutzutage möglich, und auch die Prozesse zur Rekrutierung der Angebotsseite lassen sich damit effizienter und effektiver gestalten.

B2B Marketplace (Trend 3) ist eigentlich ein längst überfälliges Thema. Allerdings sind Unternehmen eher konservativ und bewegen sich langsam. Sobald ein Unternehmen die Beschaffung digitalisiert hat, entsteht ein massiver komparativer Vorteil. Wenn der Online-Vertrieb sowie Lieferketten digitalisiert sind, während die Konkurrenz noch »schläft«, werden enorme Wettbewerbsvorteile erzielt.

Ein weiterer Faktor für das »Warum jetzt?« ist, dass viele Familienunternehmen in ein neues Zeitalter eintreten. Früher waren diese im Besitz von »Boomern« (um in der Reddit-Sprache zu bleiben), die nicht sehr technikaffin waren. Da diese Unternehmen aber nun an die nächste Generation – die Millennials – übergeben werden, wird dies nicht mehr der Fall sein. Die Vorstellung, dass diese jüngere Generation Firmen leiten soll, ohne Online-Bestellungen von benötigten Artikeln zu tätigen oder ohne Online-Einblicke in Geschäftsprozesse zu haben, ist unrealistisch. Das gilt sowohl für Millennials, die das Familienunternehmen erben oder übernehmen, als auch für die nächste Generation von Führungskräften, die in die Unternehmenswelt eintreten. Die Anzahl der über 60-jährigen CEOs, die immer noch nicht mit E-Mails umgehen, ist verblüffend groß. Insofern gibt es enormen Nachholbedarf.

Zusätzlich trägt die weltweit steigende Penetration der Smartphones ihren Teil dazu bei. Die globale Smartphone Penetrationsrate hat im Jahr 2022 rund 50 Prozent erreicht. Diese Annahme basiert auf geschätzten 3,6 Milliarden Smartphone-Nutzern weltweit bei einer Weltbevölkerung von 7,8 Milliarden Menschen.

Die Entwicklung des Smartphones war ein Game Changer und hat viele Folgeinnovationen mit sich gebracht – unter anderem auch Marktplätze. Heutzutage hat jedermann einen dieser kleinen Supercomputer in seiner Hosentasche. Somit wird beispielsweise eine Belegschaft möglich, die mobil ist. Uber würde ohne Smartphones – mit denen die Fahrer in Echtzeit informiert werden, wo sie hin sollen – nicht funktionieren.

Key Performance Indicator (KPI):

Eventuell werden einige unserer Leser Marketplace-Aktien in ihrem Depot haben und sich fragen, wie man diese nun bewerten soll. In diesem Abschnitt möchten wir Ihnen einige wichtige Performance-Kennzahlen (keine Bewertungs-Kennzahlen) vorstellen. Diese sollten im historischen Kontext und im Vergleich zu Konkurrenten gesehen werden. Mit diesen Kennzahlen kann man die Qualität des Marktplatzes und eventuelle Burggräben feststellen. Einige Kennzahlen werden vom Unternehmen kommuniziert, während andere wiederum eigenständig berechnet werden müssen. In der Regel sollte jede Kennzahl einen positiven Trend aufweisen. Ansonsten deuten sie auf operative Schwächen hin – und im Endeffekt auf weniger Wachstum.

Die Bewertung von Marketplace-Aktien erfolgt aufgrund des Geschäftsmodells anders als bei den meisten anderen Unternehmen. Das Wichtigste ist (im Idealfall Gewinn-) Wachstum, doch zu einem fairen Preis – gemessen beispielsweise an der PEG-Ratio (Price-to-Earnings-Growth Ratio).

> *»Unternehmen, deren Kurs-Gewinn-Verhältnis geringer ist als ihr Gewinnwachstum, sind sehr attraktiv bewertet.«*
>
> Peter Lynch

Unterm Strich ist mehr Wachstum immer besser, allerdings mit gewissen Einschränkungen: Wachstum sollte mit steigenden Deckungsbeiträgen einhergehen, um langfristig wirtschaftlich tragfähig zu sein. Wir sind kein Fan von »Wachstum um jeden Preis«. Profitabilität ist also eine weitere wichtige Eigenschaft.

Der Schlüssel zur Liquidität: Erfolgsrate (Match Rate) und Umschlagshäufigkeit (Time to Match)

Wir hatten bereits eingangs von Liquidität gesprochen. Liquidität ist (per Definition in dieser Branche) die realistische Erwartung, etwas erfolgreich zu verkaufen oder etwas zu kaufen, wonach man sucht. Marktplätze werden durch Skalierung stärker und Skalierung kommt von Liquidität. Der erste Marktplatz, der in seiner Kategorie ausreichend Liquidität erreicht, gewinnt (The Winner Takes It All).

Liquidität verdeutlicht, wie erfolgreich der Marktplatz für Verkäufer und Käufer ist. Wie lange dauert es, eine Transaktion durchzuführen? Wie viel Prozent der angebotenen Waren oder Dienstleistungen werden täglich umgesetzt?

Wie also kann man Liquidität messen? Betrachten Sie hierfür einfach zwei Zahlen: die Erfolgsrate (Match Rate) und die Umschlagshäufigkeit (Time to Match).

Die Match Rate gibt den Prozentsatz der Inserate an, die innerhalb eines bestimmten Zeitraums zu Transaktionen führen. Wie diese Kennzahl definiert wird, hängt vom Geschäftsmodell des Unternehmens ab. Auf Etsy ist es der Anteil der gesamten Ware, der in einem bestimmten Zeitraum (zum Beispiel einem Monat) verkauft wird. Auf Airbnb wird sie täglich gemessen: die Anzahl der Zimmer, die jede Nacht gebucht werden. Und bei Uber wird sie stündlich gemessen: Wie viele Fahrer bekommen in einem bestimmten Zeitraum eine zugeordnete Fahrt?

Wenn die Match Rate niedrig ist, haben die Nutzer natürlich einen Anreiz, anderswo hinzugehen und andere Plattformen zu nutzen. Es ist zum Beispiel üblich, dass Arbeitgeber ihre Stellenanzeigen auf einer Vielzahl von Websites veröffentlichen – auf ihrer eigenen Website, auf LinkedIn, auf Indeed sowie auf anderen Netzwerken –, und zwar deshalb, weil kein einzelnes Netzwerk eine ausreichend hohe Trefferquote hat.

Eng damit verbunden ist die Dauer, um Käufer und Verkäufer zu verbinden. Bei Produktmarktplätzen wird dies üblicherweise als »Umschlagshäufigkeit« (inventory turnover) bezeichnet. Die Inverse davon gibt die Anzahl der Tage bis zum Umschlag (days to turn) an. Diese Kennzahl ist eher auf traditionelle Marktplätze anwendbar.

Liquidität dient als Indikator für die Effizienz des Marktplatzes. Die bloße Erhöhung der Nutzerzahl ergibt keinen Sinn, wenn es zu keinen erfolgreichen Transaktionen kommt. Wichtig ist, dass sich die Zeit bis zur Konversion verbessert, wenn die Unternehmen ihre Prozesse reibungsloser gestalten.

Gross Merchandise Value (GMV)

Der Gross Merchandise Value (das Bruttowarenvolumen) ist der Gesamtwert der über den Marktplatz in einem bestimmten Zeitraum verkauften Waren oder eingekauften Dienstleistungen. Da der GMV eine der wichtigsten Marktplatz-KPIs ist, sollte man die Wachstumsraten auf regelmäßiger Basis verfolgen. Letztendlich zeigt diese Kennzahl unter anderem an, ob Nutzer die Plattform gerne nutzen.

Durchschnittlicher Warenkorb

Der GMV ist auch anderweitig hilfreich. Unter Berücksichtigung der Gesamtzahl der Transaktionen kann der durchschnittliche Warenkorb (Average Order Value, AOV) berechnet werden.

Denn: AOV = GMV/Anzahl der durchgeführten Transaktionen.

Die Kennzahl zeigt an, wie viel der Marktplatz mit jeder Bestellung seiner Kunden im Durchschnitt umsetzt. Je höher diese Kennzahl, desto besser für das Unternehmen und desto höher wird der Mehrwert für den Nutzer sein. Plattformen können den AOV steigern, indem sie die Anzahl der Produkte im Marketplace erhöhen oder Cross-Selling (zum Beispiel: Versicherung für die Online-Buchung eines Hotelzimmers) umsetzen.

Take Rate

Man sollte beachten, dass der Umsatz nicht dem GMV entspricht. Der Umsatz ist der Teil des GMVs, den der Marktplatz »einnimmt«. Die Einnahmen bestehen aus den verschiedenen Gebühren (zum Beispiel: Transaktions- oder Listinggebühr), die der Marktplatz für die Bereitstellung seiner Dienste erhält. Diese Gebühren (auch »Take Rate« genannt) sind in der Regel ein Bruchteil des GMVs.

Die Take Rate deutet auf den Wert des Marktplatzes für die Nutzer selbst hin. Je wertvoller die Plattform für die Nutzer, desto höher kann die Take Rate ausfallen. Die Take Rates variieren in der Regel zwischen 10 und 30 Prozent des Transaktionsvolumens. Je höher die Take Rate, desto dominanter ist die Marktposition des Marktplatzes.

Profitabilität

Gewinne sind für Aktionäre wichtig und bei defizitären Unternehmen sollte zumindest absehbar sein, dass irgendwann nachhaltige Gewinne erzielt werden können. Dazu ziehen wir die Bruttomarge heran, also Nettoerlöse abzüglich der Kosten der verkauften Produkte oder Dienstleistungen (COGS). Um die wahre Ertragskraft (Deckungsbeitrag) zu ermitteln, bereinigen wir den Rohertrag um alle variablen Kosten sowie Vertriebs- und Marketingkosten. Das zeigt an, wie viel Geld beim Unternehmen nach Akquisitionskosten hängen bleibt.

Warum tun wir das? Es ist nicht ungewöhnlich, dass Marktplätze mit vermeintlich attraktiven Bruttomargen unattraktive Deckungsbeiträge haben. Dies deutet auf teure Kundenakquise, ineffiziente Prozesse oder einen Mangel an Skaleneffekten hin.

Die Kennzahlen müssen in einem Peer-Group-Vergleich natürlich im Kontext des Geschäftsmodells betrachtet werden (siehe Abbildung 52).

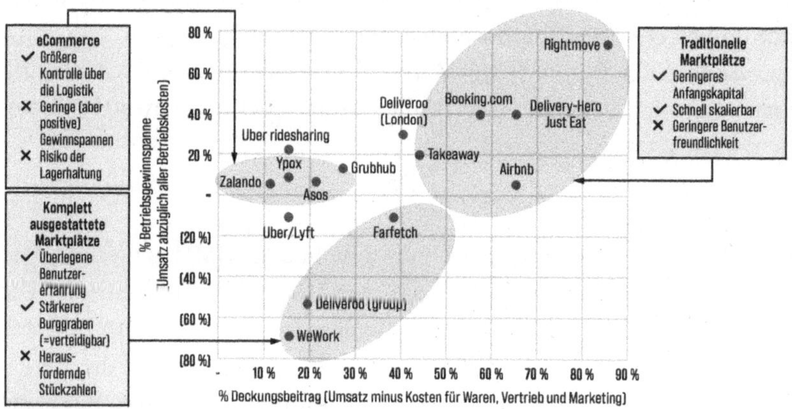

Abbildung 52: Operative Gewinnmarge und Deckungsbeitrag von ausgewählten Marketplaces Quelle: Adevinta, Dealroom co analysis of company financial statements

Kundenakquisitionskosten (Customer Acquisition Cost)

Der Grund, warum Marketplaces wie eBay oder Craigslist trotz fehlender Innovationen weiterhin bestehen, sind ihre geringen Kundenakquisitionskosten (CAC). Die Plattformen sind so bekannt, dass die Nutzer fast schon von allein kommen. Kundenakquisitionskosten sind die Kosten dafür, einen neuen Kunden zu gewinnen. Sie werden wie folgt berechnet:

CAC = Gesamte Ausgaben für Marketing / Anzahl der akquirierten Nutzer

Im Idealfall liegt diese Zahl nahe bei null: durch Mund-zu-Mund-Propaganda sowie organisches Wachstum. Dies ist jedoch eher selten der Fall. Deshalb berücksichtigen wir in der Berechnung auch Ausgaben für Support (zum Beispiel Gehälter) sowie Overheadkosten (Equipment und so weiter).

Die Kosten der Kundenakquise im Verhältnis zur Profitabilität sind für uns entscheidend. Ein wachstumsstarkes Unternehmen sollte auch nachhaltig wirtschaften können. Für uns bedeutet gute Profitabilität, dass man den CAC innerhalb von sechs Monaten deckt. So sollte ein Kunde, dessen Akquisition beispielsweise 100 Euro gekostet hat, auf der Plattform in den nächsten sechs Monaten Transaktionen abschließen, mit denen die 100 Euro wieder eingenommen werden können. Im Idealfall beträgt der Deckungsbeitrag innerhalb 18 Monaten das Dreifache des CAC. Aber das erreichen selbst die besten Marketplaces kaum.

Customer Lifetime Value

Der Customer Lifetime Value (CLV) bezieht sich auf den erwarteten wirtschaftlichen Wert, den ein Käufer oder Anbieter im Laufe seiner Lebenszeit auf der Plattform generieren kann. CLV/CAC ist im Wesentlichen der ROI, der durch die Akquisition eines zusätzlichen Nutzers erzielt wird. Als Faustregel gilt: Der CLV sollte höher sein als der CAC. Wenn nicht, ist das Wachstum nicht nachhaltig und das Unternehmen nicht rentabel. Gute Marketplaces erzielen im ersten Jahr einen CLV/CAC-Wert von 1,5 beziehungsweise von 3 im dritten Jahr.

Die Berechnung eines exakten CLVs kann knifflig sein, da er davon abhängt, wie lange ein Kunde die Plattform nutzt, wie viele Wiederholungskäufe zu erwarten sind und wie groß die durchschnittliche Transaktion ist. Dennoch ist es möglich, für den CLV eine Art Schätzung zu erhalten, indem der durchschnittliche Warenkorb bei Bestellung mit der durchschnittlichen Anzahl der Wiederholungskäufe pro Kunde multipliziert wird.

Cohort Retention

Die klassische Definition eines Netzwerkeffekts besagt, dass der Wert eines Produkts für einen Nutzer mit der Anzahl anderer Nutzer steigt. Dieser Effekt sollte sich in der Cohort Retention (der Bindung gewonnener Nutzer/Kohorten) widerspiegeln: Neue Kohorten (die die Plattform nutzen, wenn das Netzwerk größer ist) sollten eine bessere Bindung für einen bestimmten Zeitraum haben als ältere Kohorten. Ist dies der Fall, so generieren neue Kohorten mehr Umsatz, haben höhere durchschnittliche Warenkörbe und verbringen mehr Zeit auf der Plattform. Wir lieben Marktplätze mit starker Bindung zu ihren Nutzern, zu denen Kunden immer wieder zurückkommen.

Börsengelistete Marketplaces

Die Top-Online-Marktplätze der Welt setzten im vergangenen Jahr über 3 Billionen US-Dollar um. Die Verkäufe auf Marketplaces machten im Jahr 2021 – laut der Analyse von Digital Commerce 360 – bereits über 60 Prozent der weltweiten Online-Verkäufe aus. Abbildung 53 zeigt die größten Marketplaces der Welt, gemessen am GMV, welcher im Jahr 2021 um knapp 30 Prozent anstieg. Dabei entfielen fast zwei Drittel des GMVs auf Taobao, Tmall und Amazon. Zwei der Top-3-Unternehmen (Taobao und Tmall) befinden sich im Besitz von Alibaba.

Rang	Marktplatz	Brutto-Warenwert*	Land
1	TAOBAO	●	China
2	TMALL	●	China
3	AMAZON	●	Vereinigte Staaten
4	JD.COM	●	China
5	EBAY	●	Vereinigte Staaten

*Der Bruttowarenwert ist der Gesamtwert der Waren auf dem Marktplatz. Unternehmen werden nach dem Bruttowarenwert von Drittanbietern eingestuft, die ihre Websites verkaufen, und beinhalten nicht den Verkauf der eigenen Produkte des Marktplatzes.

Abbildung 53: Die größten Marketplaces weltweit gemessen am GMV

Quelle: Digital Commerce 360, https://www.digitalcommerce360.com/article/infographic-top-online-marketplaces/

In den USA befinden sich Amazon, eBay und (überraschenderweise) Walmart unter den Top-3-Marketplaces. eBay zählt nach all den Jahren immer noch zu den führenden Unternehmen und zeigt eindrucksvoll, wie tief und breit die Burggräben bei erfolgreichen Marketplaces sein können.

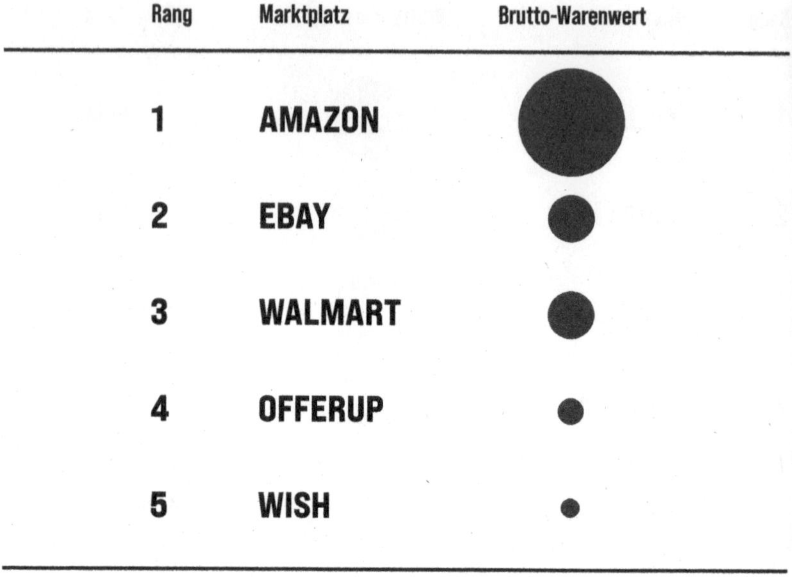

Rang	Marktplatz	Brutto-Warenwert
1	AMAZON	●
2	EBAY	●
3	WALMART	●
4	OFFERUP	●
5	WISH	●

Abbildung 54: Die größten Marketplaces in den USA gemessen am GMV

Quelle: Digital Commerce 360, https://www.digitalcommerce360.com/article/infographic-top-online-marketplaces/

Eine Zeit lang handelten die an der Börse gelisteten Marketplaces zwischen dem Drei- und Vierfachen des Umsatzes. Die Tabelle in Abbildung 55 zeigt das Kurs-Umsatz-Verhältnis seit 2016 im Median an. Ende 2018 ist dieser Markt aus seiner historischen Bandbreite ausgebrochen. Aktuell handeln diese Aktien im Median beim 8,6-Fachen des Umsatzes. Der Ausbruch aus der historischen Bandbreite liegt darin begründet, dass viele neue Unternehmen den Börsengang vollzogen. Der Venture-Capital-Markt verfügt über viel Liquidität und es wurde aggressiv investiert, sodass die Bewertungen der (damals noch) privaten Unternehmen relativ hoch waren. Im ersten Quartal 2020 fiel die Bewertung von Marketplace-Aktien drastisch ab (von 4,1 im vierten Quartal 2019 auf 2,6). Die Investoren fokussierten sich wieder zunehmend auf Profitabilität und man erkannte, dass »Wachstum um jeden Preis« nicht nachhaltig ist. Der derzeitige historische Höchstwert von

8,6 liegt wohl daran, dass die Corona-Pandemie das Wachstum in diesem Segment massiv befeuert hat.

Q4	Q3	Q2	Q1	Q4	Q3	Q2	Q1	Q4	Q3	Q2	Q1	Q4	Q3	Q2	Q1	Q3	Q2	Q1
2020	2020	2020	2020	2019	2019	2019	2019	2018	2018	2018	2018	2017	2017	2017	2017	2016	2016	2016
8,6x	3,7x	4,6x	2,6x	4,1x	5,4x	6,3x	3,9	5,1x	3,9x	4,5x	4,8x	4,6x	4,4x	4,0x	2,5x	3,4x	4,0x	3,0x

Abbildung 55: Bewertung von Marketplaces im historischen Kontext Quelle: Bloomberg

Bewertungsmultiplikatoren für sich betrachtet ergeben jedoch nur ein unvollständiges Bild. Wie bereits erwähnt, spielt das Verhältnis zwischen zukünftigem Wachstum und aktueller Bewertung eine wichtige Rolle. Die folgende Tabelle enthält einige Fundamentaldaten der Branche.

TTM Umsatz	TTM EBITDA	EBITDA-Marge	Jährliches Umsatzwachstum
347 Millionen US-Dollar	–10 Millionen US-Dollar	–6 %	9 %

Abbildung 56: Fundamentaldaten von gelisteten Marketplaces im Median
Quelle: Bloomberg

Im Median erzielten die Unternehmen ein jährliches Umsatzwachstum von 9 Prozent und eine EBITDA-Marge von minus 6 Prozent. Das klingt erst mal nicht sonderlich spannend, aber wie wir erörtert haben, sind Marketplaces ein »Winner Takes It All«-Geschäft. Daher gibt es auch nur wenige sehr erfolgreiche Unternehmen, deren Wachstum – und im Idealfall auch schon ihre Profitabilität – vom Markt belohnt wird. Verlierer hingegen werden nicht belohnt.

Buyback Champions

»Pay attention to the cannibals.«

CHARLIE MUNGER

Laut Charlie Munger gibt es drei einfache Möglichkeiten, auf Dauer den Markt zu schlagen:

1. Folgen Sie den großen Investoren unserer Zeit, denen es gelingt, über ganze Marktzyklen hinweg den Markt zu schlagen, und klonen Sie sie.
2. Untersuchen Sie die anstehenden Spin-offs und kaufen Sie diese selektiv.
3. Schauen Sie auf »Kannibalen«, also Unternehmen, die im großen Stil eigene Aktien unter ihrem fairen inneren Wert zurückkaufen.

Wir würden dies um eine vierte Regel ergänzen: Achten Sie bei allen potenziellen Aktien auf eine Spawner-DNA. Kombiniert mit den anderen Faktoren erhalten wir eine Compoundiermaschine und brauchen nicht mehr zu tun, als einmal im Jahr unsere Anlageprämisse zu checken und unsere Position gegen fallende Kurse abzusichern.

Alle drei Strategien übertreffen den S&P 500 in einem 17-jährigen Backtesting (2000 bis 2017) deutlich.

	Performance				
Jahr	S&P 500	Abspaltungen	schamloses Klonen	Superkannibalen	Free Lunch
2000	-9,1 %	22,8 %	23,2 %	30,0 %	25,5 %
2001	-11,9 %	28,0 %	43,2 %	43,8 %	38,2 %
2002	-22,1 %	-11,7 %	3,3 %	47,7 %	14,3 %
2003	28,7 %	56,6 %	71,1 %	32,7 %	48,3 %
2004	10,9 %	54,8 %	18,2 %	57,8 %	46,3 %
2005	4,9 %	17,5 %	15,0 %	6,2 %	11,1 %
2006	15,8 %	19,6 %	11,1 %	2,9 %	10,4 %
2007	5,5 %	-26,7 %	13,3 %	27,4 %	7,8 %

2008	-37,0 %	-45,1 %	-54,4 %	-24,9 %	-39,5 %
2009	26,5 %	83,6 %	30,3 %	29,4 %	39,2 %
2010	15,1 %	16,8 %	17,8 %	12,5 %	15,5 %
2011	2,1 %	-11,2 %	8,7 %	1,1 %	-0,2 %
2012	16,0 %	12,7 %	31,4 %	50,4 %	38,0 %
2013	32,4 %	67,1 %	44,2 %	43,8 %	48,4 %
2014	13,7 %	-5,4 %	15,5 %	1,6 %	2,9 %
2015	1,4 %	-8,7 %	14,6 %	-1,5 %	0,4 %
2016	12,0 %	43,5 %	10,4 %	-2,3 %	11,1 %
2017 (bis 30.11.2017)	20,5 %	12,9 %	29,6 %	39,4 %	29,7 %
kumuliert	155,0 %	857,8 %	1354,7 %	2521,9 %	1582,7 %
annualisiert	5,4 %	13,4 %	16,1 %	20,0 %	17,1 %

Abbildung 57: Renditeentwicklung der einzelnen Kategorien

Quelle: https://www.forbes.com/sites/janetnovack/2016/12/22/move-over-small-dogs-of-the-dow-here-come-the-uber-cannibals/?sh=6f3306167f92

Obwohl diese Strategien eine Outperformance erzielen, passiert dies wie eigentlich bei allen Strategien nicht jedes Jahr, sondern über Zeit. Buyback Champions und Spin-offs schneiden in 6 von 17 Jahren unterdurchschnittlich ab, während das Klonen der Superinvestoren in 3 von 17 Jahren unterdurchschnittlich abschneidet. Hätte man 100.000 US-Dollar in ein Portfolio aus diesen drei Bereichen investiert und seit 2000 jedes Jahr neu gewichtet, wären daraus 2017 über 1,68 Millionen US-Dollar geworden, gegenüber nur 255.000 US-Dollar für den S&P 500. Nachdem wir die ersten beiden Punkte in diesem Buch bereits ausführlich erläutert haben – wir hoffen, Sie machen davon Gebrauch –, möchten wir uns nun den sogenannten »Buyback Champions« widmen. Buybacks eignen sich für Unternehmen mit einem Anhaltenden Moat (siehe vorheriges Kapitel) oder für Unternehmen, die deutlich unter innerem Wert handeln.

Rückkaufprogramme werden oft mit dem abfälligen Etikett »Financial Engineering« versehen und als schlechte Managementpraxis verteufelt. Es stimmt zwar, dass der Rückkauf von Aktien zu einer teuren Bewertung eines der schlimmsten Dinge ist, die das Management tun kann, aber es gibt fast nichts Besseres für den einzelnen Aktionär als einen Aktienrückkauf, der durchgeführt wird, wenn die Aktie des Unternehmens mit einem Abschlag auf den inneren Wert verkauft wird. Diese kluge Praxis der Kapitalallokation bezeichnete Charlie Munger von Berkshire Hathaway als »Kannibalismus« und der durchschnittliche Anleger kann davon profitieren, in ein Unternehmen zu investieren, das Aktien mit einem Abschlag auf den inneren Wert zurückkauft.

Was ist das Gute an Aktienrückkäufen? Kurz gesagt, sie sind eine der direktesten Maßnahmen, die das Managementteam eines Unternehmens zum Nutzen der Aktionäre umsetzen kann. Bei ansonsten gleichen Bedingungen besitzen die Anleger, wenn ein Unternehmen Aktien zurückkauft, ein größeres Stück des Kuchens. Um ein vereinfachtes Beispiel durchzurechnen, nehmen wir an, ein Unternehmen hat 1 Million Aktien im Umlauf und Sie besitzen 40.000 dieser Aktien. Das entspricht 4 Prozent der ausstehenden Aktien. Wenn das Unternehmen 100.000 Aktien zurückkauft und die ausstehenden Aktien auf 900.000 reduziert, besitzen Sie jetzt 4,4 Prozent des Unternehmens und dieser Anteil sollte dementsprechend mehr wert sein. Betrachten wir Abbildung 38, sehen wir die Power, wenn ausgezeichnete Unternehmen zu den richtigen Zeiten eigene Aktien zurückkaufen. Einige dieser Perlen haben innerhalb einer Dekade über 50 Prozent ihrer eigenen Aktien zurückgekauft, also jede zweite ausstehende Aktie, und konnten damit eine jährliche Rendite zwischen 20 und 35 Prozent generieren und somit den Markt deutlich schlagen:

Ticker	Firmenname	10-Jahres-Durchschnitts-wachstumsrate	Anteils-reduzierung
DPZ	Domino's Pizza, Inc.	35 %	37 %
FICO	Fair Issac Corporation	34 %	29 %
HCA	HCA Healthcare, Inc.	29 %	38 %
TTGT	TechTarget, Inc.	29 %	24 %
EBAY	eBay Inc.	27 %	50 %
ABG	Asbury Automotive Group, Inc.	27 %	41 %
AAPL	Apple Inc.	27 %	36 %
HD	The Home Depot, Inc.	26 %	38 %

LOW	Lowe's Companies, Inc.	25 %	51 %
ORLY	O'Reilly Automotive, Inc.	25 %	51 %
PZZA	Papa John's International, Inc.	24 %	25 %
NVR	NVR, Inc.	24 %	40 %
CACC	Credit Acceptance Corporation	24 %	34 %
USNA	USANA Health Sciences, Inc.	22 %	37 %
PRI	Primerica, Inc.	22 %	46 %
VRSN	VeriSign, Inc.	22 %	36 %
NOC	Northrop Grumman Corporation	21 %	45 %
SNBR	Sleep Number Corporation	21 %	57 %
ANTM	Anthem, Inc.	20 %	35 %
AMP	Ameriprise Financial, Inc.	20 %	54 %
KFRC	Kforce Inc.	20 %	41 %

Abbildung 58: Aktienrückkauf-Champions
Quelle: https://twitter.com/bkaellner/status/1429844079844548615/photo/1

Ein weiteres Unternehmen ist AutoZone. In den letzten 20 Jahren hat AutoZone etwa 80 Prozent seiner Aktien zurückgekauft. Dies half dem Unternehmen, seinen unverwässerten Gewinn pro Aktie von 1,10 US-Dollar im Jahr 1996 auf 40 US-Dollar im Jahr 2016 zu steigern, was einem Anstieg um das 36-Fache entspricht, während der Nettogewinn nur um das 7,5-Fache anstieg. Die Rückkäufe von AutoZone haben sich für die Aktionäre unglaublich gelohnt und den Aktienkurs des Unternehmens von 25,50 US-Dollar im Januar 1996 auf rund 700 US-Dollar pro Aktie im Jahr 2018 erhöht. AutoZone lief auch dann gut, wenn es der Wirtschaft schlecht ging. Während der mageren Jahre der Finanzkrise (2008 bis 2010) blieben die Verkäufe von AutoZone beispielsweise solide profitabel. Sie werden sich erinnern, dass die Neuwagenverkäufe in dieser Zeit eingebrochen sind. Die Leute waren gezwungen, ihre Autos länger zu behalten, was zu weiterhin stabilen Verkäufen für AutoZone führte. Was für Automobilhersteller wie Ford schlecht ist, ist für AutoZone großartig. Achten Sie daher darauf, keine Zykliker in Ihr Buyback-Portfolio aufzunehmen, über kurze Zeit funktioniert dies zwar, wir möchten bestenfalls aber eine Kombination aus Buyback Champions und Spawner-Aktien kaufen. Unternehmen, die fortlaufend in neue Geschäftsbereiche expandieren, aber auch die Möglichkeit nutzen, eigene Aktien zurückzukaufen, wenn diese einmal weit unter innerem Wert handeln, und vor allem eine bessere Rendite abwerfen als jedes andere potenzielle Spawner-Investment.

Das NVR-Management hat einen Weg eingeschlagen, der dem von AutoZone sehr ähnlich ist. Im gleichen Zeitraum von 20 Jahren kaufte NVR 75 Prozent seiner Aktien zurück und steigerte den Gewinn pro Aktie von 1,13 US-Dollar Ende 1995 auf 98,15 US-Dollar im Jahr 2016, ein fast 100-faches Wachstum des Gewinns pro Aktie über den Zeitraum von 21 Jahren. Dies hat dazu geführt, dass die Aktie des Unternehmens von einem Aktienkurs von 10,32 US-Dollar im Jahr 1996 auf einen Preis von 2.645 US-Dollar pro Aktie im Jahr 2018 gestiegen ist.

> *»Wenn Unternehmen mit hervorragenden Geschäften und komfortablen Finanzpositionen feststellen, dass ihre Aktien auf dem Markt weit unter dem inneren Wert verkauft werden, kann keine alternative Maßnahme den Aktionären so sicher zugutekommen wie Rückkäufe.«*
>
> Warren Buffett, Berkshire-Hathaway Jahresbericht 1984

Auswahlkriterien für Buyback Champions:

1. Mindestmarktkapitalisierung von 100 Millionen US-Dollar.
2. Preis-Umsatz-Verhältnis kleiner als 3. Wir möchten schließlich Shareholder generierenden Return und keine Kapitalvernichtung bei überbewerteten Aktien.
3. Der Anteil des Aktienrückkaufs an der Dividendenrendite des letzten Jahres muss größer als 2 sein.
4. Keine Versicherungsgesellschaften – hier gelten andere Regeln.
5. Der Umsatz der letzten zwölf Monate muss im Vergleich zum Vorjahr um mindestens 5 Prozent und in den letzten fünf Jahren um 20 Prozent gesteigert werden, um einen Inflationsausgleich zu kompensieren.
6. Das Unternehmen muss seinen Aktienbestand im Vorjahr um 3 Prozent oder mehr reduziert haben.

Aktienrückkäufe können auch darauf hindeuten, dass das Managementteam eines Unternehmens Kapital mit Bedacht verwendet. Es ist für das Management sinnvoll, den zusätzlichen freien Cashflow eines Unternehmens zur Finanzierung neuer Investitionen zu verwenden, wenn gute Gründe zu der Annahme bestehen, dass die neuen Unternehmen überdurchschnittliche Renditen erzielen werden. Wenn sich das Wachstum des Unternehmens jedoch verlangsamt hat, ist es sinnvoll, überschüssiges Bargeld für Aktienrückkäufe bereitzustellen.

Natürlich ist der Rückkauf von Aktien kein Selbstläufer. Es ist keine gute Idee für ein Unternehmen, Aktien zu einem überhöhten Preis zurückzukaufen, da die Rendite dieser Investition wahrscheinlich niedrig (oder sogar negativ) ist. Es lohnt sich auch, auf Aktienrückkäufe zu achten, wenn diese der Gewinnmanipulation dienen. Die Reduzierung der Anzahl der Aktien bedeutet einen höheren Gewinn pro Aktie, daher lohnt es sich sicherzustellen, dass das Unternehmen nicht versucht, sich auf künstliches Wachstum einzulassen, um bei den nächsten Quartalsergebnissen zu glänzen. Da Dividenden und langfristige Kapitalgewinne zum gleichen Satz besteuert werden, werden einige Unternehmen wahrscheinlich ihre überschüssigen Barmittel zur Zahlung von Dividenden verwenden, anstatt Aktien zurückzukaufen. Zusammenfassend lässt sich sagen:

- Korrekt ausgeführte Rückkäufe können für Anleger erhebliche Renditen erzielen.
- Anleger sollten sich auf ein Unternehmen mit einem Management konzentrieren, das Rückkäufe nur dann durchführt, wenn das Unternehmen mit einem Abschlag zum inneren Wert gehandelt wird.
- Ein Unternehmen sollte seine Aktien nur dann zurückkaufen, wenn seine Aktie unter ihrem erwarteten Wert notiert und keine bessere Anlagemöglichkeit besteht.
- Wenn Sie der Meinung sind, dass eine Aktie, die Sie besitzen, unterbewertet ist, sollten Sie immer Rückkäufe bevorzugen, da sie den bestehenden Aktionären einen Mehrwert verschaffen.

Obwohl seine Erfolgsbilanz als CEO eine der beeindruckendsten in der Unternehmensgeschichte ist, ist Henry Singleton den meisten Investoren noch immer relativ unbekannt. Singleton erzielte während seiner 30-jährigen Tätigkeit als CEO von Teledyne eine jährliche Rendite von 20,4 Prozent für die Anleger. Jeder Dollar, der in Teledyne investiert wurde, als Singleton seine Amtszeit als CEO begann, wäre bei seiner Pensionierung im Jahr 1990 180 Dollar wert gewesen. Derselbe Dollar, der im gleichen Zeitraum in den S&P 500 investiert wurde, wäre nur auf 15 Dollar angewachsen. Mit anderen Worten: Singleton übertraf den S&P 500 um das unglaubliche Elffache.

Die Fähigkeit, die Singleton von den meisten CEOs abhob, war seine kluge Herangehensweise an die Kapitalallokation, eine Fähigkeit, die vielen CEOs fehlt. Eine der wichtigsten Möglichkeiten, wie Singleton Kapital zugeteilt hat, bestand darin, Aktien zurückzukaufen, wenn diese unterbewertet waren. Singleton kaufte während seiner Amtszeit als CEO massiv Aktien zurück, und zu einer Zeit, als Rückkäufe von der Wall Street verabscheut wurden, kaufte er insgesamt 90 Prozent der Aktien von Teledyne zurück. Singleton war ein besonders geschickter Käufer der Aktien seines Unternehmens und erzielte während seiner Amtszeit als CEO eine jährliche Gesamtrendite von 42 Prozent.

Bei einer wichtigen Sache müssen Anleger aufpassen: Der durchschnittliche CEO neigt dazu, Rückkäufe bei Marktspitzen zu tätigen, wenn seine Aktien teuer sind, und nicht zu Markttiefs, wenn Aktien billig sind. Die schuldenfinanzierten Unternehmensrückkäufe erreichten mit den Markthöchstständen von 1999 bis 2000 und 2007 sowie dem gegenwärtigen Bullenmarkt ihren Höhepunkt. Daher ist es sehr wichtig, die Bewertung im Auge zu behalten, wenn Sie in Unternehmen investieren, die Aktien zurückkaufen.

Im Jahr 2013 verfasste Carl Icahn einen offenen Brief an Tim Cook, den CEO von Apple, und schlug Apple vor, einen Rückkauf in Höhe von 150 Millionen US-Dollar durchzuführen. Icahn glaubte, dass, wenn Apple ein Rückkaufangebot von 525 US-Dollar pro Aktie (finanziert mit 150 Milliarden US-Dollar Schulden zu 3 Prozent) vorschlagen würde, das Ergebnis einen sofortigen Anstieg des Gewinns pro Aktie von 33 Prozent und eine vergleichbare Steigerung des Aktienkurses von 33 Prozent bedeuten würde. Er ging davon aus, dass dieser Rückkauf dem Aktienkurs des Unternehmens in den nächsten drei Jahren von 52,50 US-Dollar auf 125,00 US-Dollar helfen würde.

Etwa zur gleichen Zeit referierte David Einhorn auf der Ira-Sohn-Konferenz und sprach sich ebenfalls für einen Apple-Rückkauf aus. Er stellte fest, dass Apple in seiner Bilanz 137 Milliarden US-Dollar an Barmitteln hatte, was einen grundlegenden Fehler in der Kapitalallokation von Apple aufdeckte. Das Problem mit so viel Bargeld waren die Opportunitätskosten. Apple verdiente nur einen geringen Zinssatz, was bedeutete, dass es weniger verdiente als die Inflation. Er argumentierte, dass die Barmittel Opportunitätskosten von 13,7 Milliarden US-Dollar pro Jahr oder 14 US-Dollar Gewinn pro Aktie darstellen. Sowohl Einhorn als auch Icahn glaubten, dass Apple eine schwere Provisionssünde beging, indem es kein dramatisches Rückkaufprogramm durchführte.

Apple antwortete im April 2014 und kündigte an, 130 Milliarden US-Dollar an Kapital durch einen erhöhten Rückkauf und eine höhere Dividende zurückzugeben. Nach der Ankündigung gab es einen dramatischen Anstieg des Aktienkurses von Apple und die Aktie wurde bis auf 119,80 US-Dollar gehandelt, nach einem Tiefststand von 70,50 US-Dollar (splitbereinigt) im Jahr 2014.

Vorteil der Dividende

Theoretisch sind Dividenden und Rückkäufe gleichwertig unter der Annahme, dass keine Steuern, ein identischer Zeitpunkt der Bareinnahmen und ein effizienter Markt vorhanden sind. In der Praxis sind sie sehr unterschiedlich. Dies liegt daran, dass ein Aktionär die Steuerzahlungen aufschieben kann, indem er heute keine Aktien verkauft – stellen Sie sich dies so vor, als würden Sie heute eine »Dividende« im Austausch für eine potenziell höhere Dividende verweigern. Es ist aufgrund des Barwertes besser, eine Steuerrechnung in der Zukunft zu bezahlen, als sie heute bezahlen zu müssen. Aktionäre, die heute eine Dividende wünschen, können sich eine eigene Dividende schaffen, indem sie jedes Jahr eine anteilige Menge an Aktien verkaufen, um den gleichen Effekt zu erzielen.

Investieren in Small Caps

1. Wir suchen ein von Gründern geführtes/eigentümerbetriebenes Unternehmen mit hohem Insideranteil und einem Fokus auf langfristiges, inneres Wachstum pro Aktie. Idealerweise möchten wir, dass der CEO einen Großteil seines Nettovermögens in das Unternehmen investiert hat.
2. Ein nachhaltiger Wettbewerbsvorteil und Burggraben. Vorzugsweise in einer Branche mit hohen Eintrittsbarrieren, einem unfairen Wettbewerbsvorteil und Preismacht. Im Idealfall ist das Unternehmen in der Lage, die Branche zu revolutionieren.
3. Eine kleine Marktkapitalisierung mit einem langen Wachstumspfad. Idealerweise ein Unternehmen zwischen 100 Millionen und 2 Milliarden Euro.
4. Eine außergewöhnliche Kapitalallokation. Ein Management mit nachgewiesener Erfolgsbilanz bei der Kapitalallokation. Hohe Eigenkapitalrenditen, Rückkäufe zu niedrigen Multiplikatoren, Verwässerung nur zur Wertschöpfung, Reinvestition von Erträgen zur langfristigen Wertschöpfung und so weiter.
5. Vorzugsweise in einer fragmentierten Branche mit hohem potenziellem adressierbarem Markt.

Ein chinesischer Bambusbaum braucht fünf Jahre, um zu wachsen. Täglich muss die Erde, in die der Samen gesetzt wurde, bewässert und gedüngt werden. Er durchbricht für fünf Jahre nicht den Boden. Nach fünf Jahren, sobald der Bambus den Boden durchbricht, wird er in fünf Wochen 90 Fuß hoch. Dieses Phänomen lässt sich selektiv auch auf Small-Cap-Aktien übertragen.

Warum man in Small Caps investieren sollte

Wie wir bereits bei den Spawner-Aktien gesehen haben, ist die Wahrscheinlichkeit, einen Ten- oder sogar einen 100-Bagger im Portfolio zu kreieren, umso größer, je geringer die Marktkapitalisierung zum Einstieg war.

Beim Investieren ist unser Mantra, den größtmöglichen Return zu erzielen und dabei so wenig Risikowie möglich einzugehen. Zahlreiche Studien belegen, dass die Aktienkurse kleinerer Unternehmen in den letzten 100 Jahren die von Large Caps outperformt haben – oft sogar um ein Vielfaches. Seit 1965 haben Small Caps den S&P 500 in fast 65 Prozent der Fünf-Jahres-Zeiträume geschlagen (siehe Abbildung 59).

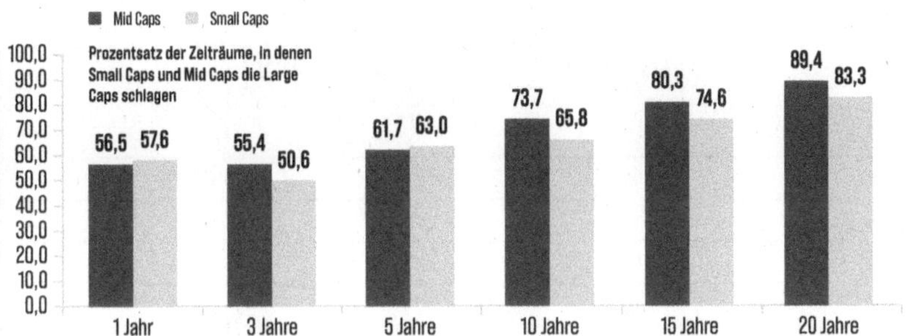

Abbildung 59: Prozentuale Anteile von Zeiträumen, in denenSmall und Mid Caps die Large Caps outperformten. Quelle: BofA Merrill Lynch

Bei Small Caps handelt es sich um Unternehmen mit einer Marktkapitalisierung von bis zu 1 Milliarde US-Dollar. Dieses Marktsegment bietet eine umfassende Auswahl an vielversprechenden Investitionsmöglichkeiten. Das Interessante an Small Caps ist vor allem das Potenzial des schnellen Wachstums. Die Herausforderung besteht wie immer darin, die spannendsten Aktien des Segments zu finden und das Potenzial, welches diese Unternehmen mit sich bringen, zu verstehen.

Doch warum ergeben sich bei den kleinkapitalisierten Aktien solche Chancen? Small Caps genießen generell weniger Aufmerksamkeit, da sie oftmals zu klein und daher teilweise unattraktiv für größere Marktteilnehmer sind. So erfolgt beispielsweise Research Coverage bei großen Instituten wie etwa Goldman Sachs oder der Deutschen Bank, da die zu analysierenden Unternehmen zugleich Kunden im Bereich Investmentbanking sind. Zudem können institutionelle Investoren mit Mindestanlagesummen von mehreren Hundert Millionen Euro nicht in Small Caps investieren, da sie ansonsten einen Großteil des Unternehmens besitzen würden. Ohnehin sind viele Fonds aufgrund ihrer Anlagegrenzen in ihrem Anlageuniversum eingeschränkt, da sie beispielsweise nicht in Unternehmen investieren dürfen, deren Marktkapitalisierung unter 500 Millionen Euro liegt. Die Tabelle in Abbildung 60 zeigt, in welchen Prozentsatz des gesamten Aktienmarktes Fonds mit bestimmten Anlagevermögen für bestimmte Regionen investieren können. Hier wird deutlich, dass Fonds mit steigendem Anlagevolumen weniger Auswahlmöglichkeiten haben.

	Anteil des Marktes, der die Grenzen erreicht		
AUM (in Millionen USD)	USA	Japan	Europa
50	89 %	83 %	69 %
100	84 %	73 %	58 %
250	77 %	59 %	45 %
500	71 %	48 %	36 %
1.000	64 %	36 %	29 %
2.000	55 %	25 %	22 %
10.000	32 %	8 %	10 %

Abbildung 60: Auswahlmöglichkeiten innerhalb des Anlageuniversums in Abhängigkeit zum Fondsvolumen (AUM) Quelle: Capital IQ, Verdad Cap Research

Durch diese geringe Aufmerksamkeit fallen Small Caps durch das Raster des Wall-Street-Establishments. Demzufolge sind kleinere Unternehmen oft falsch bewertet – in Bezug auf den Gesamtmarkt sogar häufig unterbewertet. So können diese Unternehmen auch für den Value-Investor ein vielversprechender Marktbereich sein.

Über die US-amerikanischen, japanischen und europäischen Märkte hinweg waren die Bewertungen in der Vergangenheit mit der Marktkapitalisierung korreliert – und das mit einer hohen Robustheit. Abbildung 61 stellt das Preis-Buchwert-Verhältnis für den gesamten US-Markt nach Dezilen der Größe der vergangenen 20 Jahre dar. Große Unternehmen haben am stärksten von steigenden Zuflüssen von Anlagekapital profitiert.

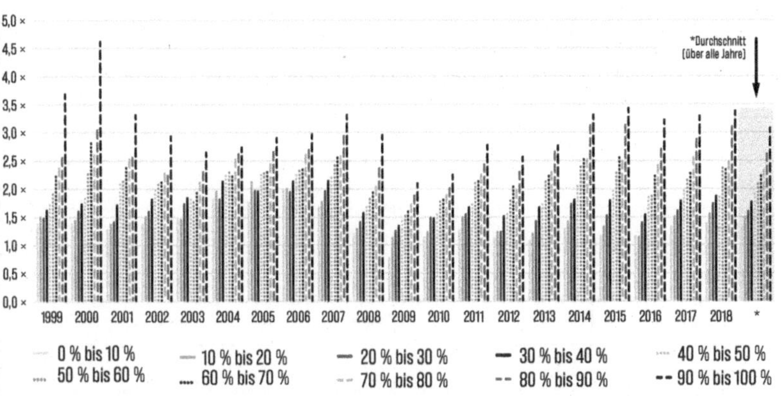

Abbildung 61: Korrelation zwischen Marktkapitalisierung und Bewertung (Preis-Buchwert-Verhältnis) Quelle: Capital IQ, Verdad Cap Research

Kleinere Unternehmen sind in ihren Segmenten häufig Pioniere und können – von einer geringen Umsatz- und Gewinnbasis ausgehend – schnell wachsen und sich rasch wechselnden Markttrends anpassen. Diese Kombination kann in der Folge zu spektakulären Aktienkurssteigerungen führen. Der Hebel, der sich aus einem Informationsvorsprung gegenüber anderen Investoren ergibt, ist bei Small Caps viel größer als bei Large Caps. Daher sieht man bei kleinkapitalisierten Aktien viel häufiger Tenbagger als bei Blue Chips und es kommt des Öfteren vor, dass kleine Unternehmen zu einem hohen Aufpreis übernommen werden – sehr zur Freude ihrer Aktionäre.

Ein weiterer Vorteil von Small Caps ist, dass sie den makroökonomischen Entwicklungen (Wirtschaftswachstum, Wechselkurse und so weiter) nicht so stark ausgesetzt sind, da sie eher in lokalen Märkten operieren. Die Tabellen in Abbildung 62 und 63 zeigen, wie sich Small Caps in verschiedenen BIP-Wachstumsphasen entwickelt haben – relativ zu Large Caps.

Reales BIP-Wachstum	Durchschnitt	Maximum	Minimum
8 % bis 9 %	7 %	7 %	7 %
7 % bis 8 %	–9 %	4 %	–16 %
6 % bis 7 %	10 %	29 %	–3 %
5 % bis 6 %	5 %	33 %	–16 %
4 % bis 5 %	2 %	33 %	–31 %
3 % bis 4 %	–3 %	24 %	–17 %
2 % bis 3 %	9 %	60 %	–9 %
1 % bis 2 %	–2 %	14 %	–16 %
0 % bis 1 %	–9 %	3 %	–21 %
–1 % bis 0 %	9 %	22 %	–5 %
–2 % bis –1 %	3 %	3 %	3 %
–3 % bis –2 %	1 %	1 %	1 %

Abbildung 62: Relative Performance von Small Caps gegenüber Large Caps in Abhängigkeit vom realen BIP-Wachstum
Quelle: Credit Suisse, Verdad Cap Research

Das BIP und der Lebensstandard in den Schwellenländern steigen aus einer Reihe von Gründen schneller als in den Industrieländern. In einigen Fällen handelt es sich um die Verlagerung von Arbeitsplätzen von der Landwirtschaft hin in die verarbeitende Industrie, in Verbindung mit einem Umzug vom Land in die Stadt. Zusätzlich profitieren bestimmte Schwellenländer von vorteilhafter Altersstruktur und steigenden Konsumausgaben (siehe Asien, außer Japan). In einzelnen Fällen sind sie auch in der Lage, Entwicklungsstadien zu überspringen, indem sie neue Technologien aus der entwickelten Welt übernehmen (zum Beispiel die Übernahme von Mobiltelefonen beim Überspringen von Festnetzanschlüssen oder bei digitalen Bezahlungssystemen). Die Schwellenländer profitieren von Infrastrukturinvestitionen, die ein schnelleres Wirtschaftswachstum ermöglichen.

Einige Tendenzen in der Weltwirtschaft sollte man dennoch im Auge behalten. So zum Beispiel steigende Inputpreise durch Inflation oder durch den Handelskrieg Chinas mit dem Westen – insbesondere für das produzierende Gewerbe. Deswegen ist es auchunser Ziel, Aktienwerte zu besitzen, die potenziell nicht unter einer höheren Inflation leiden. Dabei achten wir auf mehrere Faktoren, die in einem inflationären Umfeld tendenziell, aber auch generell, gute Ergebnisse hervorgebracht haben:

- eine gute Bilanz mit überschaubarer Verschuldung,
- reichlich Free Cashflow oder Aussicht darauf,
- eine nicht-kapitalintensive Branche,
- geringe Konkurrenz oder ein Burggraben, welcher den Unternehmen Preissetzungsmacht verschafft.

Ein Umfeld mit niedrigen Kapitalmarktrenditen begünstigt in der Regel Small Caps. Die nachstehende Tabelle zeigt, dass Small Caps in Zeiträumen niedriger bis durchschnittlicher Renditen bei nahezu 100 Prozent der Beobachtungen besser abschneiden als Large Caps. Dabei liegt die Outperformance bei durchschnittlich 400 Basispunkten.

10-year returns by Quintile	Range of Return	Large Cap Out- performance	S&P 500 Out- performance
1st Quintile	16,3 %	18 %	82 %
2nd Quintile	13,2 % und < 16,3 %	36 %	64 %
3nd Quintile	8,7 % und <13,2 %	90 %	10 %
4th Quintile	4,9 % und <8,7 %	98 %	2 %
5th Quintile	< 4,9 %	97 %	3 %

Abbildung 63: Small- und Large-Cap-Outperformance nach Quantilen der vierteljährlichen Rendite des S&P 500 Quelle: Royce Funds, https://www.royceinvest.com/Strategies/

Wann ist eine Aktie günstig?

Was wird dieses Unternehmen in ein paar Jahren wert sein und was wird ein viel größeres Unternehmen dafür zahlen? Übernahmen können enorme Kosteneinsparungen und Synergien schaffen. Aus diesem Grund wird ein übernehmendes Unternehmen wahrscheinlich viel mehr für ein Unternehmen zahlen als der breite Markt.

Dabei spielen die kurzfristigen Unternehmensgewinne eine eher untergeordnete Rolle. Das Entscheidende dabei ist, wo das Unternehmen in fünf Jahren stehen wird, und das sollte auch der Fokus der Analyse sein. Die Börse tendiert dazu, einen sehr kurzfristigen Ausblick zu haben und die Bedeutung des nächsten Quartals zu überschätzen. Langfristiges Wachstum ist in diesem Zusammenhang allerdings das entscheidende Stichwort.

Betrachten wir beispielhaft eine beliebte Restaurantkette. Die Errichtung eines Restaurants kostet 2 Millionen Euro und dauert ein Jahr. Die jährlichen Kosten (Mitarbeiter und Sonstiges) des Unternehmens liegen bei 3 Millionen Euro, die mit der Expansion der Kette steigen. Nach der Fertigstellung des Restaurants erwirtschaftet es 4 Millionen Euro Umsatz bei einem Gewinn von 700.000 Euro. Vor Steuern dauert es weniger als drei Jahre, bis jedes Restaurant abbezahlt ist. Demnach erzielt das Unternehmen eine Rendite auf das investierte Kapital von 35 Prozent (= 700.000/2.000.000).

Angenommen, es gibt derzeit zehn Standorte. Die untenstehende Tabelle zeigt, wie sich der Unternehmensgewinn mit weiteren Standorten entwickelt. Die Einschätzung des Umsatzes und des Gewinns sollte aus der Analyse erfolgen.

Restaurants	10	20	50	100
Umsatz	40	80	200	400
Rohgewinn	7	14	35	70
Kosten	3	5	9	15
Vorsteuer-Gewinn	4	9	26	55

Abbildung 64: Beispiel – Entwicklung der Geschäftszahlen mit zunehmenden Standorten
Quelle: Eigene Darstellung

Nehmen wir an, das Unternehmen hat eine Marktkapitalisierung von 100 Millionen Euro und besitzt zehn Restaurants. Ist diese Aktie billig? Die Aktie wäre zum 25-Fachen des Vorsteuergewinns bewertet. Was, wenn das Unternehmen auf 50 Restaurants expandiert? Dann würde die Aktie zum circa Vierfachen des Gewinns handeln – schon deutlich attraktiver. Oder das KGV von 25 bleibt bestehen und der Kurs hat sich mehr als versechsfacht.

Das Beispiel soll zeigen, dass der aktuelle Gewinn und die Bewertung eher untergeordnete Rollen spielen. Viel wichtiger ist das Gewinnwachstum in den nächsten fünf Jahren zu einem angemessenen Preis. Ein Unternehmen, das zu einem KGV von 25 handelt, ist nicht teuer, wenn es eine nachhaltige Wachstumsrate von 50 Prozent für die nächsten fünf Jahre aufweist. Als Small-Cap-Investor zahlt man für das Gewinnwachstum (PEG-Ratio) und nicht für den aktuellen Gewinn (KGV). Normalerweise ist der Gewinn in der Expansionsphase gering, da der Profit direkt wieder ins Wachstum investiert wird.

Dabei sollte man sich die Frage stellen, ob das Geschäftsmodell das erhoffte Wachstum tragen kann.

Ist das Management in der Lage, den Plan umzusetzen? Wie viel zusätzliches Kapital wird benötigt, um die avisierten Unternehmensziele zu erreichen?

Im vorstehenden Beispiel erkennt man auch den operativen Hebel (englisch »gearing«) bei Small Caps. Großunternehmen wachsen nur selten mehr als 20 Prozent pro Jahr. Wohingegen dies bei Small Caps keine Seltenheit ist.

Weisen inkrementelle Umsätze sehr hohe Margen auf, können bereits kleine Umsatzsteigerungen einen sehr großen Einfluss auf den Gewinn haben. Während sich der Umsatz mit der Verdopplung der Restaurants ebenfalls verdoppelt hat, stieg der Vorsteuergewinn in unserem Beispiel um mehr als das Doppelte. Dabei sollte man beachten, dass Gearing auch in die umgekehrte Richtung funktioniert. Sinkt der Umsatz, so fällt der Gewinn ebenso überproportional.

Insider

Insiderkäufe – wenn das Management Aktien des eigenen Unternehmens kauft – sind ein guter Indikator für die zukünftige Aktienperformance. Hierbei ist der Hintergrund recht simpel. Insider kennen ihr Geschäft besser als jeder andere. Wenn Insider Aktien ihres Unternehmens kaufen, ist das in der Regel ein bullishes Signal – besonders, wenn es mehrere Personen zur selben Zeit vollziehen.

Insider haben oftmals ein intuitives Gefühl dafür, ob die Aktien ihres Unternehmens billig oder teuer sind. Sie beobachten die Akquisitionsmultiplikatoren in ihrer Branche und wissen, wie der Wettbewerb bewertet ist. Wenn der Kurs ihrer Aktie zu sinken beginnt, steigen sie manchmal ein und kaufen auf dem Weg nach unten. Allerdings neigen Insider auch dazu, zu früh zu kaufen und wahrgenommene Probleme in ihrer Branche zu unterschätzen. Wenn Sie sehen, dass Insider auf neuen Tiefstständen kaufen, ist das langfristig gesehen bullish zu interpretieren. Leider hat es aber oft wenig Aussagekraft über die Aktienkursentwicklung in den nächsten Quartalen.

Es ist sehr bullish, wenn Insider eine »Prämie« zahlen. Wenn Sie sehen, dass Insider auch nach einem großen Kursanstieg Aktien kaufen, bedeutet das, dass sie das Unternehmen zum aktuellen Kurs immer noch für ein Schnäppchen halten.

Insider verkaufen Aktien aus allen möglichen Gründen. Oftmals hat es gar nichts mit den Fundamentaldaten des Unternehmens zu tun. Insider bekommen Aktienoptionen gewährt, die Teil der Vergütung sind. Manchmal möchte ein Insider die Früchte seiner Arbeit genießen und verkauft über Optionen bezogene Aktien, um ein Haus zu kaufen oder seine Kinder auf ein College zu schicken. Es gibt zahlreiche Gründe für Aktienverkäufe, aber es gibt nur einen Grund, warum Insider Aktien kaufen – sie gehen davon aus, dass die Kurse steigen werden, und wollen daran teilhaben.

Die Höhe der Insiderkäufe sollte man dabei im Verhältnis zur Managementvergütung betrachten. CEOs von Small Caps verdienen deutlich weniger als beispielsweise Mark Zuckerberg bei Facebook. Manchmal mag eine 10.000-Euro-Transaktion klein erscheinen, aber für den Käufer kann sie sehr bedeutsam sein. Wenn ein CEO 100.000 Euro pro Jahr verdient, kann diese Transaktion einen Großteil seines verfügbaren Einkommens (nach Abzug von Steuern und Abgaben) darstellen. Dies wäre ein großer Vertrauensbeweis.

Der Schlüssel ist, all diese Faktoren bei der Analyse in ein Gesamtbild zusammenzufügen. Im Idealfall kaufen mehrere Insider in kurzen Abständen viele Aktien im Verhältnis zu deren verfügbarem Einkommen sowie bei Höchstständen im Aktienkurs. Umgekehrt lässt sich auch Folgendes ableiten: Wenn die Aktie billig erscheint und Insider nicht kaufen, stimmt mit dem Unternehmen wahrscheinlich etwas nicht.

Risiken

Das Wichtigste ist, dass Sie kein Geld verlieren. Warren Buffett sagte dazu: »Rule No. 1: Never lose money. Rule No. 2: Never forget rule No. 1.« (»Regel Nummer eins: Verlieren Sie niemals Geld. Regel Nummer zwei: Vergessen Sie niemals Regel Nummer eins.«)

Aktieninvestments sind immer mit Risiken verbunden. Unternehmen können aufgrund von Missmanagement bankrottgehen oder technologisch disruptiert werden. Das Ziel muss es sein, in Unternehmen zu investieren, die auch über einen Zeitraum von mehreren Jahrzehnten existieren werden. Man sollte nicht vergessen, dass die Drawdowns bei Aktienkursen kleinerer Unternehmen in der Regel größer sind. Da Small Caps volatiler und spekulativer sind als Großunternehmen, sollte man definitiv diversifiziert sein – also nicht alles auf ein Pferd setzen. Gleichzeitig sollte man nicht zu viele Small Caps halten. Denn einige von ihnen werden unweigerlich schlecht performen und man sollte vermeiden, seine Gewinner zu »verwässern«. Außerdem ist der Research-Aufwand bei Small Caps deutlich höher als bei großen Unternehmen. Hält man zu viele, hat man unter Umständen nicht den nötigen Einblick in die Geschäftsmodelle.

Der größte Fehler, den man begehen kann, ist jedoch, ungeduldig zu werden und zu früh zu verkaufen, obwohl sich fundamental nichts geändert hat. Man muss realistisch sein und erkennen, dass es schwierig ist, ein Unternehmen zu führen. Nicht immer läuft es wie geplant und es kann etliche Überraschungen geben. Das gilt besonders, wenn ein Unternehmen mit Regulierungsbehörden zu tun hat. Wenn Sie in ein Unternehmen investieren und der Aktienkurs sich nicht auf Anhieb positiv entwickelt, muss das nicht bedeuten, dass Sie falschliegen. In unserer gesamten Investmentkarriere haben wir noch keinen einzigen Tenbagger gesehen, der nicht kurzfristig den Markt underperformte oder einen erheblichen Drawdown hatte. Manchmal brauchen die Dinge einfach Zeit.

Unsere zwei Small-Cap-Kernpositionen aus unserem letzten Buch *Der Crash ist da*, Clinuvel Pharmaceuticals und Media and Games Invest, haben ebenfalls mehrere Jahre gebraucht, ehe sich die Kurse vervielfacht haben.

Das Management

Wenn man in Small Caps investiert, ist das Management das ausschlaggebende Kriterium. Im Gegensatz zu Large Caps, bei denen ein bereits etabliertes Unternehmen mit solidem Geschäftsmodell selbst mit einem mittelmäßigen Managementteam gut performen sollte.

Es gibt einige Faktoren, die gute Führungskräfte mit sich bringen. Erstens eine signifikante Beteiligung am Unternehmen – man nennt das auch »skin in the game«.

Warum hielten die Brücken des Römischen Reichs so lange Zeit? Der Hauptgrund war, dass die Leute, die sie entwarfen, unter der Brücke stehen mussten, als der erste Verkehr darüber hinwegfuhr. So leisteten sie Gewähr für eine ausreichende Sicherheitsmarge. Und die Brücken hielten über Jahre und Jahrzehnte hinweg. Daher investieren wir unser liquides Vermögen ausschließlich in unsere eigenen Investmentvehikel. Wenn Sie in Fonds oder Firmen investieren möchten, sollten Sie auf die gleichen Anreizsysteme achten.

Das schafft vorteilhafte Anreize und sorgt dafür, dass auch die Manager an ansteigenden Aktienkursen interessiert sind – ebenso wie die Aktionäre.

Zweitens sollten wichtige Führungskräfte auch in ihren bisherigen Positionen Erfolge vorweisen können. Es lohnt sich daher, einen Blick in deren Lebensläufe zu werfen und die Performance der vorherigen Unternehmen zu prüfen. Aus dieser Analyse sollte klar werden, inwiefern das Managementteam finanzielle Ressourcen effektiv einsetzen kann. Der gute Umgang mit Geld ist besonders bei Small Caps enorm wichtig, denn die Budgets zur Wachstumsfinanzierung sind regelmäßig klein. Der Zugang zum Kapitalmarkt (via Kapitalerhöhungen oder Emission von Anleihen) ist oftmals die einzige Finanzierungsmöglichkeit, denn Banken sind bei der Vergabe von Krediten an kleine aufstrebende Unternehmen eher zurückhaltend. Aus diesem Grunde sollte die Führungsebene in der Lage sein, ihre Visionen sowie Pläne überzeugend darzustellen, um externe Kapitalgeber zu finden.

Darüber hinaus ist es sinnvoll, Kontakt mit dem Management aufzunehmen. Der CEO kleinkapitalisierter Unternehmen ist in der Regel deutlich empfänglicher für potenzielle Neuinvestoren als der von Large Caps. Beim ersten Kontakt entwickelt man ein Gefühl dafür, wie diese Person tickt. Wir lernen gerne passionierte Menschen kennen, die Tag und Nacht über ihre Leidenschaft reden könnten – insbesondere bei börsennotierten Unternehmen.

Wann sollte man verkaufen?

Es gibt mehrere Gründe, wann und weshalb man eine bestehende Position verkaufen sollte. Zum einen verkauft man, wenn die Investmentthese nicht aufgegangen ist. Zum anderen trennt man sich von seiner Position, wenn die Aktie große Kurssteigerungen vollzogen hat. Aber hier kommt der schwierige Teil: Wann soll man seine Gewinner tatsächlich verkaufen? Wie wir bereits festgestellt haben, kommt man bei Small Caps mit den üblichen Bewertungskennzahlen nicht weiter. Stark wachsende Unternehmen sehen oberflächlich betrachtet – basierend auf den aktuellen Gewinnen – meistens teuer aus.

Insiderverkäufe können hierbei eine Hilfestellung bieten, vor allem wenn hohe Volumina verkauft werden. Wie bereits erwähnt, sollte das Management sein Unternehmen besser kennen als jeder andere. Umfangreiche Verkäufe von Insidern könnten darauf hinweisen, dass sich die Geschäftsaussichten verschlechtert haben. Oder das Management möchte Kursanstiege nutzen, um Gewinne zu realisieren. Dadurch könnte leicht der Anreiz sinken, durch intelligente Entscheidungen für weiter steigende Aktienkurse zu sorgen.

Des Weiteren sollte man verkaufen, wenn sich das Geschäftsmodell ändert oder das Unternehmen beispielsweise eine nicht nachvollziehbare Übernahme getätigt hat. Peter Lynch spricht in diesem Zusammenhang von der bereits erwähnten »Di-worse-sification«. Weitere Gründe können Änderungen des regulatorischen Umfeldes oder steigender Wettbewerb sein.

Man sollte, unserer Meinung nach, nicht unbedingt verkaufen, weil man mit einer Verschlechterung der allgemeinen Wirtschaftslage rechnet. Ein gutes Unternehmen mit einer soliden Bilanz wird in der Regel auch eine Wirtschaftskrise überstehen.

Die Selektion

Bei mehreren Tausend Small Caps ist es nahezu unmöglich, einen Überblick über jeden Wert zu behalten. Es lohnt sich daher, seinen Research-Prozess zu automatisieren und eine Vorselektion an interessanten Unternehmen vorzunehmen. Sobald die Selektion durchgeführt wurde, kann man sich an die eigentliche Research-Arbeit machen, um das Unternehmen bestmöglich zu verstehen. Am Ende der Analyse stellt man fest, ob es im Hinblick auf das zukünftige Wachstum unterbewertet ist oder nicht.

Wie bereits erwähnt, achten wir bei den analysierten Werten auf folgende Faktoren, anhand derer eine Vorselektion erfolgen könnte:

Solide Bilanz.

Die Qualität der Bilanz messen wir an der Eigenkapitalquote (= Eigenkapital/Gesamtkapital), den liquiden Mitteln und der Zinsabdeckung (»Interest Coverage«) auf bestehende Verbindlichkeiten. Die Zinsabdeckung ergibt sich aus dem operativen Gewinn dividiert durch die Zinskosten.

Je höher die Eigenkapitalquote sowie der Cash-Bestand und je geringer die Zinslast, desto besser ist die Bilanzqualität. Im Idealfall ist das Unternehmen mit langlaufenden Krediten finanziert, die erst später fällig werden. So kann man sich auf das Wachstum fokussieren und nicht auf die Tilgung der Schulden.

Noch eine kurze Anmerkung zu Kapitalerhöhungen: Bei einer Kapitalerhöhung emittiert ein Unternehmen neue Aktien, um sich frisches Eigenkapital zu besorgen. Viele Anleger sehen Kapitalerhöhungen – besonders bei Small Caps – eher kritisch. Allerdings betrachten wir dies differenzierter. Entscheidender Faktor ist dabei die Mittelverwendung. Wird das Geld in das langfristige Wachstum investiert, ist eine Kapitalerhöhung für den Investor – der von seiner Position selbstverständlich überzeugt ist – eine gute Gelegenheit, sich daran zu beteiligen. Insbesondere, weil man die neuen Aktien in der Regel mit einem Abschlag zum aktuellen Kurs erhält. Allerdings sollten Kapitalerhöhungen – aufgrund der Verwässerung der Anteile – nicht permanent erfolgen.

Insiderkäufe.

Insiderkäufe sind nicht nur ein positiver Indikator für die Entwicklung des Aktienkurses, sondern auch ein geeignetes Mittel, um interessante Werte herauszufiltern. Kaufen gleich mehrere Top-Insider Aktien ihres Unternehmens, dann lohnt sich auch ein tieferer Blick in diesen Wert.

Hohe Cashflows und Rendite auf das investierte Kapital.

Im Idealfall besitzt das Unternehmen bereits hohe Cashflows, die oft mit einer soliden Bilanz einhergehen, da die operativen Ausgaben aus dem Gewinn, welches das Unternehmen Jahr für Jahr abwirft, gedeckt werden. Somit müssen keine neuen Verbindlichkeiten eingegangen oder neue Aktien ausgegeben werden. Gleichzeitig möchte man als Aktionär, dass die frei verfügbaren Mittel bestmöglich investiert werden. Wir messen diese Effizienz anhand der Rendite auf das investierte Kapital. Sie ergibt sich aus dem EBIT (Gewinn vor Steuern und Zinsen) dividiert durch das Anlagevermögen (Immobilien und Produktionsstätten, die dem Geschäftsbetrieb dienen) plus Net Working Capital (Umlaufvermögen minus kurzfristige Verbindlichkeiten). Je höher die Rendite, desto effektiver wird das Kapital investiert. Hohe Renditen sind wichtig, denn so kann man den operativen Hebel ausnutzen, wie im Beispiel auf Seite 37 dargestellt. Der Umsatz verdoppelt sich, doch der Gewinn vervielfacht sich. Zusammenfassend sind Small Caps für uns ein interessanter Teil des Aktienmarktes. Zwar ist der Research-Aufwand deutlich höher als bei Large Caps, in der Regel jedoch auch die Rendite.

Fragen an das Management

»CEOs werden bezahlt, um einen schrecklichen Job zu machen. Wenn das System nicht so kaputt wäre, würden Leute wie ich nicht so unverschämt viel Geld verdienen.«

Carl Icahn

Nachdem wir gelernt haben, wie wichtig gute Kapitalallokatoren an der Spitze eines Unternehmens sind, möchten wir uns nun anschauen, wie wir ein integres Management für unsere Investitionen finden.

Wichtig sind für uns ein vertrauenswürdiges, talentiertes, erfahrenes und hochkompetentes Management sowie eine gute Corporate Governance. Nicht **Branchenexperten, charismatische Führungskräfte oder Produktgurus sind die besten CEOs, sondern die Menschen, die über ein tiefes Verständnis für Finanzen und Investitionen verfügen.** Sie sind Experten für den Einsatz von Kapital.

Wenn wir das Management eines Unternehmens interviewen, möchten wir Informationen herausfinden, die eine lange Halbwertszeit beinhalten. Uns interessieren weniger die aktuellen Quartalszahlen, also ob das Unternehmen in den vergangenen zwölf Wochen 1,28 Euro oder 1,34 Euro verdient hat. Fragen dieser Art hört das Management eines Unternehmens oft genug und ist dann teilweise verdutzt, wenn man Fragen »out of the box« stellt, wie zum Beispiel:

- Wo soll das Unternehmen in 10 oder 20 Jahren stehen?
- Was muss das Management heute tun, um die Ziele in diesem Zeitraum mit hoher Wahrscheinlichkeit zu erreichen?
- Was könnte das Unternehmen davon abhalten, sein gestecktes Ziel zu erreichen?

Wir möchten den Gedankenprozess des Managements nachvollziehen, ob heute bereits das Morgen verstanden wird, und nicht umgekehrt. Zwölf-Monats-Ziele möchten wir nicht hören, vor allem keine Kursziele. Wir empfinden es fast schon als ungehörig, dem Management eine solche Aussage abzuringen, und auch der Gründer eines Unternehmens hatte zu Beginn seiner Unternehmensgründung bestimmt andere Ambitionen, als die Spalte E42 in einem Wall-Street-Sell-Side-Excel-Sheet auszufüllen.

- Ebenfalls interessiert uns, was das Management unternehmen will, um die Beziehung zu seinen Kunden weiter zu verbessern oder um noch bessere Produkte zu entwerfen.
- Wie werden Skaleneffekte an Kunden weitergereicht und Prozesse innerhalb des Unternehmens weiter verbessert?
- Wie wird der Free Cashflow des Unternehmens verwendet, um den Unternehmenswert in der Zukunft zu steigern?
- Bezahlt das Unternehmen seinen Mitarbeitern zu wenig oder behandelt es seine Zulieferer schlecht?

Sie werden staunen, wie oft voller Stolz über Taten der Missachtung innerhalb eines Unternehmens gesprochen wird. Bei manchen Unternehmen beschäftigen sich ganze Teams nur damit, wie man Stakeholder als eigene Zulieferer und Subunternehmer übervorteilen kann. Dasselbe sollte im Umgang mit den Kunden gelten. Nicht umsonst hat Amazon-Gründer Jeff Bezos bei jeder seiner Teambesprechungen einen leeren Stuhl reserviert, der die Bedürfnisse des Kunden symbolisieren soll. Versetzen Sie sich immer in die Lage des anderen. Gute Deals finden nur statt, wenn beide Seiten davon profitieren. Alles andere ist das Ausnutzen kurzfristiger Bedürfnisse, um langfristige Ziele zu opfern. Im modernen Kapitalismus wird hinter vorgehaltener Hand zwar oft genau das Gegenteil gepredigt, doch diese Aussagen stammen von angestellten Managern und Betriebswirtschaftlern, die nur innerhalb einer bestimmten Blase und vor allem eines bestimmten Zeithorizonts denken müssen, nämlich ihrer begrenzten Vertragslaufzeit.

Wer einen Baum pflanzt, unter dem er selbst nicht mehr sitzen wird, hat langfristige Zielsetzung verstanden. Der Gründer von Alibaba, Jack Ma, spricht oftmals davon, ein Unternehmen für drei Jahrhunderte zu bauen. Es wurde vor der Jahrtausendwende gegründet und hat einen Plan für das 21. Jahrhundert, um ebenfalls eine Zukunft für das 22. Jahrhundert zu ebnen. Meinen Sie, Jack Ma fragt sich am Morgen, wenn er erwacht, wo das Unternehmen in zwölf Wochen stehen wird? Wir möchten in Unternehmer investieren, die die Welt von morgen gestalten und nicht darüber entscheiden, ob die Bezüge der neuen Jacht lieber cremeweiß oder beige sein sollen.

Hier gilt allerdings zu unterscheiden, ob es sich um einen bloßen Träumer oder einen wirklichen Visionär handelt, der bereits unter Beweis gestellt hat, dass er mittel- bis langfristig in der Lage war, Kapitalrenditen oberhalb der Kapitalkosten zu erwirtschaften. Nach der betrügerischen Theranos-Gründerin Elizabeth Holmes und Wirecard-CEO Markus Braun möchten wir übrigens so lange nicht mehr in Gründer mit Rollkragenpullover investieren (zum Glück haben wir es nicht getan), bis Steve Jobs auferstanden ist.

Unternehmen mit breitem Burggraben können zwei Strategien verfolgen: Sie können entweder Warenprodukte zu den niedrigsten Preisen verkaufen oder einzigartige, hochwertige Artikel, die anderswo nicht zu finden sind. Denken Sie an Costco als Low-Price-Discounter gegenüber dem Luxushaus Tiffany als extremes Beispiel.

Wenn wir uns Unternehmen und die Waren oder Dienstleistungen ansehen, die sie ihren Kunden anbieten, müssen wir den Wert betrachten, den diese bieten, sowie die Einzigartigkeit der Dienstleistungen. Es ist relativ einfach, die Einzigartigkeit eines Produkts zu verstehen. Gewinnmargen und Kapitalrenditekennzahlen können nützliche Indikatoren sein.

Was weniger offensichtlich ist, ist das Wertversprechen an die Kunden. Ein Weg, um diesen Vorteil zu verstehen, ist die Robustness Ratio, ein Prinzip, das Nick Sleep von Nomad Investment in seinem Brief an die Partner von 2005 beschrieben hat:

»Das Robustheitsverhältnis ist ein Rahmen, anhand dessen wir über die Größe des Burggrabens in einem Unternehmen nachdenken können. Dies ist der Geldbetrag, den ein Kunde im Vergleich zu dem von den Aktionären verdienten Betrag spart.«

Nick Sleep gab einige Beispiele:

»Im diesjährigen Berkshire-Hathaway-Jahresbericht sagt der Vorsitzende, dass die Geico-Versicherungsnehmer im Vergleich zum nächstbilligsten Mitbewerber 1 Milliarde US-Dollar an Versicherungspolicen eingespart haben. Es stellt sich auch heraus, dass Geico ebenfalls rund 1 Milliarde US-Dollar verdient hat. Das ist also ein Dollar Ersparnis für die Kunden und ein Dollar für die Aktionäre. Bei der Supermarktkette Costco sieht dies noch besser aus, hier beträgt die Ratio fünf zu eins.«

Je höher das Verhältnis, desto schwieriger kann es für Wettbewerber werden, Kunden abzuluchsen. Konkurrenten müssten effizienter werden und die Kundenakquisitionskosten senken. Für viele Firmen ist das nicht möglich. Indem diese Unternehmen die Preise niedrig halten und den Kunden einen Mehrwert bieten, entwickeln und stärken sie ihre Wettbewerbsvorteile.

Es könnte jedoch einen Kompromiss zwischen einer hohen Robustheitsquote und einer Bewertung geben. Die Wall Street mag Gewinne und Unternehmen mit hohen Gewinnspannen. Daher können Unternehmen, die Kunden mit niedrigen Margen zufriedenstellen möchten, von der Wall Street übersehen werden.

Nick Sleep führte das Beispiel Costco im Jahr 2005 wie folgt aus:

»Es ist wahrscheinlich fair zu argumentieren, dass es umso schwieriger wäre, auf vergleichbarer Basis gegen Costco anzutreten, je höher das Verhältnis ist. Ein höheres Verhältnis kann auch eine etwas ungleichere Verteilung der Systemprämien zwischen Kunden und Aktionären bedeuten als ein niedrigeres Verhältnis. Hier besteht eine Spannung zwischen der Größe des Burggrabens einerseits und der Verteilung der Belohnungen andererseits. In den letzten Jahren hat sich das Pendel zugunsten des Kunden gedreht, sodass die Aktie billig genug ist, um für ein Leveraged Buy-out anfällig zu sein.«

Natürlich ist eine billige Aktie keine schlechte Sache. Früher oder später wird jemand die Gelegenheit erkennen. In der Zwischenzeit kann das Geschäft dank einer engen Kundenbeziehung weiterwachsen.

Einige der erfolgreichsten Unternehmen aller Zeiten haben diese Strategie unglaublich gut umgesetzt. Kunden gegenüber Aktionären zu belohnen, mag auf den ersten Blick nicht als erfolgreiche Geschäftsstrategie erscheinen, aber ohne Kunden ist ein Geschäft nichts und langfristig entstehen für Aktionäre massive Kursgewinne.

Dies erinnert uns an die Konzepte in *The Outsiders* (eines der Lieblingsbücher von Warren Buffett), in dem argumentiert wird, dass **die besten CEOs keine Branchenexperten, charismatischen Führungskräfte oder Produktgurus sind, sondern ein tiefes Verständnis für Finanzen und Investitionen haben. Mit anderen Worten, sie sind Experten für den Einsatz von Kapital.** *The Outsiders: Eight Unconventional CEOs and Their Radically Rational Blueprint for Success* erzählt die Geschichten von acht erfolgreichen CEOs. Autor Thorndike arbeitete acht Jahre lang an dem Buch und interviewte alle noch lebenden CEOs, die er für das Buch studierte. Die CEOs, die er schließlich hervorhob, waren:

- Warren Buffett (Berkshire Hathaway, seit 1965),
- Thomas Murphy (Capital Cities Communications, 1966–1996),
- Richard A. Smith (General Cinema Corporation, 1961–1991),
- Bill Anders (General Dynamics, 1991–1996),
- Bill Stiritz (Ralston Purina, 1980–1997),
- John Malone (Tele-Communications Inc., 1973–1996),
- Henry Earl Singleton (Teledyne, 1960–1989),
- Katharine Graham (The Washington Post, 1973–1991).

Die Aktienrendite der von ihnen geführten Unternehmen lag im Durchschnitt bei dem 20-Fachen des Durchschnitts des S&P 500!

Thorndike kam im Wesentlichen zu dem Schluss, dass CEOs, um eine bedeutende Outperformance zu erzielen, Dinge anders machen müssen als die anderen CEOs, die Unternehmen in ihrer jeweiligen Branche leiten. Gleichzeitig stellte Thorndike jedoch fest, dass die von ihm recherchierten CEOs einiges gemeinsam hatten. »Sie unterschieden sich stark von der üblichen herkömmlichen CEO-Persönlichkeit, sie waren keine charismatischen visionären Typen, sie waren pragmatisch, flexibel und opportunistisch, sparsam und geduldig.«

Was sie ebenfalls gemeinsam hatten: Sie kauften viele ihrer Aktien zurück. Aktienrückkäufe, die den Unternehmensgewinn pro Aktie verbessern, sind heutzutage ein wichtiger Bestandteil des Handbuches eines jedes CEOs, weshalb wir diesem Thema ein eigenes Kapitel gewidmet haben. Einige haben die Praxis als finanztechnischen Trick kritisiert, der auf Kosten lebenswichtiger Reinvestitionen geht und die langfristigen Aussichten eines Unternehmens beeinträchtigen kann. Die erfolgreichen CEOs, die Thorndike studiert hat, haben dazu beigetragen, dass die Ära des Aktienrückkaufs ins Rollen kam. Aber Thorndike entdeckte auch ein wichtiges Teil dieser Rückkaufbewegungen: Sie kauften nicht einfach in jedem Quartal gedankenlos und systematisch Aktien zurück. Sie haben ihre Dividenden minimiert und im Gegensatz zu vielen börsennotierten Unternehmen heute keine große Ermächtigung zum Aktienrückkauf angekündigt. Stattdessen warteten die CEOs lange Zeit, ohne etwas zu tun, und wenn sie dachten, ihre Aktien seien billig, kauften sie sogar große Aktienmengen in einem einzigen Quartal. »Sie hatten die Denkweise des Investors«, sagt Thorndike. »Sie betrachteten es als Investition und wenn es attraktive Renditen hatte, tätigten sie viel davon.« Jeder CEO begann immer mit der Frage nach der Rendite der Investitionsmöglichkeiten. Sie konzentrierten sich auf zentrale Annahmen und stützten sich auf konservative Parameter. Sie verließen sich nicht auf detaillierte Tabellenkalkulationen und analysierten wichtige Gelegenheiten selbst.

Thorndike dokumentiert auch, wie seine acht erfolgreichen CEOs geschickt Kapital bei selektiven Akquisitionen eingesetzt und fleißig daran gearbeitet haben, die Steuern zu minimieren.

> *»Die Chefs vieler Unternehmen sind in der Kapitalallokation nicht geübt. Ihre Unzulänglichkeit ist nicht überraschend. Die meisten Chefs steigen an die Spitze auf, weil sie sich in Bereichen wie Marketing, Produktion, Technik, Verwaltung oder manchmal auch in der institutionellen Politik hervorgetan haben. Sobald sie CEOs geworden sind, müssen sie jetzt Entscheidungen über die Kapitalallokation treffen, eine kritische Aufgabe, die sie möglicherweise nie in Angriff*

genommen haben und die nicht leicht zu meistern ist. Um es auf den Punkt zu bringen: Es ist, als ob der letzte Schritt für einen hochtalentierten Musiker nicht darin besteht, in der Carnegie Hall aufzutreten, sondern stattdessen zum Vorsitzenden der Federal Reserve ernannt zu werden.«

BERKSHIRE-HATHAWAY-JAHRESBERICHTE, 1987

Folgende fünf Möglichkeiten für den Einsatz von Kapital haben CEOs:

1. Investitionen in bestehende Betriebe,
2. Übernahme anderer Unternehmen,
3. Ausschüttung von Dividenden,
4. Tilgung von Schulden,
5. Rückkauf von Aktien.

Im Idealfall läuft die Kapitalverteilung wie folgt:

- **Der CEO sollte den Prozess der Kapitalallokation leiten.** Er sollte nicht an Personal in der Geschäftsentwicklung oder im Finanzwesen delegiert werden.
- **Bestimmung der Hurdle Rate.** Dies ist die akzeptable Mindestrendite für Investitionsprojekte. Sie sollte sich auf eine Reihe von Möglichkeiten beziehen, die dem Unternehmen zur Verfügung stehen. Sie sollte die Mischkosten von Eigen- und Fremdkapital übersteigen.
- **Berechnung der erwarteten Renditen aller internen und externen Anlagealternativen.** Sie sollten nach Rendite und Risiko geordnet werden. Obwohl diese Schätzungen nicht präzise sein müssen, sollten sie konservative Annahmen beinhalten. Höhere Risiken erfordern höhere erwartete Renditen.
- **Berechnung der Rendite für Aktienrückkäufe.** Die Renditen aus Akquisitionen müssen diese Benchmark übersteigen. Rückkäufe können Wert vernichten, wenn die Preise exorbitant sind.
- **Ziehen Sie in Erwägung, eine Dividende zu zahlen, wenn Sie keine Investitionsprojekte mit hoher Rendite haben.** Dividendenentscheidungen können schwer rückgängig zu machen und manchmal steuerineffizient sein.

Drei Möglichkeiten zur Kapitalbeschaffung:

- interner Cashflow,
- Ausgabe von Schulden,
- Erhöhung des Eigenkapitals.

Merkmale von Outsider-CEOs:

- sparsam,
- bescheiden,
- analytisch,
- unabhängig,
- zurückhaltend,
- praktisch,
- ihren Familien zugewandt,
- selten auf Titelseiten von Wirtschaftspublikationen zu sehen,
- keine Vermarkter,
- Mangel an Charisma,
- erstmalige CEOs, die meisten mit sehr wenig Managementerfahrung.

Magic Formula - Investieren für alle Investoren mit maximal einer Stunde Zeit pro Woche

> *»The magic formula tries to buy above-average companies at below-average prices.«*
>
> JOEL GREENBLATT

Dieses Zitat über die Börsen-Zauberformel stammt von Joel Greenblatt, einem der erfolgreichsten Value-Investoren unserer Zeit, der dem breiteren Publikum durch eben seine »Magic Formula« bekannt wurde. Joel Greenblatt ist ein US-amerikanischer Hedgefondsmanager und Gründer von Gotham Asset Management, LLC, welcher außerordentlich erfolgreich ist und derzeit mehr als 10 Milliarden US-Dollar verwaltet. Zwischen 1985 und 2005 erzielte Gotham eine Rendite von 40 Prozent pro Jahr – und das nach Steuern und Gebühren! Er investiert dabei nach den Prinzipien des Value Investing. Die oberste Anlageprämisse ist grundsätzlich immer dieselbe: Kaufe etwas unter seinem fairen Wert. Joel Greenblatt hat diesen Ansatz noch weiter modifiziert. Nicht nur wegen Greenblatts hervorragendem Track Record ist dieses eine außergewöhnliche Möglichkeit für Long-only-Investoren. Sondern auch, weil dieser Ansatz seit Jahren ein konstanter Faktor in unserer Aktienanalyse ist.

Vorbereitung

Es gibt unzählige Ansätze, das Value Investing umzusetzen, und jeder Investor setzt seinen eigenen individuellen Schwerpunkt – so auch Greenblatt. Wir kennen selbstverständlich nicht seine exakte Vorgehensweise. Schließlich gibt ein erfolgreicher Hedgefondsmanager niemals seine Strategie in aller Genauigkeit weiter. Viele Anleger glauben, dass eine erfolgreiche Anlagestrategie unbedingt aus den kompliziertesten ökonomischen und mathematischen Modellen bestehen muss. Das ist so nicht richtig. Sicherlich werden so die Erfolgschancen auf eine gute Performance erhöht. Doch mit steigender Komplexität sinkt der zusätzliche Ertrag, sodass es sich nicht lohnt, diese zu implementieren. Oftmals ist weniger mehr. Das trifft im Besonderen auf nicht-professionelle Anleger zu, die die dazu notwendigen Mittel (wie etwa Zeit und Technologie) nicht besitzen.

Die Magic Formula ist in ihrer Vorgehensweise einfach und unkompliziert. Dabei screent Greenblatt den gesamten Aktienmarkt und beschränkt sich hierbei auf die 3.500 größten amerikanischen Unternehmen, gemessen an der Marktkapitalisierung. Durch diese Beschränkung wird sichergestellt, dass die ausgewählten Aktien ein ausreichend großes Handelsvolumen aufweisen.

Bei seinen Aktien-Screenings konzentriert er sich auf lediglich zwei Variablen:

1. Kapitalrendite,
2. Gewinnrendite.

Die ersten Schritte nach Greenblatt

1. Wählen Sie Aktien aus, die einen Return on Capital (eine Kapitalrendite) von mindestens 25 Prozent aufweisen.
2. Suchen Sie bei den unter Schritt 1 ausgewählten Aktien das Unternehmen mit dem niedrigsten Kurs-Gewinn-Verhältnis (oder mit anderen Worten: mit dem höchsten Gewinn-Kurs-Verhältnis/Earnings Yield) aus.

Wie Sie sehen, wird zunächst auf eine gründliche Fundamentalanalyse (wie man sie üblicherweise erwarten würde) verzichtet. Vermeiden Sie ein KGV von unter 5, da dies wahrscheinlich auf einen unüblichen Gewinn im vergangenen Jahr hinweist. Auch von Unternehmen, die erst vor Kurzem ihren Gewinn bekanntgegeben haben, sollte man beim Screening die Finger lassen, um das Risiko fehlerhafter Daten zu verringern. Des Weiteren ignoriert Greenblatt Finanzaktien, Aktien von Versorgungsbetrieben, da sie anders finanziert werden (mit mehr Schulden und weniger Eigenkapital) und American Depositary Receipts (ADRs, oft auch American Depositary Share).

Im Folgenden werden die Kennzahlen, die beim Screening verwendet werden, erläutert.

Magic Formula: Der Greenblatt-Ansatz

Kommen wir nun zum Herzstück der sogenannten Magic Formula, auch bekannt als »Börsen-Zauberformel«. Zunächst sei angemerkt: Lassen Sie sich nicht vom Namen irritieren. Keine Strategie garantiert Erfolg an der Börse!

Der Bewertungsansatz von Joel Greenblatt sieht vor, gute Unternehmen preiswert einzukaufen. Die guten Unternehmen identifiziert Greenblatt anhand ihrer Fähigkeit, hohe Renditen auf das investierte Kapital zu erwirtschaften. Der erste Teil der Formel lautet:

Return on Capital = EBIT / (Nettoumlaufvermögen + Sachanlagevermögen).

Diese Summe aus Nettoumlaufvermögen (= Umlaufvermögen – kurzfristige Verbindlichkeiten) und Sachanlagevermögen stellt die Produktionsmittel eines Unternehmens dar, mit denen es seine Gewinne erwirtschaftet. Dabei werden von Greenblatt immaterielle Vermögensgegenstände und eventuell vorhandene Bargeldbestände nicht berücksichtigt. Die kurzfristigen Verbindlichkeiten bleiben ebenfalls außen vor, da diese in der Regel nur eine kurze Verweildauer im Unternehmen haben. Das investierte Kapital besteht daher lediglich aus Grundstücken und Gebäuden, Maschinen, Vorräten sowie den Außenständen (Forderungen aus Lieferungen und Leistungen), die von einem Unternehmen vorgehalten werden müssen.

Als Messgröße für den Gewinn wählt Greenblatt das EBIT. Die Abkürzung steht für »Earnings Before Interest and Taxes« und bedeutet »Gewinn vor Zinsen und Steuern«. Da beim EBIT, neben den Finanzierungskosten oder Zinserträgen, auch außerordentliche (einmalige) Aufwendungen sowie Steuern ignoriert werden, gibt das Ergebnis einen Hinweis auf den gewöhnlichen (normalisierten) Betriebsgewinn eines Unternehmens. Somit werden von Greenblatt die Einflüsse unterschiedlicher Zins-, Fremdkapital- und Steuerverhältnisse auf den Unternehmensgewinn eliminiert. Dabei wird unterstellt, dass die Abschreibungen in etwa auch die Höhe der Unterhaltskosten für das Anlagevermögen widerspiegeln.

Der so gewonnene Rentabilitätswert (Return on Capital) sagt also etwas über die Ertragskraft auf das eingesetzte Kapital aus. Dadurch lassen sich Unternehmen unabhängig von der Art ihrer Finanzierung und zugleich losgelöst vom aktuellen Aktienkurs vergleichen.

Ob eine Aktie günstig bewertet ist oder nicht, wird mit einer weiteren Formel im zweiten Schritt festgestellt. Hierbei verwenden wir diese:

Earnings Yield = EBIT / Enterprise Value.

Der Enterprise Value errechnet sich aus der Marktkapitalisierung zuzüglich Schulden und abzüglich aller liquiden Mittel. Diese Kennzahl gibt, neben der Marktkapitalisierung, den eigentlichen realen Börsenwert eines Unternehmens an. Damit können Unternehmen unabhängig von ihrer Finanzierung miteinander verglichen werden. Der Quotient aus EBIT und Enterprise Value führt zu einer Aussage des Unternehmensgewinns in Bezug auf dessen aktuellen Börsenwert.

Die Kennzahlen RoC und Earnings Yield, welche Sie eben kennengelernt haben, lassen sich auf unterschiedliche Art und Weise berechnen. Doch nach eigenen Angaben verwendet Greenblatt die angegebenen Formeln. Die Informationen, die Sie für die Berechnung der Kennzahlen brauchen, finden Sie in den Jahresabschlussberichten sowie den Quartalsberichten. Dabei empfehlen wir Folgendes: Für die Berechnung der Bilanzkennzahlen (Umlaufvermögen, Schulden und so weiter) nehmen Sie die neuesten Daten aus dem letzten (Quartals-) Bericht. Da die Bilanz immer eine Momentaufnahme der Vermögensgegenstände und der Schulden ist, gehen Sie somit sicher, dass Sie die aktuellsten Daten verwenden. Bei der Ermittlung des Gewinns (in diesem Fall EBIT) empfehlen wir, die Zahlen aus dem letzten Jahresabschluss (nicht Quartalsbericht) zu verwenden, um den Gewinn eines kompletten Geschäftsjahres zu erfassen.

Wenn Sie die beiden Kennzahlen für die Aktie aus ihrem Anlageuniversum berechnet haben, sortieren Sie diese jeweils der Größe nach absteigend in zwei separaten Listen (eine Liste für jede Aktie). Dabei stehen die Aktien mit der höchsten RoC/Earnings Yield an oberster Stelle.

Im letzten Schritt werden dann für jedes Unternehmen die Rangnummern beider Listen aufaddiert, wobei die Aktien erneut absteigend in eine entsprechende Reihenfolge gesetzt werden. Durch das bloße Aufaddieren der Plätze beider Listen entsteht eine endgültige Rangliste, die Sie für Ihre Anlageentscheidung heranziehen. In dieser Liste sind beide Kennzahlen miteinander kombiniert. Somit stehen ganz oben auf der Liste die rentabelsten Firmen.

Durch den Erwerb der ersten 30 Aktien dieser Rangliste ergaben sich von 1988 bis 2009 die folgenden Ergebnisse:

Magic-Formula-Performance in %		S&P-500-Performance in %
1988	27,1	16,6
1989	44,6	31,7
1990	1,7	–3,1
1991	70,6	30,5
1992	32,4	7,6
1993	17,2	10,1
1994	22	1,3
1995	34	37,6
1996	17,3	23
1997	40,4	33,4
1998	25,5	28,6
1999	53	21
2000	7,9	–9,1
2001	69,6	–11,9
2002	–4	–22,1
2003	79,9	28,1
2004	19,3	10,9
2005	11,1	4,9
2006	28,5	15,8
2007	–8,8	5,5
2008	–39,3	–37
2009	42,9	26,5
Durchschnitt	28,2	11,9

Abbildung 65: Historische Rendite der Magic Formula zwischen 1988 und 2009

Quelle: ***The Little Book That Still Beats the Market: Your Safe Haven in Good Times or Bad*** (Little Books. Big Profits), 2010

Wir stellen fest: Die Resultate sind beachtlich. In diesem 21-Jahres-Zeitraum lag die durchschnittliche Rendite der Magic Formula bei

28,2 Prozent. Im Vergleich zum S&P 500, der im gleichen Zeitraum durchschnittlich 11,9 Prozent erzielte, erreichte Greenblatts Anlagestrategie eine außergewöhnliche Outperformance, die selbst die Dotcom-Blase gut überstand. Und das bei dieser so einfach umzusetzenden Vorgehensweise.

Die dargestellte Performance basiert auf einem Portfolio aus 30 Aktien, das genau den besprochenen Anweisungen folgt. Dabei wird die gekaufte Position jeweils für ein Jahr gehalten, unabhängig von der Performance. Somit wird das Portfolio nach einem Jahr rebalanced. Das heißt, dass die Aktien nach einem Jahr Haltedauer verkauft werden und das ganze Prozedere von Neuem beginnt. Das war es im Grunde schon.

Step-by-Step: Ein Beispiel

Nehmen wir zur Veranschaulichung an, in unserem Universum existierten drei Unternehmen, nämlich HH AG, Cool Guy AG und XYZ AG. Diese sind an der Börse gelistet. Unser Ziel ist es, in das beste Unternehmen dieses Aktienpools zu investieren. Dieses Unternehmen wollen wir anhand der Magic Formula ermitteln. Im ersten Schritt berechnen wir den Return on Capital im letzten Geschäftsjahr. Dann ordnen wir die Unternehmen der Reihe nach, von oben nach unten. Analog zum ersten Schritt ordnen Sie danach die Unternehmen nach ihrer Earnings Yield. Die Tabellen sehen in diesem Beispiel folgendermaßen aus:

Aktie	Return on Capital in %	Platz
HH AG	12	1
XYZ AG	8	2
Cool Guy AG	3	3

Aktie	Earnings Yield %	Platz
Cool Guy AG	12	1
HH AG	10	2
XYZ AG	2	3

Abbildung 66: Beispielrechnung Magic Formula Quelle: Eigene Darstellung

Im letzten Schritt addieren Sie die Plätze, die die Unternehmen in den jeweiligen Rankings erzielt haben, und erstellen eine dritte Tabelle.

Als Ergebnis kommt in unserem Universum Folgendes heraus:

Aktie	Platz ROC	Platz Earnings Yield	Summe	Gesamtplatz
HH AG	1	2	3	1
Cool Guy AG	3	1	4	2
XYZ AG	2	3	5	3

Abbildung 67: Beispielrechnung Magic Formula Quelle: Eigene Darstellung

Folglich investieren wir in unserem Universum in die HH AG, da diese im Gesamtranking den ersten Platz innehat.

Sie fragen sich nun wahrscheinlich gerade, wie Sie das Screening selbst umsetzen können, und die Antwort wird hoffentlich Freude auslösen. Unter www.magicformulainvesting.com stellt Greenblatt Ihnen nach einer kostenfreien Registrierung die besten und aktuellen fortlaufenden Treffer vor.

Da die Investition in 20 bis 30 Aktien zum selben Zeitpunkt einen enormen finanziellen Aufwand darstellt und für viele kaum zu stemmen ist, bietet sich folgende Alternative an: Sie können monatlich nur einen Bruchteil des gesamten Depots kaufen, beispielsweise fünf bis sieben Aktien pro Monat. Die einzelnen Positionen halten Sie dann jeweils für ein Jahr.

Entscheidend ist der Kostenfaktor beim Handeln selbst. Jährlich zwischen 20 und 30 Aktien zu handeln, kann nämlich hohe Kosten verursachen. Achten Sie daher darauf, dass Sie einen Broker verwenden, der das Umsetzen der Strategie zu geringen Kosten ermöglicht.

Trotz der ansehnlichen Performance sollten Sie einige Dinge im Hinterkopf behalten. Diese Strategie funktioniert nur langfristig. In der betrachteten Zeitspanne schnitt die Strategie (durchschnittlich) in fünf von jeweils zwölf Monaten sowie in einem von vier Jahren schlechter ab als der Gesamtmarkt. Der längste Zeitraum, in dem die Magic Formula schlechter als der Gesamtmarkt abschnitt, betrug drei Jahre.

Das ist auch der Grund, weshalb Greenblatt empfiehlt, in mindestens 20 bis 30 Aktien zu diversifizieren. Denn im Durchschnitt erzielt die Magic Formula herausragende Ergebnisse. Aber Underperformance über längere Zeiträume ist nie auszuschließen. Hinzu kommt, dass auf eine gründliche Fundamentalanalyse verzichtet wird. Das Risiko durch Schrottaktien im Portfolio wird durch die Diversifikation reduziert.

Die mentale Komponente

Bei den vorgestellten Ergebnissen werden sich vermutlich viele von Ihnen verwundert fragen: Warum verrät Greenblatt überhaupt seine Magic Formula? Man könnte nun argumentieren, dass die Strategie in Zukunft nicht mehr funktionieren wird. Denn wenn jeder den Anweisungen folgt, dann wird es keine Unternehmen geben, die unter ihrem Wert erhältlich sind.

Jedoch wird das, laut Joel Greenblatt, nicht der Fall sein. Er ist davon überzeugt, dass dieser Ansatz auch in Zukunft weiterhin erfolgreich sein wird. Dafür nennt er verschiedene Gründe. Einerseits die mentale Komponente der Anleger. Es sollte bekannt sein, dass Emotionen an der Börse eine entscheidende Rolle spielen. Marktteilnehmer neigen dazu, aus der Emotion Entscheidungen zu treffen, obwohl es rationale Argumente gibt, die für oder gegen ein bestimmtes Vorhaben sprechen. Viele sind nicht in der Lage, kurzfristige Verluste zu verkraften und an den Positionen oder an der Strategie festzuhalten. Diese Schwankungen sind natürlich auch bei dieser Strategie zu erwarten. Es besteht immer die Gefahr, dass man mit der Magic Formula den Markt underperformt, auch über einen längeren Zeitraum. Wie Sie in der obigen Tabelle sehen können, gab es Zeiträume, in denen diese Strategie keine Kursgewinne erzielen konnte (zum Beispiel 1995/96, 1998, 2007/08). Wie bereits erwähnt: Statistisch gesehen schneidet das System (durchschnittlich) in fünf von zwölf Monaten und in einem von vier Jahren schlechter ab als der Gesamtmarkt. Typischerweise verlieren Investoren in solchen Phasen das Vertrauen in das System und wechseln zu einer anderen, vermeintlich vielversprechenderen Strategie. Schließlich ist es schwierig, einem System zu vertrauen, das seit mehreren Jahren nicht die gewünschten Ergebnisse erzielt. Hätten Sie in diesen Zeiträumen an der Strategie festgehalten?

Deshalb nennt Greenblatt als Voraussetzungen für die Magic Formula: Vertrauen und Geduld (gilt für alle Strategien). Wenn Sie die Strategie umsetzen möchten, dann sollten Sie das für mindestens drei bis fünf Jahre tun. Nur so haben Sie die Chance, tatsächlich langfristig erfolgreich zu investieren. Denn es kann sein, dass Sie sich zu Beginn in einer ähnlichen Phase wie 1995/96 befinden. Geben Sie der Strategie daher ein wenig Zeit, um zu »funktionieren«. Letztendlich ist das Value Investing eine langfristige Anlagestrategie.

Der Greenblatt-Ansatz, Teil 2

Es ist sehr unwahrscheinlich, dass sich Joel Greenblatt bei seinen Hedgefonds zu 100 Prozent auf die beschriebene Magic Formula verlässt. Wie in der Einleitung beschrieben, erzielte er mit seinen Hedgefonds gegenüber der Magic Formula eine jährliche Extrarendite von 10 Prozent. Sehr wahrscheinlich liegt es daran, dass er die Methode um weitere Faktoren erweitert. Er betrachtet die mechanisch zusammengestellte Rangliste vielmehr als erste Aktienauswahl.

Bei der Analyse gibt es nämlich viel mehr zu beachten als nur den Return On Capital oder die Earnings Yield. Beim Screening vergleicht Greenblatt einzelne Aktien relativ zu ihrer Peer-Group. Auch die historische Betrachtung einer Aktie spielt für ihn eine wichtige Rolle.

Im Durchschnitt filtert die Magic Formula gute Aktien heraus. Trotzdem kann es sein, dass man eine Value Trap in das Portfolio aufnimmt. Value Traps sind Unternehmen, die den Anschein einer attraktiven Bewertung erwecken. Doch bei einer tiefergehenden Analyse stellt man das genaue Gegenteil fest. Im Prinzip handelt es sich bei Value Traps um Unternehmen mit schlechten Geschäftsmodellen und düsteren Zukunftsaussichten – Aktien, die man nicht im (Long-) Portfolio haben möchte. Im Falle der Magic Formula kann beispielsweise eine Value Trap durch besondere Umstände, die nichts mit dem operativen Geschäft gemein haben, einen hohen RoC erzielen und somit auf der Rangliste ganz oben erscheinen. Doch eine solche Aktie besitzt keinerlei Wettbewerbsvorteile und ist anfällig gegen zunehmende Konkurrenz. Die hohen Gewinne sind grundsätzlich nicht nachhaltig. Demzufolge hat die niedrige Bewertung (hier gemessen an der Earnings Yield) einen logischen Grund und liegt nicht daran, dass das Potenzial der Aktie vom Markt unerkannt bleibt. Außerdem beruht die Magic Formula rein auf Daten aus der Vergangenheit. Jedoch sind die Zukunftsaussichten entscheidend für den Aktienkurs. Daher besitzt diese Formel einige Schwächen und erscheint nun weniger »magisch«.

Um absolut sicherzugehen, bedarf es bei jeder Investition tiefergehender Research-Arbeiten, um Value Traps zu umgehen und nur noch Qualitätsaktien zu erwerben. Folglich sind Wettbewerbsvorteile, Nachhaltigkeit sowie die Profitabilität eines Geschäftsmodells zu überprüfen. Daraus lassen sich Prognosen über die zukünftige Entwicklung ableiten. Joel Greenblatt wird diesen Problemen innerhalb seines Hedgefonds höchstwahrscheinlich durch ausführlichen Research nachgehen. Bei seinen Prognosen bezieht er sich immer auf den adjustierten beziehungsweise bereinigten Gewinn. Genauso werden Kosten und Aufwendungen um Saisonalitäten oder sonstige Sondereffekte korrigiert. Greenblatt beschränkt sich bei seiner Einschätzung des bereinigten Gewinns auf einen mittelfristigen Zeitraum von drei bis vier Jahren.

Darüber hinaus achtet Greenblatt bei seinen Investments auf eine Vielzahl von weiteren Kriterien und Kennzahlen. Eine davon ist die Suche nach Katalysatoren, die dazu führen, dass der Kurs steigt und das Kursziel schneller erreicht wird. Wie bei einer chemischen Reaktion sorgen diese Katalysatoren dafür, dass die Reaktion (in diesem Fall die gewünschte Kursbewegung) schneller eintritt. Diese Katalysatoren können internen oder externen Ursprungs sein. Interne Katalysatoren sind unternehmensspezifische Ereignisse, die durch das Unternehmen ausgelöst werden. Dazu zählen zum Beispiel eine verbesserte Kapitalstruktur oder eine erfolgreiche Umstrukturierung der Firma. Bei den externen Katalysatoren handelt es sich um Ereignisse, die das Unternehmen selbst nicht beeinflussen kann. Im Falle eines rohstoffproduzierenden Unternehmens kann der Anstieg des Rohstoffpreises als externer Katalysator gezählt werden. Daher sucht Greenblatt nach Unternehmen, die sich aktuell in einer besonderen Lage befinden. Denn diese weisen oftmals einen internen oder externen Katalysator auf.

Eine weitere wichtige Grundlage des Value Investing ist die »Margin of Safety« oder »Sicherheitsmarge«. Die Idee ist folgendermaßen zu beschreiben: Sie schätzen den inneren Wert einer Aktie auf 50 US-Dollar. Sie kaufen die Aktie jedoch nicht bei 50 US-Dollar, sondern erst zu einem gewissen Abschlag gegenüber dem wahren inneren Wert, zum Beispiel erst bei 40 US-Dollar. Die Sicherheitsmarge dient dem Investor als Schutz und Risikopuffer. Selbst wenn sich herausstellen sollte, dass Ihre ursprüngliche Schätzung falsch war und der tatsächliche Wert bei 45 US-Dollar liegt, erzielen Sie wegen der Sicherheitsmarge keinen Verlust. Das führt dazu, dass sich das Risiko reduziert und die Gewinnchance erhöht wird.

Greenblatt ist der Meinung, dass man nicht zwingend ein breit diversifiziertes Portfolio von 20 bis 30 Titeln haben muss. Es kann vorkommen, dass er in seinen Fonds sehr konzentriert investiert und nur wenige Positionen hält. Nach eigenen Angaben kann die Anzahl zwischen fünf und acht Titeln liegen. Die Anzahl der Titel hängt von der Qualität der Research-Arbeiten ab. Wenn Greenblatt den Eindruck hat, er habe einen guten Einblick in die Aktien und verstehe das Geschäft sowie die Branche, investiert er deutlich konzentrierter. Ist dies nicht der Fall, kauft er zusätzliche Titel zur Diversifikation.

Implementierung in Ihr Portfolio

Sie haben nun zweierlei Möglichkeiten: Sie können die Magic Formula eins zu eins in Ihr Portfolio übernehmen und blind darauf vertrauen. Dazu sollten Sie aber mit 20 bis 30 Titeln ein breites Portfolio aufbauen und quartalsweise fünf bis sechs Werte hinzukaufen. Die genannten Schwächen der Magic Formula werden durch die Diversifikation teilweise eliminiert. Sie sollten hierbei die Vorgehensweise genau beachten, die bei diesem Screening empfohlen wird. Nochmals: Entscheidend ist, dass Sie diese Strategie mit einem langfristigen Anlagehorizont umsetzen. Sind Sie jedoch ein fortgeschrittener Investor und bereit, einige Zeit in Research-Arbeiten zu investieren, dann können Sie selektiv in einzelne Titel investieren (so wie Greenblatt). Zwar ist diese Vorgehensweise komplizierter und erfordert ein höheres Maß an Aufwand. Bis zu einem gewissen Grad können Sie dieses Vorgehen aber für sich umsetzen. Darüber hinaus lässt sich die Magic Formula auch mit Ihrer eigenen Strategie oder Ihrem Fokus kombinieren.

Rule of 40 - So finden Venture Capitalists Techstars

»Jene, die sich dem Wandel nicht anpassen können, werden von ihm weggefegt. Jene, die den Wandel erkennen und dementsprechend reagieren, werden davon profitieren.«

Jim Rogers

Risikokapitalgeber begannen Anfang 2015, die 40er-Regel als umfassenden Gesundheitscheck für SaaS-Unternehmen populär zu machen, aber sie ist allgemein auf die meisten Softwareunternehmen anwendbar. Stars der Venture-Capital-Szene wie Sequoia haben die 40er-Regel ursprünglich entwickelt, um die Leistung kleiner, schnell wachsender Unternehmen schnell zu bewerten. Der RO40 misst das Gleichgewicht zwischen Wachstum und Rentabilität eines Unternehmens. Was in der Theorie einfach klingt, macht es in der Praxis komplizierter, weil es kein Standardmaß für die Rentabilität gibt. Was ist die »40er-Regel«also?

Sie besagt, dass die **Umsatzwachstumsrate eines Unternehmens zuzüglich der Rentabilitätsmarge 40 Prozent oder mehr betragen sollte**. Je höher der Wert ist, desto besser ist das Geschäftsmodell des Unternehmens. Werte über 40 werden als attraktiv angesehen (daher der Name »Rule of 40«). Software-Managementteams streben oft entweder ein schnelles Wachstum oder eine höhere Rentabilität an und die Regel der 40 ist zu einem Konstrukt geworden, um das Gleichgewicht dieser beiden Parameter zu gestalten. Angesichts der Tatsache, dass in der Regel erhöhte Investitionen (ob aus externen oder internen Quellen) erforderlich sind, um das Wachstum voranzutreiben, stehen eine schnelle Expansion und eine starke Rentabilität normalerweise im Widerspruch zueinander und es kann schwierig sein, die richtige Mischung aus beiden zu finden.

Die 40er-Regel gibt keine Antwort darauf, ob ein Unternehmen in der Anfangsphase schnell genug wächst oder profitabel genug ist. Es gibt andere Metriken und Benchmarks, die uns helfen, jede dieser Fragen zu verstehen. Vielmehr ist der RO40 ein Maß für das Gleichgewicht zwischen Wachstum und Rentabilität und damit auch für die Nachhaltigkeit des Unternehmens im weiteren Sinne. Übrigens ist diese Kennzahl vom Management (im Gegensatz zum ausgewiesenen Gewinn) kaum zu manipulieren.

Wachstum und Rentabilität – Die Regel-der-40-Gleichung summiert zwei Zahlen:

- die Wachstumsrate in Prozent
- und die Rentabilitätsmarge in Prozent.

Efficiency Score (%) =
Growth Rate (%) + Free-Cashflow-Margin (%)

Wenn herkömmliche Bewertungsmethoden an ihre Grenzen stoßen, ist es unserer Ansicht nach sinnvoll, die Rule of 40 als alternative Kennzahl in der Bewertung zu berücksichtigen.

Wachstumsrate in Prozent

Obwohl es viele verschiedene Möglichkeiten gibt, die Wachstumsrate zu messen, ist die einfachste und von Unternehmen zu Unternehmen eine der am häufigsten verwendeten Methoden, das **Wachstum im Jahresvergleich in Prozent basierend auf dem GAAP-Umsatz zu messen.** Der GAAP-Umsatz bietet die konsistenteste Vergleichsbasis. Junge Firmen schaffen es oft, allein mit der Wachstumsrate bei über 40 Prozent zu liegen. Gute Beispiele sind Amazon oder Alibaba, die sogar mehrere Jahrzehnte ein Umsatzwachstum von über 50 Prozent ablieferten – die Gewinnmarge lag allerdings lediglich bei 1 bis 5 Prozent pro Jahr. Langfristig, wenn das Umsatzwachstum abflacht, müssen die Unternehmen einen Weg finden, profitabler zu werden. Im Idealfall eine 40-Prozent-Gewinnmarge.

Rentabilitätsspanne in Prozent

Dieser Teil der Gleichung ist etwas kniffliger, da es kein allgemein anerkanntes Maß für die Rentabilität gibt. Unlevered Free Cashflow, Cash from Operations, Nettoveränderung des Cashflows, des Betriebsgewinns und des EBITDA sind unterschiedliche Rentabilitätskennzahlen (deren Marge als Prozent des GAAP-Umsatzes berechnet wird) und legitime Kandidaten für die Verwendung in der RO40-Berechnung.

Es gibt keine »richtige« Antwort darauf, welches Rentabilitätsmaß bei der Berechnung und Verfolgung des RO40 verwendet werden sollte. Alle oben genannten sind gültig. Hier ist es wichtig zu verstehen, dass jede Rentabilitätskennzahl ein anderes Ergebnis liefert – und manchmal sind diese Unterschiede sehr bedeutsam. Aus Gründen der Einfachheit und Vergleichbarkeit zwischen Unternehmen verwenden wir das **EBITDA ohne aktienbasierte Vergütungskosten (SBC)**.

Die Verwendung des EBITDA ohne SBC-Kosten als Rentabilitätskennzahl ist, ähnlich wie bei der Berechnung der Wachstumsrate nach GAAP, eine weitere Möglichkeit, eine konsistente Vergleichsbasis von Unternehmen zu Unternehmen zu schaffen. Erstens gleicht die Messung der Rentabilität anhand des EBITDA Unterschiede bei Zinszahlungen oder Abschreibungen von immateriellen Vermögenswerten beim Vergleich von Unternehmen aus. Während diese Zahlungen für SaaS-Unternehmen in der Anfangsphase, denen der Cashflow fehlt, um ausstehende Schulden zu bedienen, im Allgemeinen trivial sind, können diese Zahlungen für reifere Unternehmen einen erheblichen Einfluss auf das Endergebnis haben.

Zweitens, und vielleicht noch wichtiger, ist die Ausgabe von Aktien an Mitarbeiter bei den meisten Softwareunternehmen gängige Praxis. Dies ist in der Regel die am leichtesten verfügbare Währung, die Unternehmen in diesem Segment bei der Hand haben (insbesondere solche mit einem sehr hohen Cash-Burn). Daher können zu bestimmten Jahreszeiten (zum Beispiel in der Bonussaison) SBK-Aufwendungen aussagekräftig (und auch inkonsistent) sein, weshalb die Saldierung der SBK-Kosten vom EBITDA dazu beiträgt, eine konsistentere Vergleichsbasis von Unternehmen zu Unternehmen im Zeitverlauf zu schaffen.

Lohnt die Rule of 40?

Tatsächlich haben wir festgestellt, dass der Effizienzfaktor eines Unternehmens eine Korrelation von mehr als 70 Prozent zum Umsatzmultiplikator eines öffentlichen SaaS-Unternehmens aufweist, das heißt, die Bewertung des Unternehmens dividiert durch seinen Umsatz und eine Standardkennzahl dafür, wie Anleger Aktien bewerten. Das oberste Quartil der öffentlichen SaaS-Unternehmen nach Umsatzmultiplikator hat einen durchschnittlichen Effizienzwert von 44 Prozent; das untere Quartil hat eine Punktzahl von nur 9 Prozent.

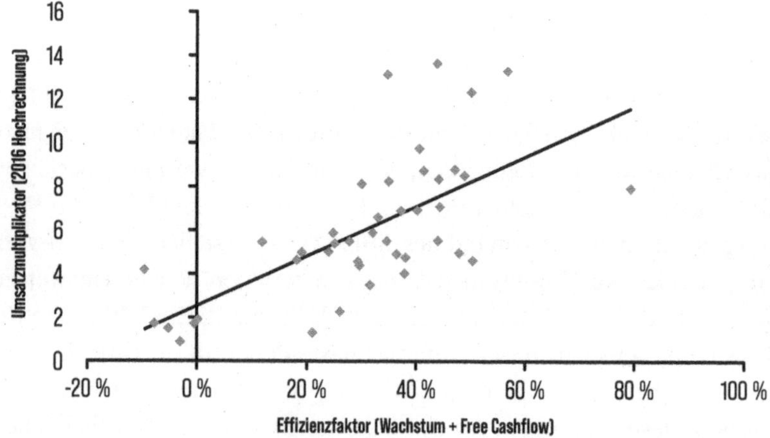

Abbildung 68: Es besteht eine starke Korrelation zwischen dem Umsatzmultiplikator und dem Effizienzfaktor eines Unternehmens

Quelle: CapIQ und BVP, https://techcrunch.com/2016/11/28/how-to-estimate-a-companys-health-without-really-trying/

Tatsächlich haben SaaS-Unternehmen in den Jahren vor ihrem Börsengang in der Regel den besten Effizienzwert. Aktuelle Cloud-Unternehmen hatten drei Jahre vor ihrem Börsengang einen durchschnittlichen Effizienzwert von 73 Prozent gegenüber einem Wert von um die 30 Prozent nach dem Börsengang. Die besten Cloud-Unternehmen (die an die Börse gehen) sind unglaublich effizient, wenn sie jung sind und schnell wachsen. Mit zunehmender Reife wächst der FCF mit abnehmendem Wachstum, aber die Unternehmen neigen dazu, insgesamt weniger effizient zu werden, da die Steigerung der Rentabilität selten das stratosphärische Wachstum ausgleicht.

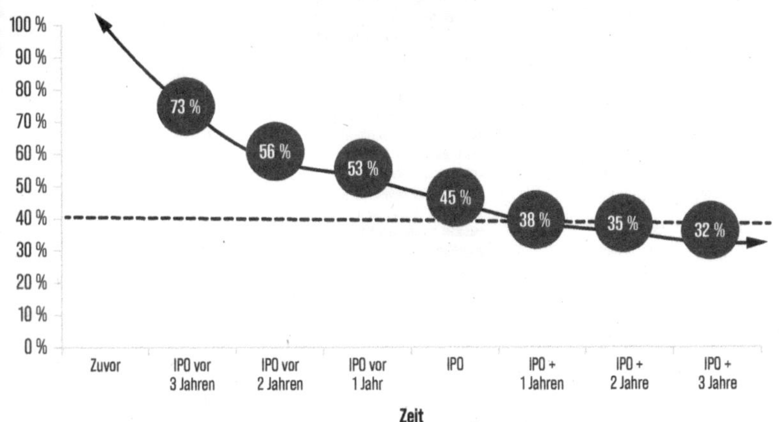

Abbildung 69: Effizienzwert öffentlicher SaaS-Unternehmen beim Börsengang

Quelle: CapIQ und BVP, https://techcrunch.com/2016/11/28/how-to-estimate-a-companys-health-without-really-trying/

Da Investoren weitestgehend erst seit 2015 mit dieser Formel arbeiten, ist die Datenlage noch etwas dünn, betrachtet man aber in Abbildung 70 die Tabelle der SaaS-Unternehmen, die im Jahr 2016 den höchsten Score hatten, finden wir auf den ersten Blick viele Multi- oder gar Tenbagger-Unternehmen wie Shopify oder HubSpot.

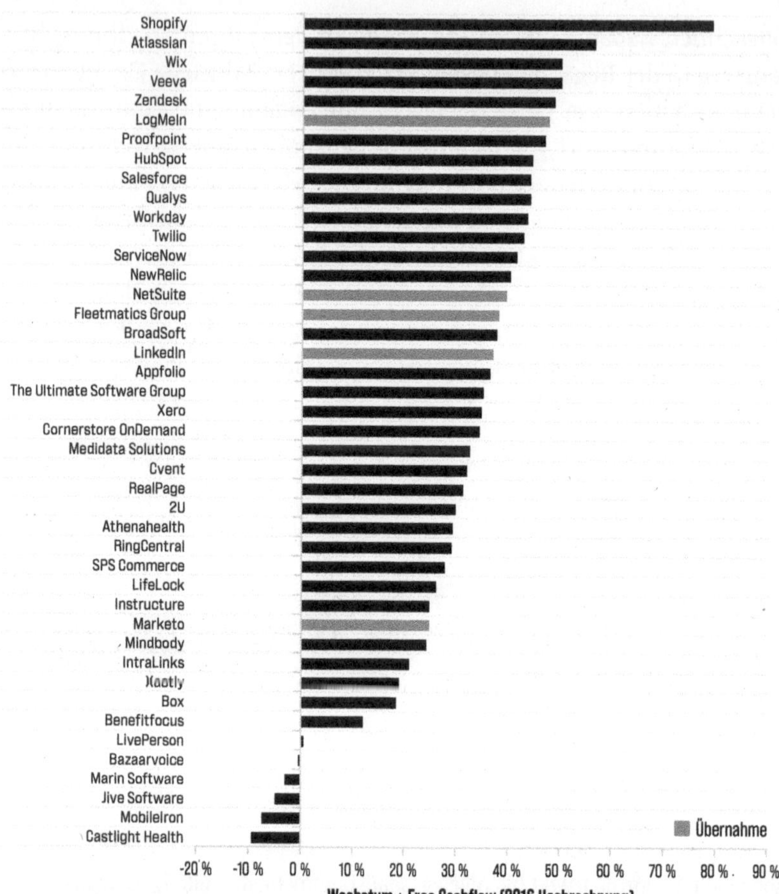

Abbildung 70: Rangordnung der SaaS-Unternehmen nach Effizienzwert

Quelle: CapIQ and BVP, https://techcrunch.com/2016/11/28/how-to-estimate-a-companys-health-without-really-trying/

Folge dem smarten Geld

»Wenn Sie sich nicht wohl dabei fühlen, eine Aktie zehn Jahre lang zu halten, sollten Sie sie keine zehn Minuten lang halten.«

WARREN BUFFETT

Tagtäglich erleben wir Marktkommentatoren auf der ganzen Welt, berichtend aus und vor den Börsen, 24-Stunden-Liveberichterstattung über Arbeitsmarktdaten, Ölpreise, Präsidentschaftswahlen, Gewerkschaftsstreits und tickernde Börsenkurse, die sich im Sekundentakt ändern. Also Unternehmensbewertungen von Unternehmen mit teilweise Tausenden Mitarbeitern und jahrzehntelangem Fortbestehen ändern sich im Sekundentakt. Die Informationsflut ist nahezu unbegrenzt. Wussten Sie aber, dass weit über 80 Prozent der aktiven Fondsmanager nicht in der Lage sind, ihre Benchmark outzuperformen, geschweige denn die vielen Tausend Berater, Finanzdienstleister und Journalisten. Als Tipp vorab: Es kann sich zwar durchaus lohnen, auf finanzielle Ratschläge von Personen zu hören, die selbst nicht die finanzielle Unabhängigkeit erreicht haben, trotzdem sollten Sie konkrete Investmenttipps nur von einem bestimmten Personenkreis entgegennehmen, und zwar von den Investmentgurus. Darunter verstehen wir Investmentmanager und Advisor, die es geschafft haben, über einen kompletten Marktzyklus hinweg den Markt zu schlagen. Das Erstaunliche daran ist die geringe Anzahl an Personen.

Was sind nun die konkreten Eigenschaften eines großartigen Investors, der regelmäßig eine Performancerendite erzielt, die über der Vergleichsbenchmark liegt? Es gibt jeweils 10.000 Hedge- und Investmentfonds sowie Millionen von Einzelpersonen, die täglich an der Börse aktiv sind, und trotzdem gibt es nur sehr wenige, die aus dieser Masse herausragen. Die Rede ist von Investoren, die sich von der Konkurrenz deutlich hervorheben wie Warren Buffett, Charlie Munger, Peter Lynch, George Soros, Paul Singer, Carl Icahn und weitere, die ähnlich erfolgreich sind.

Name	Jährliche Gesamtrendite	Name	Jährliche Gesamtrendite	Name	Jährliche Gesamtrendite
Richard Dennis	120 % (19)	George Soros	29 % (34)	Lou Simpson	20,3 % (24)
Michael Marcus	120 % (10)	Eddie Lampert	29 % (16)	W. Schloss	20 % (49)
Jaffray Woodriff	118 % (10)	P. Tudor Jones	26 % (19)	R. C. Perry	20,8 % (20)
Bruce Kovner	87 % (10)	Scott Ramsey	25,7 % (11)	P. Watsa	20 % (15)
Randy McKay	≈ 80% (20)	Paul Rabar	25,5 % (23)	Tom Knapp	20 % (16)
V. Sperandeo	72 % (19)	Martin Zweig	25 % (19)	Edward Thorp	19,8 % (29)
Ed Seykota	≈ 60 % (30)	J. Robertson	25 % (20)	B. S. Sherman	19,6 % (20)
W. Eckhardt	≈ 60 % (13)	M. Steinhardt	24,7 % (28)	D. Einhorn	19,4 % (17)
Gil Blake	45 % (12)	C. Munger	24 % (12)	Steve Clark	19, 4% (11)
J. Greenblatt	45 % (19)	Joe Vidich	24 % (10)	G. Michaelis	18,4 % (15)
William O'Neill	≈ 40 % (25)	Liz Cheval	23,1 % (23)	Bill Ruane	18 % (14)
Jim Ruben	40 % (10)	Warren Buffett	23 % (54)	G. Greenberg	18 % (25)
Jim Rogers	38 % (11)	Bruce Karsh	23 % (25)	Jack Dreyfus	17,7 % (12)
S. Druckenmiller	37 % (12)	S. Perimeter	23 % (18)	Daniel Loeb	17,6 % (15)
Robert Wilson	34 % (20)	H. Seidler	22,8 % (23)	M. J. Whitman	17,2 (21)
James Simons	34 % (24)	F. G. Paramés	22,52 % (14)	A. Vandenberg	16,6 % (33)
Rick Guerin	33 % (19)	Jerry Parker	22,2 % (23)	S. Klarman	16,5 % (25)
Jeff Vinik	32 % (12)	Shelby Davis	22 % (45)	T. Rowe Price	16 % (38)
Louis Bacon	31 % (15)	Martin Taylor	22 % (11)	Tom Russo	15,8 % (24)
David Bonderman	> 30 % (20)	S. Abraham	21,7 % (19)	Peter Cundill	15,2 % (33)
R. Driehaus	30 % (12)	Tom Claugus	21 % (26)	J. Templeton	15 % (38)
Tom Shanks	29,7 % (22)	B. Graham	21 % (20)	John Neff	14,8 % (31)
Peter Lynch	29,2 % (13)	A. Bolton	20,3 % (27)	Philip Carret	13 % (55)

Abbildung 71: Rendite ausgewählter Investmentgurus Quelle: Eigene Abbildung

Die wichtigsten Eigenschaften sind nicht ein überdurchschnittlicher IQ, Erfahrung oder ein besonderes mathematisches Verständnis, obwohl diese Eigenschaften hilfreich sein können. An einem bestimmten Punkt ist nämlich der zusätzliche Nutzen der oben genannten Eigenschaften nur sehr gering. Im Folgenden werden sechs Eigenschaften vorgestellt, die alle genannten Investoren gemeinsam haben. Leider kann man sich diese im Erwachsenenalter nur bedingt aneignen. Entweder man hat sie oder man hat sie nicht. Aber wir alle können versuchen, unsere eigenen Fähigkeiten zu verbessern und nach diesem Zustand zu streben.

Nummer 1: Die Eigenschaft, bei einer allgemeinen Börsenpanik zu kaufen beziehungsweise bei einer allgemeinen Börseneuphorie zu verkaufen. Obwohl das eine der grundlegendsten Börsenregeln ist, die man fast immer als Erstes lernt, gibt es nur sehr wenige, die sich daran halten können. Disziplin und mentale Stärke sind also wichtige Eigenschaften.

Nummer 2: Eine unglaubliche Leidenschaft und Obsession für die Börse. Alle oben genannten Weltklasseinvestoren haben eines gemeinsam: Sie leben die Börse. Morgens, wenn sie aufstehen, wird an die Börse gedacht und genauso beim Schlafengehen. Der Nachteil ist, dass solche Leute oftmals aus Zeitmangel schlechtere Beziehungen zu Mitmenschen führen.

Nummer 3: Die Bereitschaft, aus begangenen Fehlern zu lernen. Das setzt voraus, dass man bereit ist, seine Fehler einzugestehen und zu akzeptieren. Großartige Investoren beginnen eine tiefgehende Fehleranalyse (siehe Ray Dalio, der dies sehr publik macht), anstatt die Fehler einfach zu ignorieren, was die meisten tun würden. Somit können die Fehler in Zukunft vermieden werden.

Nummer 4: Ein gesundes Selbstvertrauen in die eigenen Handlungen und die Fähigkeit, Kritik zu ertragen. Top-Investoren zelebrieren eine Kultur der »bedachten Meinungsverschiedenheiten« (siehe zum Beispiel Ray Dalio). Somit können sie eventuelle Denkfehler in ihrer Entscheidung erkennen, bevor es zu spät ist. Alle Investmentlegenden sind in der Lage, gegen den Strom zu schwimmen. Trotz der vielen Kritik halten sie an ihrer Strategie fest und können schlussendlich die Kritiker eines Besseren belehren.

Nummer 5: Großartige Investoren haben nicht nur ein ausgeprägtes mathematisches Verständnis, sondern auch einen gesunden Menschenverstand. Sie sind in der Lage, Probleme aus einer anderen Perspektive und in einem großen Kontext zu betrachten. Vor allem sind sie allesamt gute Kommunikatoren, weshalb Kunden ihre Investmenttätigkeiten gut nachvollziehen können. Beispielweise haben Buffetts jährliche Investorenbriefe so etwas wie einen Kultstatus in der Finanzwelt erreicht.

Nummer 6: Ausdauer und Durchhaltevermögen. Viele Investoren neigen dazu, ihren Investmentprozess oder ihre Investmentstrategie bereits bei kleinen Schwankungen über Bord zu werfen. Viele sind nicht bereit, den kurzfristigen Verlust und emotionalen Schmerz zu ertragen, und handeln voreilig. Hingegen steht der Top-Investor diese Phasen durch. So ist er in der Lage, langfristig permanent überdurchschnittliche Renditen zu erzielen.

Das Umfeld, in welchem man sich befindet, hat einen größeren Einfluss auf die persönlichen Entscheidungen, als einem bewusst ist. Anleger orientieren sich bewusst, aber auch oft unbewusst, an Börsenweisheiten. Allerdings sind viele sogenannte »Weisheiten« irreführend und verschlechtern die Performance an der Börse. Selbst Glaubenssätze aus der eigenen Familie haben einen oft unterschätzten Einfluss auf den Entscheidungsprozess. Das Unterbewusstsein hat einen viel größeren Einfluss, als wir vermuten würden. Es ist deshalb wichtig, sich dessen bewusst zu sein und diese Glaubenssätze gegebenenfalls zu notieren, sodass eine objektive Entscheidungsfindung möglich ist. Nur wenn Sie wissen, was die Aussagen und Probleme der Weisheiten sind, können Sie den unbewussten Folgen entgegenwirken.

Klonen der Investmentgurus

Das Orakel von Omaha, Warren Buffett, sagte einst, dass er über zwei Themen referieren würde, wenn er über das Thema Investieren sprechen müsste. Nummer eins sei alles rund um das Thema Accounting und Nummer zwei sei die Bewertung eines Unternehmens. Bevor wir Kapital für eine neue Investition bereitstellen, unterziehen wir das potenzielle Unternehmen einem gründlichen Forschungsprozess, der oft bis zu 100 Stunden dauert. Mit ihm stellen wir sicher, dass wir über alle für die Investition relevanten Informationen verfügen. Wir sichten beispielsweise Geschäftsberichte, lesen öffentliche Interviews und treffen uns mit aktuellen sowie ehemaligen Mitarbeitern, Kunden und Lieferanten. Wir sprechen mit Brancheninsidern, überprüfen den Hintergrund von Schlüsselpersonen, führen Managementgespräche, werten Online-Mitarbeiterdatenbanken und Kundenbefragungen aus und vieles mehr. Wir kennen unsere Unternehmen besser als der durchschnittliche Anleger, da wir uns nur auf einige wenige Aktien konzentrieren.

Den Prozess der Aktienanalyse wiederholen wir so oft wie möglich. Diese Sorgfalt ist bewundernswert, hat aber zwei Schwachstellen. Erstens: Egal wie viel Recherche betrieben wird, wir Anleger müssen lernen, mit weniger als vollständigen Informationen zu leben.

Zweitens: Selbst wenn ein Anleger alle Fakten über eine Anlage kennen würde, würde er nicht unbedingt davon profitieren. Das soll nicht heißen, dass die Fundamentalanalyse nicht nützlich ist, ganz im Gegenteil. Aber Informationen folgen im Allgemeinen der bekannten 80/20-Regel: Die ersten 80 Prozent der verfügbaren Informationen werden in den ersten 20 Prozent der aufgewendeten Zeit gesammelt. Der Wert einer eingehenden Fundamentalanalyse unterliegt also einem abnehmenden Grenzertrag. Die meisten Anleger streben vergeblich nach Gewissheit und Präzision und vermeiden Situationen, in denen Informationen schwer zu beschaffen sind. Eine hohe Unsicherheit geht jedoch häufig mit niedrigen Preisen einher. Bis die Ungewissheit beseitigt ist, sind die Preise wahrscheinlich schon wieder gestiegen. Wie gehen Investoren mit der analytischen Notwendigkeit um, das Unvorhersehbare vorherzusagen?

Die einzige Antwort ist, konservativ an die Sache heranzugehen. Da alle Prognosen mit Fehlern behaftet sind, führen optimistische Prognosen dazu, dass Anleger in eine prekäre Lage hineingeraten. Praktisch alles muss richtig laufen, sonst drohen Verluste. Konservative Prognosen lassen sich leichter einhalten oder sogar übertreffen. Anleger sind gut beraten, nur konservative Prognosen zu erstellen und dann nur mit einem erheblichen Abschlag zu den daraus abgeleiteten Bewertungen zu investieren.

Je mehr Steine wir umdrehen, desto besser, denn umso größer ist die Chance, unter einem Stein einen Klumpen Gold beziehungsweise eine unterbewertete Aktie zu finden. Je mehr Aktien wir analysieren und beobachten, desto größer ist die Wahrscheinlichkeit, dass sich Aktien aus unserer Watchliste als kaufenswert herausstellen. Es gibt stets einige Branchen und Aktien, für die sich kaum jemand interessiert – auch wenn der allgemeine Aktienmarkt hoch bewertet ist.

Doch nun stellen Sie sich bestimmt die Frage, wie Sie als Anleger davon profitieren können, ohne den ganzen Tag Steine umdrehen zu müssen. Gibt es tatsächlich eine Abkürzung? Jein – zwar gibt es eine Abkürzung, trotzdem kann Ihnen die Arbeit nicht ganz abgenommen werden, allerdings können Sie entspannt auf den Research der Investmentgurus zurückgreifen. Das schamlose Klonen der Ideen dieser Rendite-Superstars ist eine großartige Möglichkeit, ein Anlageportfolio aufzubauen. Jedoch nicht blind: Sie müssen die Art und Weise, wie die Investmentgurus ihre Positionen sorgfältig auswählen, nachvollziehen können und dann entscheiden, ob Sie diese These teilen und mitgehen möchten oder eben nicht. Wir verweisen hier noch einmal auf den Circle of Competence: Nur kaufen, was man versteht. Das Kopieren von Portfolios anderer Anleger ist im Allgemeinen keine gute Idee. Eine Aktie zu kaufen, nur weil sie jemand anderem gefällt, ohne die Gründe für ihren Kauf zu verstehen, ist gefährlich. Vielmehr sollten Sie die Aktionen sehr erfolgreicher Investoren als eine Art Ausgangspunkt nutzen und darüber hinaus eigene Recherchen anstellen.

Wenn Sie im Grunde nur Ideen kaufen, die andere großartige Investoren bereits gekauft haben, nachdem Sie sie studiert haben, wird Ihre Fehlerquote einen Bruchteil jener betragen, die Sie hätten, wenn Sie allein in die Prärie gehen würden. Wie erfolgreich das sein kann, darüber sprach Mohnish Pabrai 2020 in einem Vortrag:

»When you only basically buy ideas that other great investors have already bought after studying them, the error rate you will have will be a small fraction of what you would have if you went out on the prairie on your own. If you go out on your own and look at 10,000 stocks and pick 10 – trust me – your error rate will be off the charts. But if you pick 10 out of the 40 that great investors have bought and you have looked into why they bought them, it's like bowling with bumpers... Never bowl without bumpers when they offer you bowling with bumpers. [You can invest by] simply only taking ideas from great investors, studying them on your own ... discarding the ones you don't understand, take the ones that you really understand, take the ones that are absolutely no brainers, and buy those. And that will be enough to get you going for awhile. So I think the big message I wanted to just meet with you here is that cloning is extremely powerful. If you look at what I did with Pabrai Funds, the structure, the setup of Pabrai Funds – completely clone the model – and then on top of it when I'm actually buying stocks, very few of the ideas – and remember this is just between us girls here – very few of the ideas are actually things that I have generated on my own.«*

Viele Investoren besprechen ihre Ideen untereinander, um mehr Sicherheit für ihre Investition zu bekommen, diese kann ihnen jedoch niemand geben. Machen Sie Ihre eigenen Hausaufgaben. Es spricht nichts dagegen, sich von fremden Ideen inspirieren zu lassen, geben Sie allerdings nie blind die Kontrolle ab. Folgen Sie den besten Investoren und schauen Sie sich das Portfolio dieser Personen an. Unser Business ist oftmals ein Marketing-getriebenes. Suchen Sie nur nach Leuten, die es in der Vergangenheit geschafft haben, über einen längeren Zeitraum den Markt outzuperformen. Achten Sie hierbei vor allem auf die Sharpe Ratio. Die Sharpe Ratio, auch »Reward-to-Variability-Ratio« genannt, misst die Überrendite einer Geldanlage pro Risikoeinheit. Eine positive Sharpe Ratio, also eine deutlich größer als eins, zeigt an, dass gegenüber der risikolosen Geldmarktanlage eine Mehrrendite erwirtschaftet wurde. Der »SEC Form 13F« ist ein vierteljährlicher Bericht, der gemäß den Vorschriften der US-Börsenaufsichtsbehörde Securities and Exchange Commission von »institutionellen Anlageverwaltern« mit der Kontrolle über ein verwaltendes Vermögen von 100 Millionen US-Dollar veröffentlicht werden muss. Wenn Sie dies in die Suchmaschine Ihrer Wahl eingeben und den dazugehörigen Investor, beispielsweise Mohnish Pabrai, finden Sie auf diversen Websites wie *Dataroma* die aktuellen Positionen der Superinvestoren. Das heißt, wir müssen lediglich viermal im Jahr die Käufe und Verkäufe unserer ausgewählten Investoren checken und nachschauen, ob diese eine Position gekauft, verkauft, reduziert oder aufgestockt haben. Allein auf der Dataroma-Website ist es aktuell möglich, 75 Superinvestoren zu tracken, zudem findet man die sogenannten »big bets« dieser Gurus, also ihre zehn meistgehaltenen Positionen und Aktien, die nahe am 52-Wochen-Tief eventuell gerade eine interessante Einstiegsgelegen-

* https://www.youtube.com/watch?v=pUiwBs_N5cE

heit bieten. Schließlich ist es somit möglich, Positionen noch günstiger als die Superinvestoren selbst in das Depot aufzunehmen. Bestenfalls finden wir sogar einige Supergurus, die eine Idee teilen, dies ist natürlich ideal. Je höher die Konzentration unter den Investoren, desto höher ist die Möglichkeit, verschiedene Sichtweisen zu erhaschen. So geschehen beim Halbleiterproduzenten Micron Technology (MU). Eine ganze Reihe an Gurus wie Mohnish Pabrai, Li Lu, Guy Spier, Seth Klarman, David Tepper und die Beteiligungsgesellschaft Sequoia kauften eine Position in Micron um Kurse zwischen 30 und 40 US-Dollar. Am 01.01.2022 stand die Aktie bei über 90 US-Dollar, also eine Kursverdreifachung binnen drei Jahren. Wenn mehrere solcher Gurus eine Gewichtung von bis zu 60 Prozent in ihrem Portfolio aufbauen, sollten wir definitiv einen Blick darauf werfen.

Portfolio-Manager	% des Portfolios	Aktien	Jüngste Aktivität
Mohnish Pabrai – Pabrai Investments	58,76	1.579,150	1,75 % hinzugefügt
Li Lu – Himalaya Capital Management	37,92	11.476,523	
Guy Spier – Aquamarine Capital	6,96	200,000	
Seth Klarman – Baupost Group	4,78	7.163,416	
David Tepper – Appaloosa Management	4,65	2.750,000	um 51,35 % reduziert
Ruane, Cunniff & Goldfarb – Sequoia Fund	4,28	2.869,840	
Prem Watsa – Fairfax Financial Holdings	1,60	690,200	
Meridian Contrarian Fund	1,39	135,000	um 6,90 % reduziert
Yacktman Asset Management	0,47	686,937	0,18 % hinzugefügt
Lee Ainslie – Maverick Capital	0,07	85,946	206,83 % hinzugefügt

Abbildung 72: Ansicht der Micron Technology Aktie auf Dataroma

Quelle: https://www.dataroma.com/m/stock.php?sym=MU

Nun müssen wir nur noch klären, was einen Superinvestor ausmacht.

Wichtig hierbei ist die Auswahl der Investoren, diese sollten:

a. über einen kompletten Marktzyklus den Gesamtmarkt deutlich geschlagen haben und möglichst wenige Verlustjahre haben.
b. nicht zu viele Assets under Management angesammelt haben, um ihre ursprüngliche Strategie weiterhin umsetzen zu können.
c. eine nachvollziehbare und transparente Anlagestrategie verfolgen.
d. bestenfalls in den Shareholder-Lettern, die Sie meistens auf der Website des jeweiligen Vermögensverwalters finden, die Portfoliopositionen und Kaufgründe besprochen haben.
e. Positionen mit hoher Gewichtung im Portfolio haben, also mindestens 5 Prozent und größer. Es macht keinen Sinn, Investoren zu klonen, welche 50 Werte mit jeweils 2 Prozent aufweisen. Bestenfalls suchen wir nach Investoren mit sehr konzentrierten Portfolios.
f. einen langen Anlagehorizont haben, da wir erst 90 Tage nach dem Kauf die Position veröffentlicht sehen. Daher können wir den Kauf und Verkauf eines Investments erst zeitversetzt durchführen und sollten somit keine Trader verfolgen.

Die Liste in Abbildung 73 gibt einen Überblick über Investment-Superstars, die den S&P 500 zwischen 9 und sagenhaften 63 Jahren outperformt haben.

	Startjahr	Endjahr	Jährl. Gesamt-rendite	Jährl. Gesamtrendite S&P 500	Outper-formance	Jahre	kummulierte Gesamt-rendite	Verlustjahre (%)	Last AUM ($M)	Aktiv
Joel Greenblatt	1985	1994	30,0 %	13,7 %	16,3 %	9	13 ×	-	500	○
David Tepper	1993	2014	26,7 %	9,0 %	17,7 %	21	182 ×	18 %	12.707	○
Peter Lynch	1977	1990	26,5 %	13,3 %	13,2 %	13	26 ×	7 %	14.000	○
Rick Geurin	1965	1983	24,7 %	8,2 %	16,5 %	18	17 ×	16 %	-	○
Warren Buffett	1957	2020	21,3 %	10,4 %	10,9 %	63	234371 ×	16 %	644.873	●
Nick Sleep	2001	2013	20,8 %	5,8 %	15,1 %	12	9 ×	15 %	-	○
Lou Simpson	1980	2004	20,3 %	14,0 %	6,3 %	24	101 ×	13 %	-	○
Rob Vinall	2008	2021	20,1 %	12,7 %	7,5 %	13	12 ×	7 %	427	●
Tweedy Browne	1968	1983	19,6 %	7,9 %	11,8 %	15	17 ×	-	59	○
Prem Watsa	1986	2020	19,3 %	11,1 %	8,2 %	34	478 ×	17 %	3.110	●
John Armitage	1996	2013	18,9 %	8,7 %	10,2 %	17	7 ×	17 %	22.060	○
Terry Smith	2011	2021	16,9 %	14,5 %	2,4 %	10	5 ×	0 %	52.005	●
Li Lu	1998	2018	15,7 %	6,6 %	9,1 %	20	17 ×	-	13.899	●
JM Eveillard	1978	2004	15,5 %	13,4 %	2,0 %	26	48 ×	7 %	-	○
Tom Russo	1984	2014	15,2 %	10,1 %	5,0 %	30	79 ×	10 %	12.591	●
Sir John Templeton	1955	1992	14,5 %	10,9 %	3,6 %	37	170 ×	21 %	13.000	○
Tom Gayner	1990	2020	14,4 %	9,2 %	5,2 %	30	55 ×	7 %	24.927	●
Bill Ackman	2004	2019	14,3 %	9,1 %	5,2 %	15	7 ×	38 %	14.452	●
Chuck Akre	1989	2020	14,2 %	10,8 %	3,3 %	31	68 ×	9 %	18.779	●
Sequoia	1970	2021	13,7 %	10,9 %	2,7 %	51	779 ×	17 %	5.086	●
Seth Klarman	1992	2001	12,8 %	11,7 %	1,1 %	9	2 ×	10 %	32.020	●
Mohnish Pabrai	2001	2021	12,0 %	7,7 %	4,3 %	20	10 ×	33 %	675	●
Bruce Berkowitz	2000	2020	10,5 %	6,6 %	3,9 %	20	7 ×	33 %	1.254	●
Guy Spier	1997	2020	9,6 %	8,2 %	1,4 %	23	7 ×	25 %	329	●

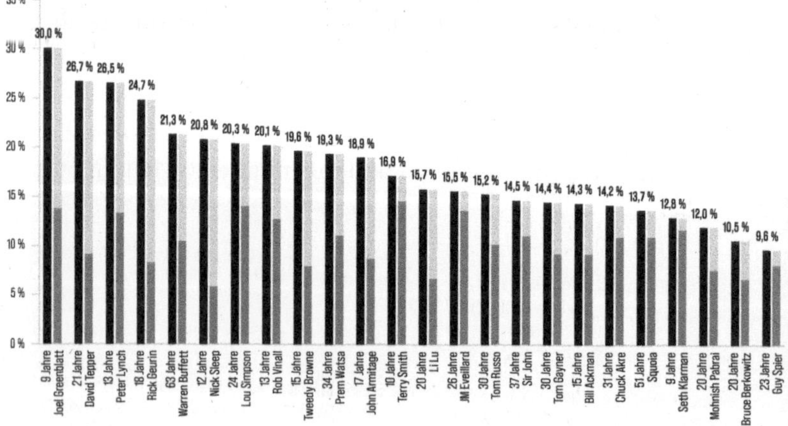

Abbildung 73: Performance von ausgewählten Asset Managern im Vergleich zum S&P500 Index

Quelle: Enrico la Quatra, https://twitter.com/EnricoLaQuatra/status/1448559130428461061

Laut einer Studie der University of Arizona hätte ein Investor, der konsequent die Strategie von Warren Buffett kopiert hätte, den S&P 500 um 11 Prozent pro Jahr geschlagen. An der Börse gibt es vielfältige Möglichkeiten, erfolgreich zu sein. Die Investmentlegenden aus dem Schaubild in Abbildung 73 verfolgen oftmals einen auf den ersten Blick ähnlichen Ansatz. Aber bei genauer Untersuchung zeigt sich, dass sie sich in einigen Bereichen spezialisiert beziehungsweise darauf fokussiert haben. Diese Spezialisierung respektive dieser Fokus sind im Vergleich zu Strategien anderer Marktteilnehmer oftmals einzigartig. Aber eines haben die »Börsengurus« alle gemeinsam: Sie investieren enorm viel Zeit in Research sowie in Analysen und versuchen, bei jeder Investition einen Informationsvorsprung gegenüber dem Markt zu erhalten. Sie verfolgen einen durchdachten Handelsansatz und verfügen über die nötige Disziplin, sich an ihre eigenen Grundprinzipien zu halten (sogenannte »Style Drifts«, also Änderungen des eigenen Anlagestils, führen in der Regel zu Underperformance). Gleichzeitig stehen sie Gegenargumenten zu ihren Investmentthesen aufgeschlossen gegenüber und sind sich nicht zu stolz, Entscheidungen jederzeit zu ändern. Diese Hedgefonds könnten das »H« in ihrem Namen fallen lassen und sich als »Edge-Fonds« (»edge« heißt auf Deutsch »Vorteil«) bezeichnen lassen.

Eine weitere Möglichkeit zur Ideengenerierung ist der von Joel Greenblatt ins Leben gerufene Value Investors Club, valueinvestorsclub.com, ein exklusiver Online-Investmentclub, in dem Top-Investoren ihre besten Ideen austauschen

Da man ein Aufnahmeverfahren durchlaufen muss, um an den Ideen der anderen zu partizipieren, ist er vorerst nur eine Möglichkeit für fortgeschrittene Investoren, die bereits die Grundlagen der Bilanzanalyse beherrschen.

Über den VIC

Für die Aufnahme in den Value Investors Club qualifiziert sich eine begrenzte Anzahl von Bewerbern. Die Mitgliedschaft ist kostenlos, aber nur einige wenige werden auf der Grundlage ihrer Investitionsfähigkeit ausgewählt.

Bewerbung

Jedes potenzielle Mitglied muss eine Online-Bewerbung (unter valueinvestorsclub.com) einreichen, die eine bevorzugte aktuelle Anlageempfehlung enthält. Das Hauptkriterium für die Aufnahme ist die Qualität des Investitionsdenkens und die Research des Bewerbers. Die Bewerbungen werden von einem Investmentmanager beurteilt, der zu den besten Langzeitinvestoren in den Vereinigten Staaten gehört.

Club-Regeln

Jedes Mitglied muss nach seiner Aufnahme mindestens zwei Anlageideen pro Jahr auf der Website des Value Investors Club veröffentlichen. Da das Ziel des Clubs darin besteht, dass die Mitglieder nur ihre besten Anlageideen mit anderen teilen, dürfen sie NICHT mehr als sechs Ideen pro Jahr einreichen. Es gibt ein Nachrichtenbrett (das nur für andere Clubmitglieder zugänglich ist) für Kommentare der Mitglieder zu jeder eingereichten Investitionsidee. Mitglieder, die irrelevante oder nicht-konstruktive Kommentare abgeben, verlieren ihre Mitgliedschaftsprivilegien.

Seien wir ehrlich: Traditionelle Börsenforen sind weitgehend Zeitverschwendung. Die Investitionsfähigkeiten der Teilnehmer und die Qualität der bereitgestellten Informationen sind im Allgemeinen schlecht. Auch das traditionelle Wall-Street-Research ist von geringem Nutzen. Die Empfehlungen der Analysten sind in der Regel durch Beziehungen zum Investmentbanking, mangelhaftes Research und institutionelles Gruppendenken beeinträchtigt. Darüber hinaus ignorieren die meisten Analysten Aktien mit geringerer Marktkapitalisierung, unattraktive Gelegenheiten und Unternehmen, die Umstrukturierungen, Rekapitalisierungen, Spin-offs oder andere außergewöhnliche Veränderungen durchlaufen – Anlagebereiche, die für Einzelpersonen, die ihre eigenen Recherchen anstellen, äußerst lukrativ sein können. Da der Value Investors Club ein Investmentforum für versierte Investoren darstellt, deren einzige Qualifikation die Qualität ihrer Investmentforschung und ihres Denkens ist, ist der Club für seine Mitglieder eine unschätzbare Ressource. Wissenschaftler, Juristen, Ärzte, Ingenieure, Techniker, Finanziers, Unternehmer, Fachleute aller Disziplinen sowie Geschäftsleute bringen jeweils ihre eigene Sichtweise auf das Investieren in die Clubdiskussion ein. Alle Mitglieder kennen sich jedoch bestens mit Finanzanalysen und Investitionen aus.

Kapitel 5

Bewertung eines Investments

Investieren mit Checkliste - was Sie von Piloten und Ärzten über das Investieren lernen können

> *»Wenn Sie überzeugen möchten, appellieren Sie an das Interesse und nicht an die Vernunft.«*
>
> Ben Franklin

- Checklisten schützen uns vor Fehlern.
- Checklisten legen einen höheren Standard der Ausgangsbasis fest.
- Letztendlich ist eine Checkliste nur eine Hilfestellung. Wenn es nicht hilft, ist es nicht richtig.

Was haben Johns-Hopkins-Chirurgen, Investor Charlie Munger und Kampfpiloten des Zweiten Weltkriegs gemeinsam? Dies ist kein böser Scherz, sondern ein Beweis dafür, wie weitverbreitet ein oft übersehenes Werkzeug ist. Alle genannten verwenden oder verwendeten Checklisten, um Katastrophen zu vermeiden. Checklisten stellen die wesentlichen Schritte einer Aufgabe explizit dar. Dadurch wird ein

Verifizierungsprozess geschaffen, der vor menschlicher Fehlbarkeit schützt und Disziplin einfordert, um Leistungsstandards aufrechtzuerhalten.

Wir sind von allen Unternehmen, die wir besitzen, überzeugt. Wir besitzen sie nicht in der Annahme, sie seien keine guten Unternehmen oder überbewertet – in der Hoffnung, dass jemand Leichtgläubigeres kommt und einen noch höheren Preis für sie zahlt. Wir gehen davon aus, dass es keinen größeren Narren gibt als uns – man spricht hier auch von der »Greater Fool Theory«. Im Zweiten Weltkrieg hatte die US-Luftwaffe die B-17, ein Flugzeug der Firma Boeing, sehr erfolgreich eingesetzt, doch der Erfolg beruhte auf einem großen Missgeschick, das schlussendlich zur obligatorischen Einführung der Checklisten führte. Auf dem ersten Flug der B-17 kam es bereits zu einem Crash. Das Flugzeug stürzte kurz nach dem Start ab. Es stellte sich heraus, dass das Höhenruder nicht reagierte, weil der Pilot zuvor vergessen hatte, es freizuschalten. Am Ende lag es aber nicht am Piloten oder daran, dass das Flugzeug zu schwer zu steuern gewesen wäre. Das Flugzeug und seine Funktionen waren einfach zu komplex für das menschliche Gehirn. Also setzten sich die Leute bei Boeing hin und entwickelten die erste Checkliste. Heute gibt es fürs Fliegen vier Checklisten: eine fürs Starten, eine für den Flug selbst, eine fürs Landen und eine für den Aufenthalt am Boden.

Die fünf großen Ideen hinter Checklisten

1. Checklisten sind für den Erfolg erforderlich.
2. Wenn Ärzte und Pflegepersonal auf der Intensivstation ihre eigenen Checklisten für das erstellen, was ihrer Meinung nach jeden Tag getan werden sollte, verbessert sich die Versorgung so weit, dass die durchschnittliche Verweildauer der Patienten auf der Intensivstation um die Hälfte sinkt.
3. Die drei verschiedenen Arten von Problemen sind generell: das Einfache, das Komplizierte und das Komplexe.

4. Checklisten können entweder DO-CONFIRM oder READ-DO sein (siehe Beschreibung unten) und müssen zwischen fünf und neun Punkte beinhalten.
5. Der Wortlaut sollte einfach und genau sein und auf eine Seite passen.

Viele lassen sich durch ihr Gefühl der Überlegenheit davon abhalten, eine Checkliste zu erstellen. Sie sind davon überzeugt, keine allzu menschlichen Fehler in Routineverfahren zu machen.

Es ist ein weitverbreiteter Irrglaube, dass es bei Checklisten lediglich darum geht, Kästchen anzukreuzen und Protokolle gedankenlos zu befolgen. In Wirklichkeit steht hinter Checklisten der Gedanke, eine Kultur der Teamarbeit und Disziplin zu fördern, was für eine Vielzahl von Kontexten von entscheidender Bedeutung ist, einschließlich komplexer Probleme, die Expertenfähigkeiten und -wissen erfordern.

Fehler und Ausfälle treten auf, wenn uns die Fähigkeiten, Kenntnisse oder Erfahrungen für eine Aufgabe fehlen oder wir die erforderlichen Fähigkeiten und Kenntnisse haben, diese aber nicht richtig anwenden. Eine gängige Lösung ist die Erhöhung des Ausbildungs- und Spezialisierungsniveaus. Ärzte durchlaufen eine so umfangreiche Ausbildung, dass sie in der Regel erst mit Mitte 30 eine selbstständige Tätigkeit aufnehmen. Mittlerweile gibt es Superspezialisten innerhalb eines Fachgebietes, zum Beispiel werden Anästhesisten weiter unterteilt in Kinder-, Herz-, Geburtshilfe- und Neurochirurgische Anästhesisten.

Trotzdem werden immer noch Fehler gemacht, denn:

- Wir können Details vergessen oder den Fokus verlieren, wenn wir von dringenden Dingen abgelenkt oder damit überfordert sind; und
- selbst wenn wir uns daran erinnern, was zu tun ist, können wir bestimmte Schritte überspringen oder Abkürzungen nehmen.

Kurz gesagt führt die menschliche Fehlbarkeit in immer komplexer werdenden Umgebungen zu (vermeidbaren) Fehlern. Auch wenn

Checklisten Fehler reduzieren können: Sind sie auf alle Arten von Szenarien und Problemen anwendbar? Die einfache Antwort ist »JA«. Tatsächlich sind Checklisten sogar noch wichtiger, um die Teamarbeit und Entscheidungsfindung in komplexen Hochrisikosituationen zu erleichtern. In solchen Szenarien kann keine einzelne Person über alle Informationen oder Erfahrungen verfügen, um die richtigen Entscheidungen zu treffen, und die Mitarbeiter müssen möglicherweise unter stressigen Umständen arbeiten, was die Wahrscheinlichkeit von Fehlern erhöht. Piloten haben beispielweise »normale« Checklisten für Routineoperationen (etwa vor dem Anlassen der Triebwerke) und »nicht normale« Checklisten für Nicht-Routine- oder Notfallsituationen. Es geht darum, dem Chaos eine Form zu geben.

Viel zu oft werden komplexe Verfahren unterschätzt. Das kann am Ego liegen oder an Naivität. Die Ursache ist allerdings egal. Es kommt darauf an, diese Komplexitäten genau zu bewerten und anzuerkennen, dass Schritte unternommen werden müssen, um sicherzustellen, dass sie effektiv ausgeführt werden.

Extrapolieren die Anleger zu sehr von den jüngsten Ergebnissen, führt dies zu unrealistischen Erwartungen. Eine nützliche Checkliste für unsere Investments könnte wie folgt aussehen:

- Was ist das Schlimmste, das passieren kann? Wie tief kann das Investment fallen?
- Verfügt das Unternehmen über Produkte oder Dienstleistungen mit ausreichend Marktpotenzial, um (Umsatz-) Wachstum für mindestens einige Jahre zu ermöglichen?
- Verfügt das Unternehmen über einen oder bestenfalls mehrere der breiten Burggräben:
  - immaterielle Vermögenswerte (Intangible Assets),
  - Wechselkosten (Customer Switching Costs),
  - Netzwerkeffekt (Network),
  - Kostenvorteile (Cost Advantages)?
  - Wie hoch ist die:
  - Bedrohung durch neue Substitute,
  - Bedrohung durch neue Marktteilnehmer,

- Verhandlungsmacht der Käufer,
- Verhandlungsmacht der Lieferanten,
- Intensität der Wettbewerbsrivalität?

- Wie hoch ist der Einfluss auf das Unternehmen durch makroökonomische Faktoren, Rohstoffpreise, regulatorische Risiken, Zinsschwankungen und/oder zyklische Risiken?
- Wie viel verdient das Unternehmen mit neuen Projekten beziehungsweise mit zusätzlich investiertem Kapital? Wie viel Prozent des Gewinns steckt das Unternehmen wieder in sein Geschäft, um weiter zu wachsen?
- Wichtigste Frage: Verstehen wir, wie das Unternehmen sein Geld verdient?
- Ist das Unternehmen abhängig vom Kapitalmarkt, um seine Geschäfte zu betreiben?
- Handelt das Unternehmen aktuell mit einer attraktiven Sicherheitsmarge?
- Haben Sie mit einem Zinssatz abgezinst, der gleich oder höher ist als der Zinssatz für zehnjährige Anleihen (risikofreier Zinssatz)? Zur Sicherheit sollten wir dieselbe Rechnung noch einmal mit einem Diskontsatz von 6 und einem von 8 Prozent vornehmen.
- Ist der Wert der diskontierten Cashflows höher als der aktuelle Enterprise Value?
- Kann das Unternehmen die Preise der Inflation anpassen?
- Ist das Management entschlossen, Produkte oder Prozesse zu entwickeln, die weiteres Wachstum ermöglichen, auch wenn die Wachstumspotenziale der derzeit attraktiven Produktlinien weitgehend ausgebeutet wurden?
- Wie effektiv sind firmeninterne Forschung und Entwicklung (F&E) in Bezug auf die Unternehmensgröße?
- Erfordert das Wachstum des Unternehmens in absehbarer Zeit eine größere Eigenkapitalfinanzierung? Ist das Unternehmen konservativ finanziert?
- Ist die Eigenkapitalrendite angemessen?

- Hat das Unternehmen für jeden einbehaltenen Euro an Gewinnen mindestens 1 Euro Marktwert geschaffen?
- Hat das Management eine gute Führungskultur?
- Hat das Management dieselben Anreize wie die Aktionäre? Je höher der Insider Ownership, umso besser. Er sollte bei über 10 Prozent liegen.
- Verfügt das Unternehmen über ein integres und skandalfreies Management oder ist die Führungsebene nur damit beschäftigt, den Aktienkurs zu pushen?
- Hält das Management Informationen zurück, wenn es Probleme gibt?
- Kann der laufende Betrieb aufrechterhalten werden, ohne dass zu viel ausgegeben werden muss?
- Gibt es noch weitere, branchenspezifische Aspekte des Geschäfts, die dem Anleger wichtige Hinweise darauf geben, wie gut das Unternehmen im Vergleich zu seinen Wettbewerbern aufgestellt ist?
- Ist der Ansatz des Unternehmens eher kurzfristiger oder eher langfristiger Natur?
- Haben Sie die Geschäftsberichte der Hauptkonkurrenten gelesen?
- Verfügt das Unternehmen über eine hohe »Robustness Ratio«?
- Wurde das Unternehmen vorübergehend für ein bestimmtes Risiko bestraft, das kein langfristiges Risiko darstellt (der Markt tendiert dazu zu übertreiben)?
- Haben Sie einen anderen Zeithorizont, der es Ihnen ermöglicht, die Vorteile der Zeitarbitrage zu nutzen?
- Sind Sie analytisch geschickter als die anderen Anleger, mit denen Sie im Wettbewerb stehen?
- Aktualisieren Sie Ihre Ansichten auf der Grundlage neuer Informationen genau?
- Haben Sie Grund zu der Annahme, dass sich die Meinung über ein Wertpapier ändern wird?
- Verstehen Sie eine komplexe Anlagemöglichkeit besser als andere?

- Haben Sie auf legalem Wege Informationen erworben, die andere Anleger nicht haben?

Technische Analyse

»Die Menschen sind nicht mehr verantwortlich dafür, was an den Märkten geschieht, weil alle Entscheidungen von Computern getroffen werden.«

Michael Lewis

Oft erreichen uns Anfragen zur technischen Analyse, gepaart mit der Frage, ob diese sinnvoll ist oder nicht. Diese Frage lässt sich pauschal nicht beantworten, da sie von mehreren Faktoren abhängig ist. Die technische Analyse, auch Chartanalyse, ist eine rein statistische Analyse, bei der Fundamentaldaten der Unternehmen irrelevant sind und ignoriert werden. Basierend auf historischen Kursverläufen werden Trading-Entscheidungen gemacht. Eine Grundannahme bei diesem System ist, dass alle Informationen, die für den zukünftigen Kursverlauf nötig sind, in den historischen Werten enthalten sind. Primäres Ziel ist die Ermittlung des idealen Einstiegspunkts (entry point, Kauf) und des Ausstiegspunkts (exit point, Verkauf). Eine weitere Annahme ist, dass sich die Geschichte wiederholt oder zumindest reimt. Das bedeutet, der Trader wird, wenn er ein Muster aus der Vergangenheit erkennt, sich in Antizipation dieses Ereignisses dementsprechend positionieren. Gerade weil eine Vielzahl von Tradern sich dieser Analysetechnik bedient, kann man der Chartanalyse eine Daseinsberechtigung zusprechen. Das Verhalten der Märkte wird durch das Verhalten der Menschen beeinflusst, und wenn eine Vielzahl an Tradern den Mustern folgt, dann wird der Trend – zu einem gewissen Grad durch selbsterfüllende Prophezeiung – den Erwartungen folgen. Ein erfolgreicher Hedgefondsmanager, der diese Analysetechnik anwendet, ist Paul Tudor Jones. Nun ist es so, dass die technische Analyse eigentlich ein weitreichender Begriff ist. Dazu gehören das einfache »Charten«, aber auch hochkomplexe mathematische Modelle oder automatisiertes Trading durch Algorithmen. Einer der erfolgreichsten Hedgefonds dieser Welt hat diesen Stil perfektioniert: Renaissance Technologies. Geführt ausschließlich von Nicht-Wirtschaftswissenschaftlern, ist der Fonds berühmt-berüchtigt für seine außerordentlich exzellente Performance, selbst in Krisenzeiten. Die Kernstrategie ist statistische Arbitrage. Renaissance sammelt einen unglaublichen Datensatz (Zeitungsartikel, Analyse- und Wetterberichte, Bilanzen und anderes) und versucht, kurzfristige Preisentwicklungen zu antizipieren und von ihnen zu profitieren. Genauere Details sind nicht bekannt. Es ist für Sie als Privatanleger jedoch unmöglich, diesem Stil nachzueifern, da allein die Infrastruktur für diese Strategie derart komplex ist, dass Sie mit anderen Strategien besser fahren. Kurzum: Die technische Analyse kann, wenn Sie mit ihr umgehen können, Ihren Investmentstil ergänzen, aber als Ersatz für die Fundamentalanalyse ist sie nicht geeignet.

Die wichtigsten Kennzahlen verstehen

»Wir arbeiten sehr hart dafür, kein Geld zu verlieren. Wir leben nicht mit Hoffnung im Portfolio; wir leben mit Angst.«

Crispin Odey

Was ist Value Investing?

Die Idee des Value Investing – etwas für weniger zu erwerben, als es eigentlich wert ist – gibt es in anderen Formen so lange, wie es den Handel gibt. In der modernen Anlagepraxis wird das Konzept jedoch im Allgemeinen auf die 1930er-Jahre zurückgeführt, als Benjamin Graham und David Dodd die Praxis des Kaufs von Aktien unter dem sogenannten inneren Wert formell festlegten. Das ultimative Ziel bei der Berechnung des inneren Wertes ist es, einen Gegenwartswert für alle zukünftigen Cashflows zu ermitteln, die durch eine Investition generiert werden. Dies wird häufig als »DCF-Analyse (Discounted Cashflow)« bezeichnet.

Das Problem bei der DCF-Analyse ist, dass es sehr schwierig ist, sie gut durchzuführen. Es ist auch fast garantiert, dass sie falsch ist, und zwar aus dem einfachen Grund, dass die Zukunft nicht vorhergesagt werden kann. Investoren verlassen sich daher oft auf schnelle und einfache Methoden zur Wertbestimmung wie das Kurs-Gewinn-Verhältnis (KGV).

Die äußerst einflussreiche Forschung von Eugene Fama und Kenneth French in den 1990er-Jahren ergab, dass von diesen »Quick-and-Dirty«-Kennzahlen das Kurs-Buchwert-Verhältnis (KBV) am besten geeignet war, die historische Outperformance von Value-Investitionen zu erfassen. Seitdem ist das Kurs-Buchwert-Verhältnis ein Eckpfeiler vieler einflussreicher »Value«-Indizes und klassischer Value-Strategien. In der Praxis ist diese Kennzahl bei den tatsächlichen Anlegern eher weniger beliebt. Der Buchwert ist sicherlich eine wichtige Kennzahl, um den fairen Wert einiger Geschäftsmodelle einzuschätzen, insofern es sich um die richtige Branche handelt. Visionäre Unternehmensführer sollten unserer Ansicht nach jedoch auf andere Kennzahlen achten, um die Langfristigkeit einer erfolgreichen Geschäftsentwicklung zu gewährleisten.

Im Wesentlichen besteht die Anlagestrategie des Value Investing aus drei Schritten:

- der Suche nach potenziell preisgünstigen oder unterbewerteten Unternehmen,
- einer fundierten Methode, um deren ökonomisch gerechtfertigten Wert zu ermitteln, und
- einer disziplinierten Strategie, mit deren Hilfe man die Ergebnisse dieser Bewertungen in konkrete Anlageentscheidungen umsetzt.

Das Konzept des Value Investing hat seine akademischen Wurzeln an der Columbia Business School, wir finden die Unterteilung in folgende Bereiche ebenfalls sehr sinnvoll und arbeiten teilweise damit. Allerdings handelt es sich um eine sehr detaillierte Analyse, die einige Stunden pro Wert in Anspruch nimmt, daher ist es wichtig, Werte, die eine solche Aufmerksamkeit erfordern, vorab zu selektieren. Da wir viele Möglichkeiten zur Ideenfindung und Bewertung vorstellen, möchten wir Ihnen auch diesen etwas komplexeren Ansatz vermitteln, da er, auch wenn nicht immer umgesetzt, ein wichtiges Denkmuster in Ihrem Investorendenken implementiert. Konzentrieren Sie sich weniger auf das Studium bestimmter Personen und mehr auf das Studium allgemeiner Muster. Das Erkennen von Mustern ist für einen Investor enorm wichtig und Übung macht bekanntlich den Meister. Es erleichtert zudem nach einigen Jahren enorm den Investmentprozess und lässt Sie binnen weniger Minuten erkennen, ob es sich um ein sinnvolles Investment handelt oder nicht. Sie werden dies nicht nur auf die Börsenwelt übertragen, sondern immer dann anwenden können, wenn es darum geht, 1 Euro oder eine Minute in etwas zu investieren. Sowohl Geld als auch Zeit haben massive Opportunitätskosten. Sie werden erkennen, wie sich die Dinge, die sie beobachten, verändern werden. Wer schon einmal durch eine Investition sein Geld an einen dubiosen CEO verloren hat, wird auch besser verstehen, wer es im Privatleben gut und wer es schlecht mit ihm meint. Investieren ist nicht nur ein Hobby oder ein Beruf, es ist eine Lebensweise. Doch bis dahin dauert es etwas. Der US-Psychologe Anders Ericsson hat 1993 die sogenannte 10.000-Stunden-Regel formuliert. Diese Regel ist nichts anderes als eine Umschreibung der Volksweisheit »Übung macht den Meister«. Allerdings geht es hier um rund 10.000 harte Stunden (416,67 Tage), bestehend aus Fleiß, Disziplin, Ausdauer. Trotzdem müssen Sie nicht verzagen, wenn Sie die 10.000 Stunden nicht zusammenbekommen, auch hier gilt: Der Weg ist das Ziel und die Reise ist vom ersten Tag an spannend und stets eine intellektuelle Herausforderung.

Bei der Investmentanalyse gehen wir immer so vor, als würden wir Stand heute das ganze Unternehmen kaufen, um es von der Börse zu nehmen. Wir denken also nicht einfach als Besitzer einer Aktie, sondern als potenzieller Eigentümer. Wie viel wären wir bereit zu zahlen, wenn wir das ganze Unternehmen kaufen würden? Und die noch entscheidendere Frage lautet: Würden wir es dann überhaupt kaufen? Starten wir nun aber mit unseren Bewertungsschritten.

Schritt 1: Ermittlung des Liquidationswerts (Liquidation Value) – Worst Case,
Schritt 2: Ermittlung des Vermögens/Reproduktionswerts (Reproduction Value) – Normal Case,
Schritt 3: Ermittlung des Ertragswerts mit und ohne Wachstum (Earning Power Value) – Best Case.

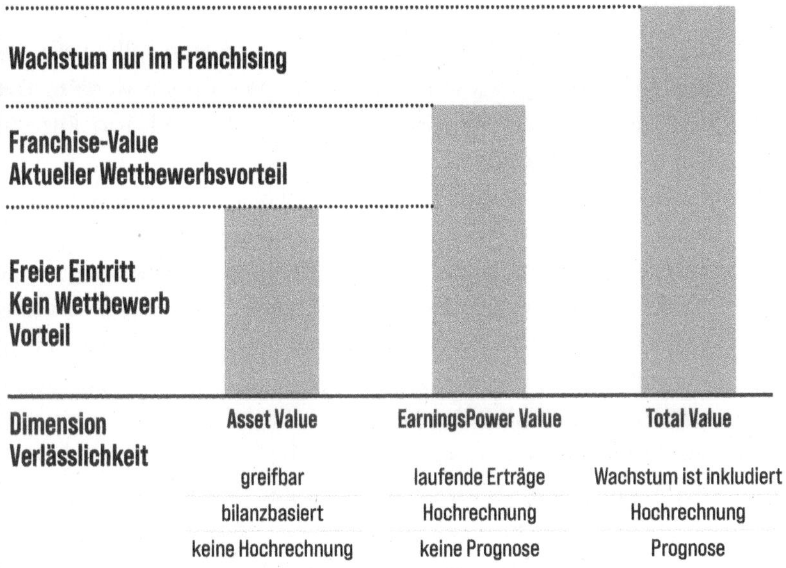

Abbildung 74: Wichtige Bausteine bei der Unternehmensbewertung
Quelle: Columbia Business School

Schritt 1: Ermittlung des Liquidationswerts (Liquidation Value) – Worst Case

Wenn das betreffende Unternehmen wirtschaftlich nicht lebensfähig ist, zum Beispiel weil die betreffende Branche einen disruptiven Wandel durchläuft oder das Unternehmen selbst sich in einer wirtschaftlichen Notlage befindet, sollten die Aktiva (Vermögensgegenstände) auf Liquidationsbasis bewertet werden, da sich das Unternehmen schließlich selbst komplett oder in Einzelteilen verkaufen, also auflösen wird. Ein guter Näherungswert für den Liquidationswert ist das Umlaufvermögen abzüglich aller Verbindlichkeiten. Wir machen diesen Bewertungsschritt nicht, weil wir denken, dass unser Zielobjekt liquidiert wird, da wir in zukunftsträchtige Unternehmen investieren möchten, sondern um ein unteres Preislimit zu bestimmen, wie viel das Unternehmen im Worst Case noch wert sein könnte.

Wie eine Liquidationsbewertung funktioniert:

1. Bei Barmitteln und marktfähigen Wertpapieren sollte kein Abschlag vom ausgewiesenen Betrag vorgenommen werden. Der Barwert ist in der Regel die zuverlässigste Zahl. 100 Euro in Cash bleiben schließlich 100 Euro.
2. Forderungen aus Lieferungen und Leistungen können möglicherweise nicht vollständig eingezogen werden, aber da die Fachleute wissen, wie man sie eintreibt, wäre eine vernünftige Schätzung 85 Prozent des angegebenen Betrags. Bei allem, was nicht Cash oder Aktienbeteiligungen ist, also was wir nicht innerhalb einer Sekunde veräußern können, müssen wir mit einem Sicherheitsabschlag arbeiten.
3. Für ein produzierendes Unternehmen gilt: Je »handelsüblicher« die Vorräte sind, desto geringer ist der für den Verkauf erforderliche Abschlag. Setzen Sie Ihr Urteilsvermögen ein. Zwei Jahre alte Mode und technisches Inventar lässt sich vermutlich schwieriger veräußern als eine Fuhrparkflotte. Hier verwenden wir konservativ einen 50-Prozent-Abschlag.
4. Allgemeine Vermögenswerte, wie zum Beispiel Bürogebäude, werden im Vergleich zu den ausgewiesenen Buchwerten weitaus mehr wert sein als spezialisierte Anlagen und Strukturen wie etwa Chemieanlagen. Hier bewerten wir die Sachanlagen mit 45 Prozent vom ausgewiesenen Wert in der Bilanz.
5. Der Geschäfts- oder Firmenwert aus Übernahmen (Goodwill) ist der Überschuss über den beizulegenden Zeitwert der Vermögenswerte, den das Unternehmen bei Übernahmen bezahlt hat. Daher wird er bei uns konservativ mit null angesetzt. Im

Idealfall ist er mehr wert, wie zum Beispiel Markenrechte und Patente.

6. Wir gehen davon aus, dass die Verbindlichkeiten fix sind und uns niemand etwas schenken wird, behalten daher 100 Prozent bei.
7. Wir nehmen an, dass die langfristigen Schulden ebenfalls mit 100 Prozent bewertet werden.
8. Der Nettoinventarwert beziehungsweise Liquidationswert unserer Beispielfirma beträgt 4.216 Dollar. Dieser Wert ist wesentlich niedriger als der ausgewiesene Buchwert des Eigenkapitals, da der Geschäfts- oder Firmenwert herausgerechnet und alle Aktiva deutlich abgewertet wurden. Der Investitionswert für den Aktionär hängt davon ab, zu welchem Preis das Eigenkapital im Verhältnis zum Liquidationswert verkauft wird. Die Schulden können bei Turnarounds als Anleihen für Gläubiger eine interessantere Investition sein, da sie bei der Realisierung des Wertes aus dem Verkauf von Vermögenswerten Vorrang vor den Aktionären haben und relativ zum Nennwert billig gehandelt werden können. Daher schauen wir uns bei Turnarounds sowohl die Aktien als auch die Anleihen eines Unternehmens an.

Bilanz

Dollar-Beträge in Tausend

	Jahresende	Anpassungen	Angepasster Wert
Umlaufvermögen			
1. Bargeld und marktgängige Wertpapiere	$ 4.150	100 %	$ 4.151
2. Forderungen aus Lieferungen und Leistungen	5.000	85 %	4.250
3. Vorräte	8.450	50 %	4.225
Umlaufvermögen insgesamt	$ 17.600		$ 12.626
Langfristiges Betriebsvermögen			
Sachanlagen	$16.371		
Kumulierte Abschreibung	(7.560)		
4. Netto-P&E (Forschung und Entwicklung)	$ 8.811	45 %	$ 3.965
5. Geschäftswert	$ 7.850	0 %	0
Gesamtvermögen	$ 34.261		$ 16.591

6. Kurzfristige Verbindlichkeiten			
Verbindlichkeiten aus Lieferungen und Leistungen	$ 3.320	100 %	$ 3.320
Aufwandsrückstellungen	1.515	100 %	1.515
Einkommensteuerverbindlichkeiten	165	100 %	165
Kurzfristige Verbindlichkeiten aus Schuldverschreibungen	3.125	100 %	3.125
Kurzfristige Verbindlichkeiten insgesamt	$ 8.125		$ 8.125
7. Langfristige Verbindlichkeiten			
Langfristige Anleihen	$ 4.250	100%	$ 4.250
Gesamtverbindlichkeiten	$ 12.375		$ 12.375
Aktionärseigenkapital			
Grundkapital – 800.400 Aktien zum Jahresende und 770.400 Aktien zu Beginn des Jahres	$ 8.125		
Einbehaltene Gewinne	16.315		
8. Gesamteigenkapital	$ 24.440	Liquidationswert	$ 4.216
Summe Passiva und Eigenkapital	$ 36.815		

Schritt 2: Ermittlung des Vermögenswerts (oder Reproduktionswerts/Reproduction Value) - Normal Case

Der Reproduktionswert bezieht sich auf die theoretischen Kapitalkosten für die Reproduktion der Vermögenswerte eines Unternehmens in seiner heutigen Form. Mit anderen Worten: Was würde es kosten, das Unternehmen wieder neu aufzubauen beziehungsweise in allen Bestandteilen wiederherzustellen? Wenn das Unternehmen/die Branche durch Markteintrittsbarrieren geschützt ist, sollten Sie erwarten, dass der Enterprise Value den Reproduktionswert übersteigt, es handelt sich dann um einen Wertschöpfer.

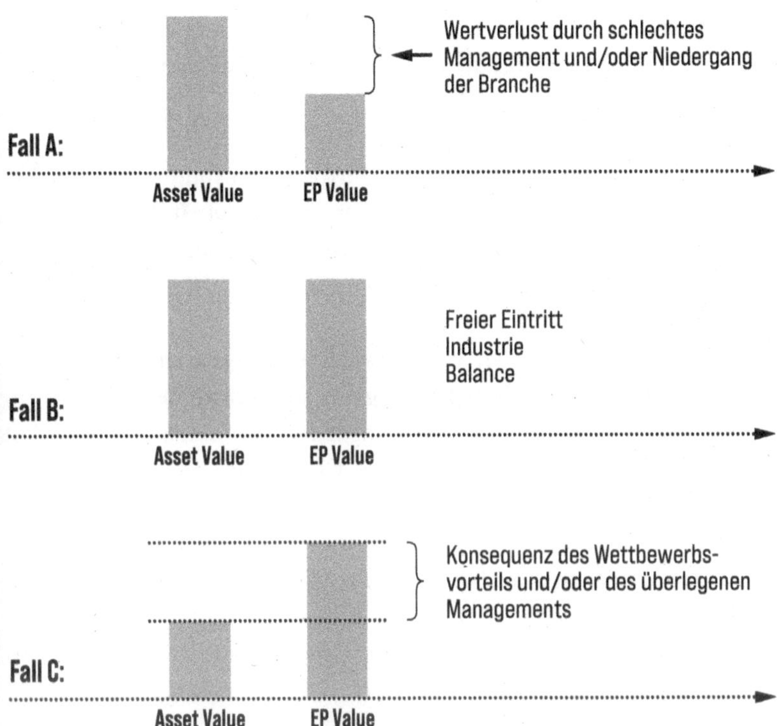

Abbildung 75: Ermittlung des Vermögenswerts Quelle: Columbia Business School

Mittelfristig und langfristig ist die Kursperformance der Qualitätsaktien (Wertschöpfer, Value Creators) wesentlich besser als die der Schrottwerte (Wertzerstörer, Value Destroyer). Im Englischen sagt man zwar: »Every dog has his day«, aber prinzipiell sollten Sie sich als Long-Investor von den Aktien fernhalten, die nicht nachhaltig ihre Kapitalkosten (Eigen- und Fremdkapital) erwirtschaften.

Wenn das Unternehmen/die Branche nicht durch Eintrittsbarrieren geschützt ist (das heißt, das Unternehmen konkurriert auf einem Wettbewerbsmarkt), sollten Sie davon ausgehen, dass der Enterprise Value, also der eigentliche Unternehmenswert, ungefähr dem Reproduktionswert entspricht. Wettbewerbsmärkte, in denen der Enterprise Value unter dem Reproduktionswert liegt, deuten darauf hin, dass das

Management nicht in der Lage ist, die Vermögenswerte effizient zu nutzen, um »normale« Renditen auf das investierte Kapital zu erzielen.

Nun zur Bewertung:

1. Bei Barmitteln und marktfähigen Wertpapieren sollte es keinen Abschlag vom ausgewiesenen Betrag geben. Barmittel sind in der Regel die zuverlässigste Zahl. Alle Vermögenswerte, die binnen Sekunden zu liquidieren sind, erhalten von uns keinen Bewertungsabschlag.

2. Die Forderungen aus Lieferungen und Leistungen enthalten in der Regel eine gewisse Wertberichtigung für uneinbringliche Forderungen, das heißt Rechnungen, die nie eingezogen werden können. In den Jahresabschlüssen und Fußnoten eines Unternehmens ist angegeben, wie viel abgezogen wurde. Sie sollten diesen Betrag aufaddieren oder einen Durchschnitt der Wertberichtigungen ähnlicher Unternehmen als Prozentsatz der Bruttoforderungen zugrunde legen.

3. Die Vorräte könnten um einen erheblichen Betrag zu hoch oder zu niedrig sein. Achten Sie darauf, ob sich die Vorräte angehäuft haben. Wenn die Vorräte im laufenden Jahr einen Wert von 150 Tagen haben, während sie zuvor im Durchschnitt nur 100 Tage betragen haben, dann handelt es sich bei den zusätzlichen 50 Tagen möglicherweise um Artikel, die sich nie oder nur zu Ausverkaufspreisen verkaufen lassen. In diesem Fall sollten Sie die Reproduktionskosten nach unten korrigieren. Verwendet das Unternehmen dagegen die LIFO-Methode (Last In, First Out) zur Erfassung der Vorratskosten (unter der Annahme, dass die zuletzt gekauften Vorräte zuerst verkauft werden, was zu Bilanzwerten führt, die ältere Vorräte widerspiegeln, die in einem inflationären Umfeld vermutlich weniger wert sind als bei der FIFO-Methode (First In, First Out), bei der davon ausgegangen wird, dass die zuerst gekauften Artikel zuerst verkauft werden und die vorhandenen Vorräte aus Waren jüngeren Datums bestehen), sollten Sie die LIFO-Reserve, die die Differenz zwischen LIFO und FIFO darstellt, wieder hinzufügen. Dies würde eine bessere Annäherung an die aktuellen Kosten der

Vorräte ermöglichen. Der neue Marktteilnehmer müsste Vorräte zu aktuelleren Preisen kaufen.

4. Aktive Rechnungsabgrenzungsposten wie Miete oder Versicherung sind bekanntlich fix, sodass sie nicht angepasst werden müssen.

5. Latente Steuern sind künftige Abzüge oder Erstattungen, die das Unternehmen vom Finanzamt erhalten wird. Es ist wichtig, den Zeitpunkt der Ermäßigungen zu ermitteln und ihren Gegenwartswert zu berechnen, das heißt den Gegenwartswert ihres künftigen Nutzens, wenn möglich. Die meisten Anpassungen des Buchwerts im Umlaufvermögen sind in der Regel geringfügig und wirken sich daher nicht wesentlich auf den Gesamtwert aus.

6. Vor langer Zeit erworbene und zu Anschaffungskosten ausgewiesene Grundstücke können einen erheblichen Wert haben und verbergen oftmals Schätze, hier lohnt es sich, genauer hinzuschauen. Sie können sich vergleichbare Grundstückswerte ansehen und einen Wert pro Hektar berechnen, der auf das Grundstück in der Bilanz anzuwenden ist. Grundstücksverzeichnisse und Immobiliensachverständige können ebenfalls nützliche Quellen sein. Kurz gesagt, Sie wollen das Land zu dem Preis bewerten, zu dem es heute verkauft werden kann.

7. Sachanlagen sind in der Regel der größte Posten des Anlagevermögens eines Unternehmens. Gebäude können über einen Zeitraum von 30 Jahren bis auf null abgeschrieben werden, auch wenn ihr Marktwert und die Kosten für ihre Reproduktion steigen. Das Gleiche gilt für andere Bauten. Auch die Inflation kann die Werte im Laufe der Zeit erhöhen. Der Wert von Ausrüstungen kann steigen oder sinken, wird aber wahrscheinlich nicht massiv steigen. Spezifisches Wissen über das Unternehmen oder die Branche ist hilfreich, das heißt, es kann sich lohnen, sich an Experten zu wenden, wenn die Sachanlagen einen großen Teil des Gesamtinvestitionswerts ausmachen.

8. Der Geschäfts- oder Firmenwert ist der Überschuss des Marktwerts der Vermögenswerte eines erworbenen Unternehmens abzüglich aller Verbindlichkeiten. Da wir nur harte und liquide Assets bewerten möchten, kann er also mit null angesetzt werden.

9. F&E-Ausgaben (Forschung und Entwicklung) werden getätigt, um Produkte oder Dienstleistungen für den Verkauf zu erfinden, zu entwerfen und zu produzieren. Die Frage ist: Wie viele Jahre an F&E-Ausgaben müsste der neue Marktteilnehmer investieren, um den Wert, den das Unternehmen bereits geschaffen hat, zu reproduzieren? Dies hängt vom Produktzyklus des Unternehmens ab, das heißt von den Jahren, die erforderlich sind, um mit der aktuellen Produktlinie Umsätze zu erzielen. Wir würden eher mit zu wenigen als zu vielen Jahren kalkulieren.

10. Der Aufbau eines Kundenstamms kostet Geld. Unternehmer wissen, wie lange es dauert, einen neuen Kunden zu gewinnen, bevor es zum ersten Verkauf einer Ware oder Dienstleistung kommt. Sie können das Geld, das für Verkäufe ausgegeben wird, bevor sie zustande kommen, als Investition in zukünftige Geschäftsbeziehungen betrachten. Der Gesamtbetrag hängt vom Verkaufszyklus ab – wie viel Zeit muss das Unternehmen für Vertriebs-, Verwaltungs- und Gemeinkosten aufwenden, bevor es Aufträge annehmen und Verkäufe tätigen kann? Es braucht auch Zeit, um die internen Systeme zu entwickeln, die das Funktionieren des Unternehmens ermöglichen. Dazu gehört die Informationstechnologie, die Personalpolitik und andere wichtige Funktionen. Daher ist es angemessen, ein Vielfaches der Vertriebskosten – in der Regel drei Jahre – zu addieren.

11. Andere Vermögenswerte können ebenfalls von Bedeutung sein. Tochterunternehmen innerhalb des Unternehmens können anhand von Transaktionsdaten des privaten Marktes oder des öffentlichen Marktes bewertet werden. Multiplikatoren, die für ähnliche Unternehmen auf der Grundlage von Erträgen, Umsätzen und so weiter gezahlt werden, können auf die betreffende Tochtergesellschaft angewendet

werden, man spricht hier auch von einer »Sum-of-the-Parts-Bewertung«. Die Tochtergesellschaft kann daher getrennt von der Muttergesellschaft bewertet werden – achten Sie darauf, dass die zugehörigen Vermögenswerte der Tochtergesellschaft nicht mit denen der Muttergesellschaft verrechnet werden, um eine Doppelzählung zu vermeiden. Wir möchten schließlich so konservativ wie möglich vorgehen und uns nicht selbst reichrechnen.

Auch Lizenzen und andere Rechte können auf ähnliche Weise bewertet werden. Für wie viel wurden beispielsweise ähnliche Rechte auf dem öffentlichen oder privaten Markt verkauft?

12. Kurzfristige Verbindlichkeiten: Sie können einfach alle kurzfristigen Verbindlichkeiten vom Wiederherstellungswert des Gesamtvermögens abziehen. Sie können auch latente Steuerverbindlichkeiten abziehen, da es sich dabei um rechtmäßige Verpflichtungen handelt, die das Unternehmen in der Zukunft zu erfüllen hat.

13. Langfristige Verbindlichkeiten bestehen hauptsächlich aus langfristigen Schulden. Als Anteilseigner können Sie die Gesamtverschuldung vom Wert der Aktiva subtrahieren. Es ist vorzuziehen, den aktuellen Marktwert der Schulden zu verwenden, aber der ausgewiesene Buchwert ist normalerweise eine vernünftige Schätzung. Ansonsten können Sie bei der Berechnung des Vermögenswerts des Unternehmens einfach die kurzfristigen Verbindlichkeiten und die latenten Steuerverbindlichkeiten abziehen.

GEWINN- UND VERLUSTRECHNUNG

Dollarbeträge in Tausend, außer Gewinn je Aktie						Laufendes Jahr	Normalisiert	
Jahr	1	2	3	4	5			
Gesamtumsatz	$ 50.500	$ 54.300	$ 53.900	$ 58.720	$ 61.220	$ 61.220	$ 55.728	Durchschnittlicher 5-Jahres-Umsatz
y/y % Δ	–	7,5 %	(0,7 %)	8,9 %	4,3 %		4,9 %	Durchschnittlicher 5-Jahres-Umsatz
Herstellungskosten der verkauften Waren	25.700	26.500	27.250	27.700	29.490			
Bruttogewinn	$ 24.800	27.800	26.650	31.020	31.730			
Brutto Marge	49 %	51 %	49 %	53 %	52 %			
Gesamtbetriebskosten	9.620	10.120	10.460	10.490	10.580			
Forschung und Entwicklung	3.900	4.100	4.250	4.420	4.560			
Vertrieb, Allgemeines und Verwaltung	3.535	3.825	3.644	4.290	4.280			
Marketing	1.515	1.629	1.617	1.762	1.837			
Sonstige	670	566	949	18	(97)			
Abschreibungsaufwand	2.100	2.290	2.350	2.425	2.600	2.600	2.353	Laufende und durchschnittliche 5-Jahres-Abschreibungen
Betriebsergebnis	$ 13.080	$ 15.390	$ 13.840	$ 18.105	$ 18.550	$ 18.550	$ 15.721	Operative Marge Annahme x Umsatz
Betriebliche Marge	26 %	28 %	26 %	31 %	30 %	30,3 %	28,2 %	Aktuelle und durchschnittliche 5-Jahres-Margen
Investitionen	2.200	2.346	2.700	2.850	3.140	3.140	2.647	Derzeitige und durchschnittliche 5-Jahres-Investitionen
% des Umsatzes	4,4 %	4,3 %	5,0 %	4,9 %	5,1 %	5,1 %	4,8 %	
Instandhaltungsinvestitionen	-	-	-	-	-	2.441	1.949	Investitionen abzüglich der impliziten Wachstumsinvestitionen

Nettobetriebsgewinn	12.980	15.334	13.490	17.680	18.010	18.709	16.126	Betriebsergebnis + Abschreibungen – Erhaltungsinvestitionen (historische Zahlen verwenden Bruttoinvestitionen)
Nettobetriebsergebnis nach Steuern (NOPAT)	10.712	12.938	11.004	14.166	14.389	14.947	13.174	Nettobetriebsergebnis x (1 – Effektiver Steuersatz)
Ertragswert (EPV) des Unternehmens bei KEINEM WACHSTUM						149.471	131.744	NOPAT / WACC
								Aktueller Marktwert der Schulden (kann auch den Buchwert als Proxy verwenden)
Subtrahieren: Schulden	10.900	10.900	10.900	10.900	10.900	10.900	10.900	
Hinzufügen: Überschüssige Barmittel	-	-	-	-	-	2.313	2.478	
								Unternehmens-EPV minus Gesamtverschuldung
Ertragswert des Eigenkapitals						140.885	123.323	
EPV je Aktie						$175	$154	
Ertragskraftwert (EPV) des Unternehmens MIT WACHSTUM								
NOPAT						$14.947	$13.174	
								Langfristiges nachhaltiges Wachstum sollte das BIP widerspiegeln
g: Nachhaltige Wachstumsrate (Wachstum erreicht mit Erhaltungsinvestitionen)						3%	3%	
EPV mit Wachstum						$213.530	$188.206	NOPAT / (WACC – g)
Subtrahieren: Schulden						$10.900	$10.900	
Hinzufügen: Überschüssige Barmittel						$2.313	$2.478	
Ertragswert des Eigenkapitals						$204.944	$179.785	
EPV pro Aktie						$255	$224	
Zinsaufwand	545	545	545	545	545			
Gewinn vor Ertragssteuern	$ 12.535	$ 14.845	$ 13.295	$ 17.560	$ 18.005			
Ertragsteueraufwand	2.190	2.320	2.450	3.490	3.620			

Nettoeinkommen	$ 10.345	$ 12.525	$ 10.845	$ 14.[illegible]70	$ 14.385			
Nettomarge	20,5 %	23,1 %	20,1 %	24,0 %	23,5 %			
Ausstehende Aktien	800	801	802	802	803	803	803	Aktuelle Aktienanzahl
Gewinn pro Aktie	$12,93	$15,64	$13,53	$17,53	$17,91			
Andere Daten:								
Sachanlagevermögen (PP&E)	$15.000	$15.056	$15.406	$15.331	$16.371			
PP&E zu Umsatz	29,7 %	27,7 %	28,6 %	27,0 %	26,7 %	27,9 %	27,9 %	Durchschnittliches PP&E zu Umsatz
Implizite Wachstumsinvestitionen						699	699	Implizite Wachstumsinvestitionen (durchschnittliches PP&E zum Umsatz x Umsatzveränderung zum Vorjahr)
Effektiver Steuersatz	17,5 %	15,6 %	18,4 %	19,9 %	20,1 %	20,1 %	18,3 %	Aktuell und durchschnittlich 5 Jahre
Gesamtverschuldung	10.900	10.900	10.900	10.900	10.900			
Liquide Mittel	3.300	3.600	3.920	3.360	4.150	2.313	2.478	Normalerweise benötigt ein Unternehmen 3 % liquide Mittel in Prozent der Einnahmen. Berechnen Sie daher den aktuellen Kassenbestand minus 3 % x Gesamteinnahmen.
Gezahlte Dividenden	3.500	3.500	3.500	3.500	3.500	3.500	3.500	Aktuell und Durchschnitt 5 Jahre

% des NOPAT	32,7 %	27,1 %	31,8 %	24,7 %	24,3 %	24,3 %	28,1 %	Aktuell und im 5-Jahres-Durchschnitt (zur Berechnung der gezahlten Dividende verwendet)
Aktienrückkäufe	4.792	6.318	5.142	7.399	7.620	7.620	6.254	Laufende und durchschnittliche 5 Jahre
% des NOPAT	44,7 %	48,8 %	46,7 %	52,2 %	53,0 %	53,0 %	49,1 %	Aktuell und im 5-Jahresdurchschnitt (zur Berechnung der Aktienrückkäufe)
Gewichteter durchschnittlicher Kapitalkostensatz						10 %	10 %	10 % kann als Benchmark-Satz verwendet werden, da öffentliche Aktien in der Vergangenheit in der Regel eine Rendite von 9 – 10 % erzielt haben. Sie können diesen Wert je nach erhöhtem/verringertem Risiko nach oben oder unten anpassen oder mit den Fremdkapitalkosten des Unternehmens + einer Aktienrisikoprämie beginnen.
GEWINN- UND VERLUSTRECHNUNG:								
NOPAT						14.947	13.174	
Ausgewiesenes Gesamtkapital (Eigenkapital + langfristiges Fremdkapital)						38.261	38.261	
Reproduktionswert des Unternehmens						86.083	86.083	
ROIC (unter Verwendung des gemeldeten Gesamtkapitals)						39,1 %	34,4 %	

			Beachten Sie, dass die ROICs unter Verwendung des Reproduktionswerts niedriger sind als die ROICs unter Verwendung des ausgewiesenen Gesamtkapitals, da die Vermögenswerte mit einem Aufschlag versehen sind, der den aktuellen Marktwert widerspiegelt. Dies führt zu einer besseren Annäherung an die ROICs und hilft Ihnen festzustellen, ob das Unternehmen wirklich einen Wettbewerbsvorteil hat, da die ROICs größer sein müssen als die WACC unter Verwendung von Reproduktionswerten.
ROIC (using reproduction value)	17,4 %	15,3 %	Übersetzt mit www.DeepL.com/Translator (kostenlose Version)
Schätzungen zur Bewertung:			
Reproduktionswert des Unternehmen	$86.083	$86.083	
Unternehmenserfolgswert mit KEINEM WACHSTUM	$149.471	$131.744	
Implizierter Franchise-Unternehmenswert	$63.388	$45.661	EPV – Reproduktionswert
Unternehmenserfolgswert MIT WACHSTUM	$213.530	$188.206	
Impliziter Wert des Unternehmenswachstums	$64.059	$56.462	

Reproduktionswert des Unternehmens

$86.083

Enterprise Earning Power Value with NO GROWTH

Bilanz **Dollar-Beträge in Tausend**				
	Jahresende	**Anpas-sungen**	**Angepass-ter Wert**	
Umlaufvermögen				
1. Bargeld und marktgängige Wertpapiere	$ 4.150	100 %	$ 4.151	
2. Forderungen aus Lieferungen und Leistungen	5.000	100 %	5.000	
zuzüglich: Wertberichtigung für uneinbringliche Forderungen		50	50	
3. Vorräte	8.450	100 %	8.450	
Hinzufügen: Last-In, First-Out (LIFO) Rücklage		200	200	
4. Aktive Rechnungsabgrenzungsposten	2.500	100 %	2.500	
5. Latente Steuern	1.500	100 %	1.500	
Umlaufvermögen insgesamt	$ 21.600		$ 21.851	
Langfristiges Betriebsvermögen				
6. Grundstücke	5.000	400 %	20.000	
Sachanlagen und Ausrüstung	$16.371			
Kumulierte Abschreibung	(7.560)			
7. Netto-P&E	$ 8.811	120 %	$ 10.573	unter der Annahme, dass P&E um 20 % auf der Grundlage ähnlicher Immobilien-/Anlagenwerte erhöht wurden
8. Goodwill	$ 7.850	0 %	0	
Sonstige				
9. Forschung und Entwicklung (F&E)	$ –	21.230	21.230	Gesamtausgaben für F&E in den letzten 5 Jahren
10. Kundenbeziehungen	$ –	17.429	17.429	Gesamtausgaben für VVG und Marketing in den letzten 3 Jahren
11. Sonstige	$ –	$0	0	
Gesamtvermögen	$ 43.261		$ 91.083	

12. Kurzfristige Verbindlichkeiten				
Verbindlichkeiten aus Lieferungen und Leistungen	$ 3.320	100 %	$ 3.320	
Abgegrenzte Aufwendungen	1.515	100 %	1.515	
Einkommensteuerverbindlichkeiten	165	100 %	165	
Kurzfristige Verbindlichkeiten aus Anleihen	3.125	100 %	3.125	
Kurzfristige Verbindlichkeiten insgesamt	$ 8.125		$ 8.125	
13. Langfristige Verbindlichkeiten				
Langfristige Schulden	$ 10.900	100 %	$ 10.900	
Gesamtverbindlichkeiten	$ 19.025		$ 19.025	
Eigenkapital				
Grundkapital	$ 8.125			
Gewinnrücklagen	16.111			
8. Gesamtes Eigenkapital	$ 24.230	Reproduktionswert des Eigenkapitals	$ 72.068	
				zieht die Schulden nicht ab, da sie im Gesamtunternehmenswert enthalten sind
		Reproduktionswert des Unternehmens	$ 86.083	
Gesamtverbindlichkeiten und Eigenkapital	$ 43.261			
Ausstehende Aktien	803		803	
Vermögenswert pro Aktie	$30		$90	

Schritt 3a: Ermittlung des Ertragswertes (EPV) ohne Wachstum (Earning Power Value)

Wir erinnern uns an Warren Buffetts Unterscheidung zwischen *Franchises* und *Unternehmen,* wenn es um Wettbewerbsvorteile geht. In seinem Brief an die Aktionäre von Berkshire Hathaway von 1991 sagte er, dass *Franchiseunternehmen,* die hohe Kapitalrenditen erzielen, zu Folgendem neigen:

1. Sie bieten Güter an, die benötigt oder gewünscht werden.
2. Es wird angenommen, dass es keine naheliegenden Ersatzprodukte gibt.
3. Sie besitzen eine Preismacht, die keiner Regulierung unterliegt.

Im Gegensatz dazu können *Unternehmen* ohne diese Attribute nur dann ungewöhnlich hohe Gewinne erzielen, wenn sie kostengünstige Anbieter sind oder das Marktangebot knapp ist. Kostengünstige Anbieter erfordern eine überlegene Verwaltung und Ausführung der Geschäftsstrategie. Marktschrumpfungen und -expansionen gehen tendenziell mit der Zyklik der Industrie und der Gesamtwirtschaft einher. Kein Wunder, dass sich zyklische Unternehmen der Fluglinien- oder Rohstoffbranche einem so schwierigen Wettbewerb gegenübersehen.

Der EPV oder auch Franchise Value ist die zweite Stufe der Wertermittlung, nach der wir im vergangenen Schritt die Wiederherstellungskosten ermittelt haben. Das Konzept dreht sich um Folgendes: Was wäre ein Unternehmen wert, wenn man einfach seine derzeitige nachhaltige Ertragskraft berechnen könnte, kurz gesagt, was wäre das Unternehmen wert, wenn es heute nicht mehr wachsen würde und auf dem Stand verharrte? Sie können den EPV anhand normalisierter Zahlen berechnen zum Beispiel anhand langfristiger Durchschnittswerte; in diesem Fall verwenden wir mehr als sieben Jahre als ungefähren Konjunkturzyklus, der die Umsätze am unteren Ende von Konjunkturabschwüngen und am oberen Ende von Konjunkturaufschwüngen einschließen sollte (die Idee ist, dass normalisierte Umsätze und Gewinnspannen die Hochs und Tiefs mitberücksichtigen sollten), oder anhand aktueller Zahlen, aber nur wenn Sie Grund zu der Annahme haben, dass die aktuellen Zahlen die langfristigen Aussichten besser darstellen. Dies gilt für alle nicht-zyklischen Unternehmen.

Schritt 3b: Ermittlung des Franchise-Werts (Franchise Value – FV)

Der Franchise-Wert ist die Differenz zwischen dem EPV und dem Wiederherstellungswert. Unternehmen, die eine über dem WACC (Kapitalkosten) liegende Kapitalrendite erzielen, sollten mehr wert sein als der Reproduktionswert selbst. Dieser überschüssige Wert ist auch proportional zu den überschüssigen Kapitalrenditen. Wenn beispielsweise die ROICs unter Verwendung normalisierter Annahmen 15,3 Prozent und die WACC 10 Prozent betragen, ist die Überschussrendite von 5,3 Prozent etwa 53 Prozent und damit mehr als die 10 Prozent WACC. Daher sollten Sie erwarten, dass der EPV ohne Wachstum etwa 53 Prozent über dem Reproduktionswert liegt: 131.744 US-Dollar / 86.083 US-Dollar – 1 = 53 Prozent.

Schritt 3c: Ermittlung des Ertragswerts (EPV) mit Wachstum (Earning Power Value)

Der EPV mit Wachstum kann berechnet werden, indem das Wachstum von den WACC abgezogen wird. Die Wachstumsrate kann berechnet werden, indem die Thesaurierungsrate des Unternehmens (das heißt der Anteil der einbehaltenen Gewinne im Vergleich zu den in Form von Dividenden oder Aktienrückkäufen ausgezahlten) mit der Kapitalrendite multipliziert wird. Oder das Unternehmen ist in der Lage, ohne zusätzliche Wachstumsinvestitionen zu wachsen, und zwar durch Preiserhöhungen und/oder Mengensteigerungen, die keine zusätzlichen Wachstumsinvestitionen erfordern. In diesem Fall gehen wir von Letzterem aus, sodass der NOPAT (Betriebsergebnis nach Steuern) unverändert bleibt, während das Unternehmen mit 3 Prozent wachsen kann. In vielen Fällen müssen Unternehmen jedoch Ausgaben tätigen, um ein Wachstum zu erzielen, und daher sollte der NOPAT um den Betrag der Wachstumsausgaben sinken, der erforderlich ist, um die von Ihnen angenommene Wachstumsrate zu erreichen. Ein Unternehmen, das beispielsweise 25 Prozent einbehält und 10 Prozent reinvestieren kann, kann mit 2,5 Prozent (25 Prozent x 10 Prozent) wachsen. Wenn das Unternehmen jedoch 1 Dollar verdient, müssen Sie 25 US-Dollar (die 25 Prozent, die es für das Wachstum einbehalten muss) abziehen, um 75 Dollar an Gewinn zu erhalten, und dann durch (r – g) dividieren. Mit anderen Worten: Sie berechnen den EPV mit Wachstum nicht als 1 US-Dollar / (10 Prozent – 2,5 Prozent), sondern als 0,75 US-Dollar/ (10 Prozent – 2,5 Prozent), um die Wachstumsinvestition zu berücksichtigen.

Schritt 3d: Ermittlung des Wachstumswerts

Der Wachstumswert wird einfach als die Differenz zwischen dem gesamten Unternehmenswert mit Wachstum und dem Unternehmenswert ohne Wachstum berechnet.

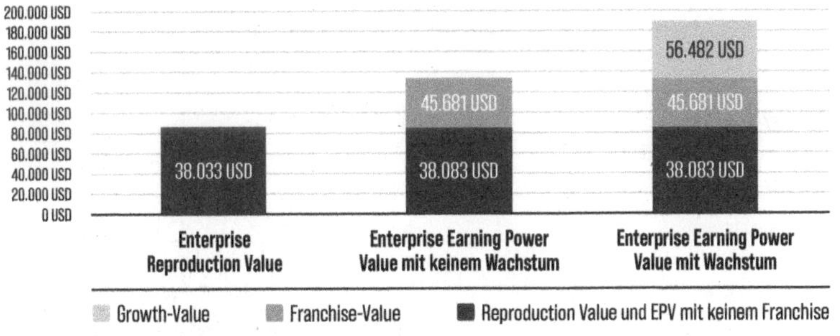

Abbildung 76: Enterprise Reproduction Value, Enterprise Earning Power Value mit keinem Wachstum, Enterprise Earning Power Value mit Wachstum

Quelle: Columbia Business School, Value Investing: Making Intelligent Investment Decisions

Schritt 3e: Ertragsbasierte Bewertung

Der Zweck einer ertragsbasierten Bewertung besteht darin, von der Berechnung eines absoluten Wertes zur Berechnung einer voraussichtlichen Rendite für Franchise-Unternehmen, die in Zukunft weiterhin wachsen können, überzugehen. Einige Unternehmen können lange Zeit mit hohen Raten wachsen, bevor sie ein gleichmäßiges Wachstum erreichen, und daher ist es sinnvoll, das Bewertungsmodell anzupassen, um in diese Art von Unternehmen zu investieren. Im Beispiel des EPVs »mit Wachstum« betrug das Wachstum 3 Prozent. Was aber, wenn das Unternehmen in den nächsten zehn Jahren um 10 Prozent oder mehr wachsen könnte? Der Wachstumsterm »g« für »growth« ist dann gleich oder höher als der WACC, was die bisherige Bewertung überflüssig macht. Unter diesen Umständen ist es besser, eine Rendite zu ermitteln, anstatt den Wert zu berechnen. Mit anderen Worten: Wenn der Wert = D1 / r – g ist, wobei D1 der ausschüttungsfähige Gewinn, r die Rendite oder der Diskontsatz und g die nachhaltige Wachstumsrate ist, dann können wir anstelle der Lösung für den Wert die Lösung für r oder die Rendite des Unternehmens finden, die einfach die Ausschüttungsrendite plus das Wachstum ist. In erweiterter Form bedeutet dies:

Ausschüttungsrendite + Gesamtwachstum
+ Gewinn/Verlust aus Mehrfachexpansion/-kontraktion.

Marktkapitalisierung	\$165.000	
plus: Langfristige Schulden	\$14.025	
minus: Barmittel	\$4.150	
Unternehmenswert	\$174.875	
Ausschüttungsrendite:		
Dividende	\$3.704	unter der Annahme eines 5-Jahres-Durchschnitts von % des NOPAT multipliziert mit dem nachhaltigen NOPAT
Aktienrückkäufe	\$6.468	unter der Annahme eines 5-Jahres-Durchschnitts von % des NOPAT multipliziert mit dem nachhaltigen NOPAT
Zinsaufwand	\$545	ausgewiesen
Ausschüttung insgesamt	\$10.716	
Ausschüttungsrendite	6,1 %	Gesamtausschüttung an das Unternehmen / Unternehmenswert

NOPAT	$13.174	
Ausschüttung in % des NOPAT	81,3 %	Dies gibt an, was das Unternehmen in % seines Gewinns ausschüttet.
Einbehaltener Anteil	18,7 %	Dies ist der Betrag, den das Unternehmen für Wachstumsinvestitionen und Übernahmen verwenden kann, d. h. der Restbetrag.
Wachstum:		
Freies organisches Wachstum	3,0 %	Es wird angenommen, dass das Unternehmen mit 3 % wachsen kann, ohne dass zusätzliche Wachstumsinvestitionen erforderlich sind.
Wachstum durch Wachstumsinvestitionen:	2,9 %	Inkrementelle ROICs x % einbehalten (siehe unten). Dabei wird angenommen, dass das Unternehmen so lange wie Ihr Zeithorizont mit dieser Rate wachsen kann.
Inkrementelle ROICs	15,3 %	Es wird angenommen, dass das Unternehmen zu denselben ROICs reinvestieren kann, die es derzeit erzielt. Sie müssen prüfen, welche inkrementellen Renditen das Unternehmen erzielen kann, die sich von den historischen ROICs unterscheiden können.
Einbehaltener Prozentsatz	18,7 %	siehe oben
Wachstum aus Akquisitionen	–	Unter der Annahme, dass das Unternehmen nicht akquisitorisch tätig ist
Gesamtwachstum	5,9 %	Freies organisches Wachstum + Wachstum aus Wachstum CapEx + Wachstum aus Akquisitionen
Aktuelles NOPAT-Multiple	13,3x	Unternehmenswert / NOPAT
Historisches NOPAT-Multiple	12,0x	Geht von einem 5-Jahres-Durchschnitt von 12x aus
NOPAT-Multiplikatoren der Vergleichsunternehmen	9,5x	Geht davon aus, dass die Vergleichsunternehmen aufgrund des höheren Risikos (z. B. höhere Verschuldung) und des geringeren Wachstums mit einem niedrigeren Multiplikator gehandelt werden
Gerechtfertigter langfristiger Multiplikator	14,3x	1 / r – g, oder 1 / (10 % – 3 %)
WACC	10,0 %	
Langfristige nachhaltige Wachstumsrate	3,0 %	
Anlagehorizont (Jahre)	10	so lange wollen Sie investiert sein

Angenommener Multiplikator	14,3x	Sie können historische NOPAT-Multiplikatoren, Peer-Multiplikatoren und einen gerechtfertigten Multiplikator auf der Grundlage der Fundamentaldaten betrachten. Hier verwenden wir einen gerechtfertigten Multiplikator.
Multiple Expansionsgewinn	7,6 %	Angenommener Multiplikator geteilt durch den aktuellen NOPAT-Multiplikator
Multiplikator-Expansionsgewinn über den Investitionszeitraum	0,7 %	Dies ist der durchschnittliche Gewinn pro Jahr, der sich aus der Expansion oder Kontraktion des Multiplikators ergibt.
Erwartete Gesamtrendite	12,7 %	
Hurdle Rate	10,0 %	Dies ist subjektiv. Dies ist Ihre eigene Benchmark-Rendite.
Überschussrendite	2,7 %	Dies ist die Überschussrendite, die Sie zu erzielen erwarten. Dies stellt auch Ihre Sicherheitsmarge dar – je höher die erwartete Rendite im Vergleich zu Ihrer Hurdle Rate, desto höher die Sicherheitsmarge.

Identifizieren Sie Unternehmen, deren Wert für Sie zuverlässig kalkulierbar ist (Kreis der Kompetenz). Investieren Sie unter diesen Unternehmen in diejenigen, deren Marktpreis (Eigenkapital plus Fremdkapital) unter dem von Ihnen errechneten Wert liegt, mit einer angemessenen Sicherheitsmarge (ein Drittel bis die Hälfte des Kurses als Sicherheitsmarge).

CEOs sind oftmals die besseren Investoren als 90 Prozent der Fondsmanager, und ein guter Fondsmanager, der als langfristiger Investor denkt, vergibt faktisch an die CEOs der Unternehmen, in die er investiert, Unteraufträge. Daher entfällt ein Großteil der Arbeit darauf, Kapitalallokatoren zu finden, die jetzt schon Zusammenhänge erkennen, die wir und der Markt vielleicht erst in einigen Jahren entdecken. Doch wie erkennen wir das? Wie erkennen wir gute CEOs an ihren Zahlen und fallen nicht auf charismatische Verkäufer herein?

In der Regel investieren wir in Unternehmen, die zwischen 25 und 30 Prozent Rendite auf das eingesetzte Kapital (ROCE) bieten. Dies bedeutet, dass es den CEOs dieser Unternehmen gelungen ist, Bargeld/Cash in ihr Geschäft zu investieren und Gewinne zu erzielen, die sowohl das Eigenkapital als auch die langfristigen Schulden weit übersteigen. Es ist die wichtigste finanzielle Messgröße für die Leistung eines Unternehmens. Wenn Sie in ein festverzinsliches Wertpapier investieren, möchten Sie den Zinssatz ebenfalls kennen. Wenn Sie in einen Fonds investieren, möchten Sie wissen, welche Rendite er erzielen kann. Wieso also bei einer Aktie nicht? Wir durchsuchen unser Anlageuniversum auch ständig, um zu sehen, ob es andere gute Unternehmen gibt, die einen besseren Wert und eine bessere Rendite zu bieten scheinen, und wenn ja, wechseln wir und schichten um. Dies ist besonders wahrscheinlich, wenn wir Phasen mit hoher Volatilität im Gesamtmarkt haben. In anderen Fällen haben wir als Verkaufskriterium festgelegt, wenn das Management dem Unternehmen kein sinnvolles Kapital mehr zuweist oder das Geschäft nicht mehr so führt, dass die von uns angestrebte Gesamtrendite erreicht wird.

Wir wollen gute Unternehmen kaufen und am liebsten für immer halten, aber manchmal ändern sich die Umstände und genau darin liegt neben dem Short Selling der entscheidende Aspekt zum klassischen Buy-und-Hold-Anleger. Wir möchten unser Kapital bestmöglich allokiert haben. Buy and Hold für Einzelaktien halten wir für äußerst abenteuerlich. Ein Kursverfall muss nicht geduldet und ausgesessen werden, wenn es nachhaltige Gründe für den Verkauf gibt. Anleger verwechseln dies oftmals, es geht hierbei nicht um Markettiming, aber Sie können nicht einfach eine Blankovollmacht für Ihr Vermögen ausstellen, ohne zu verfolgen, was mit diesem Geld passiert, auch nicht bei scheinbar konservativen Investments. Sollten Anleger nicht dazu bereit sein, ihre Einzelinvestments zumindest in regelmäßigen Abständen einer Untersuchung auf ihren inneren Wert zu vollziehen, eignet sich die aktive Geldanlage nicht. In diesem Fall empfiehlt sich bei entsprechend langem Anlagehorizont nur die passive Geldanlage in ETFs oder ganz selektiv in aktiv gemanagte Fonds. Investoren sollten jederzeit wissen, was ihr Portfolio auf dem Papier wert ist, also die aktuellen Kursnotierungen, aber auch den fairen inneren Wert ermittelt haben, den realen zugrunde liegenden Wert eines Investments und einer erwartbaren Rendite in den kommenden Jahren. Für einen interessanten Ansatz halten wir die »Forward Rate of Return«.

Forward Rate of Return (erwartete Rendite für die Zukunft)

Forward Rate of Return ist ein Konzept, das der Fondsmanager Don Yacktman in seinem Anlageansatz verwendet. Yacktman definierte die Terminrendite als die normalisierte freie Cashflow-Rendite plus Realwachstum plus Inflation.

Wenn das Geschäft stabil ist, ist diese Berechnung ziemlich einfach. Beim S&P 500 würden wir beispielsweise die Gewinne »normalisieren«, also glätten. Wir würden dann berechnen, welcher Prozentsatz dieser Erträge nicht in die zugrunde liegenden Geschäfte reinvestiert wird und daher für uns Aktionäre übrig bleibt. Historisch gesehen waren dies für den S&P 500 knapp 50 Prozent des Gewinns. Bedeutet also:

50 × ½ / 4.600* gibt Ihnen eine normalisierte freie Cashflow-Rendite von ungefähr 0,5 Prozent.*

Die historische reale Wachstumsrate der S&P-500-Unternehmen beträgt etwa 1,5 Prozent. Unter der Annahme einer Inflationsrate von 5 Prozent beträgt die Terminrendite einer Anlage in den S&P 500 heute etwa 7 Prozent, zusammengesetzt aus:

0,5 Prozent Free-Cashflow-Rendite plus 1,5 Prozent Realwachstum plus 5 Prozent Inflation.

Im Gegensatz zur Ertragsrendite verwendet die Forward Rate of Return den normalisierten Free Cashflow der letzten fünf Jahre und berücksichtigt das Wachstum. Die Terminrendite kann man sich als die Rendite vorstellen, die Anleger, die die Aktie heute kaufen, in Zukunft von ihr erwarten können. Dasselbe muss man nun auch für jedes andere nicht risikolose Investment machen und vergleichen.

Als Wachstumskomponente für Einzelaktien der Forward-Rate-of-Return-Berechnung verwenden wir wieder die durchschnittliche Sieben-Jahres-Wachstumsrate des EBITDA pro Aktie als Wachstumsrate, und die Wachstumsrate ist für eine konservative und planbare Berechnung immer auf 20 Prozent begrenzt. Für den Free Cashflow verwenden wir Kennzahlen pro Aktie, die über fünf Jahre gemittelt wurden.

---

* Januar 2021, als der S&P 500 bei etwa 4.600 stand.

Wir verwenden wieder sieben Jahre, um sie mit der Wachstumsrate vergleichbar zu machen. Bei der Berechnung der Forward Rate of Return wird die Wachstumsrate direkt zur heutigen Free-Cashflow-Rendite addiert. Daher ist die Berechnung nur dann verlässlich, wenn das Unternehmen auch in Zukunft im gleichen Tempo wachsen kann wie in der Vergangenheit. Darauf sollten Anleger bei der Recherche nach Wachstumswerten besonders achten.

Eine jährliche Rendite für den S&P 500 von 7 Prozent mag gar nicht so schlecht klingen, wobei man natürlich berücksichtigen muss, dass darin 5 Prozent Inflation enthalten sind und die Realgewinne somit nicht zum Kapitalaufbau beitragen.

Die größte Herausforderung bei diesem Ansatz besteht wohl in erster Linie darin, gute Unternehmen zu finden, was alle Investoren auf die eine oder andere Weise anstreben.

Die sechs wichtigsten Kennzahlen zur Bewertung eines Investments

> *»Ich habe bei meinen Börsenspekulationen nie zu den Dummköpfen gehört, die immer wieder den unmöglichen Versuch machen, nur zum niedrigsten Kurs zu kaufen und zum höchsten zu verkaufen.«*
>
> Amschel Mayer Rothschild

Die sechs folgenden Schritte können den Erfolg weiter erhöhen. Ist das Business profitabel? Hier schauen wir uns folgende Kennzahlen an:

Bruttogewinnmarge (Gross Margin):

Bruttomarge = Bruttoergebnis vom Umsatz/Umsatzerlöse.

In gewisser Weise ist dies die Königin der Kennzahlen, da sie zeigt, ob das Herz eines Unternehmens profitabel ist und auch, ob es die

Fähigkeit hat, zukünftige exogene Schocks zu überstehen. Je höher die Zahl, desto besser, aber wir suchen vor allem nach Stabilität im Laufe der Zeit, um »One-Trick-Wonder«-Aktien zu vermeiden. Eine steigende Bruttogewinnmarge weist auf die Stabilität des Burggrabens hin, insbesondere in Rezessionsphasen wird uns aufgezeigt, wie zyklisch das Unternehmen ist.

Betriebsgewinnmarge (Operating profit margin):

(EBIT). Betr.Gew. (vor Zinsen + Steuern) x 100.

Sobald Sie sich ein klares Bild von der Stärke und Beständigkeit der Bruttomarge gemacht haben, berücksichtigt diese nächste Zahl die Betriebsgemeinkosten, um eine Momentaufnahme der Kernrentabilität und Kostenkontrolle zu erhalten. Nachdem wir alle Kosten, die das Unternehmen hat, abgezogen haben, erhalten wir also den prozentualen Profit vom Umsatz.

Rendite auf das eingesetzte Kapital (Return on capital employed):

Gewinn x 100 / eingesetztes Kapital = Rendite in Prozent.

Nun zu einer Zahl, die die Gewinn- und Verlustrechnung mit der Bilanz verbindet – oder die Rentabilität mit der Höhe der Vermögenswerte gleichsetzt, die zu ihrer Generierung erforderlich sind. Der ROCE (wie er bekannt ist) ist ein großes Maß für die Fähigkeit des Managements, Vermögenswerte in Renditen umzuwandeln. Auch hier ist der Gesamttrend wichtig, insbesondere in Kombination mit den anderen Kennzahlen. Zusammenfassend ist der ROCE die finanzielle Messgröße, die den Unternehmenseigentümern zufließt.

Cash-Generierung und -Umwandlung (Cash generation and conversion):

Cashflow/Jahresüberschuss.

Während die Rentabilität der Schlüssel zum Erfolg ist, müssen Unternehmen auch in der Lage sein, diese regelmäßig und effektiv in Bargeld umzuwandeln. Daher beobachten wir den Zusammenhang zwischen operativem Ergebnis und operativem Cashflow – je näher die beiden Zahlen beieinander liegen und je größer sie sind, desto besser.

Finanzstabilität - Hebelwirkung (Financial stability - leverage):

Statischer Verschuldungsgrad = Fremdkapital / Eigenkapital.

Nun zum finanziellen Risiko, gemessen als Leverage oder »Gearing«. Auch hier suchen wir nach der Fähigkeit einer Firma, eine schwierige Phase zu überstehen. Zu hohe Schulden im Verhältnis zu Eigenkapital können auf Schwierigkeiten und mangelnde Flexibilität bei der Beschaffung weiterer Mittel hinweisen. Zusammenfassend gibt uns die Kennzahl das Verhältnis zwischen der Verschuldung und dem Eigenkapital einer Firma wieder.

Finanzstabilität - Zinsdeckung (Financial stability - interest coverage):

Interest Coverage: EBIT (Earnings Before Interests and Taxes) / sämtliche Zinsaufwendungen.

1. Die Schuldenlast des Unternehmens, gemessen an seiner Zinsdeckung (aktuelles Jahr). Je höher, desto besser:

Ähnlich wie ein Eigenheimkäufer, der seine Hypothekenzinsen decken muss, benötigt unser Investment aufgrund von vorhandenen Schulden oftmals ebenfalls eine ausreichende Zinsabdeckung, um seine Zinsrechnungen decken zu können. Grundsätzlich gilt: Je höher, desto besser (mindestens 5 und keinesfalls kleiner als 2, es sei denn, es handelt sich um einen Turnaround Trade).

2. Verhältnis von Schulden zu Einnahmen. Je niedriger, desto besser.

3. Altmanscher Z-Score:

Der Altmansche Z-Score wurde von Professor Edward Altman 1968 entwickelt. Mithilfe von Kennzahlen aus der Gewinn-und-Verlust-Rechnung sowie der Bilanz wird eine Wahrscheinlichkeit einer Insolvenz eines Unternehmens ermittelt. Das Analyse-Tool konnte in 72 Prozent der Fälle eine Insolvenz zwei Jahre im Voraus korrekterweise vorhersagen. Die zugrunde liegende Formel sieht wie folgt aus: $Z = 1{,}2X1 + 1{,}4X2 + 3{,}3X3 + 0{,}6X4 + 0{,}999X5$.

- X_1= Working Capital/Bilanzsumme,
- X_2= einbehaltene Gewinne/Bilanzsumme,
- X_3= EBIT/Bilanzsumme,
- X_4= Marktwert des Eigenkapitals/Summe der Verbindlichkeiten,
- X_5= Umsatz/Bilanzsumme.

Bei der Analyse wird das Ergebnis in drei verschiedene Bereiche eingeteilt:

Safe Zone: 2,67 > Grey Zone > 1,81: Distress Zone.

Je kleiner der Wert, desto schlechter die finanzielle Gesundheit. Dementsprechend steigt die Wahrscheinlichkeit einer Insolvenz.

Grundlagen der Finanzkennzahlen

Als Grundlage der Bilanzanalyse möchten wir Ihnen eine Erläuterung über die wichtigsten Kennzahlen bereitstellen:

Wir alle erinnern uns an den unsterblichen Satz von Cuba Gooding Jr. aus dem Film *Jerry Maguire*: »Führ mich zum Schotter!« Das ist es, was Finanzberichte tun. Sie zeigen uns das Geld. Sie zeigen Ihnen, woher das Geld eines Unternehmens kam, wohin es geflossen ist und wo es jetzt ist.

Es gibt vier Hauptabschlüsse. Diese sind: (1) Bilanzen (balance sheets); (2) Gewinn- und Verlustrechnungen (income statements); (3) Kapitalflussrechnungen (cashflow statements); und (4) Aufstellungen des Eigenkapitals (statements of shareholder equity). Bilanzen zeigen, was ein Unternehmen besitzt und was es zu einem festgelegten Zeitpunkt schuldet. Gewinn- und Verlustrechnungen zeigen, wie viel Geld ein Unternehmen über einen bestimmten Zeitraum verdient und ausgegeben hat. Kapitalflussrechnungen zeigen den Geldaustausch zwischen einem Unternehmen und der Außenwelt auch über einen bestimmten Zeitraum. Der vierte Jahresabschluss, der als »Eigenkapitalnachweis« bezeichnet wird, zeigt die Veränderungen der Aktionärs-Interessen des Unternehmens im Laufe der Zeit.

Bilanzen

Eine Bilanz gibt detaillierte Auskunft über das Vermögen, die Verbindlichkeiten und das Eigenkapital eines Unternehmens.

Vermögenswerte sind Dinge, die ein Unternehmen besitzt und die einen Wert haben. Dies bedeutet normalerweise, dass sie entweder verkauft oder vom Unternehmen verwendet werden können, um Produkte herzustellen oder Dienstleistungen bereitzustellen, die verkauft werden können. Zu den Vermögenswerten gehören physisches Eigentum wie Anlagen, Lastwagen, Ausrüstung und Inventar. Dazu gehören auch Dinge, die nicht berührt werden können, aber dennoch existieren und einen Wert haben, wie Marken und Patente. Und Bargeld selbst ist ein Vermögenswert.

Verbindlichkeiten sind hingegen Geldbeträge, die ein Unternehmen anderen schuldet. Dies kann alle Arten von Verpflichtungen umfassen, wie Geld, das von einer Bank geliehen wird, um ein neues Produkt auf den Markt zu bringen, Miete für die Nutzung eines Gebäudes, Geld, das Zulieferern für Materialien geschuldet wird, Gehalt, das ein Unternehmen seinen Mitarbeitern schuldet, Umweltsanierungskosten oder geschuldete Steuern an den Staat. Zu den Verbindlichkeiten gehören auch Verpflichtungen zur künftigen Lieferung von Waren oder Dienstleistungen an Kunden.

Das Eigenkapital der Aktionäre wird manchmal als »Kapital« oder »Reinvermögen« bezeichnet. Es ist das Geld, das übrig bleiben würde, wenn ein Unternehmen alle seine Vermögenswerte verkaufen und alle seine Verbindlichkeiten begleichen würde. Dieses übrig gebliebene Geld gehört den Aktionären oder den Eigentümern des Unternehmens. Die Aktiva ergeben sich also aus der Addierung der Passiva sowie des Eigenkapitals.

Auf der linken Seite der Bilanz listen Unternehmen ihre Vermögenswerte auf. Auf der rechten Seite listen sie ihre Verbindlichkeiten und ihr Eigenkapital auf. Manchmal zeigen Bilanzen oben Vermögenswerte gefolgt von Verbindlichkeiten und unten das Eigenkapital.

Vermögenswerte werden im Allgemeinen danach aufgelistet, wie schnell sie in Bargeld umgewandelt werden. Das Umlaufvermögen sind Dinge, die ein Unternehmen voraussichtlich innerhalb eines Jahres in Bargeld umwandeln wird. Ein gutes Beispiel ist das Inventar. Die meisten Unternehmen gehen davon aus, dass sie ihre Bestände innerhalb eines Jahres gegen Barzahlung verkaufen werden. Langfristige Vermögenswerte sind Dinge, die ein Unternehmen voraussichtlich nicht innerhalb eines Jahres in Bargeld umwandeln wird oder deren Verkauf länger als ein Jahr dauern würde. Das Anlagevermögen umfasst Gegenstände, die zum dauernden Gebrauch im Unternehmen bestimmt sind. Sachanlagen sind Vermögenswerte, die für den Betrieb des Unternehmens verwendet werden, aber nicht zum Verkauf stehen, wie Lastwagen, Büromöbel und andere Immobilien.

Verbindlichkeiten werden grundsätzlich nach Fälligkeit aufgelistet. Verbindlichkeiten werden entweder als »kurzfristig« oder als »langfristig« bezeichnet. Kurzfristige Verbindlichkeiten sind Verpflichtungen, die ein Unternehmen voraussichtlich innerhalb des Jahres zurückzahlen wird. Langfristige Verbindlichkeiten sind Verpflichtungen, die in mehr als einem Jahr fällig werden.

Das Eigenkapital der Aktionäre ist der Betrag, den die Eigentümer in die Aktien des Unternehmens investiert haben, zuzüglich oder abzüglich der Gewinne oder Verluste des Unternehmens seit seiner Gründung. Manchmal schütten Unternehmen Gewinne aus, anstatt sie einzubehalten. Diese Ausschüttungen werden »Dividenden« genannt.

Eine Bilanz zeigt eine Momentaufnahme der Vermögenswerte, der Schulden und des Eigenkapitals eines Unternehmens am Ende des Berichtszeitraums. Sie zeigt allerdings nicht die Zu- und Abflüsse in die Konten während des Zeitraums.

Gewinn- und Verlustrechnungen

Eine Gewinn- und Verlustrechnung ist ein Bericht, der zeigt, wie viel Umsatz ein Unternehmen über einen bestimmten Zeitraum (normalerweise ein Jahr oder ein Teil eines Jahres) erzielt hat. Eine Gewinn- und Verlustrechnung zeigt auch die Kosten und Ausgaben, die mit der Erzielung dieser Einnahmen verbunden sind. Die Aufstellung zeigt normalerweise die Nettogewinne oder -verluste des Unternehmens, also wie viel das Unternehmen im Laufe des Zeitraums verdient oder verloren hat.

Gewinn- und Verlustrechnungen weisen auch den Gewinn je Aktie (oder »EPS«) aus. Diese Berechnung sagt Ihnen, wie viel Geld die Aktionäre erhalten würden, wenn das Unternehmen beschließen würde, den gesamten Nettogewinn für den Zeitraum auszuschütten.

Um zu verstehen, wie Gewinn- und Verlustrechnungen erstellt werden, stellen Sie sich diese wie eine Treppe vor. Sie beginnen ganz oben mit dem Gesamtbetrag der Verkäufe, die während des Abrechnungszeitraums getätigt wurden. Dann eine Stufe nach unten und so weiter. Bei jedem Schritt nehmen Sie einen Abzug für bestimmte Kosten oder andere Betriebsausgaben vor, die mit der Erzielung der Einnahmen verbunden sind. Am Ende der Treppe erfahren Sie nach Abzug aller Ausgaben, wie viel das Unternehmen im Abrechnungszeitraum tatsächlich verdient oder verloren hat (»das Endergebnis«).

Ganz oben in der Gewinn- und Verlustrechnung steht der Gesamtbetrag der Einnahmen aus dem Verkauf von Produkten oder Dienstleistungen. Diese obere Zeile wird oft als »Bruttoumsatz« oder »Umsatz« bezeichnet. »Brutto« deshalb, weil noch keine Ausgaben davon abgezogen wurden.

Die nächste Zeile entspricht Geld, das das Unternehmen bei bestimmten Verkäufen nicht erwartet. Dies kann beispielsweise auf Rabatte oder Warenrücksendungen zurückzuführen sein.

Zieht man vom Bruttoumsatz die Retouren und Abzüge ab, erhält man den Nettoumsatz des Unternehmens.

Wenn Sie die Treppe von der Nettoumsatzlinie nach unten gehen, gibt es mehrere Linien, die verschiedene Arten von Betriebsausgaben darstellen. Obwohl diese Zeilen in verschiedenen Reihenfolgen gemeldet werden können, zeigt die nächste Zeile nach den Nettoeinnahmen normalerweise die Kosten der Verkäufe. Diese Zahl gibt Ihnen den Geldbetrag an, den das Unternehmen ausgegeben hat, um die Waren oder Dienstleistungen zu produzieren, die es während des Abrechnungszeitraums verkauft hat.

In der nächsten Zeile werden die Umsatzkosten von den Nettoeinnahmen abgezogen, um eine Zwischensumme namens »Bruttogewinn« oder manchmal »Bruttomarge« zu erhalten. Es wird als »brutto« betrachtet, weil es bestimmte Ausgaben gibt, die noch nicht davon abgezogen wurden.

Der nächste Abschnitt befasst sich mit den Betriebsausgaben. Dies sind Ausgaben, die für einen bestimmten Zeitraum zur Unterstützung der Geschäftstätigkeit eines Unternehmens verwendet werden – beispielsweise Gehälter für Verwaltungspersonal und Kosten für die Erforschung neuer Produkte. Marketingausgaben sind ein weiteres Beispiel. Betriebskosten unterscheiden sich von den oben abgezogenen »Umsatzkosten«, da die Betriebskosten nicht direkt mit der Herstellung der verkauften Produkte oder Dienstleistungen in Verbindung gebracht werden können.

Abschreibungen werden ebenfalls vom Bruttogewinn abgezogen. Die Abschreibung berücksichtigt die Abnutzung einiger Vermögenswerte wie Maschinen, Werkzeuge und Möbel, die langfristig genutzt werden. Unternehmen verteilen die Kosten dieser Vermögenswerte über die Zeiträume, in denen sie genutzt werden. Dieser Prozess der Verteilung dieser Kosten wird als »Abschreibung« oder »Amortisation« bezeichnet. Die »Gebühr« für die Nutzung dieser Vermögenswerte während des Zeitraums beträgt einen Bruchteil der ursprünglichen Kosten der Vermögenswerte.

Nachdem alle Betriebsausgaben vom Bruttogewinn abgezogen wurden, erhalten Sie den Betriebsgewinn vor Zinsen und Einkommensteueraufwand. Dies wird oft als »Ergebnis aus der Geschäftstätigkeit« bezeichnet.

Als Nächstes müssen Unternehmen Zinserträge und Zinsaufwendungen bilanzieren. Zinserträge sind das Geld, das Unternehmen verdienen, wenn sie ihre Barmittel auf verzinslichen Sparkonten, Geldmarktfonds und dergleichen halten. Auf der anderen Seite sind Zinsaufwendungen das Geld, das Unternehmen an Zinsen für Geld zahlen, das sie sich leihen. Einige Gewinn- und Verlustrechnungen weisen Zinserträge und Zinsaufwendungen getrennt aus. Einige Einkommenserklärungen kombinieren die beiden Zahlen. Die Zinserträge und -aufwendungen werden dann zu den Betriebsgewinnen hinzuaddiert oder abgezogen, um den Betriebsgewinn vor Ertragsteuern zu erhalten.

Abschließend wird die Einkommensteuer abgezogen und Sie erhalten unterm Strich: Nettogewinn oder Nettoverlust. Dies gibt an, wie viel das Unternehmen während des Abrechnungszeitraums tatsächlich verdient oder verloren hat. Hat das Unternehmen Gewinn gemacht oder Geld verloren?

Gewinn pro Aktie oder EPS

Die meisten Gewinn- und Verlustrechnungen beinhalten eine Berechnung des Gewinns je Aktie oder EPS. Diese Berechnung sagt Ihnen, wie viel Geld Aktionäre für jede Aktie erhalten würden, die sie besitzen, wenn das Unternehmen seinen gesamten Nettogewinn für den Zeitraum ausschütten würde.

Um das EPS zu berechnen, nehmen Sie den gesamten Nettogewinn und dividieren ihn durch die Anzahl der ausstehenden Aktien des Unternehmens.

Kapitalflussrechnungen

Kapitalflussrechnungen berichten über die Zu- und Abflüsse eines Unternehmens. Dies ist wichtig, da ein Unternehmen über genügend Barmittel verfügen muss, um seine Ausgaben zu bezahlen und Vermögenswerte zu erwerben. Während die Gewinn- und Verlustrechnung Ihnen Aufschluss darüber geben kann, ob ein Unternehmen einen Gewinn erzielt hat, kann Ihnen eine Kapitalflussrechnung Aufschluss darüber geben, ob das Unternehmen zusätzliche Barmittel erwirtschaftet hat.

Eine Kapitalflussrechnung zeigt eher Veränderungen im Laufe der Zeit als absolute Beträge zu einem bestimmten Zeitpunkt. Sie verwendet und ordnet die Informationen aus der Bilanz und der Gewinn- und Verlustrechnung eines Unternehmens neu.

Die untere Zeile der Kapitalflussrechnung zeigt die Nettozunahme oder -abnahme der Barmittel für den Zeitraum. Im Allgemeinen werden Kapitalflussrechnungen in drei Hauptteile unterteilt. Jeder Teil überprüft den Cashflow aus einer von drei Arten von Aktivitäten: (1) operative Tätigkeiten; (2) Investitionstätigkeiten; und (3) Finanzierungstätigkeiten.

Operative Tätigkeiten

Der erste Teil einer Kapitalflussrechnung analysiert den Cashflow eines Unternehmens aus Nettogewinnen oder -verlusten. Für die meisten Unternehmen stimmt dieser Abschnitt der Kapitalflussrechnung den Nettogewinn (wie in der Gewinn- und Verlustrechnung gezeigt) mit den tatsächlichen Barmitteln ab, die das Unternehmen aus seiner Geschäftstätigkeit erhalten oder dafür verwendet hat. Zu diesem Zweck bereinigt es den Nettogewinn um alle nicht zahlungswirksamen Posten (zum Beispiel die Hinzurechnung von Abschreibungsaufwendungen) und bereinigt alle Barmittel, die von anderen betrieblichen Vermögenswerten und Verbindlichkeiten verwendet oder bereitgestellt wurden.

Investitionstätigkeiten

Der zweite Teil einer Kapitalflussrechnung zeigt den Cashflow aus allen Investitionstätigkeiten, die im Allgemeinen den Kauf oder Verkauf von langfristigen Vermögenswerten wie Sachanlagen und Wertpapieren des Anlagevermögens umfassen. Wenn ein Unternehmen eine Maschine kauft, würde die Kapitalflussrechnung diese Aktivität als Mittelabfluss aus Investitionstätigkeit widerspiegeln, da es Bargeld verwendet hat. Wenn das Unternehmen beschließt, einige Anlagen aus einem Anlageportfolio zu verkaufen, würden die Erlöse aus den Verkäufen als Mittelzufluss aus Investitionstätigkeit erscheinen, da sie als Barmittel bereitstehen.

Finanzierungstätigkeiten

Der dritte Teil einer Kapitalflussrechnung zeigt den Cashflow aus allen Finanzierungstätigkeiten. Zu den typischen Cashflow-Quellen gehören Barmittel, die durch den Verkauf von Aktien und Anleihen oder die Kreditaufnahme bei Banken beschafft wurden.

Lesen Sie die Fußnoten

Die Fußnoten zum Jahresabschluss sind vollgepackt mit Informationen. Hier sind einige der Highlights:

Wesentliche Rechnungslegungsgrundsätze und -praktiken – Unternehmen müssen die Rechnungslegungsgrundsätze offenlegen, die für die Darstellung der Finanzlage und der Ergebnisse des Unternehmens am wichtigsten sind. Diese erfordern oft die schwierigsten, subjektivsten oder komplexesten Urteile des Managements.

Ertragsteuern – Die Fußnoten enthalten detaillierte Informationen zu den laufenden und latenten Ertragsteuern des Unternehmens. Die Informationen sind nach Bundes-, Landes-, Kommunal- und/oder Auslandsebene aufgeschlüsselt und die Hauptposten, die sich auf den effektiven Steuersatz des Unternehmens auswirken, werden beschrieben.

Pensionspläne und andere Rentenprogramme – In den Fußnoten werden die Pensionspläne und andere Renten- oder Leistungsprogramme des Unternehmens erörtert. Die Erläuterungen enthalten spezifische Informationen über den Bestand und die Kosten dieser Programme und geben an, ob und um wie viel die Pläne über- oder unterfinanziert sind.

Aktienoptionen – Die Erläuterungen enthalten auch Informationen über Aktienoptionen, die Führungskräften und Mitarbeitern gewährt wurden, einschließlich der Methode zur Bilanzierung von aktienbasierter Vergütung und der Auswirkung der Methode auf die ausgewiesenen Ergebnisse. Insbesondere in den letzten Jahren ist dieser Punkt immer wichtiger geworden.

MD&A – Eine Erläuterung der finanziellen Leistung eines Unternehmens finden Sie in einem Abschnitt des Quartals- oder Jahresberichts mit dem Titel »Erörterung und Analyse der Finanzlage und der Betriebsergebnisse durch das Management«. MD&A ist die Möglichkeit des Managements, Investoren seine Einschätzung der finanziellen Leistung und des Zustands des Unternehmens zu vermitteln. Es ist die Gelegenheit des Managements, den Anlegern mitzuteilen, was der Jahresabschluss zeigt und was nicht, sowie wichtige Trends und Risiken, die die Vergangenheit geprägt haben oder mit ziemlicher Wahrscheinlichkeit die Zukunft des Unternehmens prägen werden.

Die MD&A-Regeln der SEC verlangen die Offenlegung von Trends, Ereignissen oder Unsicherheiten, die dem Management bekannt sind und die einen wesentlichen Einfluss auf die ausgewiesenen Finanzinformationen haben würden. Der Zweck von MD&A besteht darin, Anlegern Informationen zur Verfügung zu stellen, die das Management des Unternehmens für notwendig hält, um die Betriebsergebnisse zu verstehen. Es soll Anlegern helfen, das Unternehmen mit den Augen des Managements zu sehen. Es soll auch Kontext für den Jahresabschluss und Informationen über die Erträge und Cashflows des Unternehmens bieten.

Das 1x1 der Unternehmenswertermittlung

- Gewinn- und Verlustrechnung
  - Wachstum: (Jahr 1 / Jahr 0) – 1

- Durchschnittliches jährliches Wachstum (CAGR): (Jahr 5 / Jahr 0)(1/5) – 1 × 100
- Oder (Jahr 7 / Jahr 0)(1/7) – 1 × 100 ...

– Bruttomarge: Rohertrag / Umsatz
– Operative Marge: Betriebsergebnis / Umsatz
  - Operatives Ergebnis: Ergebnis vor Zinsen und Steuern (EBIT)

– EBITDA-Marge: (EBIT + Abschreibungen) / Umsatz
– Gewinnmarge: Konzernergebnis / Umsatz
– Inkrementelle Marge: (Jahr 1 EBIT – Jahr 0 EBIT) / (Jahr 1 Verkäufe / Jahr 0 Verkäufe)
– Operatives Ergebnis nach Steuern (NOPAT): EBIT × (1 – Steuersatz)
  - NOPAT ist eine Pre-Interest-Zahl und sollte mit dem Enterprise Value verglichen werden.
– Ergebnis je Aktie (EPS): Jahresüberschuss / Ausstehende Aktien
– Ausstehende verwässerte Aktien

– Bilanz
  - Gesamtverschuldung: (Langfristige Schulden + aktuelle Fälligkeiten langfristiger Schulden + kurzfristige Schulden)
  - Total Cash: Zahlungsmittel und Zahlungsmitteläquivalente
  - Nettoverschuldung: Total Debt – Total Cash
  - Leverage Ratio: Nettoverschuldung / EBITDA

– Kapitalflussrechnung
  - Free Cashflow: Operativer Cashflow – Investitionen (Capex)
  - Manchmal können Investitionen als »Kauf von Sachanlagen (PP & E)« bezeichnet werden.
  - Technisch ist dies ein gehebelter Free Cashflow.
  - Unverschuldeter Free Cashflow: NOPAT – Capex

- Marktkapitalisierung: Aktienkurs × verwässerte Aktien im Umlauf
  - »Verwässert« bedeutet ausstehende Grundaktien + wandelbare oder ausübbare Optionen.
  - Die Gewinn- und Verlustrechnung enthält eine »unverwässerte« und eine »verwässerte« Anzahl ausstehender Aktien.

- Unternehmenswert (EV): Marktkapitalisierung + Nettoverschuldung
  - Außerdem: Marktkapitalisierung + Gesamtverschuldung – Gesamtliquidität

Aktienkurs	100 US-Dollar
x Ausstehende Aktien	50 Mio.
= Marktkapitalisierung	5.000 Mio. USD
+ Gesamtverschuldung	1.000 Mio. USD
– Total Cash (nicht operativer Cash)	250 Mio. USD
= Unternehmenswert	5.750 Mio. USD

Abbildung 78: Ermittlung des Unternehmenswerts Quelle: Eigene Darstellung

- Investiertes Kapital: Nettoverschuldung + Eigenkapital
- Weighted Average Cost of Capital (WACC): die durchschnittlichen Kosten, die ein Unternehmen für sein Kapital zahlt.
- Verschuldungsgrad: Gesamtverschuldung / gesamtes investiertes Kapital
- Fremdkapitalkosten: der effektive Zinssatz, den ein Unternehmen an Anleihegläubiger zahlt.
- Eigenkapital: Gesamtkapital / insgesamt investiertes Kapital
- Eigenkapitalkosten: Können mit dem Capital Asset Pricing Model (CAPM) abgeleitet werden, wir empfehlen dies jedoch nicht.
  - Beginnen Sie einfach mit Ihren Opportunitätskosten für Aktienanlagen, die in der Vergangenheit 8 bis 10 Prozent betrugen.

  - Für solideres, stabileres, größeres Geschäft (Apple, Amazon, Microsoft, und Ähnliches) verwenden wir etwas Niedrigeres.
  - Für riskantere Unternehmen oder kleinere, weniger etablierte Unternehmen in Schwellen-/Grenzmärkten verwenden wir etwas Höheres.
  - Wir werden im Allgemeinen zwischen 7 und 11 Prozent ansetzen.

- WACC: (gewichtete arithmetische Mittel Schulden × Schuldenkosten × (1–Steuersatz)) + (gewichtete arithmetische Mittel des Eigenkapitals × Eigenkapitalkosten)
- Diskontsatz:
  - WACC bei diskontierten Pre-Interest-Cashflows
  - Verwenden Sie die Eigenkapitalkosten bei der Diskontierung von Strömen nach Zinssteuern.

- »Capitalizing«: Jährlicher Wert (wie Marketingaufwand) / Diskontsatz (typischerweise WACC)
  - Kann manchmal als »Cap Rate« bezeichnet werden, am häufigsten im Zusammenhang mit Immobilien zu hören.

Bewertungsmultiplikatoren:

- KGV: Aktienkurs / Gewinn je Aktie (EPS)
- Unternehmenswert (EV)/Vertrieb
- EV/EBIT
- EV/EBITDA
- EV/NOPAT
- EV/uFCF: Dies ist ein unverschuldeter freier Cashflow, was bedeutet, dass Zinsaufwendungen nicht abzugsfähig sind.
  - Da es sich um Zinsaufwendungen vor Zinsen handelt, vergleichen Sie sie mit Enterprise Value (EV).

- Preis/FCF: Dies ist ein gehebelter Free Cashflow, das heißt, Zinsaufwendungen werden abgezogen.

  - Da es sich um Post-Interest-Ausgaben handelt, vergleichen Sie sie mit der Marktkapitalisierung (FCF) oder dem Preis (FCF/Aktie).

- PEG-Verhältnis: PE-Verhältnis / (Wachstum des EPS × 100)

Andere:

- Gesamtrendite: (1 + Rendite Jahr 1) × (1 + Rendite Jahr 2) – 1.
  - Oder (1 + Rendite Jahr 1) × (1 + Rendite Jahr 2) × (1 + Rendite Jahr 2) – 1
  - Und so weiter, und so weiter.

Spezielle Situationen und asymmetrische Wetten

> *»Gibst du einem Mann einen Fisch, nährt er sich einmal.*
> *Lehrst du ihn das Fischen, nährt er sich das ganze Leben.«*
>
> Guan Zhong (Kuan Chung)

Die Liste der Unternehmensereignisse, die zu großen Gewinnen für Sie führen können, ist lang:

- Spin-offs,
- Fusionen,
- Umstrukturierungen,
- Bezugsrechtsangebote,
- Konkurse,
- Liquidationen,
- Veräußerungen von Vermögenswerten,
- Sonderausschüttungen
- und weitere.

Nicht nur die Ereignisse selbst können Gewinne bringen; jedes dieser Ereignisse kann eine ganze Reihe von neuen Wertpapieren mit ihrem eigenen außergewöhnlichen Anlagepotenzial hervorbringen. Das Großartige daran ist, dass sich immer etwas tut. Dutzende von Unternehmensereignissen jede Woche, zu viele, als dass ein Einzelner sie verfolgen könnte. Aber genau das ist der Punkt: Man kann nicht alle verfolgen und man muss es auch nicht. Selbst das Finden einer guten Gelegenheit im Monat ist weit mehr, als Sie brauchen oder wollen. Während Sie dieses Buch Lektion für Lektion durchlesen, werden Sie sich vielleicht fragen: »Wie zum Henker hätte ich das finden können?«

Aber es wird viele Beispiele geben, die Sie auch herausfinden können. Mehr als nur 10 Prozent dieses Spektrums abzudecken, ist eine Illusion und doch vollkommend ausreichend. Ein breit gestreutes Portfolio von Aktien mit niedrigen Kurs-Gewinn-Verhältnissen und niedrigen Kurs-Buchwert-Verhältnissen bringt immer noch hervorragende Ergebnisse und ist relativ leicht nachzubilden. Benjamin Graham war der Meinung, wenn man 20 oder 30 dieser Bewertungsschnäppchen besitze, brauche man keine umfangreichen Nachforschungen anzustellen. Wenn man allerdings bereit ist, etwas eigene Arbeit zu leisten und dort zu suchen, wo andere nicht suchen, kann man deutlich besser abschneiden als mit Grahams Zigarrenstummel-Methode.

Wir möchten einen gut gefüllten Handwerkskoffer vorstellen, aus dem jeder Anleger die für seine Bedürfnisse besten Strategieelemente auswählt. Der folgende Abschnitt handelt von sogenannten »Special Situations« – also einer Reihe an Sondersituationen im Finanzwesen, die ein atypisches Ereignis darstellen, das das hohe Potenzial hat, den zukünftigen Geschäftsverlauf zu verändern und den Unternehmenswert wesentlich zu beeinflussen. Die Konnotation des Ereignisses kann sowohl positiv als auch negativ sein. Wir möchten Ihnen im Folgenden einige dieser Bereiche vorstellen, zum Beispiel: Spin-offs, Restructurings, Merger Securities, Right Offerings, Recapitalisations, Bankruptcies und Risk Arbitrage, also ein Themenbereich, der zu Deutsch Unternehmensausgliederungen, Insolvenzen, Restrukturierungen und Rekapitalisierungen umfasst. Es handelt sich dabei um die »geheimen Verstecke« von Anlageideen, alle diese Sondersituationen ermöglichen es dem Privatanleger, eine statistische Rendite über dem Marktdurchschnitt zu erreichen. Selbst wenn manche der Studien schon einige Jahre zurückliegen, können wir aus eigener Erfahrung sagen, dass es sich um ein äußerst vielversprechendes Set an Ideen handelt.

Spin-offs

Bei einem Spin-off gliedert eine bestehende Firma einen Teil des Unternehmens als eigenständige Firma aus. Als Ausgleich für die Abgabe dieses Firmenteils erhalten die alten Aktionäre Aktien des neuen Unternehmens gratis oder zumindest das Recht, diese neuen Aktien zu kaufen.

1. Spin-offs schlagen den Markt deutlich.
2. Wenn man sich innerhalb des Spin-off-Universums spezifische Spots aussucht, kann man sogar noch bessere Ergebnisse erzielen als der Durchschnitt der Spin-offs.
3. Bestimmte Merkmale deuten auf eine außergewöhnliche Spin-off-Gelegenheit hin:
   a. Die institutionellen Anleger können/wollen die neuen Anteile an der Ausgliederung nicht erwerben.
   b. Insider wollen die Abspaltung.
   c. Eine zuvor verborgene Investitionsmöglichkeit wird durch die Abspaltung aufgedeckt (zum Beispiel eine billige Aktie, ein großartiges Geschäft, eine gehebelte Risiko-Ertrags-Situation).
4. Sie können neue Spin-off-Kandidaten ausfindig machen und analysieren, indem Sie die Wirtschaftspresse lesen und die SEC-Berichte verfolgen.
5. Die Aufmerksamkeit auf die Muttergesellschaft zu richten, kann sich ebenfalls auszahlen.
6. Teil-Spin-offs und Bezugsrechtsangebote schaffen einzigartige Gelegenheiten.

Spin-offs können viele Formen annehmen, aber das Endergebnis ist in der Regel dasselbe: Ein Unternehmen nimmt eine Tochtergesellschaft, einen Geschäftsbereich oder einen Teil seines Geschäfts und trennt ihn von der Muttergesellschaft ab, indem es ein neues, unabhängiges, eigenständiges Unternehmen gründet. In den meisten Fällen werden die Aktien des neuen Spin-off-Unternehmens an die Aktionäre der Muttergesellschaft verteilt oder verkauft.

Es gibt viele Gründe, warum sich ein Unternehmen dafür entscheiden könnte, einen Teil von der Muttergesellschaft zu trennen. Aktien von ausgegliederten Unternehmen und sogar Aktien der Muttergesellschaften, die die Ausgliederung vornehmen, schneiden am Kapitalmarkt deutlich und durchweg besser ab als der Marktdurchschnitt. Eine über 25 Jahre an der Penn State University durchgeführte Studie ergab, dass Aktien von ausgegliederten Unternehmen den S&P 500 in den ersten drei Jahren ihrer Unabhängigkeit um etwa 10 Prozent pro Jahr übertrafen. Auch die Muttergesellschaften übertrafen während desselben Dreijahreszeitraums die Unternehmen ihrer Branche um mehr als 6 Prozent pro Jahr. Andere Studien kamen zu ähnlich vielversprechenden Schlussfolgerungen über die Aussichten von Spin-off-Unternehmen. Somit könnte man die 12 Prozent historische Rendite des S&P 500 auf sagenhafte 22 Prozent pro Jahr ausbauen. Von der Ankündigung eines Spin-offs bis zum Börsengang vergehen in der Regel sechs bis zwölf Monate, also genug Zeit zur Einarbeitung.

Gründe für eine Abspaltung

Geschäftsbereiche können im Rahmen einer Abspaltung getrennt werden, damit die einzelnen Geschäftsbereiche vom Markt besser eingeschätzt werden können. So kann beispielsweise ein Konglomerat wie Siemens mit einer Energie- und Medizintechniksparte eines der beiden Geschäfte abspalten und nun für diejenigen Investoren attraktiv werden, die entweder in Energie- oder in Medizintechnik investieren wollen, aber nicht in beides. Natürlich könnten Investoren vor einer Abspaltung immer noch ein Interesse haben, Aktien des Konglomerats zu kaufen, aber höchstwahrscheinlich nur mit einem Abschlag (als Ausdruck des »erzwungenen« Kaufs eines unerwünschten Energiegeschäfts). Das »schlechte« Geschäft kann eine Belastung des Managements sein.

Als getrennte Unternehmen hat eine fokussierte Managementgruppe für jede Einheit eine bessere Chance, effektiv zu sein. Eine Abspaltung dient als Möglichkeit, den Wert eines Unternehmens für die Aktionäre zu steigern, vor allem wenn die Muttergesellschaft keinen Käufer zu einem angemessenen Preis finden kann. Handelt es sich bei der Abspaltung lediglich um ein unpopuläres Geschäft, kann die Muttergesellschaft die neue Abspaltung mit Schulden belasten. Auf diese Weise werden die Schulden von der Muttergesellschaft auf das neue ausgegliederte Unternehmen verlagert. Im Vergleich zu einem normalen Firmenverkauf hat ein Spin-off enorme Steuervorteile, da eine Doppelbesteuerung sowohl für die Firma als auch für uns Aktionäre vermieden wird und die Einnahmen im besten Fall wieder komplett reinvestiert werden können. Insbesondere bei ausgezeichneten Kapitalallokatoren und Compoundern sollte eine Doppelbesteuerung vermieden werden, jeder Euro zur Wiederanlage zählt in the long run.

Eine Abspaltung kann des Weiteren ein strategisches, kartellrechtliches oder regulatorisches Problem lösen und den Weg für andere Transaktionen oder Ziele ebnen. Bei einer Übernahme kann es vorkommen, dass der Erwerber einen Geschäftsbereich des Zielunternehmens nicht kaufen darf. Eine Abspaltung dieses Geschäftsbereichs an die Aktionäre des Zielunternehmens vor der Fusion ist oft die Lösung. Die Liste ließe sich fortsetzen, aber darum soll es nicht gehen. Es ist jedoch interessant festzustellen, dass unabhängig von der Motivation hinter einer Abspaltungstransaktion neu ausgegliederte Unternehmen dazu neigen, den Markt deutlich zu übertreffen.

Der Abspaltungsprozess selbst ist eine grundlegend ineffiziente Methode zur Verteilung von Aktien an die falschen Leute. Im Allgemeinen werden die neuen Spin-off-Aktien nicht verkauft, sondern an Aktionäre ausgegeben, die größtenteils in das Geschäft der Muttergesellschaft investiert haben und keine Ahnung haben, was ihnen hier ins Depot gebucht wird, und es eigentlich auch gar nicht wissen möchten. Wir partizipieren also wieder einmal an einer Wette mit einem asymmetrischen Profil und der Gemütlichkeit einer breiten Investoren-Schar. Daher werden die Aktien des Spin-offs, sobald sie an die Aktionäre der Muttergesellschaft verteilt werden, häufig ohne

Rücksicht auf den Preis oder den fundamentalen Wert sofort verkauft. Meistens sind die ausgegliederten Unternehmen viel kleiner als die Muttergesellschaft. Ein Spin-off kann in der Regel maximal 20 Prozent der Größe des Mutterunternehmens haben. Selbst wenn eine Pensionskasse oder ein Fonds sich einarbeitet und Interesse am neuen Unternehmen begründet, dürfen sie aus regulatorischen Gründen diese Aktien oftmals gar nicht besitzen und müssen sie zügig veräußern. Es trifft nun also erhöhtes Angebot auf geringe Nachfrage, weshalb die neuen Aktien häufig anfangen, im Kurs zu taumeln, und genau hier bietet sich die optimale Einstiegsgelegenheit für den smarten Privatinvestor.

In der Penn-State-Studie wurden die größten Aktiengewinne für ausgegliederte Unternehmen nicht im ersten Jahr nach der Abspaltung, sondern im zweiten Jahr generiert. Es mag sein, dass es ein ganzes Jahr dauert, bis der anfängliche Verkaufsdruck nachlässt, bevor die Aktien ihr Bestes geben können. Wahrscheinlicher ist jedoch, dass erst im Jahr nach der Abspaltung viele der unternehmerischen Veränderungen und Initiativen greifen und vom Markt wahrgenommen werden. Was auch immer der Grund für diese außergewöhnliche Performance im zweiten Jahr ist – die Ergebnisse scheinen darauf hinzuweisen, dass uns für Ausgründungen mehr als genug Zeit bleibt, um zu forschen und gewinnbringende Investitionen zu tätigen.

Neben Ihnen freut sich auch das neue Management des Spin-off-Unternehmens. Nach einer Abspaltung können Aktienoptionen, ob sie von der abspaltenden Gesellschaft oder der Muttergesellschaft ausgegeben werden, das Management der einzelnen Unternehmen direkter entlohnen. Damit verfolgt ein gut intensiviertes Management dieselben Ziele wie wir Aktionäre – möglichst hohen Mehrwert zu generieren. Das sollte selbstverständlich sein, ist es aber nicht: Die meisten Manager und Vorstände haben traditionell versucht, ihr Imperium zu erweitern und nicht zu verkleinern. Spin-offs sind quasi die »guten« Übernahmen. Welche Eigenschaften und Umstände sprechen dafür, dass ein Spin-off besser abschneidet als ein anderer? Sie brauchen keine speziellen Formeln oder mathematischen Modelle, um die großen Gewinner zu finden. Logik, gesunder Menschenverstand und ein wenig Erfahrung sind alles, was erforderlich ist. Folgende Punkte können den Extra-Boost geben und sollten stets beachtet werden:

- Institutionelle Investoren müssen aufgrund ihrer regulatorischen Vorschriften die neuen Unternehmensanteile verkaufen, meist weil das Unternehmen schlicht zu klein ist. Selbst findige Value-Investoren wie Warren Buffett können mittlerweile aufgrund ihrer schieren Größe keine Investments kleiner als 100 Millionen Dollar pro Deal tätigen. Wir können zwar nie das Bewertungs-Skillset von Warren Buffett erreichen, dies ist aber auch überhaupt nicht notwendig. Wir treten zwar in derselben Sportart an, allerdings in einer anderen Gewichtsklasse, auch ich hatte solche Möglichkeiten nicht zu Zeiten, in denen ich in der Spitze mehr als 4 Milliarden Euro verwaltete. Je kleiner das Unternehmen von der Marktkapitalisierung her ist, desto weniger Konkurrenz für uns.
- Insider des Unternehmens erwerben mindestens 10 Prozent der Anteile oder lassen sich durch Optionen besonders im neuen Unternehmen intensivieren, das heißt also, ihr finanzieller Erfolg geht mit dem der Aktionäre einher. Diese Informationen sind für jeden Anleger entweder im Proxy Statement oder innerhalb der Form-10-K-Berichte (Jahresberichte für die Börsenaufsicht) einsehbar. Der 10-K-Bericht zeigt zudem, wie sich das Unternehmen in den vergangenen Jahren entwickelt hätte, wenn es bereits eine eigenständige Division gewesen wäre, also eine durchaus wertvolle Hilfestellung. Eine Proxy-Erklärung ist eine Erklärung, die von einem Unternehmen bei der Einholung von Aktionärsstimmen verlangt wird. Es genügt mittlerweile, den Firmennamen und das jeweilige Schlagwort in eine Suchmaschine einzutippen, um zum richtigen Ort zu gelangen.
- Im neu geschaffenen Unternehmen ergibt sich durch eine fundamentale Unterbewertung oder durch den Einsatz von hohem Leverage (Fremdkapitaleinsatz) eine Special Situation: Jeder Euro an Schulden, der auf das neue Unternehmen übertragen wird, erhöht den Wert des Mutterunternehmens um 1 Euro. Da-

her ist die Verschuldung bei Special Situations im Vergleich zu allen anderen Situationen unter Umständen sogar vorteilhaft, zumindest für die Muttergesellschaft.

- Wann immer eine Muttergesellschaft die Ausgliederung eines Geschäftsbereichs ankündigt, der in einer stark regulierten Branche tätig ist (wie Rundfunk, Rüstung, Energieversorger, Versicherungen oder Banken), lohnt es sich, einen genauen Blick auf die Muttergesellschaft zu werfen. Die Ausgliederung könnte ein Vorspiel für eine Übernahme der Muttergesellschaft sein, in der Regel zu einem deutlichen Aufpreis auf den aktuellen Kurs.
- In der Regel werden institutionelle Anleger, selbst wenn sie sich für Aktien der Muttergesellschaft interessieren, weil ein unerwünschtes Geschäft ausgegliedert wird, warten, bis die Abspaltung abgeschlossen ist, bevor sie Aktien der Muttergesellschaft kaufen. Diese Praxis entbindet das Institut davon, die Aktien des unerwünschten Spin-offs verkaufen zu müssen, und verringert das Risiko, dass die Abspaltung nicht zustande kommt. Häufig treibt der institutionelle Kauf von Aktien der Muttergesellschaft unmittelbar nach einer Abspaltung den Preis in die Höhe. Deshalb lohnt es sich, wenn die Muttergesellschaft selbst eine attraktive Investition zu sein scheint, Aktien der Muttergesellschaft zu kaufen, bevor die Abspaltung stattfindet.

Partial Spin-offs und Bezugsrechtsangebote

Bei einer Teilausgliederung beschließt ein Unternehmen, nur einen Teil seiner Geschäftsbereiche auszugliedern. Anstatt 100 Prozent des Eigentums auszugliedern, wird nur ein Teil der Aktien der Abteilung an die Aktionäre der Muttergesellschaft ausgeschüttet oder an die Öffentlichkeit verkauft. Unternehmen können aus verschiedenen Gründen eine Teilabspaltungsstrategie verfolgen:

- Ein Unternehmen will Kapital beschaffen. Der Verkauf eines Teils eines Geschäftsbereichs unter Beibehaltung der Managementkontrolle kann eine attraktive Option sein.

- Manchmal liegt die Motivation für eine Teilabspaltung auch darin, den wahren Wert eines bestimmten Geschäftsbereichs auf dem Markt hervorzuheben.
- Es ermöglicht auch, dass die Vergütung der Manager des Geschäftsbereichs direkt auf der Leistung des Geschäftsbereichs basiert.

Spin-offs sind etwas Besonderes. Wenn ein Unternehmen zum ersten Mal Aktien öffentlich verkauft, findet in der Regel eine komplizierte Verhandlung statt. Der Underwriter (die Investmentfirma, die ein Unternehmen an die Börse bringt) und die Eigentümer des Unternehmens diskutieren über den Preis, zu dem die Aktien des Unternehmens bei der Erstemission verkauft werden sollen. Obwohl der Preis auf der Grundlage von gewissen Marktfaktoren festgelegt wird, zum Beispiel der Peer-Group-Analyse und dem allgemeinen Sentiment am Markt, ist in den meisten Fällen ein hohes Maß an Subjektivität im Spiel. Die Eigentümer des Unternehmens wollen, dass die Aktien zu einem hohen Preis verkauft werden, damit sie möglichst viel Geld einnehmen. Der Underwriter wird in der Regel einen niedrigeren Preis vorziehen, damit die Anleger, die Aktien im Rahmen des Angebots kaufen, etwas Geld verdienen können, auf diese Weise wird die nächste Neuemission leichter zu verkaufen sein. In jedem Fall findet eine Verhandlung unter Ausschluss der Öffentlichkeit statt und ein Preis wird festgelegt. Bei einem Spin-off findet eine solche Diskussion nicht statt, da die Aktien einer Abspaltung direkt an die Aktionäre der Muttergesellschaft verteilt werden, der Preis wird also Angebot und Nachfrage überlassen und es wird nicht vorher schon das Easy money zu Ihren Ungunsten für Berater und Co. ausgeschüttet.

Es kommt sogar noch besser: Häufig basiert der Aktienoptionsplan des Managements auf diesem Anfangskurs. Je niedriger der Kurs der Abspaltung ist, desto niedriger ist der Ausübungspreis der Incentive Option. Je günstiger die Aktie also zu erwerben ist, umso mehr lässt sich hinterher für das Management verdienen. Mit anderen Worten: Erwarten Sie keine optimistischen Äußerungen oder Präsentationen über ein Spin-off, bis ein Preis für die Incentive-Aktienoptionen des

Managements festgelegt worden ist, und dies kann unter Umständen einige Wochen oder Monate in Anspruch nehmen.

Gelegentlich kann eine Muttergesellschaft, anstatt die Aktien einer Abspaltung lediglich an die Aktionäre zu verteilen, ihren Aktionären das Recht einräumen, Aktien einer ihrer Tochtergesellschaften oder Geschäftsbereiche zu kaufen. Eine Möglichkeit hierfür ist ein sogenanntes Bezugsrechtsangebot. Die meisten Bezugsrechtsangebote, zumindest die Art, mit der die meisten Anleger vertraut sind, beinhalten keine Abspaltungen. Ein Bezugsrechtsangebot wird am häufigsten genutzt, wenn ein Unternehmen zusätzliches Kapital beschaffen möchte. In der Regel werden die Rechte an die derzeitigen Aktionäre des Unternehmens verteilt. Diese Rechte ermöglichen es den Aktionären, zusätzliche Aktien zu erwerben, meist mit einem Abschlag auf den aktuellen Marktpreis, und genau hier liegt die potenzielle Belohnung (nicht zu verwechseln mit der schadenden Kapitalerhöhung). Rechte, die nicht ausgeübt oder verkauft werden, verfallen nach einer bestimmten Zeitspanne wertlos. Die Rechte sind in der Regel übertragbar, was bedeutet, dass Aktionäre, die keine Aktien der Abspaltung kaufen wollen, ihre Rechte auf dem freien Markt verkaufen können, und Investoren, die keine Aktionäre der Muttergesellschaft sind, können sich an dem Bezugsrechtsangebot beteiligen, indem sie Rechte auf dem Markt kaufen. Die Kombination eines Spin-offs mit einem Bezugsrechtsangebot kann auch überaus attraktiv sein, kommt allerdings leider selten vor.

Anmerkung: Anleger, die Rechte auf dem freien Markt kaufen, müssen den Kaufpreis der Rechte zum Angebotspreis addieren, um ihre Gesamtkosten zu ermitteln.

Recapitalizations (Unternehmensumstrukturierungen)

»Die Verbindlichkeiten stimmen zu 100 Prozent. Es sind die Vermögenswerte, über die du dich sorgen solltest.«

CHARLIE MUNGER

Unternehmensumstrukturierungen sind ein weiterer Bereich, in dem außergewöhnliche Veränderungen, die nicht immer unter den besten Umständen stattfinden, Investitionsmöglichkeiten schaffen. Dies bedeutet meistens den Verkauf oder die Schließung einer ganzen Abteilung. Die Art von Umstrukturierungen, auf die wir uns konzentrieren und die die klarsten Investitionsmöglichkeiten bieten, sind die Situationen, in denen Unternehmen große Bereiche ihres Geschäftsmodells schließen, um Verluste zu begrenzen, Schulden zu tilgen oder sich auf vielversprechendere Geschäftsfelder zu konzentrieren.

Ein einfaches Beispiel ist ein Mischkonzern, der 2 Euro pro Aktie verdient und dessen Aktien zum Zehnfachen des Gewinns, also zu 20 Euro, gehandelt werden. In Wirklichkeit bestehen diese 2 Euro Gewinn aus den Gewinnen von zwei Geschäftsbereichen und den Verlusten eines anderen. Wenn die beiden gewinnbringenden Geschäftsbereiche tatsächlich 3 Euro pro Aktie erwirtschaften, während die andere Sparte einen Verlust von 1 Euro beisteuert, liegt hierin eine deutliche Chance, den Markt wieder einmal zu schlagen. Der Gewinnmultiplikator würde von 10 auf 6,6 sinken! In vielen Fällen kann der Verkauf oder die Liquidation eines verlustbringenden Unternehmens sogar noch zu einem positiven Nettoerlös führen. Wenn dies der Fall ist, kann es sein, dass sich Ihre Unternehmensbewertung noch weiter senkt und quasi halbiert ist im Vergleich zur ursprünglichen Bewertung. Die eingebaute Sicherheitsmarge würde in diesem Fall dann knapp 50 Prozent betragen. Die meisten Managementteams, die einen solchen Plan durchziehen, haben die Interessen der Aktionäre im Auge.

Es gibt grundsätzlich mehrere Möglichkeiten, von einer Unternehmensumstrukturierung zu profitieren:

Eine Möglichkeit besteht darin, in eine Situation zu investieren, in der eine größere Umstrukturierung bereits angekündigt wurde. Es kann einige Zeit dauern, bis der Markt die Auswirkungen eines solch bedeutenden Schrittes vollständig verstanden hat. Im Allgemeinen gilt: Je kleiner die Marktkapitalisierung eines Unternehmens und damit je weniger Analysten und Institutionen die Situation verfolgen, desto mehr Zeit und Gelegenheit, von einer angekündigten Umstrukturierung zu profitieren. Stellen Sie nur sicher, dass das Unternehmen, das Ihr Interesse weckt, im Verhältnis zum gesamten Unternehmen groß genug ist, um einen echten Unterschied zu machen.

Besonders lohnt ein Blick auf die Insidertransaktionen. Es gibt viele Gründe, wieso Insider Aktien verkaufen, entweder glauben sie nicht mehr an das Unternehmen, oder aber es wird ganz einfach Geld für die Hochschulausbildung der Kinder, eine Scheidung oder einen Hauskauf benötigt. Es gibt allerdings nur einen Grund, wieso Insider massiv Aktien kaufen: Sie glauben an die Zukunft des Unternehmens, und solange diese Insider fleißig Anteile dazukaufen und auch halten, gibt es eigentlich wenig Gründe, aus allen der hier aufgeführten Special Situations auszusteigen.

Bankruptcies

> *»Ich musste lernen, dass man recht haben und dennoch Geld in einem Markt verlieren kann – und zwar dann, wenn man zu stark gehebelt ist.«*
>
> Stanley Druckenmiller

Unter »Bankrott« versteht man die Insolvenz und insbesondere die Zahlungsunfähigkeit eines Schuldners.

1. Konkurs – einige zu beachtende Punkte
   a. Konkurse können einzigartige Investitionsmöglichkeiten schaffen – aber seien Sie wählerisch.
   b. Kaufen Sie keine Aktien von Unternehmen, die unmittelbar in Konkurs gegangen sind.
   c. Die Anleihen bankrotter Unternehmen können eine attraktive Investition sein.

   d. Die Suche nach neu emittierten Aktien von Unternehmen, die aus dem Konkurs hervorgegangen sind, kann sich lohnen, ebenso wie daraus resultierende Spin-offs und Fusionspapiere. Investieren Sie nur in die guten, also Unternehmen, die nicht pleitegegangen sind, weil ihr Geschäftsmodell überflüssig wurde, sondern die an ihrer Überschuldung gescheitert sind.

2. Umstrukturierung nach Einreichung des Insolvenzverfahrens
   a. Durch Unternehmensumstrukturierungen lassen sich enorme Werte freilegen.
   b. Suchen Sie nach Situationen mit begrenztem Abwärtspotenzial, einem attraktiven Geschäftsmodell, um das herum umstrukturiert werden kann, und einem motivierten, aber vor allem intensivierten Managementteam.
   c. Suchen Sie in potenziellen Umstrukturierungssituationen auch nach einem Katalysator, der die Dinge in Bewegung setzt.
   d. Vergewissern Sie sich, dass das Ausmaß der Umstrukturierung im Verhältnis zur Größe des gesamten Unternehmens steht, ansonsten verpufft der Effekt.

Unternehmen landen aus allen möglichen Gründen vor dem Konkursgericht. Ein lausiges Geschäftsmodell ist nur einer der Gründe. Einige andere sind Missmanagement, Überexpansion, staatliche Regulierung, Produkthaftung und veränderte Branchenbedingungen. In einigen dieser Fälle war ein Unternehmen zu zyklisch, um regelmäßige Schuldentilgungen zu leisten. In anderen Fällen führten zu optimistische Prognosen und eine zu hohe Verschuldung zum Konkurs eines ansonsten guten Unternehmens. Die besonders attraktiven Situationen sind überschuldete Situationen.

Der Aktienkauf eines Unternehmens nach Insolvenzbekanntmachung ist allerdings nicht der richtige Weg, um als Anleger davon zu profitieren. Als Aktionär sind wir Eigentümer an der Firma und werden in der Nahrungskette der Schuldner nach Banken, Anleihegläubigern und dem Finanzamt als Letztes bedient, wenn noch etwas übrig bleiben sollte, und dieser Wert lohnt es in den wenigsten Fällen, das Risiko einzugehen. Oft hat ein Unternehmen mehrere Arten von Anleihen: vorrangige Anleihen, nachrangige Anleihen, Nullcouponanleihen und diverse weitere, alle mit unterschiedlichen Ansprüchen und alle werden zu unterschiedlichen Kursen gehandelt. Ranken sich Gerüchte um eine drohende Pleite des Unternehmens, fallen diese Anleihen oftmals von 100 oder sogar darüber auf 30 oder 20 oder noch tiefer. Da eine Anleihe im Normalfall allerdings zu 100 zurückbezahlt wird, ergibt sich unter Umständen ein enormes Aufwärtspotenzial. Die meisten Investoren möchten nicht lange überlegen und drücken fast schon panikartig den Verkaufsbutton. Im Verlauf eines typischen Konkurses müssen alle möglichen rechtlichen und finanziellen Fragen geklärt werden – nicht nur zwischen dem Schuldner und den Gläubigern, sondern auch zwischen den relativen Forderungen und Prioritäten der verschiedenen Gläubigerklassen. Es gibt aber noch einen deutlich einfacheren Weg, ohne Experte der Bilanzanalyse zu sein, was man für den Anleihenerwerb maroder Unternehmen zweifelsohne sein sollte. Unsere Chance ergibt sich aus der Analyse der neuen Stammaktien, also nach dem Insolvenzverfahren und dem Überleben der Firma.

Bevor der neue Handel beginnt, sind alle Informationen über das Konkursverfahren, die bisherige Leistung des Unternehmens und die neue Kapitalstruktur in einer Offenlegungserklärung sehr einfach dargestellt. Diese Erklärung wird beim Konkursgericht eingereicht und kann direkt beim Unternehmen oder, unter bestimmten Umständen, von einer SEC-Einreichung bekannt als »Registrierungserklärung« eingesehen werden. Die Offenlegungserklärung bietet – da sie Prognosen des Managements für das Unternehmen enthält – mehr Informationen als die Registrierungserklärung, die für eine neue Aktienemission notwendig ist, quasi um den verbrannten Anleger der alten Misere besser zu schützen. Kurz gesagt, die vergangenen Komplikationen des Konkursverfahrens werden erklärt, während die Zukunft für alle sichtbar dargestellt wird. Aber viele der neuen Anteilseigner des Unternehmens interessiert das vielleicht nicht. Fragen Sie mal einen Dotcom-Bubble-Aktionär nach seiner Einschätzung zu Telekom-Aktien, die Begeisterung wird sich in Grenzen halten. Da die neuen Aktien zunächst an Banken und ehemalige Anleihegläubiger ausgegeben werden, gibt es reichlich Grund zu der Annahme, dass die neuen Inhaber der Stammaktien nicht daran interessiert sind, langfristige Aktionäre zu sein. Folglich ist es nur logisch, dass sie ängstlich und bereit sind zu verkaufen. Anders als bei Spin-offs ist es zweifelhaft, dass der zufällige Kauf von Aktien, die aus einem Konkurs hervorgegangen sind, zu einem Portfolio mit überlegenen langfristigen Investitionen führt. Hierfür gibt es wahrscheinlich mehrere Gründe. Ein Grund ist, dass die meisten Unternehmen, die bereits in Konkurs gegangen sind, dies aus einem bestimmten Grund mussten. Wäre das Geschäft eines Unternehmens leicht zu verkaufen, hätten in vielen Fällen Gläubiger den Verkauf erzwungen, während sich das Unternehmen noch im Konkursverfahren befand.

Das Ergebnis ist, dass die Qualität der Unternehmen, die aus dem Konkurs hervorgehen, oft nicht besonders gut ist, und die Aktien spiegeln dies in der Regel wider (obwohl die wirklich hoffnungslosen Fälle dann liquidiert werden und es somit nie aus dem Konkurs schaffen). Eine 1996 von Edward Altman, Allan Eberhart und Reena Aggarwal durchgeführte Studie* ergab allerdings, dass Aktien von Unternehmen, die einen Konkurs hinter sich haben, deutlich besser abschnitten als der Markt. Für den Untersuchungszeitraum von 1980 bis 1993 übertrafen die neu ausgegebenen Konkursaktien die entsprechenden Marktindizes um über 20 Prozent in den ersten 200 Handelstagen! Das Management des Unternehmens reist im Rahmen einer sogenannten Roadshow durch das Land, um die Aussichten des Unternehmens zu präsentieren. Im Gegensatz dazu ignoriert die Wall Street im Allgemeinen die Aktien von Unternehmen, die aus dem Konkurs kommen. Kein Broker oder Analyst möchte sich durch eine Kaufempfehlung hier die Finger verbrennen oder seinen Ruf gefährden.

Wie bereits erwähnt, ist ein guter Ansatzpunkt die Kategorie der Unternehmen, die in Konkurs gegangen sind, weil sie sich durch eine Übernahme oder eine fremdfinanzierte Übernahme übernom-

---

* The Equity Performance of Firms Emerging from Bankruptcy, 1996, https://www.econbiz.de/Record/the-equity-performance-of-firms-emerging-from-bankruptcy-altman-edward/10005663524

men haben, die ansonsten aber ein solides Geschäftsmodell aufweisen. Vielleicht hat die operative Leistung eines guten Unternehmens aufgrund eines kurzfristigen Problems zudem gelitten. Ein weiterer Grund, warum ein ansonsten gutes Unternehmen gezwungen sein kann, Konkurs anzumelden, ist, um sich vor Produkthaftungsklagen zu schützen. Wenn die Haftung aus einer eingestellten oder isolierten Produktlinie stammt, können die Klagen normalerweise im Rahmen des Konkursverfahrens beigelegt werden und ein sehr lebensfähiges Unternehmen kann wieder auferstehen. In der Insolvenzphase hat das Unternehmen zudem die Möglichkeit, sich von unrentablen Geschäftsbereichen zu trennen und sich auf seine Kernkompetenzen zu fokussieren. Letztendlich sind die meisten Anleger jedoch am besten beraten, sich an die wenigen Unternehmen zu halten, die aus dem Konkurs kommen und die Attribute eines »guten« Unternehmens aufweisen, also Unternehmen mit einer starken Marktnische und einem Markennamen.

Risk Arbitrage und Merger Securities

Merger Arbitrage ist eine der gängigsten Hedgefonds-Strategien, die geringe Korrelationen mit üblichen Marktrenditen aufweisen. Dies bedeutet jedoch nicht, dass die Strategie risikofrei ist. Unter »Risikoarbitrage« (oder »Fusionsarbitrage«) versteht man den Kauf von Aktien eines Unternehmens, das von einer angekündigten Fusion oder Übernahme betroffen ist. Wenn eine Fusion angekündigt wird, steigt der Aktienkurs des erworbenen Unternehmens nahe an den kommunizierten Fusionspreis, bleibt jedoch normalerweise etwas unter dem angekündigten Kurs. Die Spanne zwischen dem tatsächlichen Preis und dem angekündigten Preis ist das Ziel der Fusionsarbitrageure für ihre Anleger.

Unternehmen A gibt bekannt, dass es sich bereit erklärt hat, alle Aktien von Unternehmen B für 100 Euro pro Aktie zu erwerben. Vor der Ankündigung wurden die Aktien von Unternehmen B zu 75 Euro je Aktie gehandelt; nach der Ankündigung werden die Aktien von Unternehmen B zu 85 Euro gehandelt, nicht zu dem vorgeschlagenen

Übernahmepreis von 100 Euro je Aktie. Ein Arbitrageur versucht, von dieser Diskrepanz zu profitieren. Diese 15 Euro sind der potenzielle Verdienst des Merger-Arbitrageurs.

Die beiden größten Risiken sind:

- Die Transaktion kommt aus einer Vielzahl von Gründen nicht zustande, die Liste hierfür ist lang und jeder, der schon einmal ein gebrauchtes Auto kaufen wollte, wird verstehen, wieso ein scheinbar sicherer Kauf doch nicht abgeschlossen wird, oder aber
- das Timing des Kaufs stimmt überhaupt nicht, denn je nach Art des Geschäfts und der Branche können Fusionsgeschäfte bis zu 18 Monate bis zum Abschluss dauern. Je länger der Zeitraum ist, desto negativer wirkt sich dies auf die erwirtschaftete annualisierte Rendite aus. 10 Prozent Rendite in vier Monaten ist für Anleger natürlich besser als 10 Prozent Rendite in einem Jahr.

Die Spanne zwischen dem Aktienkurs und dem Übernahmepreis ist im Vergleich zum Spin-off relativ gering, wodurch risikobereinigte Gewinne schwieriger zu erzielen sind. Wieso es sich für gewiefte Total-Return-Anleger allerdings trotzdem lohnt, sich mit der Materie zu beschäftigen, liegt an unserem Long-Short-Ansatz. Wir können einfach die Aktien von Unternehmen A shorten, also leerverkaufen, während wir Aktien des Unternehmens B long gehen, also kaufen. Dies geht besonders hervorragend, wenn der Übernahmepreis nicht in Geld, sondern in Aktien des jeweiligen Unternehmens bezahlt wird. Da am Tag der erfolgreichen Übernahme ein Austausch der Aktien erfolgt ist, müssen die Aktien des Leerverkaufs nämlich nicht am freien Markt zurückerworben werden, sondern werden automatisch in das Portfolio des Leerverkäufers eingebucht, dadurch kann die Position dann glattgestellt werden. Wenn Unternehmen A also 0,25 seiner Aktien für eine Aktie an Unternehmen B in Aussicht stellt, muss der erfolgreiche Arbitrageur lediglich ein Viertel der Aktien von Unternehmen A shorten, für jede ganze Aktie, die er an Unternehmen B erwirbt. Sollte die Transaktion nach einer Verkündung wider Erwarten nicht zustande kommen, sind die Indizien übrigens sehr groß, dass mit Unternehmen B etwas nicht stimmt, da es die umfangreiche Prüfung von Unternehmen A nicht bestanden hat. In den wenigsten Fällen bekommt Unternehmen A nämlich wie eine Braut vor dem Altar kalte Füße und überlegt es sich anders. Im Regelfall stimmt dann einfach gewaltig etwas nicht und dies ist eine weitere Möglichkeit, Short-Kandidaten ausfindig zu machen.

In einigen Kommentaren zu unserem letzten Buch lasen wir, dass dieses Buch nur für Profis geeignet und für den Privatanleger nicht umsetzbar sei. Das ist allerdings völlig falsch und die Aussage von Leuten, die ihre Komfortzone nicht verlassen möchten. Es ist mittlerweile genauso einfach, eine Aktie leerzuverkaufen, wie sie zu kaufen. Okay, vielleicht müssen Sie weg vom ohnehin viel zu überteuerten Depot Ihrer Hausbank hin zu einem Broker, der diese Dienste anbietet, aber dann kann es auch schon losgehen.

Going-Private-Transaktion

Eine Transaktion dieser Art, bei der Insider der Unternehmensleitung versuchen, alle Aktien im Besitz der Öffentlichkeit zu erwerben, wird im Allgemeinen als Going-Private-Transaktion bezeichnet. Going-Private-Transaktionen sind besonders interessant, weil es sich um Situationen handelt, in denen die Insider, die beschlossen haben, die gesamte Beteiligung am Unternehmen zu erwerben, eine starke Überzeugung hinsichtlich der Zukunft des Unternehmens haben. Wenn die Möglichkeit besteht, an dieser Art von Transaktionen durch den Kauf von Fusionspapieren zu partizipieren, ist es oft eine genaue Prüfung wert. Oftmals plant das Management dies durch eine fremdfinanzierte Übernahme (Leveraged Buyout). Dies ist eine Technik, die bei vielen Going-Private-Transaktionen angewendet wird und es einer kleinen Gruppe von Investoren ermöglicht, ein Unternehmen mithilfe von Krediten, die durch den Wert des zu übernehmenden Unternehmens gestützt werden, zu erwerben. Man kann dies auch mit einem privaten Immobilienkauf vergleichen, bei dem das Haus plus eine Anzahlung als Sicherheit für den Kredit dient. Als Investor hat man hier die Sicherheit, dass es sich um ein gutes Unternehmen handelt. Wieso sonst sollte das Management motiviert sein, das Unternehmen von der Börse zu nehmen, es ist de facto nicht auf Geld von der Börse angewiesen. Zudem ruft ein solches Vorgehen aber auch andere Interessenten auf den Plan, was oftmals dazu führt, dass es zu einem Bieterkampf kommt und der Kurs von der aktuellen Ausgangsbasis deutlich steigt, also eine Prämie bekommt. So geschehen bei einem unserer ehemaligen Portfoliowerte – Zooplus. Nachdem die Aktie vor der Going-Private-Transaktion bei um die 200 Euro handelte, ging sie binnen eines Jahres für fast 500 Euro von der Börse.

Allein das Bewusstsein, dass Fusionspapiere außerordentliche Gewinnchancen bieten können, verschafft Ihnen einen großen Vorteil. Während Tausende von Menschen die gleiche Schlagzeile lesen, werden Sie Ihre Aufmerksamkeit und Ihre Bemühungen auf einen Bereich richten, den die meisten Menschen ignorieren. Eine Investition in die Wertpapiere eines Leverage Buyout ist im Allgemeinen ein riskantes Geschäft. Es kommt jedoch nicht oft vor, dass für Privatanleger die Möglichkeit besteht, an der Seite des Managements und großer Finanziers zu investieren.

Optionalitäten

Positive Optionalität - das Konzept erklärt

> *»Mit einem erfolgreichen Investor verhält es sich wie mit einem gewissenhaften Eigentümer. Er erkennt, zu welchem Zeitpunkt Risiken eingegangen werden sollten und wann es notwendig ist, das Kapital zu schützen.«*
>
> Moritz Hessel

Hohe Positive Optionalität ist ein wichtiger Bestandteil des modernen Portfoliomanagements. Was das genau bedeutet, lässt sich am besten anhand eines Beispiels erläutern. Nehmen wir die Wunderwaffe gegen Falten: Botox wurde einst als Medikament Menschen verabreicht, die schielen. Nach kurzer Zeit wurde das Einsatzgebiet ausgeweitet. Dadurch stieg der Umsatz mit Botox. 1992 wurde ein Bericht veröffentlicht, wonach Botox vorübergehend auch Falten mildern könne. Zehn Jahre später wurde Botox als Mittel gegen Falten zugelassen. Bis zu diesem Zeitpunkt war Allergan der Eigentümer diverser Botox-Patente – ein aufstrebendes, aber moderat bewertetes Unternehmen. Durch die Genehmigung, Botox im kosmetischen Bereich anzuwenden, stieg der Kurs der Allergan-Aktie von 2002 bis 2015 um 1.600 Prozent. Heute gehört das Unternehmen mit einem Börsenwert von ungefähr 65 Milliarden US-Dollar zu den größten Pharmaunternehmen weltweit. Das heißt, dass Allergan, nachdem Botox für die ersten Anwendungsgebiete zugelassen worden war, eine hohe Optionalität aufwies. Denn es war bereits ausgeschlossen, dass Botox sich als Rohrkrepierer erweisen würde. Somit war das Risiko beschränkt.

Fast nirgends sind höhere Kursgewinne möglich als bei Arzneimittelherstellern, insbesondere bei den Biotech-Unternehmen. Dies kommt gerade bei relativ kleinen Unternehmen vor, die noch kein Produkt auf dem Markt haben, dann aber bei guten Studiendaten geradezu explodieren. Eine typische Investition mit Optionalität sind Aktien von Unternehmen, bei denen Fehler oder Nebenprodukte zum Erfolg werden können, wie das bei Viagra der Fall war. Hier war das Potenzial zum Einsatz des Medikaments in anderen Bereichen für einige Kapitalmarktteilnehmer und Wissenschaftler erkennbar. Im Pharmageschäft basiert vieles auf der Trial-and-Error-Methode. Man probiert ständig aus, mit geringen Kosten, aber wenn etwas funktioniert, sind die Gewinne enorm. Wie Anleger von solchen Situationen profitieren können, werden wir anhand eines konkreten Beispiels erläutern.

Der ehemalige Trader und heutige Bestsellerautor Nassim Taleb machte den Begriff der »Optionalität« als Investmentkriterium bekannt. HPO (Hohe Positive Optionalität) dient vielen Managern als Grundstein einer ausgezeichneten Performance. Nehmen wir zum Beispiel Stanley Druckenmiller und George Soros, die erfolgreich auf einen Absturz des Britischen Pfunds gewettet haben. Peter Lynch ging in seinen Glanzzeiten sehr hohe Wetten auf verschiedene Sektoren ein, die er im Fidelity Magellan Fund dramatisch übergewichtete. Mohnish Pabrai hat jahrelang eine sensationelle Performance mit weniger als fünf Portfoliopositionen erwirtschaftet. John Paulson, einer der größten Profiteure im Crash von 2008, hatte mit wenigen Shorts Milliardengewinne eingestrichen.

Hohe Positive Optionalität - erklärt am Beispiel von Zulassungsverfahren bei Biotech-Unternehmen:

Die weltweite Biotech-Industrie wird in diesem Jahr voraussichtlich über 300 Milliarden US-Dollar Umsatz erwirtschaften. Schätzungen zufolge könnte sich der Umsatz bis 2024 auf 775 Milliarden US-Dollar mehr als verdoppeln. Nach aktuellen Ermittlungen gibt es weltweit über 12.000 Biotech-Unternehmen, die 850.000 Mitarbeiter beschäftigen, wobei die USA das mit Abstand beliebteste Domizil sind, gefolgt von Europa. Die Einsatzmöglichkeiten der Biotechnologie sind nicht auf ein Gebiet beschränkt, sondern sehr vielfältig. So erforschen Biotechnologen kleine und große Organismen, Pflanzen, Tiere und Menschen, aber auch kleinste Teile wie einzelne Zellen oder Moleküle. Biotechnologie ist zudem keine neue Wissenschaft. Schon sehr lange nutzen Menschen lebende Mikroorganismen, etwa bei der Herstellung von Bier, Wein und Brot.

Biotech-Unternehmen sind gerade dabei, sich neue Marktpotenziale zu erschließen. Für weit mehr als 1.000 eher seltenere Leiden (»Orphan Diseases«) gibt es bislang keine oder nur wenig wirksame Medikamente. Der Grund dafür ist, dass die hohen Forschungsgelder der Pharmariesen bislang vor allem in die häufigsten und damit lukrativsten Gesundheitsleiden gelenkt wurden. Es gab einen regelrechten Wettkampf um Blockbuster-Medikamente mit Milliardenpotenzial, während weniger häufige Krankheiten mangels Umsatzpotenzial meist links liegen gelassen wurden. Ein Schlüsselfaktor für den Erfolg ist die Fähigkeit, kostengünstige Medikamente zu entwickeln, die bahnbrechende Therapien darstellen. Forschung und Entwicklung, die ähnliche Ergebnisse liefert wie die, die bereits auf dem Markt sind, wird sich weniger wahrscheinlich in erfolgreiche Produkte umsetzen lassen. Suchen Sie nach Unternehmen mit F&E-Programmen, die sich auf Krankheiten konzentrieren, die derzeit entweder gar nicht oder unzureichend erforscht werden.

Zudem hat eine positive Nachricht über einen Forschungsfortschritt bei einem Multimilliarden-Dollar-Konzern wie Amgen, Biogen oder Gilead Sciences meist keine so großen Effekte wie bei Unternehmen, welche in ihrer Marktkapitalisierung bestenfalls unter 1 Milliarde US-Dollar liegen, da einzelne Pipeline-Produkte oft nur ein Stück vom großen Gesamtkuchen ausmachen. Dies bedeutet im Umkehrschluss allerdings nicht, dass man solche Werte nicht im Portfolio haben sollte. Es fehlt lediglich die Hohe Positive Optionalität sogenannter Small-Cap-Unternehmen (Marktkapitalisierung < 250 Millionen US-Dollar). Als das Schweizer Spezialitäten-Pharmaunternehmen Santhera Pharmaceuticals (WKN: A0LCUK) im Jahr 2014 einen Wirkstoff für Muskeldystrophie des Typs Duchenne (auch »Duchenne-Muskeldystrophie« oder »DMD« genannt) – die häufigste muskuläre Erbkrankheit im Kindesalter – auf den Markt brachte, stieg der Kurs von knapp 3 auf über 130 Schweizer Franken an. Dies entspricht einem Plus von über 4.000 Prozent. Aus 1.000 Euro Anfangsinvestition wären also deutlich über 40.000 Euro geworden. Dies kann einige Fehlinvestitionen ausgleichen.

Einen Wirkstoff zu entdecken, der gegen eine bestimmte Krankheit hilft, ist das eine – die Umsetzung das andere. Ist das Wirkkonzept grundsätzlich nachgewiesen – das geschieht in sogenannten »Proof-of-Concept-Studien« –, beginnt die klinische Entwicklung. Sie ist aufwendig und sehr teuer. Seinen Anfang nimmt das Prozedere in präklinischen Studien, anschließend geht es in die klinische Entwicklung und schlussendlich wird über die Zulassung des Präparats entschieden. Talent und Erfahrung des Managements sind entscheidend für den langfristigen Erfolg. Im Idealfall sollte das Biotech-Unternehmen von Führungskräften geleitet werden, die zuvor bereits Behandlungen entwickelt und kommerzialisiert haben. Seien Sie in der Zwischenzeit vorsichtig bei Unternehmen, die ihre Ziele regelmäßig verfehlen. Führungskräfte müssen über ein ausgezeichnetes Verständnis des klinischen und kommerziellen Entwicklungsprozesses verfügen, die damit verbundenen Kosten schätzen und die Ressourcen des Unternehmens in Projekte investieren, die einen hohen Return on Investment bieten.

Unerfahrene Investoren lassen allzu oft die Finger von Biotech-Aktien, obwohl die Gewinnmöglichkeiten gerade hier exorbitant sind. Oft wird von Klinischen Phasen I, II oder III gesprochen und man sollte verstehen, worum es dabei geht und wie man kritisch mit Ergebnissen umgeht, um die Aussichten von Biotech-Unternehmen bewerten zu können.

Welche Rolle die FDA (Food and Drug Administration) spielt:

Als Zulassungsbehörde, die neue Medikamente für den US-Markt genehmigt und auch klinische Studien am Menschen zulässt, ist die Food and Drug Administration (FDA) der ultimative Torwächter für jedes Biotech-Unternehmen, das europäische Pendant ist die EMA. Da die USA der wichtigste Absatzmarkt sind, nehmen wir die FDA als Beispiel, es lässt sich allerdings fast alles ausnahmslos auf andere Zulassungsstellen übertragen. Die FDA verlangt, dass alle Unternehmen (zu ihrer Zufriedenheit) nachweisen, dass ein potenzielles neues Medikament sicher und wirksam für den angegebenen Zweck ist.

Investoren müssen den FDA-Prozess und die Anforderungen verstehen. Um die FDA-Zulassung zu erhalten, müssen Biotechs eine ausreichende Menge an Informationen darüber bereitstellen, dass das Medikament sicher und wirksam ist. Dies geschieht in der Regel durch eine Reihe von mindestens drei klinischen Studien (Phase eins, Phase zwei und Phase drei).

Wenn diese Studien ihre Ziele in Bezug auf Sicherheit und Wirksamkeit erfüllen (und diese Ziele werden typischerweise in Absprache mit der FDA festgelegt), wird das Unternehmen einen formellen Zulassungsantrag, die sogenannte New Drug Application (NDA), stellen. Nach Erhalt eines ausgefüllten Antrags (und einer hohen Anmeldegebühr) vergibt die FDA ein sogenanntes PDUFA-Datum, das Datum, bis zu dem die Behörde über den Antrag entscheidet.

Die FDA prüft dann den Antrag und kann ein spezielles Expertengremium einberufen, das als »Advisory Committee« bezeichnet wird. Diese Ausschüsse prüfen den Antrag und geben eine Stellungnahme ab, ob die FDA das Medikament auf der Grundlage der derzeit verfügbaren Informationen genehmigen sollte (oder nicht).

Die FDA bewertet dann die Antworten des Panels und trifft ihre Entscheidung: Entweder wird sie die Zulassung erteilen und dem Unternehmen die Vermarktung des Medikaments ermöglichen oder ein vollständiges Antwortschreiben (CRL) ausstellen. Ein CRL ist gleichbedeutend mit einer Ablehnung, obwohl es die Bedenken der FDA hervorhebt und es dem Unternehmen ermöglicht, mehr Daten zu sammeln, mit der Möglichkeit, die Zulassung später erneut zu beantragen.

Biotech-Investoren dürfen auch nicht übersehen, wie wichtig es ist, die »Stimmung« der FDA zu einem bestimmten Zeitpunkt zu verstehen. Wenn sich die FDA in einer konservativen Haltung befindet, werden Sicherheit und saubere Daten an erster Stelle stehen und zweifelhafte (wenn auch bahnbrechende) Medikamente werden oft abgelehnt. Wenn sich die FDA in einer liberaleren Haltung befindet, werden einige dieser Regeln nicht so rigoros angewendet und Medikamente mit einem etwas schwierigeren Nutzen-Risiko-Profil kommen oft auf den Markt, insbesondere solche, die für Krankheiten mit wenigen anderen Behandlungsmöglichkeiten bestimmt sind.

Um eine erfolgreiche Blockbuster-Anwendung ausfindig zu machen, müssen folgende Rahmenbedingungen erfüllt sein:

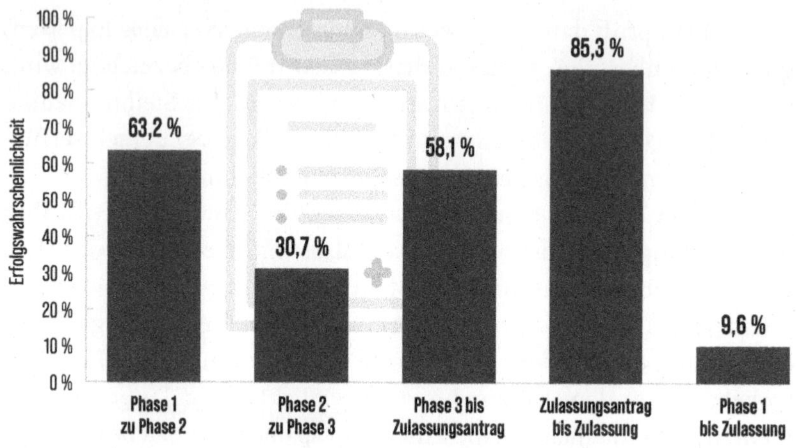

Abbildung 79: Klinische Studien Erfolgsraten 2006 bis 2015
Quelle: Pharma Fakten e.V., https://www.pharma-fakten.de/news/details/609-der-lange-weg-zum-neuen-medikament/

Phase I: Normalerweise dauert die Durchführung etwa ein Jahr und konzentriert sich auf die Durchführung von Studien an einem kleinen Personenkreis, um die anfängliche Sicherheit und die ideale Dosierung zu ermitteln. Dazu stellt sich dann noch die Frage, ob alle Rechte für die Wirkstoffe beim Biotech-Unternehmen liegen oder ob sie einem Pharmapartner gehören. In letzterem Fall sind dann Meilensteinzahlungen und Tantiemen üblich, die in die Berechnung statt der eigenen Umsätze einfließen. Daher ist es wichtig herauszufinden, ob das Unternehmen vielversprechende Kooperationen und Lizenzpartnerschaften eingegangen ist. Suchen Sie nach Partnern, die ein dauerhaftes Engagement zeigen – denken Sie daran, dass der Produktentwicklungsprozess sehr langwierig und teuer sein kann.

Halten Sie sich von Unternehmen fern, die »Me-too«-Behandlungen für Krankheitsbereiche entwickeln, die durch bestehende Technologien auf dem Markt bereits gut bedient werden. Die Technologie und die Produkte eines Biotech-Unternehmens könnten ein großes Potenzial haben, aber besitzt das Unternehmen Patente zum Schutz seiner Technologie? Durch die Übertragung von Exklusivrechten an der Technologie der Firma erhöht der Patentschutz den Wert dieser

Technologie und des Unternehmens selbst. Das Unternehmen kann Forschung und Entwicklung (F&E) und kommerzielle Entwicklung betreiben, ohne Angst zu haben, dass Wettbewerber seine Technologie »stehlen« oder verletzen. Am wichtigsten ist, dass Patente lizenzpflichtige Handelspartner mit der finanziellen Schlagkraft anziehen können, um F&E, klinische Studien, Produktentwicklung und Marketing zu finanzieren.

Phase II: In der Regel dauert es ein bis drei Jahre, bis die Behandlung abgeschlossen ist. Der Schwerpunkt liegt auf dem Testen von Behandlungen an einem größeren Pool von Patienten (100 bis 300), die an der fraglichen Erkrankung leiden, in erster Linie, um die Wirksamkeit und mögliche Nebenwirkungen zu identifizieren. Die klinische Phase, in der das Risiko für einen Abbruch am größten ist, ist Phase II. Etwa 70 Prozent aller Wirkstoffe fallen hier durch. Ganz wichtig in dieser aufgrund der geringen Probandenzahl noch wackeligen Statistik ist der p-Wert. Dieser ist eine Wahrscheinlichkeit zwischen 0 und 1. Um ein statistisch signifikantes Ergebnis zu erlangen, ist ein p-Wert unter 0,05 notwendig. Wenn also zum Beispiel in einer Klinischen Phase II der p-Wert bei 0,03 liegt, ist er zwar signifikant, aber nicht weit von 0,05 entfernt. Aufgrund der geringen Stichprobengröße in Klinischen Phasen II können die Phase-III-Ergebnisse daher abweichen und nicht mehr signifikant sein, sodass das Medikament nicht zugelassen wird. Deshalb sollten p-Werte in Phase II deutlich unter 0,05 liegen, zum Beispiel bei 0,005 oder weniger, um Überraschungen in Phase III zu minimieren.

Phase III: Je weiter das Produkt in der klinischen Entwicklung kommt, desto größer sind die Chancen auf Zulassung, Markteinführung und wirtschaftlichen Erfolg. In der Regel dauert die Durchführung zwei bis drei Jahre und konzentriert sich auf einen viel größeren Test (mit 1.000 bis 5.000 Patienten, die unter der fraglichen Erkrankung leiden), hauptsächlich zur Überwachung der langfristigen Auswirkungen. Dies schließt auch andere Formen von Tests ein wie die Verwendung von Placebo-Pillen bei einem Teil der Gruppe, um die Wirksamkeit zu bestätigen. Aufgrund der genaueren Ergebnisse floppen circa 35 Prozent der Medikamente in dieser Phase.

Phase IV: Diese Phase ist eher unbekannt und umfasst die Überwachung von Patienten nach Marktzulassung, um mehr über die Wirksamkeit und Nebenwirkungen des Medikaments zu erfahren. Da jetzt meist Tausende von Patienten das Medikament erhalten, werden mehr mögliche Nebenwirkungen sichtbar.

Absicherungsmöglichkeiten Ihrer Biotech-Investments

- Kauf des inversen ETFs: ProShares Short Russell2000 (ETF); Kürzel: RWM (inverser ETF, kaufen)
- Leerverkauf des Russell2000 ETF: SPDR Russell2000 U.S. Small Cap UCITS ETF; WKN: A1XFN1; ISIN: IE00BJ38QD84, Symbol: ZPRR
- Leerverkauf des Loncar Cancer Immunotherapy ETF; Kürzel: CNCR; ISIN: US26922A8264
- Leerverkauf des Virtus LifeSci Biotech Clinical Trials ETF; Kürzel: BBC; ISIN: US26923G3011
- Leerverkauf des Direxion Daily S&P Biotech Bull and Bear 3X Shares; Kürzel: LABU; ISIN: US25490K3234

Fazit

Mit einer vollständigen Anleitung für eine Investition in Biotech-Unternehmen könnte schnell ein ganzes Buch gefüllt werden. Dies würde hier den Rahmen sprengen. Dieser Beitrag ist lediglich ein guter Start für viele Investoren, die neu in der Welt der Biotechnologie sind. Biotech-Investitionen sind ein riskantes Unterfangen und Misserfolge werden die Zahl der Erfolge übersteigen. Allerdings ist es für Investoren mit Geduld, Recherche und Liebe zum Detail durchaus möglich, die Gewinner zu finden, welche die Verlierer um teilweise 1.000 Prozent übertrumpfen und zu einem möglichen Tenbagger mutieren können. Im Laufe der Jahre muss dies keine Seltenheit sein. Mit diesem Wissen im Hinterkopf kann man sich durchaus mit Biotech-Aktien beschäftigen. Dank der enormen Gewinnmöglichkeiten lohnt es sich allemal, doch sollte man natürlich auch die Risiken im Auge behalten und wirklich nur Geld einsetzen, das man nicht benötigt. In einem schwierigen Marktumfeld ist es für viele Biotech-Unternehmen sehr schwer, die notwendigen Finanzmittel aufzutreiben. Es ist uns vollkommen bewusst, dass viele Biotech-Aktien in einem Crash oder bei stark steigenden Zinsen besonders hart abgestraft werden können. Deswegen sind wir ständig auf der Suche nach Unternehmen, die man als Hedge gegenüberstellen kann. Wir wollen vermeiden, dass wir in einem Crash erhebliche Verluste durch einen abrupten Kursverfall einfahren. Aus diesem Grund investieren wir bewusst nur in Biotech-Aktien mit einem überdurchschnittlich guten Chancen-Risiko-Verhältnis von mindestens fünf zu eins und gesunden Bilanzen. Mindestens genauso wichtig ist es bei diesen Investments, dass sich kurz- und mittelfristig positive Auslöser (die Amerikaner sagen »catalysts«) erkennen lassen und diese Unternehmen über erhebliche Alleinstellungsmerkmale verfügen. Verstehen Sie diesen Beitrag nicht falsch – positive Optionalität bedeutet nicht, Haus und Hof in eine oder mehrere Biotech-Unternehmen zu stecken. Eine gewisse Beimischung kann die Gesamtperformance Ihres Portfolios allerdings ordentlich ankurbeln. Nehmen wir einmal an, ein Biotech mit 2 Prozent Portfoliogewichtung hat das Potenzial, sich durch eine Zulassung im Wert zu verzehnfachen, dann haben Sie bereits Ihre Jahresperformance mehr als erreicht; geht es schief, sind 2 Prozent Portfolioverlust zu verschmerzen. Dieser Beitrag wird bei einigen Lesern bestimmt Unmut auslösen, da diese Form der Investition als zu »risikoreich« angesehen wird. Allerdings ersetzt eine Meinungsumfrage nicht das selbstständige Denken. Benjamin Graham sagte immer: »Es kommt nicht auf die schlechten Investitionen an, die fehlschlagen, sondern es kommt auf die guten Ideen an, die exzessiv genutzt werden.«

Kapitel 6

Portfoliomanagement

Investmentdisziplin

> *»Es gibt keinen Grund, das zu riskieren, was Sie haben und brauchen, für das, was Sie nicht haben und nicht brauchen.«*
>
> WARREN BUFFETT

Glück ist alles, was wir nicht kontrollieren können – die Handlungen anderer, das Wetter, unsere Gene. Geschicklichkeit hängt damit zusammen, wie klar unser Verständnis der Welt ist, und von der Qualität der Entscheidung, die wir auf der Grundlage dieses Verständnisses getroffen haben.

Aufgrund des Eigennützigkeits-Bias scheitern wir oft bei der Analyse der Ergebnisse. Wenn etwas Gutes passiert, schreiben wir es unseren Fähigkeiten zu. Und passiert etwas Schlimmes, führen wir es auf Unglück zurück. Im Grunde nehmen wir das Gute an und lenken die Schuld für das Schlechte ab.

Wenn es um Geld geht, wird immer jemand mehr davon haben als Sie. Das ist okay. Es ist in Ordnung, nach mehr Geld zu streben, aber fangen Sie nicht an, riskante Wetten zu tätigen, die das, was Sie haben, für etwas gefährden, das Sie nicht brauchen. Es ist leicht, sich selbst einzureden, dass Ihre finanziellen Ergebnisse ausschließlich von der Qualität Ihrer Entscheidungen und Handlungen bestimmt werden, aber das ist nicht immer der Fall. Sie können gute Entscheidungen treffen, die zu schlechten finanziellen Ergebnissen führen. Und Sie können schlechte Entscheidungen treffen, die zu guten finanziellen Ergebnissen führen. Sie müssen die Rolle von Glück und Risiko berücksichtigen.

Unser Glück hängt nicht immer mit unseren objektiven Bedingungen zusammen. Tatsächlich wird es oft davon angetrieben, wie wir im Vergleich zu der von uns ausgewählten Peer-Gruppe abschneiden. Selbst wenn wir die Leiter erklimmen und unsere Umstände verbessern, werden wir oft unglücklich, wenn wir sehen, dass andere Menschen in bestimmten Bereichen besser abschneiden als wir.

Dieser Vergleichsrahmen macht es wahrscheinlicher, dass wir weniger geben, Nullsummendenker sind und unsere Vision darüber trüben, was sowohl unsere Ergebnisse als auch die Ergebnisse anderer antreibt.

Um das Risiko einer Übergewichtung der Rolle der individuellen Anstrengung bei der Bestimmung der Ergebnisse zu mindern, ist Folgendes elementar:

Seien Sie vorsichtig mit den Menschen, die Sie bewundern, und mit denen, auf die Sie herabschauen. Diejenigen an der Spitze waren möglicherweise die Wohltäter des Glücks, während die unteren vielleicht Opfer des Risikos waren.

Konzentrieren Sie sich weniger auf einzelne Personen und wenden Sie sich größeren Mustern zu. Es ist schwierig, die Ergebnisse erfolgreicher Einzelpersonen zu reproduzieren, aber Sie können möglicherweise an breiteren Mustern teilnehmen und diese duplizieren.

Aber wichtiger ist, dass wir den Faktor Glück für den Erfolg zwar anerkennen, aber im Hinblick auf das Risiko auch nicht vergessen, dass wir uns selbst vergeben und Raum für Verständnis lassen sollten, wenn wir Misserfolge beurteilen.

Seien Sie nett zu sich selbst, wenn Sie einen Fehler machen oder auf der falschen Seite des Risikos standen. Die Welt und der Ausgang einzelner Ereignisse sind unsicher und es muss nicht Ihre Schuld sein, wenn etwas schiefgeht. Unsere Neigung, die Qualität einer Entscheidung mit der Qualität ihres Ergebnisses gleichzusetzen, hindert uns daran, die Qualität unserer Entscheidungen und die Rolle des Glücks bei den Ergebnissen, die wir erzielen, genau einzuschätzen. Es ist der Feind des probabilistischen Denkens, der uns daran hindert, die vielen anderen Ergebnisse zu sehen, die hätten eintreten können. Unrecht zu haben ist nicht schlimm. Es ist eine Gelegenheit, zu lernen und zu wachsen. Es erfordert Demut, einen offenen Geist und die Bereitschaft, unser Handeln zu studieren. Sobald Sie sich damit wohlfühlen, nicht »richtig« oder »falsch« zu liegen und in Graustufen zu leben, lernen Sie mehr aus Ihren Entscheidungen und den Ergebnissen, die Sie erzielen. Dies hat einen zusätzlichen emotionalen Vorteil, da die Höhen weniger hoch und die Tiefen weniger tief sind.

Die 33 häufigsten Denkfehler

1. Verletzung der Objektivität (Gier, Geiz und Angst)
2. Recht haben wollen – der Markt hat immer recht.
3. Schlechte Makro-Calls – Unterschätzung von Makro-Faktoren (Rücken- und Gegenwind)
4. Timing – Gott sein ist unmöglich.
5. Falsche Selbsteinschätzung (welcher Anlagestil passt zu mir?)
6. Selbsterkenntnis der Risikobereitschaft
7. Schlechte Diversifizierung (zu viel oder zu wenig)
8. Handwerkliche Defizite in der Umsetzung
9. Mangelhaftes Risikomanagement
10. Kein ausreichendes Chancen-Risiko-Verhältnis größer als drei zu eins
11. Style Drift (ständiges Abweichen von der Strategie)
12. Gefährlicher Hebel
13. Wer ist dein Intermediär? Wetten gegen die Bank.
14. Keine Bargeldbestände
15. Auf andere hören – der heiße Tipp
16. Stimmt die Portfoliogewichtung?
17. Große binäre Wetten eingehen
18. Objektliebe

19. In Black-Box-Unternehmen investieren
20. Keine Gewinnmitnahme oder Absicherung bei zyklischen Unternehmen
21. Heldenkomplex (Master-of-the-Universe-Komplex)
22. Keine Analyse der eigenen Investmenthistorie (was ist die Antithese dazu?)
23. Gibt es einen Auslöser (catalyst) für meine Prognose?
24. Feel-Good-Faktor – kein klarer Kopf und viele Ablenkungen
25. Too early, too late, too smart.
26. Keine Watchlisten erstellen
27. Falsche Prioritäten und Disziplinlosigkeit
28. Schlechter Research – schwaches Analyseverständnis
29. Gutes Geld schlechtem Geld nachwerfen (Fehler akkumulieren)
30. Sind die Risiken unter den großartigen Nachrichten abgebildet?
31. Der Konsens hat oft recht, aber: Herdeninstinkt nicht vergessen (sich mit anderen einigen wollen).
32. EZB-Bankern, Long-only Analysten und Meinungen selbsternannter Gurus folgen – mediale Berichterstattung
33. Keine Berichtigung der eigenen Fehler (Eingeständnis)

Das richtige Mindset

»If you can't stand the heat, get out of the kitchen.«

HARRY S. TRUMAN

Um ein erfolgreicher Investor zu sein, muss man laut Hedgefondslegende Stanley Druckenmiller »entschlossen, aufgeschlossen, flexibel und wettbewerbsfähig« sein. Am Tag vor dem Crash 1987 wechselte er von Netto-Short- zu 130-Prozent-Long-Positionen, weil er dachte, der Ausverkauf sei abgeschlossen. Er sah, wie der Markt gegen eine beträchtliche Unterstützung (ein Signal aus seiner technischen Analyse) anstieß. Aber im Laufe des Tages wurde ihm klar, dass er einen schrecklichen Fehler gemacht hatte. Also schlug er am folgenden Tag sein Portfolio gänzlich um, shortete den Markt und verdiente Geld. Bei den größten Fondsmanagern ist diese Art geistiger Flexibilität zu erkennen und Druckenmiller ist ein Investor, der sie vielleicht besser als jeder andere verkörpert. Die Praxis, »starke Meinungen schwach vertreten« zu haben, ist schwierig, aber für den Erfolg ausschlaggebend. »Mein Ansatz funktioniert nicht, indem ich gültige Vorhersagen mache, sondern indem ich falsche Vorhersagen korrigieren kann«, wird George Soros (Druckenmillers Mentor) zitiert. Um diesen Grad an geistiger Flexibilität zu erreichen, müssen Sie lernen, Ihr Ego von Ihren unmittelbaren Handelsergebnissen zu lösen. Wenn Sie zulassen, dass Verluste Ihr Urteilsvermögen beeinträchtigen, werden Sie unweigerlich noch größere Fehler machen. Diese Lektion hat Druckenmiller schon früh von Soros gelernt: »Soros ist der Beste, wenn es darum geht, Verluste zu ertragen. Ihm ist es gleichgültig, ob er beim Handeln gewinnt oder verliert. Wenn ein Trade nicht funktioniert, ist er sich seiner Fähigkeit, bei anderen Trades zu gewinnen, so sicher, dass er sich leicht von der Position entfernen kann. Wenn Sie zuversichtlich sind, macht es Ihnen nichts aus, einen Verlust hinzunehmen. Einer der besten Aspekte dieses Spiels (Investieren) ist, dass Sie, solange Sie am Leben bleiben (Ihr Kapital schützen), immer eine weitere Anlage vornehmen können.« Druckenmiller sagt außerdem: »Das Wunderbare an unserem Geschäft ist, dass es liquide ist, und Sie können es an jedem Tag neu abschließen. Solange ich die Situation unter Kontrolle habe – das heißt, solange ich meine Positionen decken kann –, gibt es keinen Grund, nervös zu sein.« Die meisten Investoren können ihre Gefühle in turbulenten Zeiten mit hoher Volatilität nicht kontrollieren. Tatsächlich waren zu einem Zeitpunkt im Jahr 2009 rund ein Drittel der Vermögenswerte von Baupost in unterbewertete Kreditinstrumente investiert, deren Wert durch den umfassenden Ausverkauf ohne Rechtfertigung abgeschrieben worden war. War es für Baupost-Gründer Seth Klarman leicht, weiterhin zu kaufen, während der Rest des Marktes einbrach? »Ja, es war leicht. Für einen Anleger ist es entscheidend zu verstehen, dass Wertpapiere nicht das sind, was die meisten Menschen glauben. Es sind keine Zettel, die gehandelt werden, keine Blitzer auf einem Bildschirm auf und ab, keine Tickerbänder, die man auf CNBC verfolgt. Investieren bedeutet, eine Bruchteilbeteiligung an einem Unternehmen zu kaufen. Ihre Psychologie als Investor ist immer wichtig. Wenn Sie Ihr Selbstvertrauen verlieren, wenn Sie zu viele Fehler gemacht haben, wenn Sie zu sehr am Boden sind, wird es sehr leicht zu sagen: ›Ich kann es nicht ertragen, noch mehr am Boden zu sein.‹ Wenn man hastiges Kaufen und Verkaufen und kurzfristige Verwüstungen vermeidet, kann man auf lange Sicht dabei sein«, so seine Antwort. Abgesehen vom Umgang mit Verlusten ist auch der Prozess der Entscheidungsfindung wichtig. Alle Legenden haben gemeinsam, dass sie laterale unabhängige Denker sind. »Es gibt einen Kreislauf, wenn Menschen ihre Ideen gegenüber Gegenargumenten verteidigen müssen. Lücken im Denken oder in der Analyse werden ziemlich schnell deutlich, wenn kluge Leute gute, logische Fragen stellen. Man kann kein Value-Investor sein, ohne ein unabhängiger Denker zu sein – man sieht Bewertungen, die der Markt nicht zu schätzen weiß. Aber es ist entscheidend, dass Sie verstehen, warum der Markt nicht den Wert sieht, den Sie sehen. Das Hin und Her, das sich im Anlageprozess abspielt, hilft Ihnen dabei«, so Joel Greenblatt zu diesem Thema.

Professionell und erfolgreich investieren mit Florian Homm

Mittlerweile bin ich seit über vier Jahrzehnten als Investmentmanager, Wagniskapitalinvestor, Finanzunternehmer und Investmentbanker am Kapitalmarkt tätig. Aber noch nie habe ich ausführlicher über die Kernelemente des Anlageerfolgs geschrieben als in diesem Buch. In diesem Kapitel geht es um die Kernessenz dessen, wie man in allen Marktlagen attraktive Renditen erwirtschaftet, und es gibt eigentlich kein besseres Zeitfenster, um die Kernerfolgsfaktoren aus historischer Sicht zu beschreiben. Denn in den letzten 40 Jahren (zwischen 1982 und 2022) haben wir die sensationellste Bullenrallye der Kapitalmarktgeschichte erlebt. Ein wahrhaftiges Nirwana für Long-only-Investoren, die jede Kurskorrektur oder jeden Crash genutzt haben, um weiter Aktien, Anleihen oder Immobilien aufzustocken. Was uns mittel- und langfristig bevorsteht, wird mit höchster Sicherheit nicht den außerordentlichen Renditen der Vergangenheit entsprechen, die man mit einer einfachen »Long-only«- und »Buy-all-Dips«-Strategie hätte erwirtschaften können.

Alles beginnt mit einem Konzept, das tatsächlich nur sehr wenige Investoren nutzen und konsequent umsetzen:

1. Die Ermittlung des Chancen-(Upside-)Risiko-(Downside-)Verhältnisses

Rein gar nichts ist für mich essenzieller im Investitionsprozess, als dieses Verhältnis zu ermitteln. Die Philosophie, die dieses Konzept untermauert, müsste eigentlich für jeden Investor offensichtlich sein, wird aber in der Regel nicht verstanden, geschweige denn systematisch eingesetzt. Ziehen wir einen Vergleich mit dem Roulette. Man kann beim Roulette auf Schwarz oder Rot, Zahlen oder Zahlenreihen setzen. Bei der 0 (Null) erhält der Casino- oder Roulettetisch-Betreiber den gesamten Einsatz. Wenn die Null nicht vorkommen würde, läge das Chancen-Risiko-Verhältnis bei einer einfachen Rot-und-Schwarz-Wette bei 50 Prozent oder im Verhältnis eins zu eins. Was wäre aber, wenn ich Wetten eingehen könnte, bei denen ich bei Schwarz mindestens dreimal so viel verdiene wie bei Rot? Mein Chancen-Risiko-Verhältnis wäre drei zu eins. Und wenn ich meinen Anlageprozess ausschließlich darauf ausrichte und mit einem intelligent diversifizierten Long- und Short-Investmentportfolio arbeite, kann ich kurz-, mittel- und langfristig fast nicht verlieren. Vor allem dann nicht, wenn ich meine Long-Positionen durch Derivate oder Short-Positionen absichere. Meine Anlageresultate wurden fast ein Vierteljahrhundert verifiziert und testiert. In dieser Zeit hatte ich nur ein Verlustjahr (1995, minus 17 Prozent). Was meinen persönlichen Track-Record betrifft, kann ich Ihnen versichern, dass ich seit 44 Jahren kontinuierlich mit meinen Investments jedes Jahr einen Gewinn erwirtschaftet habe.

Somit bin ich seit über vier Jahrzehnten damit beschäftigt, das Chancen-Risiko-Verhältnis meiner Investments immer besser zu kalkulieren und mein Risikomanagement ständig zu optimieren. Und wenn das Chancen-Risiko-Verhältnis nicht mindestens zwei zu eins beträgt, lasse ich es sein. Je höher das C-R-Verhältnis ist, desto umfänglicher wird diese Position »normalerweise« in meinem Portfolio. Ich habe bewusst den Begriff »normalerweise« im vorigen Satz benutzt, weil man bei einigen Investments einen Totalverlust nicht immer ausschließen kann. Solche »All or nothing«-Wetten gehe ich ungerne ein. Sie machen in der Regel niemals mehr als 20 Prozent meines Anlageportfolios aus. Trotzdem gehören sie dazu! Zum Beispiel hatte ich circa 2 Prozent unseres Familienvermögens in einen spekulativen australischen Biotechnologie-Wert, bei anfänglichen Kursen von 30 australischen Cent, investiert (Clinuvel Pharmaceuticals, CUV). In diesem Fall hätte ich den gesamten Einsatz verlieren können, denn das Unternehmen war Jahre davon entfernt, Gewinne zu erwirtschaften. Mir war das Risiko vollkommen bewusst und mein Ziel war es, das Ausfallrisiko so weit wie möglich durch aktivistische Maßnahmen zu reduzieren. Somit war ich die treibende Kraft hinter dem Unternehmen, die nicht nur das Management größtenteils verabschiedete, sondern auch dem heutigen CEO Philippe Wolgen zu diesem Posten verholfen hatte. Zudem war es kriegsentscheidend, Clinuvel eine sichere finanzielle Basis zu ermöglichen, damit die Forschung und Entwicklung zu einer erfolgreichen Kommerzialisierung von Medikamenten führen würde. Dazu wurden circa 100 Millionen Australische Dollar von mir und anderen nahestehenden Investoren zur Verfügung gestellt. Mit einer ausreichenden Finanzierung und einer Spitzentechnologie konnte Clinuvel die hochgesteckten Ziele erreichen und ich hatte mein Investmentrisiko reduziert.

Letztlich hat sich das Unternehmen blendend entwickelt. Der Börsenkurs stieg vom allerersten Investment von 30 Australischen Cent (damals hieß die Firma noch »Epitan«) auf 45 Australische Dollar, also um den Faktor 150. Mir ist vollkommen bewusst, dass der typische Privatinvestor nicht dieselben Ressourcen hat wie ein Investmentguru, aber einige Anleger hatten sehr früh erkannt, dass Clinuvel Pharmaceuticals durch mein Engagement ein viel besseres Chancen-Risiko-Verhältnis für die Aktionäre darstellte als mit einem passiven, wirtschaftlich schwachen Sammelsurium von Kleinanlegern. Sie haben ganz die Zeichen der Zeit erkannt und sind einfach auf den richtigen Zug mit aufgesprungen.

Das C-R-Verhältnis ist zudem niemals statisch. Es ist dynamisch und verändert sich fast täglich mit den entsprechenden Kursentwicklungen, den veränderten Rahmenbedingungen am Kapitalmarkt und der Entwicklung des Unternehmens. Zum Beispiel: Ende 2020 stand die Aktie bei 45 Australischen Dollar. Das Kursziel hatte ich in einem Crashszenario auf 10 bis 20 Australische Dollar pro Aktie berechnet. Und dass ein Crash bevorstand, war mir relativ klar.

Die Upside, zumindest auf Sicht von einem Jahr (ohne Börsencrash), lag meines Erachtens aber nur bei 65 bis 80 Australischen Dollar, mittel- und langfristig vielleicht sogar über 150 Australischen Dollar. So ergab sich kurzfristig ein Downside-Risiko zwischen 25 und 35 Australischen Dollar und eine Upside von 20 bis 35 Australischen Dollar, nicht gerade inspirierend. Denn somit ergibt sich ein relativ uninteressantes C-R-Verhältnis von eins zu eins. Folglich hatten wir uns von circa der Hälfte der Position bei Höchstkursen getrennt, um sie in den folgenden Monaten bei Kursen um 15 Australischen Dollar wieder einzusammeln. Warum? Weil sich bei fallenden Kursen das Chancen-Risiko-Verhältnis deutlich verbessert hat. Die Downside bei Kursen von 15 Australischen Dollar betrug laut meinen Berechnungen maximal 5 Australische Dollar. Die Upside war auf Sicht von ein oder zwei Jahren mindestens 45 Australische Dollar, ein fantastisches Chancen-Risiko-Verhältnis.

Numerisch versierte Investoren werden sofort verstehen, dass diese Darstellung etwas vereinfacht ist, denn eigentlich geht es um die Down- und Upside-Verhältnisse ausgedrückt in Prozenten. Nach dem »Zinserhöhungscrash« vom vierten Quartal 2020 und einer gleichzeitigen Leerverkäufer-Attacke brach die Clinuvel-Aktie um circa zwei Drittel ein. Die Ertragschancen und Prognosen des Unternehmens hatten sich aber nicht wesentlich verändert. Zudem war die Argumentationskette der Leerverkäufer äußerst fehlerhaft. Bei 15 Australischen Dollar bestand aus meiner Sicht noch eine Downside von 33 Prozent und eine Upside von mindestens 200 Prozent, dem alten Höchstkurs von 45 Australischen Dollar entsprechend, und somit ein exzellentes

Chancen-Risiko-Verhältnis von 6,06. Das waren für uns die ausschlaggebenden Gründe, die Clinuvel-Position bei deutlich niedrigeren Kursen wieder aufzustocken.

Dieses Buch ist nicht dazu bestimmt, komplexe statistische Modelle, Korrelationen und Algorithmen en détail zu erklären. Mir geht es primär darum, logische Konzepte einfach zu vermitteln. Der zweite wichtige Faktor ist die Feinabstimmung des C-R-Verhältnisses mit Wahrscheinlichkeiten. Ich erkläre dies anhand eines simplen Beispiels:

Simples C-R-Verhältnis

CUV-Aktienkurs vor Short-Attacke, zinserhöhungsinduzierter 20-Prozent-Crash:	45 AUD
Wahrscheinlichkeit eines Absturzes oder einer ernsten Kurskorrektur:	70 %
Wahrscheinlichkeit dafür, dass sich ceteris paribus nichts verändert:	30 %
Kurschance:	75 AUD / plus 66 %
Kursrisiko:	15 AUD / minus 66 %
C-R-Verhältnis:	1 zu 1

Kurschance mit Wahrscheinlichkeitsadjustierung

Upside:	0,3 × (75–45) = 9
9/45 =	20 %
Downside:	0,7 × (45–15) = 21
21/45	= 47 %
C-R-Verhältnis mit Wahrscheinlichkeitsrechnung	0,43 zu 1

Wie Sie sehen, ist das einfache C-R-Verhältnis bei einem Kurs von 45 Australischen Dollar von eins zu eins viel optimistischer als das wahrscheinlichkeitsadjustierte C-R-Verhältnis von 0,43 zu 1 und das hat für mich erhebliche Konsequenzen als Profi-Investor. Das C-R-Verhältnis ist mein bester Ratgeber, vor allem dann, wenn ich beginne, in eine Position zu investieren, ganz egal ob es eine Long- oder Short-Position ist. Denn wenn ich ein intelligent diversifiziertes ALPHA-Long- und ALPHA-Short-Portfolio von circa 30 Positionen manage und über ein Chancen-Risiko-Verhältnis von drei zu eins verfüge, ist es nahezu unmöglich, große Verluste zu machen.

Stellen Sie sich einfach 30 Roulettetische vor. Jeder Tisch stellt eine Aktienposition dar. An keinem dieser Tische gibt es eine Null. Und an jedem Tisch ist die Wahrscheinlichkeit, dass Schwarz gewinnt, dreimal so hoch wie die, dass Rot gewinnt. Dazu wird das ganze Jahr gespielt, immer mit denselben vorteilhaften Chancen-Risiko-Verhältnissen. Gewinne werden entweder ausgezahlt oder es werden, noch besser, die Positionen mit neuen Aktien mit einem Chancen-Risiko-Verhältnis von mindestens drei zu eins eingegangen. Spiel für Spiel. Tag für Tag. Woche für Woche. Monat für Monat. Jahr für Jahr. Die Wahrscheinlichkeit, dass Sie am Ende eines Jahres Verluste ausweisen werden, ist extrem gering. Die Wahrscheinlichkeit, dass Sie überproportional Gewinne einfahren werden, ist außerordentlich hoch.

Um das Chancen-Risiko-Verhältnis noch besser zu veranschaulichen ist es eine Leichtigkeit, sich etwas intensiver mit dem Total-Return-Portfolio im Florian Homm Long Short Börsenbrief auseinanderzusetzen:

https://www.homm-longshort.com/

Dieser Börsenbrief wurde im November 2017 lanciert. Seitdem gab es zwei Crashs und eine vehemente Korrektur an den Aktienmärkten.

In all diesen Rückschlägen konnten entweder deutliche Verluste vermieden oder erhebliche Gewinne realisiert werden:

Vehemente, aber kurzfristige Börsenkorrektur/zeitweise Mini-Börsencrash Ende 2018

2018 gab es in den USA mehrere Leitzinserhöhungen seitens der Federal Reserve. Diese Leitzinserhöhungen wurden dem Markt sehr transparent kommuniziert. Gleichzeitig hatte die amerikanische Zentralbank den Aufkauf von Staatsanleihen stark gedrosselt, um ihre Bilanz abzubauen. Es wurden sogar amerikanische Staatsanleihen aus dem Bestand der amerikanischen Zentralbank über den Markt verkauft. Bei gleichbleibender Nachfrage und einem deutlich erhöhten Angebot von Staatsanleihen stieg die Verzinsung dieser Anleihen deutlich und die Kurse brachen gleichzeitig ein.

Der Sinn dieser Aktion war, dass sich die amerikanische Zentralbank Handlungsspielraum verschaffen wollte, um bei kommenden Krisen durch Zinsreduktionen die Wirtschaft beleben und in Krisensituationen durch erneute Anleihekäufe in den amerikanischen Anleihemärkten intervenieren zu können. Selbst Anleger ohne ein besonderes statistisches Verständnis können anhand dieser Grafik die hohe Korrelation zwischen der erweiterten Geldmenge und dem amerikanischen Standard & Poors 500 Aktienindex erkennen. Denn wenn die Geldmenge fällt, kollabiert auch der Aktienmarkt. Laut unseren Berechnungen erklären Zinssenkungen und Geldmengenwachstum seit 1982 über 85 Prozent der überaus positiven Entwicklung der weltweit bedeutendsten Börsen. Zudem gab es in dieser Phase keine nennenswerte oder hartnäckige Inflation aufgrund von globalen Outsourcing-Effekten (China, Osteuropa, Südostasien, Mexiko und so weiter).

Die weltweite Korrektur zwischen 10 und 20 Prozent an den wesentlichen Aktienbörsen hielt aber nicht sehr lange an. Denn sobald der S&P 500 in sehr kurzer Zeit um mehr als 10 Prozent einbrach, wurden diese Maßnahmen innerhalb von wenigen Wochen eingestellt. Und wenig überraschend erholten sich die Aktienkurse sehr schnell. Da man solche Bewegungen antizipieren kann, ergeben sich immer wieder exzellente Anlagemöglichkeiten. Im Total-Return-Portfolio meines Börsenbriefs wurden aufgrund von Short-Positionen in wenigen Wochen 7 Prozent verdient während die meisten Aktienfonds in dieser Phase zwischen 10 und 20 Prozent an Wert verloren hatten.

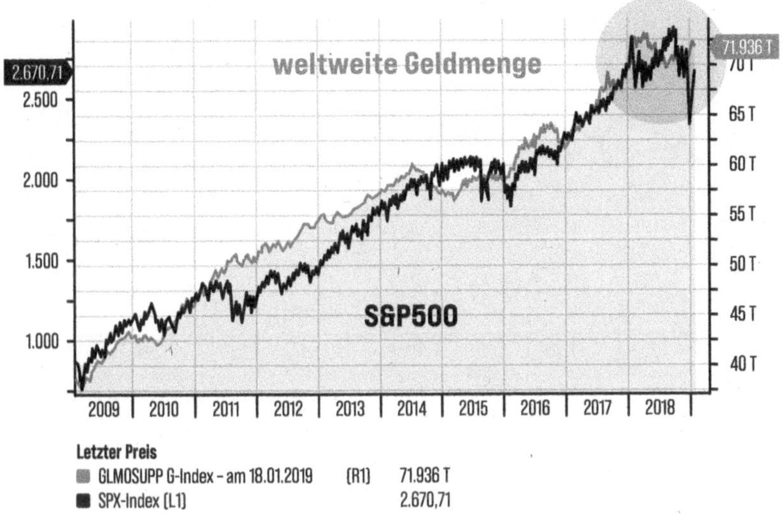

Abbildung 82: Korrelation globale Geldruckmenge und S&P500 Index 2009-2018
Quelle: Bloomberg

Corona-Crash im 1. Quartal 2020

Somit stellt sich immer wieder die makroökomische Frage für den professionellen Total-Return-Investor: Welche Kern-Korrelationen beeinflussen die Marktentwicklung und wann sind Abweichungen von diesen Kernrelationen erkennbar?

Denn die globale Geldmengenerweiterung, bei gleichzeitig reduzierten Leitzinsen, kann zumindest kurzfristig relativ wenig gegen eine Virus-Pandemie, einen potenziellen Dritten Weltkrieg, Wirtschaftskriege oder eine starke Inflation bewirken, wie man an der folgenden Grafik des Corona-Crashs im 1. Quartal 2020 erkennt.

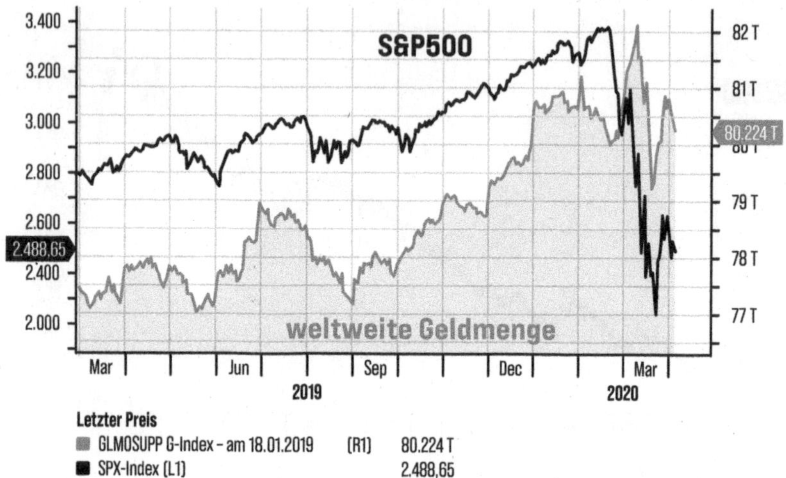

Abbildung 83: Korrelation globale Geldruckmenge und S&P500 Index 2019 bis März 2020
Quelle: Bloomberg

Zu diesem Zeitpunkt war die Geldmenge relativ stabil beziehungsweise steigend. Aber auch diese Korrelation wurde durch extreme Geldmengenerweiterung und signifikante Zinssenkungen wieder hergestellt. Denn die amerikanische Regierung hatte, mit Unterstützung der Federal Reserve Bank, Billionen an US-Dollar den amerikanischen Haushalten und Investoren zugeführt. Somit wurde auch dieser Börsencrash, sowie die Wirtschaftsdepression, durch massivste Geldmengenerweiterungen und »Geschenken« an die amerikanische Bevölkerung und an die Marktteilnehmer in wenigen Monaten behoben.

Trotzdem stellte der Corona-Crash eine exzellente Verdienstmöglichkeit dar, da wir schneller als andere Marktteilnehmer die Nervosität an den Aktienmärkten wegen Covid-19 erkannten und uns klar bewusst waren, dass zumindest kurzfristig die wichtigsten globalen Aktienmärkte einbrechen würden. Wir erhöhten unsere Short-Positionen im Total-Return-Portfolio deutlich und konnten somit einen Gewinn von etwas unter 60 Prozent in circa sechs Wochen verbuchen, während Verluste in vielen Aktienfonds von 40 Prozent keine Ausnahme waren.

3. Inflations- und Ukrainekrieg-Crash im 1. Quartal 2022

Die wichtigsten Börsen hatten ihren Höchststand Mitte 2021 oder in einigen Fällen erst im Herbst 2021 erreicht. Die folgende Grafik verdeutlicht den Inflations- und Ukrainekrieg-Crash.

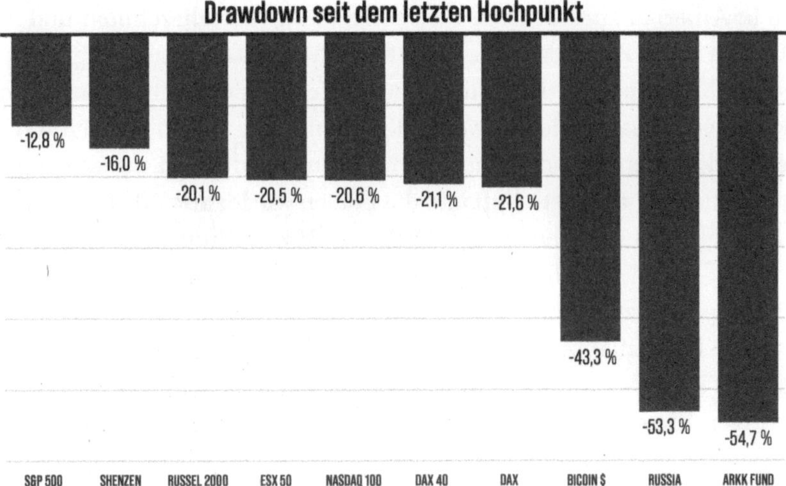

Abbildung 84: Wesentliche Börsenbewegung im Inflations- und Ukrainekrieg-Crash, Stand März 2022
Quelle: Bloomberg

Im November 2021 begann der nächste Crash (definiert als Kursverlust vom Höchststand von über 20 Prozent). In einigen Märkten, wie dem chinesischen Shenzhen und dem Dow Jones-Index lagen die Kursverluste in dieser Abwärtsphase »nur« zwischen 10 und 20 Prozent. Das ist die Definition einer Börsenkorrektur. Dieser dritte Marktabschwung war sekundär das Resultat von teils extremen Lock-Downs, Lieferkettenengpässen und einer erhöhten Nachfrage bei gleichzeitigen Lieferungsengpässen und gestörten Logistik- und Produktionsabläufen in einem angespannten geopolitischen Umfeld.

Selbstverständlich wurde das Fundament der Inflation nicht nur durch die Coronakrise geschaffen, sondern durch die jahrelange Gelddruckerei, Bail-outs, Anleihekäufe, nahezu endloses Kapital für fremdfinanzierte (margin loan) Spekulationen (Aktienrückkäufe, Carry

Trades sowie gehebelte Long Only Positionen), Subventionen und Staatsgarantien. Die sehr hohen Krisenzuschüsse für die Mehrzahl der amerikanischen Haushalte erhöhte die Ausgabebereitschaft und somit die Velozität (Umschlaghäufigkeit) des Geldes.

Das Resultat dieser fiskalischen und monetären Maßnahmen führte in Amerika zur höchsten Inflationsrate in vier Jahrzehnten und in Europa zum Höchstwert seit dreißig Jahren. Da Zinsen langfristig, selbst bei erheblichen staatlichen »Interventionen«, mit der Inflation korrelieren, waren die weltweiten Kurseinbrüche in den größten Aktienmärkten keine sonderliche Überraschung. Denn das Zinssenkungspotenzial um die Wirtschaft und die Börsen wieder anzukurbeln, ohne dabei gleichzeitig erhebliche inflationäre Verwerfungen zu erzeugen, war aufgrund der Null- und Negativzinspolitik in den USA, Europa und Japan bereits größtenteils ausgereizt.

Die Performance unserer Deep Learning Portfolios (ALLY) und unseres TRPs war zwar diesmal nicht so spektakulär wie in den zwei vorherigen Krisen, aber mit einer schwarzen Null in solchen Marktlagen lässt es sich trotzdem besser schlafen und leben als mit durchschnittlichen Verlusten von 30 Prozent.

Das Chancen-Risiko-Verhältnis aus makroökonomischer Sicht oder die sogenannte »Top-down«-Investoren-Perspektive

In unserem durch Deep Learning (ALLY) unterstützen Total-Return-Anlageansatz ist es uns gelungen, nicht nur die Börsenkrisen zwischen 2017 und 2022 zu vermeiden. Es war sogar möglich, deutliche Gewinne zu erzielen, während fast alle anderen Marktteilnehmer erhebliche Verluste verzeichnen mussten. Diese Erfolgsserie beruhte aber nicht nur auf einem tiefgründigen Marktverständnis, sondern auch auf empirisch validierten Bewertungsparametern, die ich hier kurz besprechen möchte. Denn der erfahrene Total-Return-Investor fragt sich immer: Wie stehen die Verlust- und Gewinnchancen bei meinen Investments aus der Top-down-Perspektive (also makroökonomische, geopolitische und Bewertungsfaktoren) sowie aus der Bottom-up-Perspektive (firmen- und branchenspezifische Faktoren)? Die Logik dieser Anlagephilosophie beruht auf der folgenden Überzeugung: Wenn ich als Investor das Upside und die Downside aus einer Top-down- und einer Bottom-up-Perspektive berechne, und bei all meinen Investments intelligent einsetze, werde ich langfristig wesentlich erfolgreicher investieren als die Mehrzahl der Investoren. Um die Topdown-Perspektive zu ermitteln nutzen wir über 15 Faktoren. Aber besonders achten wir auf die folgenden fünf fundamentalen Bewertungsparameter:

Tobin's Q Ratio, Nobelpreislaureat

Wir sind große Fans einer Kennzahl namens Equity Q-Ratio. Die Ermittlung der Q-Ratio ist eine beliebte Methode zur Schätzung des fairen Wertes eines einzelnen Unternehmens oder sogar kompletter Indizes. Dahinter steht ein ziemlich einfaches Konzept, es ist nur mühsam zu berechnen. Die Q-Ratio wird ermittelt, indem der Gesamtpreis eines Unternehmens (Enterprise Value) durch die Wiederbeschaffungskosten aller seiner Güter dividiert wird.

Q-Ratio = Gesamtwert des Aktienmarktes/ Wiederbeschaffungskosten aller Unternehmensgüter

Durch die Equity Q-Ratio lässt sich der Wiederbeschaffungswert beziehungsweise der adjustierte Buchwert von Aktien und Indizes berechnen. Steigt die Q-Ratio über die Zahl 1, gilt der Markt als überbewertet.

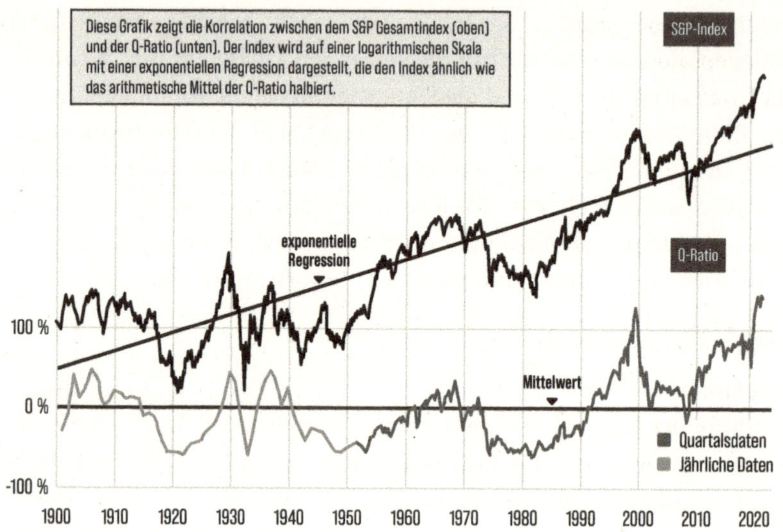

Abbildung 85: Der reale (inflationsbereinigte) S&P-Index und das Q-Ratio bereinigt um den arithmetischen Mittelwert Quelle: Bloomberg

Anhand dieses Parameters ist deutlich zu erkennen, dass sich der amerikanische Aktienmarkt bewertungstechnisch auf einem historischen Höchststand befand. Das bedeutet zwar nicht, dass die Indizes nicht weiter steigen können, aber man sollte zumindest das Marktrisiko (also die Fallhöhe), wenn sich dieser wichtige Faktor zum Mittelwert der letzten 120 Jahre zurückbilden würde, verstehen. Die Fallhöhe beträgt aufgrund unserer Interpretation mindestens 50 Prozent. Und diese Einsicht hat uns dazu bewogen vor den drei Börsenkrisen eher vorsichtig zu investieren. Das bedeutete für uns jedes Mal, die Portfoliostruktur vorsichtiger zu gestalten, beziehungsweise die Long Exposure zu reduzieren oder die Short Exposure zu erhöhen.

Zins- und Inflations- und Verschuldungsdaten

Manchmal nutzen wir extrem langfristige Charts, um besser zu verstehen, in welchem Anlageumfeld wir uns bewegen. Auffällig für uns war jedenfalls in den letzten Jahren, dass wir uns in einem ganz besonderen Zeitalter befinden. Denn die Zinskosten befinden sich auf dem niedrigsten Niveau seit Beginn der Datenerhebung. Und gleichzeitig gab es keine andere Epoche, in der die globale und private Verschuldung so lange auf einem ähnlich hohen Niveau verweilte. Das bedeutet für uns, dass wir in risikoreicheren Phasen relativ entspannt Short-Positionen eingehen oder das Anlageportfolio konservativer, neutral oder short positionieren. Denn die Wahrscheinlichkeit, dass solch wichtige fundamentale Faktoren sich zum historischen Mittelwert zurückbilden, erachten wir langfristig als außerordentlich hoch. Zudem sehen wir die These der Modernen Monetären Theorie, sprich dass alle wirtschaftlichen und sozialen Ereignisse durch Zins- und Geldmengenmaßnahmen behoben werden können, als komplett falsche Prophetie.

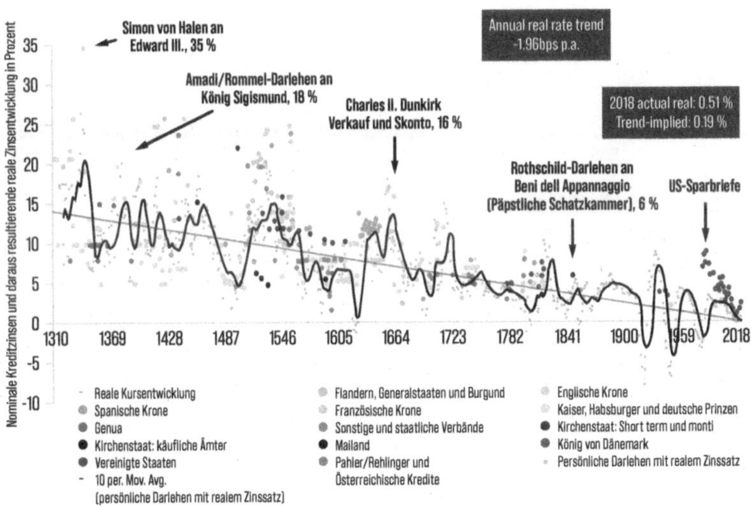

Abbildung 86: Die 700-jährige Geschichte der Zinsen
Quelle: https://www.visualcapitalist.com/700-year-decline-of-interest-rates/

Buffett Ratio

Das Verhältnis der Aktienmarktkapitalisierung zum BIP ist ein Verhältnis, das verwendet wird, um zu bestimmen, ob ein Gesamtmarkt im Vergleich zu einem historischen Durchschnitt unterbewertet oder überbewertet ist. Das Verhältnis kann verwendet werden, um sich auf bestimmte Märkte wie den US-Markt zu konzentrieren, oder es kann auf den globalen Markt angewendet werden, je nachdem, welche Werte in der Berechnung herangezogen werden. Er wird ermittelt, indem die Börsenkapitalisierung durch das Bruttoinlandsprodukt (BIP) dividiert wird. Das Verhältnis von Börsenkapitalisierung zu BIP ist auch als Buffett-Indikator bekannt – nach dem Investor Warren Buffett, der seine Verwendung populär gemacht hat.

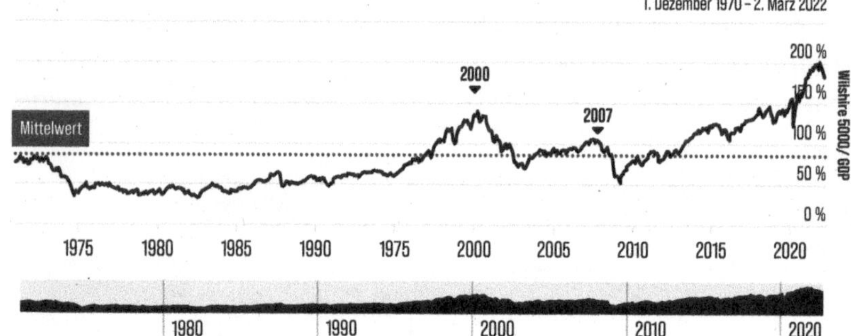

Abbildung 87: Buffett-Indikator
Quelle: https://www.longtermtrends.net/market-cap-to-gdp-the-buffett-indicator/

Das Buffett Ratio bestätigt die extreme historische Überbewertung des Tobin Q Ratios. Besonders interessant finden wir in diesem Zusammenhang, dass die wesentlichen Treiber der historisch beispiellosen Börsenhausse von 1982 bis 2021 zunehmend außer Kraft gesetzt werden:

1. abnehmende Globalisierung, somit ineffizientere, teurere Produktion und Dienstleistungen.
2. steigende Lohnkosten, also Gewinnmargendruck für viele Unternehmen.
3. steigende Vergreisung der Gesellschaft in den wesentlichen Wirtschaftszentren (USA, Japan, Europa, China), somit weniger Nachfrage.

4. zunehmende Inflation und somit steigende Zinskosten und für viele Unternehmen begrenzte Möglichkeiten, die höheren Kosten vollumfänglich an den Kunden weitergeben zu können.
5. mangelndes Vertrauen in die Politiker und die Zentralbanken.
6. stark erhöhter Anteil des Staates an der Wirtschaftsleistung und somit weniger Wirtschaftsdynamik.
7. eklatanter und steigender Verschuldungsgrad und rekordartige und steigende Haushaltsdefizite in vielen Ländern.
8. negative volkswirtschaftliche Digitalisierungs- und Rationalisierungseffekte, die sich negativ auf den Beschäftigungsgrad auswirken sollten.

Shiller PE, Nobelpreislaureat

Das Shiller KGV ist eine Bewertungskennzahl, die den realen Gewinn je Aktie (EPS) über einen Zeitraum von 10 Jahren verwendet, um Schwankungen der Unternehmensgewinne auszugleichen, die über verschiedene Perioden eines Konjunkturzyklus auftreten. Das Verhältnis wird im Allgemeinen auf breite Aktienindizes angewendet, um zu beurteilen, ob der Markt unter- oder überbewertet ist. Das konjunkturbereinigte Kurs-Gewinn-Verhältnis (CAPE) geriet erstmals im Dezember 1996 ins Rampenlicht, nachdem Robert Shiller und John Campbell der Federal Reserve Untersuchungen vorgelegt hatten, die darauf hindeuteten, dass die Aktienkurse viel schneller steigen als die Gewinne.

Abbildung 88: Shiller-KGV 1980 bis 2022 Quelle: Bloomberg

Auch bei diesem wichtigen fundamentalen Bewertungsindikator ist eine enorme Überbewertung zu erkennen. Nur vor dem großen Dotcom-Crash von 2000 bis 2002 (NASDAQ minus 82 Prozent) waren diese Bewertungen in mehr als 150 Jahren jemals höher. Ein Marktrisiko von über 50 Prozent ist hier sicherlich auch nicht abwegig.

Kurs/Umsatz-Verhältnis

Die Berechnung des Kurs-Umsatz-Verhältnisses erfolgt durch die Division des Aktienkurses durch den Umsatz einer Gesellschaft je Aktie. Dadurch wird die aktuelle Marktkapitalisierung des Unternehmens ins Verhältnis zu dessen Umsatz gesetzt.

Abbildung 89: Kurs/Umsatz-Verhältnis des S&P 500 Quelle: Bloomberg

Aus langfristiger Sicht war das Kurs/Umsatz-Verhältnis noch nie hoch. Andererseits hat sich die amerikanische Börsenlandschaft durch die hochprofitablen, zum Teil quasi-monopolistischen Technologieriesen auch wesentlich verändert. Diesen Faktor erachten wir eher als nützliches Indiz im Vergleich mit den drei vorher genannten Parametern.

Dividendenrendite zum Börsenwert (S&P 500 Dividendenrendite)

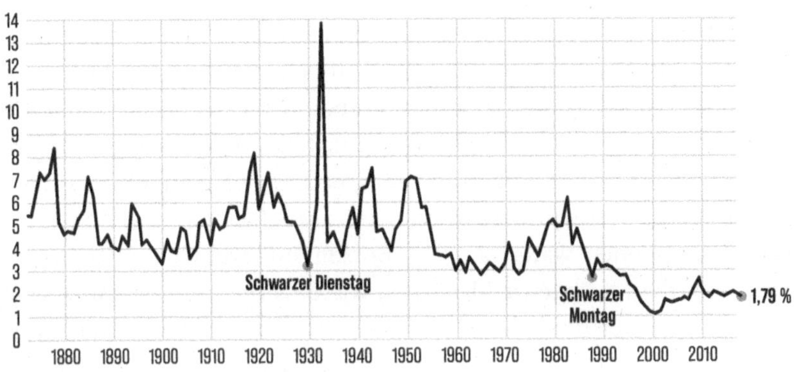

Abbildung 90: S&P 500 Dividendenrendite Quelle: Bloomberg

Der S&P 500 Index bildet einige der größten Aktien in den Vereinigten Staaten ab, von denen viele eine regelmäßige Dividende ausschütten.

Die Dividendenrendite des Index ist die Summe der in einem Jahr erwirtschafteten Dividenden dividiert durch den Kurs des Index. Historische Dividendenrenditen für den S&P 500 lagen typischerweise zwischen 3 und 5 Prozent. Seit der Großen Rezession sind die Dividendenrenditen tendenziell unter dem langfristigen Durchschnitt geblieben.

Auch dieser Faktor befindet sich in einer relativ hohen Risikozone. Jedoch ist dieser Faktor, isoliert betrachtet, nicht das Nonplusultra. Aktienrückkäufe und Kurssteigerungen waren in der großen Börsenhausse von 1982 bis 2021 mindestens genauso wichtig wie Dividendenzahlungen bei der Vermögensbildung. Somit ist dieser Parameter aus unserer Sicht nützlich und stellt ergänzende Information dar.

Abschließend geht es mir um Folgendes: Was sind die wichtigsten Faktoren, die den Markt beeinflussen?

Seit Anfang der 1980er-Jahre waren es beispielsweise stark fallende Inflation und Zinsen bei einer konsumfreudigen und relativ jungen Bevölkerungsstruktur. Zudem waren die wichtigsten Wirtschaftsmächte kaum verschuldet. Bewertungen waren aus historischer Sicht spottbillig. Nicht nur bei Aktien, sondern bei fast allen Anlageklassen außer Rohstoffen. Zudem fielen die Staatsquote und somit auch die Körperschaftsteuern in vielen westlichen Ländern kontinuierlich. Auch die Produktivität stieg durch technologische Innovationen markant an. All diese Faktoren erhöhten die Gewinnmargen und somit die Dividendenfähigkeit der Unternehmen. Und das beflügelt die Aktienkurse. Dazu kam noch eine Tsunamiwelle von Aktienrückkäufen, eine künstliche, aber effektive Verknappung des Aktienkapitals. Finanzrepressionen wurden zunehmend zurückgenommen und Wirtschaftssanktionen waren an den Börsen mit wenigen Ausnahmen kaum spürbar. Sehr teure Ideologien wie ESG (Environmental, Social, Governance), vertreten durch das Weltwirtschaftsforum, waren lange Zeit nicht auf dem Radarschirm der Regierungen und der Anleger.

Diese positiven Faktoren haben sich spätestens seit dem großen Immobiliencrash in den USA in den Jahren 2008 und 2009 nachteilhaft entwickelt. Die große Börsenhausse lief aber danach weiter, weil man aktiv mit Gelddruckmaßnahmen und schwer nachvollziehbaren Zinssenkungen in das Wirtschaftsgeschehen eingriff. Viele wertzerstörende Unternehmen gingen aufgrund von Subventionen, Bailouts, Staatsgarantien nicht mehr pleite. Somit war spätestens Mitte 2021, rein logisch betrachtet, ein gänzlich anderer Anlagestil gefragt als in den vorherigen vier Jahrzehnten. Das Chancen-Risiko-Verhältnis für eine simple ETF Long-only-Strategie hatte sich aus unserer Sicht deutlich verschlechtert. Wir konnten diese negativen Trends deutlich erkennen und quantifizieren. Wir waren der Meinung, dass diese negativen Veränderungen nicht in den extrem hohen Bewertungen der Wall Street abgebildet waren.

Und diese Faktoren hatten gewisse strukturelle Veränderungen im Total-Return-Portfolio zur Folge. Bereits Mitte 2020 haben wir das TRP anders ausgerichtet. Edelmetalle wie Gold, Silber und Platin wurden mit mehr als 20 Prozent gewichtet, Nahrungsmittel wie Kakao bekamen immer mehr Bedeutung. Rohstoffe wie Uran fanden sich im Total-Return-Portfolio. Zudem wurden erfolgreiche Short-Positionen wie beim gescheiterten chinesischen Immobilienentwickler Evergrande eingegangen. Die Aktienquote und der Beleihungsgrad wurden signifikant reduziert. Und diese Entscheidungen beruhten auf ganz einfachen Chancen-Risiko-Kalkulationen in den wesentlichen Anlageklassen.

Entscheidend ist doch die Frage, ob man in diesem gänzlich veränderten Marktumfeld weiter so investieren sollte wie zwischen 1982 und 2021. Wir würden uns entschieden dagegen aussprechen, bis sich das Chancen-Risiko-Verhältnis wesentlich verbessert und die Upside bei Aktien, Anleihen und Immobilien wieder deutlich attraktiver wird.

2. Scaling in und Scaling out (Skalierung eines Investments)

Diese Handels- und Investmentstrategie ergibt sich aus der folgenden Logik: Wenn sich eine Aktienposition meinem Kursziel nähert, verschlechtert sich inhärent das C-R-Verhältnis (ceteris paribus). Deswegen warte ich fast nie, bis eine Aktie ihr optimales Kursziel erreicht hat, sondern verkaufe bereits Positionen mit Gewinn auf dem Weg nach oben. Das folgende Beispiel, bewusst ohne Wahrscheinlichkeitsadjustierung, zeigt die Logik dieser Investmentstrategie.

CUV-Aktienkurs		15	20	30	40	45
CUV-Kursziel	**(top)**	50	50	50	50	50
Upside		233 %	150 %	66 %	20 %	10 %
CUV-Kursziel	**(flop)**	10	10	10	10	10
Downside		33 %	50 %	66 %	80 %	100 %
C-R-Verhältnis		7/1	3/1	1/1	0,25/1	0,1/1

Es ist klar, dass ich vorsichtig werden sollte, wenn mein Chancen-Risiko-Verhältnis unter zwei zu eins fällt. Spätestens bei einem Chancen-Risiko-Verhältnis von eins zu eins sollte ich anfangen, mich von dieser Position zu verabschieden.

3. »Lock-in-Profit-Order, Stop-Loss-Order« (Gewinne durch Börsenlimits sichern und Verluste durch eine sogenannte Stop-Order begrenzen)

Ein absolutes Kernprinzip des erfolgreichen Investors ist es, Gewinne laufen zu lassen und Verluste frühzeitig einzugrenzen. Nehmen wir wieder das Beispiel Clinuvel. Diese Aktie ist in zwei Jahren von 15 auf 45 Australische Dollar gestiegen, um dann wieder von 45 auf 20 Australische Dollar zu fallen. In der Zwischenzeit hat sich wenig am Unternehmen verändert, das seit Jahren regelmäßig seine Gewinne und seinen Umsatz steigerte. Auch die Gewinnprognosen mussten wir weder nach oben noch nach unten revidieren. Trotzdem erlebte der Aktienkurs diese enormen Schwankungen, die gar nichts mit der Unternehmensentwicklung zu tun hatten.

Aber es macht doch Sinn, wenn eine Aktie sehr gut läuft (Kursrallye) und sich gleichzeitig das Chancen-Risiko-Verhältnis verschlechtert, eine limitierte Verkaufsorder aufzugeben, damit die bereits bestehenden Gewinne sich beim nächsten Kursverfall nicht in Luft auflösen? Somit kann man den realisierten Gewinn wieder einsetzen, um bei niedrigeren Kursen und einem deutlich besseren Chancen-Risiko-Verhältnis einzusteigen. Und falls die Kursrallye fortschreitet, bin ich noch dabei und ziehe die Lock-in-Profit-Order weiter nach, während die Aktie steigt. Wie man diese Investment- und Trading-Strategie professionell umsetzt, sprengt den Rahmen dieses Buches. Hier geht es darum, diese Kernkonzepte erst einmal prinzipiell zu verstehen.

Die Stop-Loss-Order dient dazu, seine Verluste zu begrenzen. Ein Investor begeistert sich für die Clinuvel-Aktie bei 45 Australischen Dollar, hat aber seine Hausaufgaben nicht gründlich gemacht, sonst wäre ihm wahrscheinlich aufgefallen, dass das C-R-Verhältnis bei diesem Kurs auf Sicht von einem Anlagehorizont von einem Jahr nicht so überzeugend ist wie bei 10 oder 20 Australischen Dollar. Falls er sein ganzes Kapital in diese Aktie steckt, könnte er bei Verlusten von über 50 Prozent sehr leicht nervös werden und die Position frustriert abstoßen. Alternativ könnte er mit frischen Mitteln oder mit anderen Clinuvel-Aktien nachkaufen (verbilligen). Dafür braucht der Investor aber gute Nerven, ein solides Verständnis des Unternehmens und seiner Risiken und Chancen sowie zusätzliches Kapital. Da niemand sein schwer verdientes Geld wie ein Hasardeur pulverisieren will, wäre es womöglich sinnvoller, eine sogenannte Stop-Loss-Order bei 40 Australischen Dollar einzustellen. Vielleicht steigt die Aktie auf 75 Australische Dollar. Vielleicht fällt sie aber auch auf 10 Australische Dollar. Generell gilt: Ich darf nicht willkürlich, ohne Wissen und planlos investieren. Sonst fahre ich das Risiko, mein Kapital zu vernichten.

Die Verbilligung einer bestehenden Aktienposition nach Kursverlusten setzt voraus, dass das Unternehmen langfristig überlebt und floriert. Das ist überraschend oft nicht der Fall! Aber ich kaufe lieber ein mittelmäßiges Unternehmen zu einem günstigen Preis als ein Spitzenunternehmen zu einem grotesk überteuerten Preis. Beim günstigen Unternehmen sehen die meisten Investoren nur Risiken. Bei dem teuren Unternehmen sind im Kurs bereits fast alle Chancen abgebildet, »ergo no upside«. Und falls nur das Geringste schiefgehen sollte, stehen massive Kursverluste bevor wie im Dotcom-Crash von 2000. Die Erwartungshaltung ist enorm. Bei der geringsten Enttäuschung wird die überteuerte Aktie brutal abgestraft. Bei der sehr günstigen Aktie sind viele schlechte Erwartungen bereits im Kurs abgebildet. Eine kleine positive überraschende Nachricht kann bereits zu einem Kursfeuerwerk führen.

Meine Kernfrage wird immer bleiben: Tätige ich bei diesen Bewertungen einen schlauen oder einen dummen Kauf? Gibt es noch günstigere und attraktivere Alternativen? Kann ich mich intelligent gegen Risiken absichern oder hedgen? Und was ist meine Upside und meine Downside bei jedem Investment? Normalerweise beschäftige ich mich zuerst mit den Risiken und erst danach mit den Chancen, um ein aussagekräftiges Chancen-Risiko-Verhältnis zu ermitteln. Die meisten Investoren sehen immer nur die Upside, was ich als klassischen Denkfehler betrachte. Wenn Sie eine Immobilie kaufen, sollten Sie den Markt und das Objekt noch besser verstehen als beim Kauf eines Gebrauchtwagens. Die Summen sind größer. Und selbst Immobilien steigen nicht immer, wie die amerikanische Immobilienkrise von 2008 und 2009 belegt hat, ebenso die deutsche Immobilienkrise von 1993 bis 2006 mit realen Verlusten von circa 37 Prozent.

Selbst bei Aktienindizes laufe ich eine enorme Gefahr, über sehr lange Zeiträume meine Renditen mit einer Buy-and-Hold-Strategie zu suboptimieren, wenn ich zum falschen Zeitpunkt investiert habe. Immerhin steht der größte japanische Aktienindex nach 32 Jahren immer noch unter seinem Höchststand von 1989. Nach dem großen Crash von 1929 dauerte es ein Vierteljahrhundert, bis die realen Verluste egalisiert werden konnten. Und nach dem Dotcom-Crash von 2000 dauerte es 15 Jahre, bis dieser Index seine realen Verluste aufgeholt hatte. Haben Sie so viel Nerven und Geduld? Ich nicht, denn ich möchte jedes Jahr mein Anlagevermögen vermehren und in fünf Jahren verdoppeln. Und ich hasse Verluste. Sie stören meine Nachtruhe.

Konstante, intelligent diversifizierte Akkumulierung von günstigen und vielversprechenden Portfoliowerten macht wesentlich mehr Sinn als die konstante Verbilligung von möglichen Pleitegeiern. Sehr oft fallen Aktien nicht nur, weil der Markt fällt, sondern weil etwas mit dem Unternehmen nicht stimmt. Wenn sich meine fundamentale Bewertung und Einschätzung eines Unternehmens aufgrund von branchen- oder firmenspezifischen Faktoren verschlechtert hat, werde ich mich von dieser Position trennen. Dafür gibt es zwei Gründe:

1. Das Chancen-Risiko-Verhältnis, welches größtenteils auf Ertrags- und Cashflow-Faktoren beruht, hat sich verschlechtert.
2. Ich habe die firmen- oder branchenspezifischen Risiken schlecht kalkuliert. Und was ich nicht einigermaßen berechnen oder verstehen kann, kaufe ich ohnehin nicht.

4. Absicherung, Hedging

Um eine Aktien- oder ETF-Position vor deutlichen Verlusten zu bewahren, kann ich sie mit Derivaten wie Put-Optionen oder Futures absichern oder mit Leerverkauf-Positionen »hedgen«. Im Idealfall bin ich long eine Qualitätsbank wie JPMorgan und short eine sehr strapazierte Bank wie die Deutsche Bank. Dieser Trade, den ich auf meinem Youtube-Kanal mehrfach beschrieben habe, konnte innerhalb von drei Jahren eine Rendite von circa 200 Prozent ausweisen. Die Deutsche

Bank fiel um 75 Prozent und JPMorgan Chase stieg um 125 Prozent. Dazu kamen nochmals drei fette Dividenden bei JPMorgan, während die Dividende bei der Deutschen Bank drei Jahre lang ausfiel. Und bei jeder Börsenkorrektur und jedem kleinen Crash während dieser Zeit fielen beide Aktien proportional, bevor die Performanceschere zwischen JPMorgan und der Deutschen Bank immer wieder auseinanderklaffte. Somit war meine JPMorgan-long-Position gegen adverse Börsenbewegungen abgesichert und die Zeit arbeitete für mich.

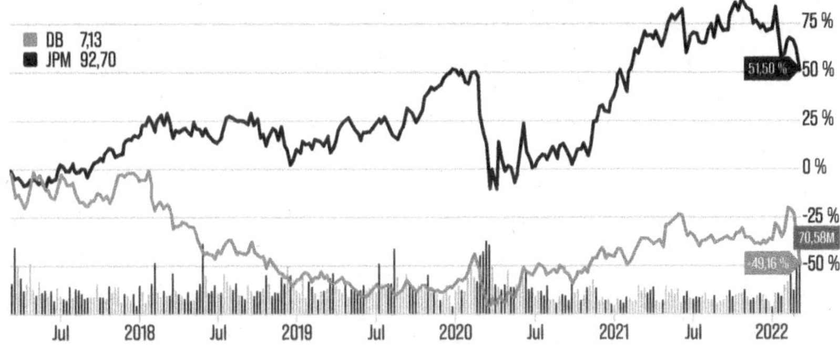

Abbildung 80: Pairtrade Short Deutsche Bank (DB) und Long JPMorgan (JPM)

Quelle: Yahoo Finance

5. Ich muss verstehen, was und warum ich kaufe oder leerverkaufe (shorte)!

Habe ich meine Hausaufgaben gemacht oder verlasse ich mich auf Sekundärquellen?

Sie kaufen doch auch keinen Gebrauchtwagen, ohne sich Vergleichsangebote einzuholen. Erfahrene Autokäufer können das Preis-Leistungs-Verhältnis eines Gebrauchtwagens relativ gut und schnell einschätzen. Unerfahrene Erwerber sollten den Wagen von einem sachkundigen Mechaniker prüfen lassen, bevor sie ein kleines Vermögen ausgeben. Oder glauben Sie einfach dem Gebrauchtwagenhändler und zahlen Sie blind den aufgerufenen Preis, ohne das Fahrzeug genauer zu prüfen? Falls dies so ist, melden Sie sich bitte bei mir. Ich würde Ihnen gerne einige meiner Gebrauchtwagen »günstig« verkaufen.

Erst wenn Sie die Chancen (Upside) und Risiken (Downside) und somit das Investment selber sehr gut verstanden haben, können Sie mit Überzeugung investieren. Das kann kurz-, mittel- und langfristig sein. Es wird etwas dauern, bis Sie die Materie meistern, aber das Endresultat ist sehr lohnend. Denn adverse Kursbewegungen werden Sie nicht aus der Ruhe bringen. Im besten Fall ist Ihr Investment intelligent abgesichert. Ihr Portfolio ist sehr gut diversifiziert. Sie können Ihre Position verbilligen oder bei Kurseinbrüchen Gewinne mitnehmen. Vor allem können Sie nachts gut schlafen, während Ihre Freunde panikartig und paralysiert auf die fallenden Kurse schauen und nicht wissen, was sie tun sollen. Wenn das Blut in den Straßen fließt, wird das große Geld verdient. Dann ist die Upside am größten. Nur haben zu diesem Zeitpunkt die meisten Investoren ihr Vermögen verloren und haben keine Liquidität mehr, um einzusteigen. Sie haben sich förmlich auf dem Weg nach unten zu Tode verbilligt und sitzen häufig auf einem Investmentportfolio von Depotleichen. Sie sind liquide, schlafen bestens und können Ihr Depot jederzeit umschichten, um von diesen Ausverkaufspreisen zu profitieren, weil Sie gelernt haben, wann der Tiefpunkt einer Börsenbaisse erreicht ist.

Der Sinn dieses Buches ist es, jedem Leser einen Rahmen zu geben, damit er den Anlageprozess besser versteht und ihn erfolgreich umsetzen kann. Ich hoffe, dies ist mir und Moritz gelungen. Abschließend möchte ich noch ein Thema ansprechen:

6. Absolute Objektivität und Emotionslosigkeit, überproportionale Wissensbegierde und Passion fürs Investieren

Ohne eine einzige Ausnahme sind alle Investmentgurus, die ich in meinem Leben kennenlernte, systematische und hochdisziplinierte Investoren. Sie treffen keine Bauchentscheidungen, sondern arbeiten ausschließlich mit ihrem Verstand. Alle können lateral und konträr denken. Fast alle haben eigene Investmentstrategien entwickelt. Niemand, der in dieser Branche langfristig erfolgreich ist, lässt sich durch sein Ego führen. Die Zone zwischen Gier und Angst (Neutralität) ist der Bereich, wo sachkundig und profitabel investiert wird. Alle legendären Investoren haben sich bei ihren Anlageentscheidungen einen Wissens- oder Analysevorteil geschaffen. Und den wollen sie ständig ausbauen, um noch besser zu performen als der Markt und ihre Konkurrenten. Und dabei ist es vollkommen egal, ob diese Superstars aufgrund fundamentaler Daten investieren oder erstklassige QUANT-Modelle nutzen. Deswegen empfinde ich es als äußerst wichtig, dass Sie von diesen Legenden lernen. Deswegen haben wir im Anhang eine Must-read-Buchliste beigefügt, die dieses Buch ergänzt. Um gute Renditen zu erwirtschaften, müssen Sie nicht zwei Harvard-Abschlüsse haben oder Jahrzehnte an der Wall Street gearbeitet haben. Aber Sie müssen Zeit investieren, um erfolgreich zu investieren. Wenn Sie das richtig machen und regelmäßig sparen und investieren, könnten Sie in weniger als zehn Jahren mehr mit Ihren Investments verdienen als mit Ihrer Arbeit. Der größte Sachwert, den Sie sich aufbauen können, ist Ihr Investment-Wissen. Der Einsatz lohnt sich. Investieren Sie in sich selbst. Wenn Sie das gewissenhaft machen, werden Sie früher oder später wirtschaftlich unabhängig. Das können Sie mir glauben. Ich wünsche Ihnen von Herzen viel Erfolg bei Ihren Anlagen und noch viel mehr Erfüllung.

So richten Sie Ihr Portfolio wie ein Hedgefondsmanager aus

»So, wie dein Wunsch ist, so ist auch deine Absicht.
So, wie deine Absicht ist, so ist auch dein Wille.
So, wie dein Wille ist, so ist auch deine Tat.
So, wie deine Tat ist, so ist auch dein Schicksal.«

Mahatma Gandhi

Kein Buch über Investitionen wäre vollständig ohne eine Diskussion über das Portfoliomanagement. Der Handel – der Prozess des Kaufs und Verkaufs von Wertpapieren – kann einen erheblichen Einfluss auf die Anlageergebnisse haben. Gute Handelsentscheidungen können manchmal zur Rentabilität einer Investition beitragen und manchmal den Unterschied zwischen der Ausführung und der Nichtausführung einer Transaktion ausmachen. Das Portfoliomanagement umfasst sowohl Handelsaktivitäten als auch die regelmäßige Überprüfung des eigenen Bestands. Darüber hinaus gehören zu den Portfoliomanagement-Aufgaben eines Anlegers die Aufrechterhaltung einer angemessenen Diversifikation, das Treffen von Absicherungsentscheidungen sowie die Verwaltung des Cashflows und der Liquidität des Portfolios. Alle Anleger müssen sich mit der unerbittlichen Kontinuität des Anlageprozesses abfinden. Obwohl Investitionsentscheidungen einen Anfang und ein Ende haben, dauert die Portfolioverwaltung ewig an. Investieren ist ein endloser Prozess des Managements unseres Vermögens. Typischerweise beginnt ein Anleger mit Liquidität, das heißt mit Bargeld, das er oder sie für die Arbeit in einer Investition einsetzen möchte. Diese initiale Liquidität wird in weniger liquide Anlagen umgewandelt, um Rendite zu erzielen und den Prozess von vorne beginnen zu lassen. Der Anleger steht ständig vor der Herausforderung, dieses Geld einzusetzen und nach den besten verfügbaren Werten zu suchen. Die Herausforderung, ein Anlageportfolio erfolgreich zu verwalten, geht über eine Reihe guter Einzelinvestitionen hinaus. Während jede einzelne Anlageentscheidung bereits das individuelle Risiko berücksichtigen sollte, ist Portfoliomanagement ein weiteres Mittel zur Risikominderung für Anleger. Selbst scheinbar sichere Anlagen bergen eine wenn auch noch so geringe Wahrscheinlichkeit eines Abwärtsrisikos. Die schädlichen Auswirkungen solcher unwahrscheinlichen Ereignisse lassen sich am besten durch umsichtige, aber nicht ausufernde Diversifikation abmildern. Anleger, die keinen Kontakt zu den Märkten haben, sich also wenig damit beschäftigen, werden es schwer haben, die regelmäßig von den Märkten geschaffenen Kauf- und Verkaufsgelegenheiten zu nutzen. Heute, da so viele Marktteilnehmer nur wenig oder gar kein grundlegendes Wissen über die Unternehmen haben, die ihre Investitionen repräsentieren, scheinen sich Kauf- und Verkaufschancen in rasantem Tempo zu bieten. Der Kontakt mit dem Markt birgt jedoch Gefahren. Anleger können beispielsweise von jedem Auf- und Abwärtstrend des Marktes besessen sein und schließlich dem kurzfristig orientierten Handel erliegen. Es besteht die Tendenz, sich von den jüngsten Marktbewegungen beeinflussen zu lassen und eher mit der Herde als dagegen zu gehen. Investoren, die unfähig sind, solchen Impulsen zu widerstehen, sollten wahrscheinlich nicht aktiv Geld anlegen, sie wären gut beraten, ihre investierbaren Vermögenswerte an einen Finanzprofi oder passiven Indexfonds zu übergeben. Der wichtigste Faktor beim Investieren ist es, die angemessene Reaktion auf Kursschwankungen zu entwickeln. Anleger müssen lernen, der Angst, der Neigung zur Panik bei fallenden Kursen und der Gier, der Tendenz zur übermäßigen Begeisterung bei steigenden Kursen, zu widerstehen.

Das Portfoliomanagement ist eines der essenziellen Themen des Investierens. Leider schreibt kaum eine der Investmentgrößen in ihren Büchern über bestimmte Fragen, vor denen jeder Anleger steht.

- Wann und wie viel von einer Position wird gekauft?
- Was mache ich mit dem Investment, wenn es steigt oder fällt?
- Wie lange wird das Investment gehalten?
- Muss ich mein eigenes Geld nehmen oder kann ich auch mit fremdem Geld arbeiten?

Dies sind auch die Themen, die uns am meisten umtreiben und die bereits Hunderte Stunden intern diskutiert worden sind.

Unsere Langfriststrategie sieht vor, innerhalb von 30 Jahren 1 Million US-Dollar in 1 Milliarde US-Dollar zu verwandeln. Die erforderliche Rendite hierfür beträgt 26 Prozent pro Jahr beziehungsweise eine Verdopplung des Kapitals innerhalb von circa drei Jahren. Wollen wir ein entsprechend hohes Renditeziel erreichen, dann dürfen wir nur Aktien kaufen, von denen wir glauben, dass sie sich **innerhalb von maximal zwei bis drei Jahren im Wert wenigstens verdoppeln oder verdreifachen** können: 1,26 × 1,26 × 1,26 – 1 = 1,00 beziehungsweise 100 Prozent.

Das schließt im Vorfeld eine ganze Reihe an Investitionen aus; um unser Ziel zu erreichen, bringt es also nichts, in Aktien zu investieren, die vielleicht 10 Prozent Rendite im Jahr abwerfen. Verstehen Sie uns nicht falsch, 10 Prozent Rendite sind sehr gut und jeder, der Ihnen etwas anderes verspricht, ist ein Halsabschneider. Wir sprechen hier lediglich von unserer Zielstellung. Wenn also, sagen wir, 85 Prozent des Portfoliowerts investiert sind, dann brauchen wir mindestens ein Investment mit dem Potenzial für eine Vervierfachung des Einsatzes, ansonsten bleiben wir beim Cash. Die ersten 75 Prozent in Investments, die sich innerhalb von drei Jahren verdoppeln können, die nächsten 10 Prozent in Investments, die das Potenzial haben, sich zu verdreifachen, danach jeweils die nächsten 5 Prozent in Aktien, die sich jeweils vervierfachen, verfünffachen oder mehr als verfünffachen können. Da es Investments geben wird, die gut, und welche geben wird, die weniger gut funktionieren, brauchen wir eine solche Herangehensweise.

Cashquote

»Jeder hat einen Plan, bis er eins auf die Fresse bekommt.«

Mike Tyson

Geld zu bekommen und Geld zu behalten sind zwei unterschiedliche Fähigkeiten. Während Geld zu bekommen Risikobereitschaft, harte Arbeit und eine optimistische Einstellung erfordert, ist Geld zu behalten eine andere Sache. Hier müssen Sie das Risiko mindern, nicht gierig werden und sich daran erinnern, dass Ihnen jederzeit Dinge genommen werden können. Wenn Sie jung sind und mehr verdienen, als Sie ausgeben, können Sie Ihre langfristigen Anlagerenditen am besten optimieren, indem Sie den Großteil Ihres Geldes investieren. Das Halten einer großen Menge Bargeld ist durch die Inflation nicht sinnvoll, war es auch noch nie. Der Total-Return-Investor benötigt in der Regel ohnehin weniger Bargeld, da er nicht vom Markettiming abhängig ist und durch seine Short Exposure auch in fallenden Märkten noch genug Liquidität aufweist, um günstig Longs zuzukaufen. Um gegen die unabwägbaren Umstände des Lebens gewappnet zu sein, ist eine Bargeldkomponente von maximal 20 Prozent ausreichend.

Positionsgröße

> *»Generell gilt: Be disciplined. Do not get greedy. Cut your losses and protect your capital and let your profits run. (Seien Sie diszipliniert. Schützen Sie Ihr Kapital (durch Stop Loss) und lassen Sie Ihre Gewinne laufen.)«*
>
> Florian Homm

Longs (Käufe)

Es ist üblich, dass der Gesamtportfolioaufbau durch eine Aktiengewichtung von 1 auf 2 bis 3 Prozent eines Portfolios und so weiter bis zu einer maximalen Zielposition erfolgt. Dies bedeutet, dass Gewichtungen an einem kleinen einstelligen Prozentbereich zum Start verankert sind und nur Ausreißer-Aktien jemals eine zweistellige Gewichtung erreichen werden. Die meisten Fondsmanager sind sogenannte Index-Schmuser und haben oftmals eine dreistellige Anzahl Aktien im Portfolio. Verluste in Einzelpositionen werden dadurch minimiert, Gewinne aus Einzelpositionen gehen somit aber auch unter und tragen keinen nennenswerten Beitrag zur Gesamtperformance bei, da sie ohnehin zu früh veräußert werden.

Es gibt eine andere Möglichkeit, ein Portfolio zu erstellen, nämlich bei 100 Prozent beginnend zu investieren und dann nach unten zu arbeiten. Wenn Fondsmanager dies täten, würden sie sicher ganz andere Portfolios erhalten. Fragen Sie sich also, wie viel Prozent Ihres gesamten Vermögens Sie in eine Position investieren würden. Warren Buffett spricht hier auch vom »Lochkarten/Scorecard«-Investieren. Es ist ganz einfach: Jedes Mal, wenn Sie ein neues Unternehmen kaufen, wird Ihre Karte gelocht. Nach 20 Mal ist die Karte ausgestanzt. Nie mehr investieren.

Natürlich hat Buffett selbst in seinem Leben weit mehr als 20 Transaktionen getätigt. Das ist aber nicht der Punkt. Hier geht es nicht um eine »Was Sie tun sollten«-Lektion, sondern vielmehr um eine Denkaufgabe. Schauen Sie sich Ihr Portfolio an. Wenn Sie in Ihrem Leben nur 20 Entscheidungen treffen könnten, wie viele Ihrer aktuellen Aktien würden es noch ins Portfolio schaffen? Und wenn Sie im Moment mehr als 20 besitzen, welche Unternehmen würden

Sie dann loswerden? Nehmen Sie sich einmal einen ganzen Tag Zeit und gehen Sie durch Ihr Portfolio, durch jede einzelne Position. Wieso habe ich gekauft? Wann würde ich verkaufen? Es benötigt klare Antworten. Denken Sie in Szenarien: Was ist das Dümmste, das mit Ihren Investitionen passieren kann, was ist der optimale Fall und wie wahrscheinlich ist der jeweilige Eintritt? Ermitteln Sie anhand der aktuellen Kurse für alle Positionen in Ihrem Portfolio und auf Ihrer Watchliste das Chancen-Risiko-Verhältnis. Nick Sleep, der über einen 14-Jahres-Zeitraum eine jährliche Rendite von knapp 20 Prozent erwirtschaften konnte, denkt in einem seiner Investorenbriefe folgendermaßen über Positionsgrößen:

»Sam Walton hat sein Geld nicht durch Diversifizierung seiner Bestände verdient. Gates, Carnegie, McMurtry, Rockefeller, Slim, Li Kashing oder Buffett auch nicht. Große Unternehmen werden nicht so aufgebaut. Tatsächlich waren die Portfolios dieser Männer mehr oder weniger hundertprozentig in einem Unternehmen und sie hielten es nicht für riskant! Schlagen Sie das Ihrem durchschnittlichen Fondsmanager vor.«

Eine Wette ist eine Entscheidung für die Zukunft, die einer gewissen Wahrscheinlichkeit unterliegt. Daher sind die meisten Entscheidungen in Ihrem Leben – Jobwechsel, Partnerwahl, Studienfachwahl, Nichtstun, Investieren – Wetten. Es sind Entscheidungen, die Sie angesichts einer ungewissen Zukunft treffen.

Das Denken in Wetten beginnt damit, dass wir verstehen, dass es zwei Kräfte gibt, die unser Leben beeinflussen: die Qualität unserer Entscheidungen und das Glück. In der Lage zu sein, den Unterschied zwischen diesen beiden Kräften zu erkennen, darum geht es beim Denken in Wahrscheinlichkeiten. Sobald Sie zwischen den beiden unterscheiden können, können Sie sich darauf konzentrieren, die Qualität Ihrer Entscheidungen zu verbessern, was Ihnen auf lange Sicht helfen wird, und zwar in allen Lebensbereichen.

Für etwa 1.000 Euro jährlich ist eine Versicherungsgesellschaft bereit, einem gesunden 35-jährigen Mann 1 Million Euro zu zahlen, wenn er das Pech hat, im Laufe des nächsten Jahres zu sterben. Nach den versicherungsmathematischen Tabellen ist dies eine gute Wette für die

Versicherungsgesellschaft. Aber würden Sie sich auf die Wette der Versicherungsgesellschaft einlassen? Wahrscheinlich nicht. Der Grund dafür ist, dass Sie es sich unabhängig von den Statistiken nicht leisten können, 1 Million Euro zu verlieren – schon gar nicht für lediglich 1.000 Euro. Die Versicherungsgesellschaft hingegen kann durch den Zusammenschluss von Tausenden von Versicherungsnehmern ein Portfolio von gezeichneten Risiken erstellen, die den statistischen Tabellen entsprechen. Durch das Gesetz der großen Zahlen kann sie ein gutes Geschäft machen, indem sie ständig Wetten abschließt, die Sie als Einzelperson nicht leisten können. In der Tat kann ein bestimmtes Risiko, wenn es isoliert betrachtet wird, groß erscheinen, aber im Kontext eines gesamten Portfolios kann es durchaus sinnvoll sein, das gleiche Risiko einzugehen. Wenn das also stimmt und die Streuung der Risiken eine so gute Idee ist, warum sagen wir Ihnen dann immer wieder, dass der Besitz von nur wenigen Aktien der richtige Weg ist?

Bei jeder einzelnen Police riskiert die Versicherungsgesellschaft einen Verlust von 1.000 Euro für jeden eingesetzten Euro. Es wären viele Tausende ähnlicher Policen über einen Zeitraum von Jahren erforderlich, damit sich diese Wette lohnt. Glücklicherweise ist das Risiko, das Sie mit dem Kauf einzelner Aktien eingehen, begrenzt auf einen Verlust von 1 Euro für jeden investierten Euro. Folglich können Sie mit Bedacht in nur eine Handvoll attraktiver Aktien investieren, ohne dass man Ihnen vorwerfen kann, verrückte Risiken einzugehen. Eine im Jahr 1999 erschienene Statistik des Columbia-Professors und Hedgefondsmanagers Joel Greenblatt analysiert, dass der Besitz von nur zwei Aktien 46 Prozent des nicht marktbedingten Risikos des Besitzes von nur einer Aktie minimiert. Diese Art von Risiko wird um 72 Prozent bei einem Vier-Aktien-Portfolio, um 81 Prozent bei acht Aktien, um 93 Prozent mit 16 Aktien, um 96 Prozent mit 32 Aktien und um 99 Prozent mit 500 Aktien reduziert.* Ohne über die Genauigkeit dieser speziellen Statistiken streiten zu wollen, sollte man sich zwei Dinge vor Augen halten:

---

* *You Can Be a Stock Market Genius: Uncover the Secret Hiding Places of Stock Market* Profits Taschenbuch – 25. Februar 1999.

1. Nach dem Kauf von sechs oder acht Aktien in verschiedenen Branchen ist der Nutzen, wenn Sie noch mehr Aktien in Ihr Portfolio aufnehmen, um das Risiko zu verringern, gering.
2. Das Gesamtmarktrisiko wird nicht allein dadurch beseitigt, dass Sie mehr Aktien in Ihrem Portfolio haben.

In diesem Zusammenhang verweisen wir auf einen interessanten Ansatz zur Positionsgrößenbestimmung im Buch *The Art of Value Investing* von John Heins und Witney Tilson.

Schritt 1: Zunächst legen wir den maximalen Verlust fest, den wir mit einer einzigen Position zu verkraften bereit wären, sagen wir, 5 Prozent des gesamten Portfoliowertes.

Schritt 2: Anschließend berechnen wir das maximale Verlustrisiko für die Aktie (siehe das Kapitel »Chancen-Risiko-Verhältnis«); gehen wir beispielhaft von minus 20 Prozent aus.

Schritt 3: Zum Schluss ermitteln wir die maximale Positionsgröße auf Basis der folgenden Gleichung:

Positionsgröße = maximal zulässiger Verlust je Position / Verlustrisiko.

In diesem Fall würden wir also bis zu 25 Prozent des Portfoliowertes (gleich 5 Prozent / 20 Prozent) auf diese eine Position allokieren können.

Anlegern wird im Allgemeinen beigebracht, dass hochkonzentrierte Portfolios ein höheres Risiko bedeuten, aber das ist möglicherweise nicht immer der Fall. Unserer Erfahrung nach kann das wahrgenommene Risiko eines konzentrierten Portfolios durch den Besitz hochwertiger Anlagen ausgeglichen werden. Durch den Besitz eines konzentrierten Portfolios, das nur die hochwertigsten Unternehmen enthält, können Anleger potenziell deutlich weniger Risiken eingehen als der Markt und gleichzeitig eine höhere langfristige Performance erzielen.

Die Daten zeigen, dass der Besitz von finanziell überlegenen und wettbewerbsfähigen Unternehmen in fast jedem Markt eine Sicherheitsmarge bieten kann. Indem wir bestrebt sind, aktive, qualitativ hochwertige Wachstumsportfolios aufzubauen, die nicht mehr als 20 der unserer Meinung nach besten Unternehmen weltweit enthalten, glauben wir, dass wir günstig positioniert sind, um langfristig nachhaltige, überdurchschnittliche Erträge zu erwirtschaften. Im Hedgefondsgeschäft gilt die eiserne Regel, niemals mehr als 20 Prozent seines Portfolios initial in eine Position zu investieren. Da wir gelernt haben, bereits bei sechs Aktien ausreichend diversifiziert sein zu können, würde dies auf 16,6 Prozent pro Wert hinauslaufen. Dies bedeutet im Umkehrschluss allerdings nicht, dass eine Position zu einem bestimmten Zeitpunkt nicht die Hälfte eines Portfolios ausmachen darf. Warren Buffetts Gewinne in Apple sind mittlerweile so groß geworden, dass Apple-Anteile knapp 50 Prozent seines Portfolios ausmachen. Zum Beispiel bewegt ein Tenbagger auf einer 1-Prozent-Position Ihr Gesamtportfolio nur um 9 Prozent, wohingegen der gleiche Tenbagger auf Ihrer 10-Prozent-Position Ihr Portfolio fast verdoppeln würde (90 Prozent Rendite), dasselbe gilt natürlich auch für eine Verliererposition, trotzdem sind viele Anleger der Meinung, dass eine Diversifizierung sie schützt, und ja, sie schützt auch, aber nur vor Unwissenheit.

1. Wenn Ihre Anlageerfahrung weniger als fünf Jahre beträgt, halten Sie ein diversifiziertes Portfolio von 20 bis 30 Aktien. Der Grund ist einfach: Ohne Erfahrung macht man Fehler.
2. Für versierte Anleger mit mehr als zehn Jahren Erfahrung an der Börse ist es an der Zeit, Vermögen zu schaffen. Wenn sich also Gelegenheiten ergeben, beladen Sie Ihr Depot. Zwei bis drei große Gewinner mit der richtigen Positionsgröße können bereits Reichtum schaffen.
3. Für einen Microcap-Investor, der nach verborgenen Schätzen sucht, ist Diversifikation die einzige Absicherung. Egal wie gut Sie sind, wenn Sie nach unentdeckten Ideen suchen, werden Sie viele Fehler machen. Aber hier reichen drei bis vier Gewinner aus zehn Ideen, denn Gewinner sind sehr groß.

Gewinner laufen lassen und Verluste begrenzen. Oftmals machen dies Anleger umgekehrt und begehen damit einen der größten Investmentfehler überhaupt. Eine Position wird eröffnet mit sagen wir einmal 3 Prozent des Portfoliovermögens und geschlossen, sobald sie auf 5 oder 6 Prozent des Vermögens angewachsen ist. Falls die Aktie nun deutlich überwertet war oder es Anzeichen für eine nachhaltige Verschlechterung des Geschäftsmodells gab, zum Beispiel ein großer Einbruch der Gross Margin oder der Kapitalrenditen, ist dies womöglich sinnvoll, aber nicht einfach nur, weil die Aktie gestiegen ist. Eine Studie über die Wertentwicklung von mehr als 64.000 globalen Aktien von Januar 1990 bis Dezember 2020 ergab, dass die Gesamtrendite von 55,2 Prozent der US-Aktien sowie von 57,4 Prozent der Nicht-US-Aktien im Wesentlichen hinter der risikolosen einmonatigen US-Staatsanleihe zurückblieb. Es gibt allerdings eine ganze Reihe an Ausnahmeunternehmen. Zum Beispiel die Aktien von **Tencent** (TCEHY). Der chinesische multinationale Technologiekonzern hat in den letzten zwei Jahrzehnten eine annualisierte Dollar-gewichtete Rendite von mehr als 48 Prozent pro Jahr erzielt. Investoren können den weitläufigen Aktivitäten des Unternehmens auf dem größten Verbrauchermarkt der Welt für diese beeindruckenden Ergebnisse danken. Wir brauchen nur wenige große Treffer in unserer Investmentkarriere, um sehr wohlhabend zu werden. Tencent wurde 1998 gegründet und ist der weltweit größte Anbieter von Videospielen mit enormer Präsenz in weiteren Sparten wie sozialen Medien, Musik, E-Commerce, Zahlungssystemen, Risikokapital und vielem mehr, es handelt sich also um einen lupenreinen Spawner. Das klassische und hochmargige Kerngeschäft (Gaming) bietet dem Unternehmen die Möglichkeit, »Moonshots« zu tätigen. Eine kleine Auswahl der Erfolgsprodukte des Unternehmens sind die Instant-Messaging-Plattform Tencent QQ, das Multiplayer-Online-Battle-Arena-Spiel *Honor of Kings* und QQ Music, ein Streaming-Musikdienst. Mit einem aktuellen Marktwert von über 500 Milliarden US-Dollar ist Tencent Chinas wertvollstes Unternehmen und eine der 15 wertvollsten Aktien der Welt. Seit dem Börsengang im Jahr 2004 ist die Aktie um sagenhafte 55.000 Prozent gestiegen. Nun war es zugebenermaßen schwierig, die Tencent-Aktie bereits im Jahr 2004 ausfindig zu machen, in den letzten zehn Jahren ist das Unternehmen auf Kursbasis aber immer noch um 1.530 Prozent gestiegen. Der S&P 500 legte im gleichen Zeitraum ebenfalls um sagenhafte 290 Prozent zu. Wer von uns hätte es allerdings durchgehalten, die Aktie so lange zu halten? Zugegebenermaßen hatten wir die Aktie in den letzten zehn Jahren mehrmals im Depot, um uns nach Kursgewinnen viel zu früh davon zu verabschieden. Dabei war die Aktie in den seltensten Fällen massiv überbewertet, da die Wachstumsaussichten stets intakt waren und das Unternehmen mit seiner Bewertung mitgewachsen ist. Wäre es also nicht einfach viel cleverer gewesen, die Aktie zu halten und gegen Kursverluste abzusichern? Die glasklare Antwort lautet: »JA!«

Shorts (Leerverkäufe)

Bei Shorts sehen wir dies etwas anders. Da Shorts unbegrenzte Verlustmöglichkeiten haben, macht es Sinn, ein breiteres Short-Portfolio aufzubauen, um sich gegen Spekulationsblasen zu schützen. In der Geschichte der geldgesteuerten Marktwirtschaft treten in den letzten vier Jahrhunderten durchgehend Finanzkrisen auf. Ein Blick in die Vergangenheit zeigt, dass die Geschichte der Finanzmärkte von Spekulationsblasen geprägt ist. Eine Spekulationsblase ist »eine starke und lang andauernde Fehlbewertung einer finanziellen oder realen Kapitalanlage«.* Dadurch bedingt kann man nicht einfach an einer Short-Position festhalten, die gegen einen läuft. Unabhängig davon, wie hoch der Überzeugungsgrad ist.

Oft stellt sich daher auch die Frage, ob man eine Short-Position aufstocken sollte, die gegen einen läuft. Wenn Sie einen analytischen Vorteil haben und sich Ihrer Sache sehr sicher sind, können Sie das machen. Allerdings sollten Sie nicht weniger als fünf Positionen halten und dadurch alles auf eine oder zwei Karten setzen.

Zudem müssen wir beachten, dass Short-Positionen, die für uns laufen, also fallen, zunehmend einen geringeren Portfolioanteil ein-

* Rolf J. Daxhammer; Mate Facsar: *Spekulationsblasen: Den Turbulenzen am Finanzmarkt auf der Spur*, Uvk Verlag 15. Mai 2017.

nehmen. Läuft eine Short-Position gegen uns, nimmt sie eine höhere Portfoliogewichtung ein. Dies muss sowohl bei der Positionsgröße als auch beim Risikomanagement beachtet werden. Derselbe Sachverhalt gilt auch für unsere Long-Positionen, logischerweise einfach umgekehrt.

Stop Loss - Scale-in und Scale-out

> *»An der Börse ist alles möglich. Auch das Gegenteil.«*
>
> André Kostolany

Die eine Hälfte des Handels beinhaltet das Erlernen des Kaufens. Unserer Ansicht nach sollten Anleger in der Regel davon absehen, eine »volle Position« (die maximale Summe, die sie investieren möchten) in einem bestimmten Wertpapier auf einmal zu kaufen. Wer diesen Rat nicht befolgt, muss einem nachfolgenden Preisverfall hilflos und ohne Kaufkraftreserven zusehen. Durch den Kauf einer Teilposition bleiben Reserven übrig, die es den Anlegern ermöglichen, den Durchschnitt und so ihre durchschnittlichen Kosten pro Aktie zu senken, wenn die Kurse sinken. Die Einschätzung Ihrer eigenen Bereitschaft, den Durchschnittspreis zu senken, kann Ihnen helfen, potenzielle Investitionen von Spekulationen zu unterscheiden. Wenn das Wertpapier, das Sie für einen Kauf halten, wirklich eine gute Investition und keine Spekulation ist, möchten Sie sicherlich mehr zu niedrigeren Preisen besitzen. Wenn Sie vor dem Kauf feststellen, dass Sie nicht bereit sind, den Durchschnitt zu senken, sollten Sie den Kauf wahrscheinlich gar nicht erst tätigen. Potenzielle Investitionen in schlecht geführte, stark verschuldete, unattraktive oder unverständliche Unternehmen können identifiziert und abgelehnt werden. Verkaufsentscheidungen müssen ebenso wie Kaufentscheidungen auf dem zugrunde liegenden Geschäftswert basieren. Wann genau verkauft oder gekauft werden soll, hängt von den verfügbaren alternativen Möglichkeiten ab.

Sicherlich kennen alle die Stop-Loss-Order (SLO). Aber wie wichtig ist es, bereits bestehende Gewinne sicherzustellen? Das nennen wir die Lock-in-Profit-Order (LPO). Ich kaufe Fielmann-Aktien bei 50 Euro mit einem Kursziel von 70 Euro. Ich sehe mein Kursrisiko bei 40 Euro. Das ergibt ein Chancen-Risiko-Verhältnis von zwei zu eins. Die Aktie steigt auf 65 Euro und fällt dann wieder auf 50 Euro zurück: nichts gewesen außer Spesen. Die richtige Strategie wäre für risikoaverse Anleger eine Lock-in-Profit-Order bei 60 Euro. Das bedeutet, wenn der Kurs 60 Euro überschreitet, verkaufen Sie und sichern sich circa 10 Euro Gewinn. Übrigens, ist Ihnen aufgefallen, dass Fielmann-Aktien bei einem Kurs von 60 Euro ein unattraktives Chancen-Risiko-Verhältnis haben? In diesem Beispiel ist das Chancen-Risiko-Verhältnis für Fielmann-Aktien (60 Euro) viel schlechter als bei 50 Euro. Sollte ich die Fielmann-Position nicht bei 60 Euro zumindest halbieren? Die Antwortet lautet: Selbstverständlich, weil mein Chancen-Risiko-Verhältnis bei diesem Kurs unattraktiv ist. Und wenn Sie jetzt wieder auf Cash sitzen, dann suchen Sie nach neuen Kauf- oder Leerverkaufgelegenheiten mit einem attraktiven CRV. Generell gilt: An Gewinnmitnahmen stirbt kein Mensch, aber am ewigen Average down und am undisziplinierten Trading viele! In der Finanzwelt ist Hoffnung keine Strategie. In vielen Fällen ist nichts die richtige Option, vor allem wenn die Chancen-Risiko-Verhältnisse schwammig sind. Ich investiere in der Regel nur dann, wenn ich mir im Klaren darüber bin, warum ich eine Aktie kaufe oder eine andere leerverkaufe. Denken Sie daran, dass eines der Hauptziele die Erhaltung von Kapital ist und gezwungene Investments nicht zielführend sind. Bei Ihrer Portfoliostruktur sollten Sie immer darauf achten, wie long oder wie short Sie positioniert sind und mit welchem Hebel (der Wert ihrer Long- und Short-Position geteilt durch Ihr Anlagekapital).

Haben Sie deshalb bitte Ihr Risikoprofil im Blick. Achten Sie auf ein Mindestmaß an Diversifizierung. Sie müssen auch verstehen, dass Ihr Kapital durch Stop-Loss-Disziplin geschützt werden muss, damit Sie weiterhin mit dem Rohstoff Geld arbeiten können.

Ich bin oft bestens damit gefahren, meine Investmentpositionen in zwei oder drei Stufen auf- beziehungsweise abzubauen. Man spricht hier von Scale-in und Scale-out, also dem schrittweisen Ein- und Ausstieg aus einer Position. Das liegt daran, dass es sehr schwer ist, den optimalen Einstieg zu finden. Zum Beispiel vermuteten wir im Juni

2015, dass die Deutsche Bank nicht ohne massive Bußgeldstrafen aus dem US-Mortgage-Debakel herauskommen würde. Uns war damals auch bewusst, dass ein potenzieller Geldwäscheskandal in Russland drohte. Der Kurs stand im Juni 2015 bei 28 Euro und einige unserer Kontakte begannen, die Aktie leerzuverkaufen oder, wie wir Trader sagen, »anzufixen«. Nur wenige Wochen später stieg die Aktie auf 32 Euro und die Short Seller verdoppelten ihre Position. Was hatte sich in einem Monat fundamental verändert? Nichts, außer dass der Kurs gestiegen war. Da diese Position zu diesem Zeitpunkt aber mit 2 Prozent des Investmentportfolios noch recht klein war, hat man die Short-Position nochmals verdoppelt, anstatt Verluste zu realisieren. Die Short-Position belief sich somit auf 4 Prozent des Investmentportfolios mit einem Einstandskurs von 30 Euro. Das war immer noch ein Verlust von 6 Prozent, aber weit von der Stop-Loss-Marke von 36 Euro (minus 20 Prozent) entfernt.

Da beim Leerverkauf der theoretische Verlust unendlich hoch ist, da eine Aktie maximal 100 Prozent fallen, aber mehrere Tausend Prozent hinzugewinnen kann, ist das Setzen von Stoppkursen durch Einschalten des gesunden Menschenverstandes für uns obligatorisch. Generell tendieren wir dazu, eine Short-Position bei einem Verlust von 20 Prozent gegen uns zu schließen. Bei Pair Trades kann dies natürlich auch höher ausfallen, solange der Pair Trade intakt ist (mehr dazu im Abschnitt »Pair Trades«). Handelt es sich um einen »Betting on Zero«-Kandidaten, also ein Unternehmen, bei dem wir durch betrügerische Absichten oder komplette Redundanz den inneren Wert auf null taxieren, sind wir in Ausnahmefällen bereit, auch einen temporären Verlust von maximal 50 Prozent zu tolerieren. Dies setzt allerdings ein Eintreten des Katalysators innerhalb von sechs bis maximal 18 Monaten voraus. Denn auch wertlose Firmen können durch einen steigenden Aktienkurs durch Kapitalerhöhungen oder Ähnliches neue Gelder einsammeln und somit allein durch einen Hype auf einmal an Wert hinzugewinnen, was die ursprüngliche These verwässert und zu einer selbsterfüllenden Prophezeiung wird. Wir könnten jetzt noch weiter diskutieren, sind uns aber, denke ich, alle einig, dass ein Stoppkurs bei Short-Investments Sinn macht.

Die häufigste Diskussion, die wir miteinander haben, ist das Setzen von Stoppkursen bei Long-Positionen. Bei Kernpositionen, also einer Positionsgröße von mehr als 5 Prozent mit hoher Überzeugungskraft, verzichten wir meistens auf Stoppkurse. Wieso?

Ein Fehler vieler Anleger liegt in dem Versuch, den Markt zu timen: Aus einer Studie des Verhaltensforschungsunternehmens DALBAR, Inc. geht hervor, dass Anleger über einen Zeitraum von 20 Jahren eine jährliche Rendite von 8,4 Prozent erzielt hätten, sofern sie im S&P-500 investiert gewesen wären. Betrachtet man jedoch die realisierte durchschnittliche Performance von Anlegern in Investmentfonds in diesem Zeitraum, so ergibt sich lediglich eine jährliche Rendite von 1,9 Prozent. Doch wie lässt sich diese recht erhebliche Diskrepanz erklären? Da die Verwaltungsgebühren nur einen kleinen Teil dieses Unterschieds ausmachen, ist die einzig plausible Erklärung, dass die Anleger zum falschen Zeitpunkt gekauft und verkauft haben. Wenn Aktienanlage die Anlageklasse ist, die auf lange Sicht den größten Wohlstand geschaffen hat, warum gelingt es dann so vielen Anlegern nicht, mit Aktien gute Renditen zu erzielen? Wenn wir die großen Meister des Investierens und die vielen über Jahrzehnte gesammelten verfügbaren Daten studieren, finden wir eine entscheidende Gemeinsamkeit: Diese Anleger verhalten sich wie Geschäftsleute. Wenn sie Aktien eines Unternehmens kaufen, erwerben sie in erster Linie einen Anteil an einem Unternehmen. Ob sie nun 100 Aktien von Coca-Cola oder mehrere Millionen Aktien kaufen, es ist für diese Investoren nichts anderes, als wenn sie das Unternehmen in seiner Gesamtheit kaufen würden. Zu keinem Zeitpunkt betrachten sie Aktien als Jetons in einem Casino. Sie verhalten sich wie Eigentümer von Unternehmen. Mit einem erfolgreichen Langfristinvestor verhält es sich wie mit einem gewissenhaften Eigentümer. Er erkennt, zu welchem Zeitpunkt Risiken eingegangen werden sollten und wann es notwendig ist, das Kapital zu schützen. Das Konzept der »Sicherheitsmarge« stammt aus der Welt des Ingenieurwesens. Wenn ein Ingenieur eine Brücke baut, die einen 5-Tonnen-Lkw tragen muss, wird er sie so bauen, dass sie auch einen Lastwagen von 8 oder 10 Tonnen tragen kann. Dies ist eine Sicherheitsspanne. Wenn wir dieses Konzept auf die Investition in Aktien eines Unternehmens anwenden, ist dies die Differenz zwischen dem, was das Unternehmen unserer Meinung nach wert ist, und dem Aktienkurs. Idealerweise würden wir gerne unsere hervorragenden Unternehmen für immer behalten, aber das ist meistens nicht möglich. Wir sind der Meinung, dass die Gründe für den Verkauf einer Aktie mit den Gründen für den Kauf harmonieren sollten. Wir sollten einen Verkauf in Betracht ziehen, wenn diese Gründe nicht mehr gültig sind. Mit anderen Worten: Sobald der Anleger feststellt, dass er sich in seiner Analyse geirrt hat oder sich die Aussichten des Unternehmens verschlechtert haben, ist es an der Zeit zu verkaufen. Ein weiterer, eher pragmatischer Grund für den Verkauf ist, dass die Mehrheit der Anleger nicht über unbegrenzte Kapitalquellen verfügt und ganz einfach verkaufen kann, um in ein anderes Unternehmen zu investieren, das ein größeres Potenzial zu haben scheint. Fehler sind in der Welt des Investierens unvermeidlich. Der Schlüssel ist, sie schnell zu erkennen und aus ihnen zu lernen. Es gibt zwei Kategorien von Fehlern: Fehler bei der »Begehung« und Fehler durch »Unterlassung«. Der erste Fehler besteht darin, dass man bei dem Asset, das man zu kaufen beschlossen hat, einen gravierenden Analysefehler getätigt hat, während der zweite darin besteht, dass man es versäumt, eine Aktie zu kaufen, die alle Kaufkriterien erfüllt. Letzterer tut erstaunlicherweise am meisten weh. Eine Aktie zu verpassen, die um 1.000 Prozent gestiegen ist, ist zehnmal teurer, als 90 Prozent des Kapitals in einer Aktie zu verlieren. Andere Fehler fallen in die Kategorie der »psychologischen Vorurteile« – Festhalten und Selbstüberschätzung sind dafür gute Beispiele. Das Festhalten hängt mit der Tatsache zusammen, dass sich unsere Wahrnehmung stets an den ersten Daten beziehungsweise Eindrücken orientiert, selbst wenn sich diese Wahrnehmungen von der Realität entfernen. Ein Beispiel: Ein Anleger kaufte vor zwei Jahren die Aktie ABC zu einem Kurs von 50 Euro, die jetzt zu 25 Euro gehandelt wird, nachdem bekannt geworden ist, dass ein wichtiger Auftrag verloren gegangen ist und/oder die Gewinne gesunken sind. Der Anleger hält an der Vorstellung fest, dass seine Aktie 50 Euro wert ist, einfach weil dies der Kaufpreis war. In Wirklichkeit spiegelt der Aktienkurs nicht unbedingt den Wert des Unternehmens wider. Was zählt, sind die Zukunftsaussichten des Unternehmens. Schließlich kommt Selbstüberschätzung häufig vor und äußert sich in verschiedenen Formen. Das einzige Heilmittel ist Bescheidenheit und das Bewusstsein, dass auch die größten Investoren unserer Zeit in 25 Prozent der getroffenen Investitionsentscheidungen falschliegen. Wichtig ist der richtige Umgang mit dem Scheitern. Was erfolgreiche Investoren von anderen unterscheidet, hat nichts mit Intelligenz zu tun, sondern mit der Einstellung. Neben einer rationalen Einstellung ist eine weitere wichtige Eigenschaft die Fähigkeit, immer zu lernen und sich weiterentwickeln zu wollen. Die Welt befindet sich in einem ständigen Entwicklungsprozess. Zugleich ist es nicht immer einfach, sich selbst ebenfalls ständig zu verändern. Ohne Demut gibt es keine Öffnung für etwas Neues. Daher müssen erfolgreiche Investoren paradoxerweise in der Lage sein, sowohl über ein hohes Vertrauen in ihr Urteilsvermögen als auch über ständige Bescheidenheit zu verfügen, ein schwieriges und fragiles Gleichgewicht.

Einige Anleger platzieren Stop-Loss-Aufträge, um Wertpapiere zu bestimmten Preisen zu verkaufen, die normalerweise geringfügig unter ihren Anschaffungskosten liegen. Bei steigenden Kursen werden die Orders nicht ausgeführt. Sinken die Kurse etwas, vermutlich auf dem Weg zu einem steileren Fall, werden die Stop-Loss-Orders ausgeführt. Obwohl diese Strategie ein wirksames Mittel zur Begrenzung des Abwärtsrisikos zu sein scheint, ist sie in Wirklichkeit verrückt. Anstatt Markteinbrüche zu nutzen, um seine Bestände zu erhöhen, verhält sich ein Anwender dieser Technik so, als ob der Markt die Vorzüge einer bestimmten Anlage besser kenne als er oder sie. Ohne den genauen Wert der Investition zu kennen, ist es verständlich, dass ein Anleger bei der Verkaufsentscheidung nicht so sicher sein kann wie bei der Kaufentscheidung. Um der Schwierigkeit zu begegnen, zu wissen, wann sie verkaufen sollen, erstellen einige Anleger Regeln für den Verkauf, die auf bestimmten Kurs-Buchwert- oder Kurs-Gewinn-Multiplikatoren basieren. Andere haben Regeln basierend auf prozentualen Gewinnschwellen; sobald sie x Prozent gemacht haben, verkaufen sie. Wieder andere legen beim Kauf Verkaufspreisziele fest, als ob nichts, was in der Zwischenzeit stattgefunden hat, die Verkaufsentscheidung beeinflussen könnte. Keine dieser Regeln macht Sinn.

Haltedauer

»Der Weg, reich zu werden, besteht darin, alle Eier in einen Korb zu legen und dann auf diesen Korb zu achten.«

Andrew Carnegie

Wie viele der reichsten Investoren der Welt sind Daytrader und Spekulanten? Die Antwort ist: Keiner. Das »echte Geld« wird über viele Jahre verdient, nicht über Nacht. Es kann lange dauern, bis eine Investition Früchte trägt. Laut Peter Lynch erzielen Investoren die besten Gewinne für Einzelaktien normalerweise im dritten oder vierten Jahr und nicht in der dritten oder vierten Woche oder im dritten oder vierten Monat. Bei einem Aktienportfolio sind wir der Meinung, dass die durchschnittliche Wartezeit oft viel kürzer als bei Einzelaktien sein kann. Abgesehen von den vielen Überraschungen sind Aktien vorhersehbar über einen Zeitraum von 10 bis 20 Jahren. Ob sie in zwei oder drei Jahren höher oder niedriger stehen werden, kann man nicht sagen. Da könnte man genauso eine Münze werfen.

Des Weiteren sind wir kein großer Fan von sogenannten Hold-Einstufungen. Das »No Hold«-Konzept bedeutet, dass jede Investition bei den aktuellen Preisen eine sehr überzeugende Risiko-Ertrags-Chance darstellen sollte. Ist dies nicht der Fall, ist es sinnvoll, das Kapital in Positionen umzuschichten, die angesichts des aktuellen Bewertungsniveaus attraktiver sind, es sei denn, die Position hat unter Risikogesichtspunkten ihre maximale Größe bereits erreicht. Wir wollen, dass unser Portfolio zu den aktuellen Preisen in die attraktivste Kapitalverwendung investiert ist. Wenn eine bestimmte Position dies nicht mehr repräsentiert, sollten wir verkaufen und direkt umschichten. Portfoliogestaltung ist fortlaufende Optimierung. Es ist eine Illusion zu denken, dass jemand ein perfektes Investmentportfolio bauen könnte. Ein gutes Portfolio muss fortlaufend optimiert werden. Ein guter Investor führt sein Portfolio wie ein guter CEO:

- **Bestimmung der Hurdle Rate für jedes Investment innerhalb des Portfolios.** Dies ist die akzeptable Mindestrendite für Investitionsprojekte. Sie sollte sich auf eine Reihe von Möglichkeiten beziehen, die dem Unternehmen zur Verfügung stehen. Sie sollte die Gesamtkosten von Eigen- und Fremdkapital übersteigen.

- **Berechnen Sie die erwarteten Renditen aller internen und externen Anlagealternativen.** Ordnen Sie sie nach Rendite und Risiko. Obwohl diese Schätzungen nicht präzise sein müssen, sollten sie konservative Annahmen beinhalten. Höhere Risiken erfordern höhere erwartete Renditen.

Es ist allerdings sehr schwierig, sein Portfolio fortlaufend zu optimieren, ohne den Zinseszinseffekt nicht zu gefährden, daher sollte man für jedes Investment seine Renditeerwartungen in regelmäßigen Zeitabständen für die kommenden drei bis fünf Jahre ermitteln und das Chancen-Risiko-Verhältnis wieder neu anpassen. Anschließend wird entschieden, die Position zu aktuellen Kursen weiter aufzustocken oder in ein profitableres Investment umzuschichten.

Watchlisten

> *»Wenn ich acht Stunden Zeit hätte, um einen Baum zu fällen, würde ich sechs Stunden die* Axt *schleifen.«*
>
> Abraham Lincoln

Naturgesetze verlaufen in einer Valuation-Range (Bandbreiten):

- Herzfrequenz (Puls),
- Sonnenstunden,
- Dopaminpegel,
- Atemfrequenz,
- Musik/Töne,

und beruhen auf der Mittelwertrückkehr.

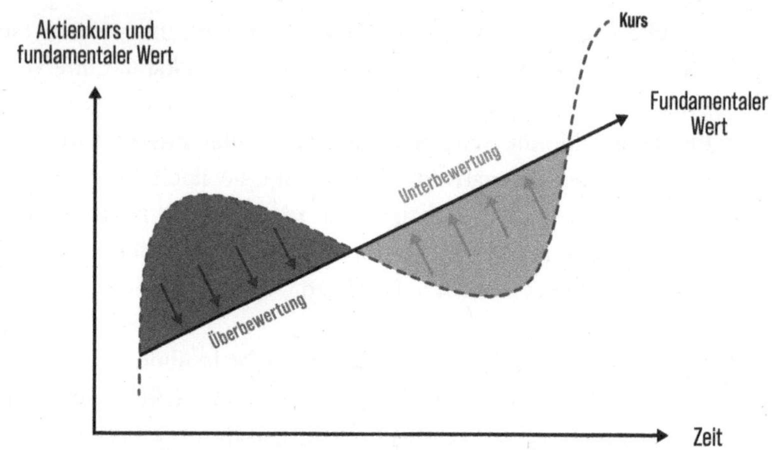

Abbildung 81: Aktienkurs und fundamentaler Wert Quelle: FHLS Börsenbrief

Kurse nähern sich also langfristig dem jeweiligen Mittelwert an.

Watchlisten sind für jeden Investor und Trader, egal ob long oder short ausgerichtet, ein absolutes Muss. Wir haben bereits gelernt, welche Chancen volatile Märkte für den Total-Return-Anleger bieten. Einzelne Tage oder Perioden, an denen Panik an den Märkten herrscht, bieten seltene Möglichkeiten, unsere Wunsch-Investments mit Sicherheitsmarge einzusammeln. In unserem Anlageuniversum gibt es von Zigtausenden Aktien etwa 200 Stück, die wir in unserem Anlageuniversum beobachten, und ungefähr ein Dutzend für andere Assetklassen wie Rohstoffe, die wir grundsätzlich interessant finden, bei denen die Bewertung allerdings nicht zu unseren Investmentprinzipien passt. Da wir für einen Großteil der Unternehmen allerdings an die »Mean Reversion« glauben, müssen wir zusehen, dass wir diese seltenen Chancen aufgreifen, wenn sie sich bieten. Da wir nicht jeden Tag händisch Screener-Tools benutzen möchten und diese auch nicht immer alle interessanten Aspekte wie Spawner-DNA, Special Situations und Optionalität beinhalten, ist es unerlässlich, diese Investments in eine Watchliste einzupflegen, um automatisch daran erinnert zu werden, wann welches Asset kaufenswert ist oder aber eine ideale Einstiegsgelegenheit für den Leerverkauf bietet. Dies können beispielsweise Assets sein, die ein 52-Wochen-Hoch oder -Tief erreicht haben, Rohstoffe oder Edelmetalle, die weit unter ihren Herstellungskosten notieren, am besten aber potenzielle Investments, die deutlich unter (long) oder über (short) ihren historischen Bandbreiten handeln. Wie Sie diese Punkte ausfindig machen können, haben wir im Abschnitt zum Chancen-Risiko-Verhältnis ausführlich erläutert. Kombiniert man diese beide Aspekte miteinander, ist es möglich, als Anleger eine Menge Zeit zu sparen, vor allem die Trefferquote zu erhöhen. Kein Research, den Sie gemacht haben, ist umsonst, wenn die Arbeit in die Watchliste mündet, alles hat seine Zeit. Zudem bewahrt uns die Watchliste vor eiligen Kaufentscheidungen. Jeder Anleger kennt das Problem: Je mehr er sich mit einem Investment beschäftigt, desto höher ist die Wahrscheinlichkeit, dass er oder sie auch darin investiert. Schließlich arbeitet niemand gerne umsonst und wir wollen am Ende des Tages auch eine Belohnung für unsere Arbeit erhalten, das ist menschliche Psychologie. Daher sprach Abraham Lincoln auch davon, dass Holzhacken die liebste Tätigkeit von Männern sei, da man die Früchte seiner Arbeit direkt erkenne. Beim Investieren ist dies leider nicht der Fall, es erfordert Geduld. Der Vorteil ist allerdings, dass wir oftmals fürs Warten bezahlt werden.

Leverage

> *»Smart men go broke three ways – liquor, ladies and leverage.«*
>
> Charlie Munger

Insgesamt halten wir sehr wenig von stark gehebelten Investmentportfolios (»too much leverage is too risky«). Stetige Gewinne und Dividenden, exzellentes Stock Picking, geringe Transaktionskosten, Verlustvermeidung beziehungsweise die Fähigkeit, in schwachen Märkten Geld zu verdienen, gehören zu den wichtigsten Faktoren für eine exzellente, langfristige und risikoadjustierte Performance. Um einen Verlust von 50 Prozent aufzuholen, muss ein Portfolio um 100 Prozent steigen. Gegen einen 10-prozentigen Einsatz von Fremdkapital ist allerdings wenig einzuwenden. Schließlich müsste das entsprechende Portfolio dann um 90 Prozent fallen, damit es zu einem Margin Call kommt. Da dies selbst im Börsencrash von 1929 nicht passiert ist, ist es selbst streng regulierten Publikumsfonds erlaubt, einen Fremdkapitalhebel von bis zu 10 Prozent zu verwenden. Generell gilt: Um Widerstandsfähigkeit zu erreichen, ist es zwingend erforderlich, Schulden zu reduzieren oder zu beseitigen und sich vor übermäßigen Ausgaben zu hüten. Anstatt sich auf kurzfristige Gewinne zu fixieren oder Benchmarks zu schlagen, sollten wir mehr Wert darauf legen, schockresistent zu werden, den Ruin zu vermeiden und im Spiel zu bleiben.

Musterportfolio für den Long-/Short-Investor

Portfolio 1, »Modern Value«: angestrebte Rendite zwischen 6 und 10 Prozent plus, egal in welcher Marktlage: 50 bis 60 Prozent net long.
(Beispiel 1, 120 % long – 60 % short = 60 % long)

Portfolio 2, »Modern Growth«: angestrebte Rendite zwischen 12 und 20 Prozent plus, egal in welcher Marktlage: 100 Prozent net long.
(Beispiel 2, 170 % long – 70 % short = 100 % long)

Was ist die Logik hinter dem Musterportfolio?

Für jeden Euro, den wir in Aktien investieren, sichern wir jeweils 50 Cent (Beispiel 1) beziehungsweise 40 Cent (Beispiel 2) auf fallende Aktienkurse ab. Wenn der Markt fällt, sollten die Short-Aktien im Idealfall mindestens doppelt so stark fallen wie unsere Long-Aktien. Das heißt, wir verlieren kein Geld, wenn der Markt fällt. Wenn der Markt hingegen steigt, werden unsere knapp zwei Drittel Gewichtung, die wir long in Aktien investiert haben, deutlich stärker steigen als unsere Shorts in Aktien, dasselbe gilt für Seitwärtsmärkte. Wir verdienen also in zwei von drei Marktphasen Geld und verlieren keines, wenn Long-only-Investoren reale Kursverluste hinnehmen müssen. Im Idealfall verdienen wir sogar in einem Crash Geld – da Wertzerstörer in diesen Phasen teilweise 80 Prozent und mehr an Wert einbüßen müssen und damit ein Drittel short in Aktien die zwei Drittel Gewichtung long in Aktien überwiegen. Zudem können wir an Markttiefs die Möglichkeit nutzen, unsere Short-Positionen aufzulösen und das daraus erwirtschaftete Geld in neue Long-Positionen zu investieren. Der Total-Return-Investor hat also immer die Möglichkeit, Rendite zu erwirtschaften, und da wir somit unabhängig von den Marktständen investieren können, spielt die Cashkomponente eine untergeordnete Rolle und wir können weitestgehend voll investiert sein, was unsere Rendite weiter erhöht. Long-only-Investoren (insbesondere die institutionellen) haben meistens das Problem, dass sie entweder voll investiert sein müssen, um mit marktüblichen ETFs mithalten zu können, und dann kein Cash mehr haben, um in fallenden Märkten günstig nachzukaufen, oder aber eine Cashkomponente jahrelang vorhalten müssen, was teilweise hohe Opportunitätskosten mit sich bringt, und es somit sehr schwierig ist, überhaupt den Markt zu schlagen, der als Index immer voll investiert ist.

Wahlweise kann ein solches Portfolio um Edelmetalle, Rohstoffe, Anleihen, Kryptowährungen oder andere Anlageklassen ergänzt werden. Beachten Sie allerdings, dass Aktien die einzige Anlageklasse ist, die ihren inneren Wert von Jahr zu Jahr steigern kann. Bis auf Anleihen generiert zudem keine andere Anlageklasse eine Rendite auf das eingesetzte Kapital, somit sind alle anderen eine Spekulation auf steigende Preise, bestenfalls begünstigt durch einen makroökonomischen Trend oder ein verzerrtes Verhältnis von Angebot und Nachfrage.

Was in diesem Buch fehlt

Sie werden sich vielleicht wundern, wieso wir in diesem Buch nicht über Arbeitslosigkeit, Verschuldung, Bruttoinlandsprodukt, Ölpreise, Handelskriege, Viren oder sonstige Zusammenhänge philosophieren. Es gibt Zigtausende Faktoren, die sich auf die Entwicklung eines Investments auswirken können. Teilweise sind es Korrelationen oder Faktoren, die zufällig zur selben Zeit auftreten. Es zeigte sich eine signifikante positive Korrelation zwischen der Anzahl der Störche und der Anzahl der Babys. Das heißt, je mehr Störche eine Region hat, desto mehr Babys gibt es dort. Das ist ein typisches Beispiel, dass Korrelation keine Kausalität bedeutet, oder bringt der Storch wirklich die

Kinder? Wir kennen all diese Ökonomen mit IQ 160, die ihr Leben damit verbringen, Zusammenhänge zu studieren. Können Sie mir einen superreichen Ökonomen nennen, der jemals Geld mit Wertpapieren verdient hat? Zwar gibt es mit Hedgefondslegenden wie Stan Druckenmiller, George Soros, Paul Tudor Jones, Steve Cohen, Jim Rogers und meiner Wenigkeit durchaus Dutzende erfolgreiche Makrotrader, die es geschafft haben, in der Vergangenheit wirklich herausragende Renditen zu erzielen, es gibt dabei allerdings ein Problem: Es handelt sich nicht um ein duplizierbares System, sondern es hängt auch viel von der eigenen Intuition ab. Obwohl sich auch hier Muster wiederholen, ist der Einsatz dieser Faktoren deutlich schwieriger und die Anzahl derer, die mit einem solchen Ansatz großen Erfolg haben, verschwindend gering im Vergleich zum Long-Short-Ansatz. Wenn ein Top-down-Ansatz (Makro) einen Bottom-up-Ansatz (Mikro) verstärkt, finden wir das wunderbar, aber allein aufgrund eines Macro Calls eine Anlageentscheidung zu treffen, halten wir für gewagt. Insbesondere weil es so schwierig ist, ein akkurates Chancen-Risiko-Verhältnis zu ermitteln. Wenn Sie einmal mitzählen, wie oft in diesem Buch das Wort »Chancen-Risiko-Verhältnis« und wie oft das Wort »Makroökonomie« vorkommt, wird deutlich, worauf unser Hauptaugenmerk liegt. Allerdings muss man auch festhalten, dass politische Börsen und Notenbankentscheide laut einer Morgan-Stanley-Studie in den vergangenen 20 Jahren 70 Prozent der weltweiten Börsengewinne ausmachten. Megatrends wie Environmental Social Governance (ESG) wurden für Investoren unausweichlich und werden bei einer angemessenen Bewertung mit übersichtlicher Gewichtung dem Portfolio beigemischt. Jedoch sollte für solche Trades nur ein Bruchteil des zur Verfügung stehenden Geldes aufgewendet werden. Anleger, die im Jahr 2020 nur 2 Prozent ihres Kapitals in Tesla und den Rest in Cash angelegt hatten, konnten den S&P 500 outperformen – und das mit einer 98-prozentigen Cashquote. Wir titulieren das als Top-down-Ansatz eingebettet in Megatrends (E-Mobilität, autonomes Fahren, Software as a Service und so weiter). Wir möchten Ihnen daher Ansätze mit an die Hand geben, die für jedermann umsetzbar und auf wenige Faktoren beschränkt sind. Oftmals entscheiden hier die drei wichtigsten Faktoren über den

Ausgang des Investments. Hoffentlich konnten wir unseren Ansatz, den Total-Return-Anlagestil, verständlich machen und Ihnen aufzeigen, wie Sie im Laufe Ihres Lebens Wohlstand und die damit verbundene Denkweise eines Investors erreichen können.

Star-Analyst versus klassischer Fondsmanager

Was macht am Ende den Unterschied zwischen einem Star-Analyst und erfolgreichen Hedgefondsmanager versus einem klassischen Fondsmanager aus?

Wenn man die letzten Hundert Jahre an den amerikanischen Börsen betrachtet, gab es sehr lange Zeitfenster, in denen man mit dem klassischen Long-only-Anlagestil eher schlecht als recht performt hat:

- 1929 bis 1954 Keine reale Rendite im Dow Jones Index ⇒ 25 Jahre, nach dem großen Wallstreet Crash von 1929
- 1966 bis 1986 Keine reale Rendite im Dow Jones Index ⇒ 20 Jahre, Phase der Stagflation mit realen Verlusten bei Dow Jones Aktien von über 50 Prozent
- 2000 bis 2015 Keine reale Rendite im NASDAQ-100-Index ⇒ 15 Jahre, nach einem Indexverlust von 82 Prozent

Wer behält schon die Nerven bei einem derart vitiösen Anlagekreislauf und hat zudem einen Anlagehorizont von einem Vierteljahrhundert? Kaum jemand, vor allem nicht ich, weil meine verbleibende Lebenserwartung wahrscheinlich weniges als 25 Jahre ist. Vor allem betrachte ich eine undifferenzierte ETF-Mega-Index-Investment-Strategie in diesem überstrapazierten makroökonomischen und politischen Umfeld als äußerst skeptisch.

Deswegen bin ich hundertprozentig überzeugt, dass der dynamische Total-Return-Investor in den kommenden Dekaden wesentlich erfolgreicher und wesentlich risikoärmer investieren wird als der einseitige und undynamische Long-only-Investor. Schließlich erleben wir eine gewisse Zeit- und Technologiebeschleunigung, womöglich einen vitiösen und nicht mehr einen extrem langen virtuosen Anlagezyklus. Flexibilität, Anlagedisziplin, Risikomanagement und ein profundes Verständnis der Total-Return-Anlagestrategie sind für mich die Grundvoraussetzungen, um langfristig von bedeutenden Veränderungen zu profitieren.

Kapitel 7

Erfolg und Erfüllung

Die Symbiose zwischen Kapital und Menschlichkeit

»Ist ein erfolgreiches Leben erfüllend, oder ist ein erfülltes Leben erfolgreich?«

KATE HOMM

Ohne den geringsten Zweifel gibt es nur eine geringe Korrelation zwischen Glückseligkeit und exorbitanten Vermögen und Einkommen. Dies wurde durch etliche Studien belegt. Bekannt und generell von der Wissenschaft akzeptiert ist, dass ein Nettoeinkommen, welches die einfachen Bedürfnisse von Wohnen, Essen, Gesundheit, Rücklagen und Erleben abdeckt, tatsächlich zum Glücklichsein beiträgt. Denn existenzielle Ängste bekommen dadurch keinen Handlungsspielraum in unserer Psyche. Studien, die das Glücksempfinden verschiedenster gesellschaftlicher Schichten analysiert haben, fanden heraus, dass die Kinder der superreichen Eliten sich genauso glücklich fühlten wie Kinder, die in großer Armut in Kalkutta leben. Als Finanzanalyst und Christ stelle ich mir seit Jahren die fundamentale Frage: Kann man das Investieren und den Aufbau eines großen Vermögens mit humanistischen Werten vereinbaren?

»Ein Kamel kommt leichter durch ein Nadelöhr als ein Reicher in den Himmel.«

PASSAGE AUS DEM NEUEN TESTAMENT

Neues Testament

»Man findet diesen Satz sinngemäß in drei von vier Evangelien des Neuen Testaments.«

MARKUS 10,25 / MATTHÄUS 19,24 / LUKAS 18,25

Stimmt das? Im Neuen Testament gibt es mindestens fünf Charaktere, die definitiv wohlhabend oder außerordentlich reich oder mächtig waren und gleichzeitig Jesus nahestanden. Die meisten anderen Mitglieder des Establishments sind sozusagen dem Geld verfallen, tätigen Geschäfte im Tempel Gottes und werden zum Teil als Pharisäer, Geldwechsler und Sadduzäer beschrieben. Personifiziert werden diese Charaktere durch Pontius Pilatus, der Jesus verurteilt, und Kaiphas, den Hohepriester, der unbedingt will, dass Jesus am Kreuz stirbt. Generell kann man sagen, dass das Herz Jesu für die armen und einfachen Menschen schlägt und dass er wenige elitäre Freunde und Vertraute hat.

»Da sah Jesus seine Jünger an und sagte zu ihnen: Wie schwer ist es für Menschen, die viel besitzen, in das Reich Gottes zu kommen! Die Jünger waren über seine Worte bestürzt. Jesus aber sagte noch einmal zu ihnen: Meine Kinder, wie schwer ist es, in das Reich Gottes zu kommen!«

MARKUS 10, 23–24

Wenden wir uns den wenigen Vermögenden zu, die Jesus nahestanden:

Lazarus agiert als Interessensvertreter der Römer und gilt als sehr vermögend. In seiner Riesenvilla beherbergt er regelmäßig Jesus und seine Jünger und Jüngerinnen. Er wird von Jesus vom Tod auferweckt.

Matthäus ist ein bestens bezahlter Steuereintreiber für die Römer. Von jedem Betrag, den er sich von den Bürgern holt, erhält er seine Prozente. Nachdem er sich Jesus anschließt, trennt er sich gänzlich von allen weltlichen Bedürfnissen und wird nicht nur zu einem der prägendsten Apostel, sondern auch zum Märtyrer, der für seinen Glauben stirbt.

Maria Magdalena war die wichtigste weibliche Begleiterin von Jesus. Sie entstammt einer sehr reichen Handelsdynastie mit monastischen Ansprüchen. Sie erlebt die Kreuzigung Jesu mit Maria und dem Apostel Johannes, während alle anderen Christen die Flucht vor der Vergeltung der Römer und des Sanhedrin, des jüdischen Hohen Rates, suchen. Einige Historiker gehen noch viel weiter und behaupten, dass Maria Magdalena Jesu Frau war und diese Beziehung das wahrhaftige ergänzende Prinzip zwischen Mann und Frau darstellt. Maria Magdalena, ähnlich wie seine Mutter Maria, gibt Jesus immer wieder die Kraft, seinen undenkbar schwierigen Weg zu gehen, und ist bei den wichtigsten Geschehnissen in seinem Leben dabei. Im Mittelalter stellte die katholische Kirche die Behauptung auf, dass Maria Magdalena eine Hure war, hat diese Ansicht aber mittlerweile größtenteils revidiert.

Nikodemus wird im Johannesevangelium erwähnt und gilt als hohes Mitglied des jüdischen Establishments. Von einigen Theologen wird er womöglich als Randfigur gesehen. Das sehe ich anders, denn Nikodemus und Jesus führen Zwiegespräche. Nikodemus ist zuerst wie viele oberflächlich fasziniert von der Lichtgestalt Jesus und hinterfragt seine bisherige Werteskala. Nikodemus sucht den Weg zum spirituellen und geistigen Wandel. Andererseits befürchtet er, durch seinen Kontakt mit Jesus seine soziale Stellung zu verlieren. Letztlich ist er es, der, zusammen mit Josef von Arimathäa, Jesus nach dessen Versterben balsamiert.

Josef von Arimathäa war laut den vier Evangelien ein reicher Jude und wahrscheinlich ein Mitglied des Sanhedrins, des mächtigen altjüdischen Gerichts in Jerusalem. Josef wurde zum Jünger Jesu. Aus Furcht vor seinen Mitbürgern hielt er dies geheim und ging seinen Geschäften weiter nach. Nach der Kreuzigung Jesu bat er den römischen Statthalter Pontius Pilatus um den Körper, um ihn in sein für sich bestimmtes Felsengrab zu legen. Hier wurde Jesus beigesetzt, von wo er als Erlöser am dritten Tag nach seinem Tod auferstand.

Bevor wir die Frage eruieren, ob ein Vermögender / Besserverdiener wirklich nur sehr schwer in den Himmel kommen kann oder die Glückseligkeit und sein Herz im Jetzt erfahren kann, sollten wir die entscheidenden Kernfaktoren des erfolgreichen Investors mit den Grundprinzipien der Jesuslehre vergleichen:

Kern-Prinzipien

Jesuslehre	Guru-Investor
Hoffnung	Geduld
Liebe	Absolute Objektivität
Vertrauen	Konstante Hinterfragung und Verifizierung
Geben	Nehmen, akkumulieren, aufhäufen
Mit dem Herz fühlen, denken, handeln	Verstand, Analyse
Integrität, Wahrhaftigkeit, Ehrlichkeit	Opportunismus, Pokerspiel, Marktpsychologie berechnen

Ohne den geringsten Zweifel sind alle großen Investoren, die ich selber erlebt oder studiert habe, komplett angstfrei und emotionslos beim Investieren. Das bedeutet nichts anderes, als dass sie sich beim Investieren größtenteils im neutralen Zentrum zwischen Gier und Angst effektiv und emotionslos bewegen. Alle Investmentgurus, obwohl emotionslos, haben zudem eine Passion oder Begeisterung für ihre Tätigkeit. Diese Regeln gelten für Peter Lynch, Mario Gabelli, Jim Rogers, Fraser Perring, Stan Druckenmiller, Marc Rich, Anthony Bolton, Terry Smith, Carl Icahn, Jeremy Grantham und etliche andere Investmentlegenden, die ich in meiner Karriere kennenlernen durfte. Sobald diese Investmentgurus ihre Demut oder Neutralität beziehungsweise ihre Objektivität verlieren, sich selber abfeiern oder in rechthaberische Denkmuster verfallen, leiden ihre Anlagerenditen. Genau das ist mir selber im Jahr 1995 passiert, das einzige Mal in über zwei Jahrzehnten, dass ich deutlich schlechter als meine Peer Group performte. 1994 war ich erfolgreichster Hedgefondsmanager Europas nach einem Sammelsurium von Auszeichnungen in den USA, Deutschland und Europa. Ich glaubte ernsthaft, dass meine Deep-Value-Aktien und Short-Positionen aus dem Jahr 1994 im nächsten Jahr so weiterlaufen würden. Keineswegs. In der Börsenerholung von 1995 stiegen einfach nur die Aktien, die am meisten gefallen waren, vor allem die abgehalfterten Blue Chips, und keiner interessierte sich mehr für fundamentale Bewertungen, vorrangig bei den mittleren und kleineren Gesellschaften. Der Marktaufschwung im Jahr 1995 beruhte auf Momentum und leicht verständlichen Geldströmen, während ich noch tief in meiner anachronistischen fundamentalistischen Überzeugungswelt verankert war. Ich bin fest davon überzeugt, dass Investieren nur auf zwei wesentlichen Gesichtspunkten basiert, von denen sich alle anderen Faktoren ableiten lassen:

1. die Ermittlung des Chancen-Risiko-Verhältnisses
2. unter Einbeziehung exzellenter Wahrscheinlichkeitsrechnungen.

Kurzum, Hoffnung ist ein desaströses und rein emotionales Anlagekonzept. Es hat rein gar nichts beim objektiven und erfolgreichen Investieren zu suchen. Denn ein erfolgreicher Investor sollte einigermaßen regelmäßig sein Anlageportfolio den Umständen anpassen, um Gewinne zu optimieren und schwere Verluste zu vermeiden. Das Pendant zur Hoffnung beim Investieren wäre bestenfalls Geduld. Geduld kann sich auszahlen, denn die Aktienkurse, auch bei der besten Analyse, machen nicht immer gleich das, was wir erwarten.

Liebe sollte man wirklich beim Investieren vergessen. Sich in seine Aktien zu verlieben, entbehrt jeglicher Sachlichkeit und führt zwangsläufig zu gravierenden, emotional basierten Fehlentscheidungen.

Vertrauen macht genauso wenig Sinn beim Investieren wie Hoffnung und Liebe. Wem sollte man denn vertrauen? Dem Vorstandsvorsitzenden, den Politikern, den Finanzanalysten bei einer Investmententscheidung? Niemals. Exzellente langfristige Renditen beruhen auf höchster Anlagedisziplin, erstklassigem Risikomanagement, fundierten Analysen, quantitativen Modellen und in meinem Fall eigenen Recherchen und einer fundierten Meinungsbildung. Vertrauen. Beim Investieren vertraue ich auf sehr wenige Hyperprofessionelle. Selbst dann bilde ich mir ultimativ meine eigene Meinung.

Das Geben ist erfolgreichen Investoren nicht fremd. Es geht aber nicht ums Geben, sondern um den Austausch von Informationen und Erkenntnissen. Ich teile mit dir meine besten Ideen und du gibst mir deine! Das ist beidseitig profitabler Handel, aber kein Samaritertum.

Mit dem Herzen fühlen, handeln und denken setzt sich teilweise bei den ethischen Anlagefonds durch, teils mit beachtlichen Renditen. Einige Investmentlegenden sind auch für ihre karitative Wohltätigkeit bekannt, wie zum Beispiel der Milliardär Christopher Hohn mit seinem »The Children's Investment Fund«. Auch Jeremy Grantham ist für seine großzügigen Umweltaktivitäten bekannt, ebenso Stanley Druckenmiller, der das Bildungswesen in wirtschaftlich benachteiligten Gemeinden fördert. Ich habe eine Schule in Liberia gebaut. Hier gibt es Schnittstellen. Aber prinzipiell gilt, dass die weitaus reichsten und erfolgreichsten Investmentmilliardäre bisher nicht durch ethische Investments in die Ranglisten der reichsten Weltbewohner aufgestiegen sind. Ein emotionaler, zur Angst tendierender, selbstverliebter oder gieriger Investor wird früher oder später scheitern und ist eigentlich für diese Branche ungeeignet. Das Spiel läuft im Kopf oder im Supercomputer ab und nicht im Herzen. Alle Investmentlegenden, die ich persönlich kennenlernen durfte, haben zudem eigene originäre Anlage- und Portfolio-Selektionsmodelle entwickelt, die nicht auf christlichen Werten beruhen.

Integrität, Ehrlichkeit und Wahrhaftigkeit. Diese Eigenschaften findet man selten in den Klüften der Wall Street. Die Wall Street ist ein gigantisches Pokerspiel. Dabei lässt man sich nicht in die Karten schauen, vor allem nicht bei so hohen Einsätzen. Es geht um Opportunismus, Kaltschnäuzigkeit, Schnelligkeit und die Optimierung von relevanten Informationen in renditestarke Anlagemodelle. Marktverhalten und Marktpsychologie werden anhand von Faktoren wie Put-Call-Ratio, Fear-Index, NYSE Intelligence Indicator, Overbought / Oversold, On-balance volume und nahezu endlos vielen anderen Methoden berechnet. Nur sehr, sehr wenige Investoren schaffen es langfristig, nur mit ihrem Bauchgefühl und ihren vorzüglichen inneren Werten an den Märkten zu reüssieren.

Bedeutet dies, dass das Investieren Teufelswerk ist und kein erfolgreicher Investor jemals in den Himmel kommen kann, da er sich größtenteils mit nichtchristlichen Inhalten beschäftigt? Das glaube ich kaum, obwohl es tatsächlich nicht einfach ist, ein begnadeter Investor und Optimierer zu sein und gleichzeitig ein herzerfüllter, mitfühlender Mensch und Christ.

> *»Zeiget mir den Groschen! Wes Bild und Überschrift hat er? Sie antworteten und sprachen: des Kaisers. Er aber sprach: So gebet dem Kaiser, was des Kaisers ist, und Gott, was Gottes ist! Und sie konnten sein Wort nicht tadeln vor dem Volk und verwunderten sich seiner Antwort und schwiegen still.«*
>
> Lukas 20, 25–26

Hält Jesus somit eine Symbiose zwischen dem Geldgeschehen und dem Menschlichen für möglich? Denn zwischen dem Geld- und Wirtschaftskreis und dem Menschlichen gibt es tatsächlich eine Schnittmenge, die auf einer noch höheren Neutralität als der der absoluten Investmentobjektivität beruht. Und das ist unter anderem die menschenfreundliche, sinngebende, fortschrittliche, menschennahe Mittelverwendung, die rein gar nichts mit den sieben Todsünden zu tun hat:

- Stolz,
- Habsucht,
- Neid,
- Zorn,
- Unkeuschheit,
- Unmäßigkeit,
- Trägheit / Überdruss.

My Net Worth

Dieser Begriff rutschte mit der Serie *Die Macht des Geldes* immer mehr in unser Bewusstsein, ist aber so alt wie die Tabellen der reichsten Bürger unseres Planeten. Als wahrhaftiger Beginn der zunehmenden Verwendung dieser Begrifflichkeit (übersetzt »mein Netto-Wert«) gilt das Jahr 1982, in dem die erste Tabelle der wohlhabendsten US-Bürger durch das *Forbes*-Magazin in den USA veröffentlicht wurde. Dieser Zusammenhang ist kaum überraschend, da 1982 auch das Zeitalter von Ronald Reagan, Margaret Thatcher, von »Gier ist gut« – und des Blockbuster-Films *Wall Street* mit Michael Douglas einläutete.

Das schiere Anhäufen von Vermögen verurteilt Jesus im Gleichnis des reichen Kornbauers. Andererseits sollte man das Vermögen vermehren wie im Gleichnis des Landherrn, der jedem seiner drei Knechte 1 Denar gibt. Somit wäre das nackte Anhäufen von Vermögen ohne Sinn und Zweck verwerflich, aber wie steht es mit der produktiven Mittelverwendung?

In diesem Sinne stelle ich mir einige ganz banale rhetorische Fragen:

- Wer hat das Rad erfunden und die erste Rädermanufaktur aufgestellt?
- Wer hat die erste Schlepppliftproduktion finanziert oder: Woher kamen die Mittel für das erste Waisenhaus?
- Auf welcher Basis sind Schiffe und Flugzeuge entstanden und wer hat das notwendige Wagniskapital zur Verfügung gestellt?
- Wie kam es dazu, dass man Pest, Cholera und Typhus größtenteils ausrotten konnte?
- Und wie kam es dazu, dass die Geburtensterblichkeit bei Kindern und Müttern weltweit im letzten Jahrhundert dramatisch abgenommen hat, während die Lebenserwartung signifikant gestiegen ist?

Die Antwort auf diese Fragen lautet: Fortschritt durch Forschung und Entwicklung verbunden mit den entsprechenden Mitteln zur Umsetzung.

Ebenso könnte man sich die folgenden Fragen stellen:

- Wie kam es zur nuklearen Vernichtung von Hiroshima und Nagasaki und der Einrichtung von systemischen Tötungslagern in vielen Ländern und woher kam die Technologie und wie entstand sie? Wer hat diese Entwicklung gefördert und bezahlt? Wer hat die Vergasungsanlagen hergestellt und wie wurden sie finanziert?
- Wie kam es in der Geschichte der pharmazeutischen und chemischen Industrie immer wieder dazu, dass Medikamente oder Chemieproduktionen zu horrenden gesundheitlichen Konsequenzen führten: Contergan / mRNA-Impfschäden, Schweinegrippeimpfung, Bhopal, Monsanto, Fentanyl und Heroin als Ersatz für Hydrocodon und ähnliche Medikamente und die daraus resultierende Opioidkrise und so weiter.

Sie verstehen sicherlich jetzt, wo dieser Gedankenzug hinfährt:

Geld ist nichts anderes als ein Zahlungsmittel, das für Investitionen jeglicher Art, positiv, neutral oder negativ, eingesetzt werden kann. Es ist somit äußerst unlogisch, dem Begriff »Net Worth« (»Nettowert«) mehr als eine numerische Signifikanz beizumessen. Aber alle wollen reich und berühmt werden. Deswegen haben sie sich wahrscheinlich dieses Buch gekauft. Zumindest gibt das jeder zweite Jugendliche in den USA als Berufsziel an. »Reich und berühmt« scheint mittlerweile aber wirklich eine Art Beruf geworden zu sein, zumindest wenn man sich mit dem »Kardashian-Syndrom« (Erfolgsmodell) etwas intensiver beschäftigt. Zu diesen »Logik-Fehlern« fällt mir folgender Witz ein:

Wie nennt man einen armen Schlucker mit enormen Charakterschwächen? Degeneriert.

Wie nennt man einen reichen Alkoholiker mit enormen Charakterdefiziten? Exzentrisch.

Ist das wirklich logisch?

Um die Schnittmenge zwischen Cäsar / König Salomon und Jesus zu finden, möchte ich Sie in mein Wertesystem einführen. Im Kern basiert dieses Wissen auf dem Business-Coaching, den Therapieerfolgen meiner sehr weisen Frau Katharina Homm, den Erkenntnissen des Psychologen Professor Martin Seligman und zahllosen Studien im Bereich seiner PERMA-Theorie sowie vielen Philosophen und Analytikern, die ich hier nicht aufzählen möchte.

Erlauben Sie mir somit, Ihnen kurz »unsere« Formel zu einem erfüllten Leben mitzuteilen. Ursprünglich habe ich dieses Modell aufgrund von Erkenntnissen der modernen Positiven Psychologie laut Seligman (PERMA) und meiner eigenen Erfahrungen in drei Kreisen skizziert. Das folgende Video beschreibt diese Lebensausrichtung:

https://www.youtube.com/watch?v=ULxNotLVYUc&t=122s.

Aber dieser Ansatz ist mittlerweile für mich komplett ungenügend geworden. Denn ohne die Charakterbildung und Werteskala, als vorderstes Prinzip eines erfüllten Lebens, sind PERMA laut Seligman und meine drei Kreise leider nur dazu geeignet, einigermaßen gesund, erfolgreich und mit einer rosaroten Brille relativ unerfüllt und unvollkommen durchs Leben zu kommen. Wahrhaftiges, tief erlebtes und empfundenes Glück und Erfüllung kommen durch unsere Charakterbildung und den konstanten Wandel immer mehr weg vom Schatten und zum Licht, zugewandt dem Wahren, Guten, Bleibenden und Schönen. Diese Reise ist eher ein steinerner, teils schmerzvoller Weg, aber lohnender als der PERMA-immer-happy-Highway, auf dem wir alle immer liebhaben und verstehen wollen und somit den wirklich wichtigen innerlichen und äußeren Konflikten aus dem Weg gehen. Wir leben ein undifferenziertes oberflächliches Leben und finden ständig Entschuldigungen für unsere Defizite und Laster unter der Ägide der Toleranz und jahrzehntelanger Selbsterkenntniskurse, ohne wirklich etwas an unseren Träumen aufzulösen und unsere inneren Dämonen oder Spaltungen zu bewältigen. Die Welt ist nur ein Erfolgsspiel. Am Ende verliert man immer, selbst der reichste Mann auf dem Friedhof mit dem größten materiellen Vermächtnis. Der steinerne Weg, die Reise durch unsere Schatten und Defizite, unsere Entwicklung zu Lichtwesen, die Heilung unserer Spaltungen führen uns in unsere Mitte, in unser wunderbares, lebendiges und mitfühlsames Herz. In die Barmherzigkeit. Wenn wir diesen Punkt erreichen können, dann haben wir sicherlich ein erfülltes und sinnvolles Leben geführt.

Drei Kreise

> *»Handle und denke immer mit dem Herzen.«*
>
> Florian Homm

Der erste Kreis steht für Erfolg. Erfolg ist wichtig für die Glücksfindung. Die Tatsache, dass man etwas erreicht hat, führt entweder zur Anerkennung von anderen und / oder zu einem gesteigerten Selbstwertgefühl.

Erfolg hat selten etwas mit glücklichen Umständen zu tun, sondern basiert oft auf Wissen. Man muss entsprechend gefördert, aber auch gefordert werden. Wenn man in seiner Arbeit Sinn erkennt und eine Passion – Leidenschaft – verspürt, wird man viel erfolgreicher werden. Wichtig ist daher, einer Tätigkeit nachzugehen, die einen motiviert und bewegt. Der Erfolg kann zu wirtschaftlicher Unabhängigkeit beitragen.

Der zweite Kreis befasst sich mit Emotionen. Hierzu gehören Freunde, Familie und auch das Erleben (Reisen, neue Eindrücke sammeln). Wir alle sind Teil einer Gemeinschaft und jeder Mensch braucht Orte des Wohlfühlens, einen »Hafen zum Kräftesammeln« oder einen Partner, der einen unterstützt. Wer diese drei Kategorien verletzt, läuft Gefahr, aus dem Gleichgewicht zu geraten.

Der dritte Kreis – Seele – betrifft unser Innerstes. Für einige ist das der Glaube, das Spirituelle oder die Meditation. Es ist wissenschaftlich erwiesen, dass sich Beten oder Meditieren positiv auf das persönliche Befinden auswirkt. Aber auch andere Handlungen, wie beispielsweise das Geben, können Glücksgefühle hervorrufen.

Der vierte Kreis (Charakter-Ergänzung)

Der vierte Kreis wird zum ersten Kreis
1 = CHARAKTER:

- Ehrlichkeit, Wahrhaftigkeit, Authentizität
- Barmherzigkeit
- Integrität, Loyalität, Mitgefühl, Vergeben, Nachsicht
- Mit dem Herz fühlen, denken und handeln.
- Konstruktive Konfliktfähigkeit
- Verstehen, nicht richten
- Kooperation anstatt Konkurrenz
- Gleichwertigkeit von Mann und Frau, ergänzendes Prinzip (Raphael Bonelli)
- Beharrlichkeit und guter Wille, ergo Umsetzung
- Selbstliebe, Selbstbegegnung, Selbstwertgefühl, Selbstreflexion
- Angst- und Traumabewältigung
- Vertrauen, Glauben, Zuwendung zum Licht und dem Weg zum Schönen, Guten und Wahren
- Einfach lieben, gesund / achtsam leben

2 = ERFOLG:
- Wissen
- Sinn
- Passion
- Unabhängigkeit, Selbstverantwortung
- Anerkennung – Leistung

3 = EMOTION:
- Freunde
- Familie
- Bekannte
- Erleben
- Lachen / Humor

4 = **SEELE:**
- Geben
- Vertrauen
- Liebe
- Erfüllung
- Dankbarkeit

Jeden einzelnen dieser Begriffe hier ausführlich zu beschreiben, sprengt definitiv den Rahmen dieses Finanzbuches. Aber es reicht, um die Kernbegriffe zu verinnerlichen und der Logikkette zu folgen.

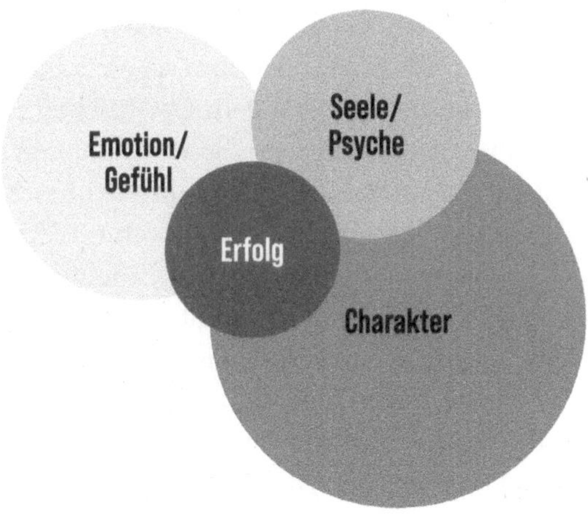

Abbildung 91: Vier Kreise — Quelle: Eigene Darstellung

Schlussfolgerung: Cäsar (die Welt, das Vermögen) und Jesus (Liebe, das Herz)

Ohne den geringsten Zweifel ist die Schnittmenge zwischen dem Weltlichen und dem Christlichen übersichtlich. Das Risiko, sich in den Geldwirren zu verlieren, ist zudem sensationell hoch. Irgendwann werden unsere Güter zu unserem Ich. Unser Vermögen nimmt sogar

Charaktereigenschaften an. Mit mehr Geld sind wir de facto wertvoller und besser als andere, die weniger haben. Wir verlieben uns zudem in Objekte und interessieren uns immer weniger für unsere Mitmenschen. Das nennen Psychologen »Objektadaptierung« und es ist nicht für ein gesundes, erfülltes Dasein förderlich. Andererseits gibt es seit einigen Jahren den Begriff »Christaholic« für eine Art Mensch analog dem, den man im Beruf als »Workaholic« beschreibt, nur diesmal in karitativen und sozialen Bereichen. Dazu kommt oft eine Dosis Selbstbeweihräucherung bei denjenigen, die sich höheren Aufgaben zuwenden, und eine Abwertung derjenigen, die sich primär niedrig schwingenden Aufgaben widmen. Aus meiner eigenen Erfahrung kann ich als Ex-Milliardär, Hedgefondsmanager und ehemaliger Staatsminister in Mammons globalem Finanzministerium sagen, dass es tatsächlich äußerst schwer ist, das Investive mit dem Christlichen zu verbinden. Und es ist meine Absicht, mich noch in diesem Leben mit meiner Frau nahezu ausschließlich mit humanen Aufgaben zu beschäftigen und unsere verbleibende Zeit zu genießen. Viele von uns haben die freie Wahl, wie sie ihr Leben gestalten wollen. Das bedeutet nicht, dass wir andere für ihren Lebensweg und ihre Entscheidungen in irgendeiner Form richten sollten. Ich vermute, dass ich erst, wenn ich mich vollumfänglich der Liebe widme, ein wirklich erfülltes und freies Leben führen werde. Aber das ist nur eine Vermutung, weil ich diesen Weg bisher noch nicht vollumfänglich eingeschlagen habe.

Aber die gute Nachricht ist, dass es tatsächlich eine gesunde Schnittmenge gibt zwischen dem Weltlichen und dem Christlichen. Denn Geld ist ein Mittel zum Zweck, ein Zahlungsmittel, das für das Wahre, Schöne und Gute eingesetzt werden kann oder für das Falsche, Hässliche und Böse. Nutzen Sie Ihre Ressourcen, um etwas Positives, Sinnvolles, Lebensbejahendes zu bewegen. Verwöhnen Sie sich und Ihre Nächsten. Sie haben es sicherlich verdient. Studien ergeben eindeutig, dass Geben viel glücklicher macht als Nehmen oder Stehlen. Gott möchte sicherlich nicht, dass Sie arm sind oder verheerend unter der Armutsgrenze vegetieren. Aber die reine Geldvermehrung ohne Sinn wird niemanden glücklich machen. Dasselbe gilt für einen Riesensandkasten gefüllt mit Luxusobjekten aller Art. Diese Spielzeuge werden Sie niemals erfüllen, weil sie relativ schnell ihren Glanz verlieren. Dies ist tatsächlich vollumfänglich bewiesen. Und diese Studien kann ich aus eigener Erfahrung belegen. Denken Sie an das Gesetz der Resonanz. Es geht nur darum, einfach zu lieben, zu leben und zu wachsen. That's it. Glauben Sie mir oder dem Erfinder dieses Konzepts, dem Psychologen Professor Franz Ruppert. Ich bin kein Theoretiker. Ich spreche wirklich aus der Praxis, und mittlerweile sogar mit dem Herzen und nicht nur mit dem Verstand.

Was haben Sie aus Ihren größten Erfolgen/Niederlagen gelernt?

Es gibt mindestens 100 Investmentfehler, die man machen kann. Davon hatte ich die 40 wichtigsten in einer Videoserie zusammengefasst. Dieses Thema Investmentfehler en détail in diesem Buch zu erläutern sprengt gänzlich den Rahmen, aber es lohnt sich auf wichtige Erfolgsfaktoren einzugehen, die sich jeder Investor merken sollte:

Absolute Objektivität!

Alle meine Lehrer wie zum Beispiel die Investment-Legenden Peter Lynch und Anthony Bolton von Fidelity, sowie andere, die ich kennen lernen konnte, wie Terry Smith, Mario Gabelli, Jim Rogers, Fraser Perring, Julian Richardson waren zwar mit Passion unterwegs, aber niemals emotional bei ihren Anlageentscheidungen. Das einzige Jahr (1995), in dem ich deutlich schlechter lag als der Markt oder als meine Konkurrenten performte, war ich zu emotional. Im Vorjahr war ich noch bester Hedgefondsmanager Europas und hatte mir aufgrund dieses Erfolgs zu oft auf die Schulter geklopft. Die Konsequenz war, dass ich auf meiner Deep-Value-Long-Short-Strategie beharrte, die in einem Growth-Momentum-Umfeld gänzlich ungeeignet war. Nach dieser Niederlage hatte ich mir versprochen, niemals wieder zu einer Investment-Auszeichnung-Gala zu gehen und die bereits erreichten Ziele und Auszeichnungen aus meiner Psyche und meinem Ego vollumfassend zu verbannen. »Always stay hungry!«

Verstehen Sie die investiven Kernerfolgsfaktoren für jede Branche und jedes Unternehmen?

Sie werden lachen, aber sehr viele von Ihnen werden jetzt antworten »natürlich die Unternehmungsgewinnentwicklung«. Diese Annahme ist löchriger als ein Emmentaler Käse und trifft bestenfalls auf 40 Prozent des gesamten Aktienanlageuniversums zu.

Nehmen wir zum Beispiel die sehr zyklische Container-Schifffahrtsbranche mit der Peter Lynch und ich in drei Jahren mehr als 400 Prozent verdient haben. In der Phase in der die Gewinne noch steigen, fallen bereits oft die Aktienkurse, obwohl die Gewinnbewertungen extrem niedrig erscheinen. Das liegt meistens daran, dass zu viele neue Containerschiffe auf den Markt kommen, aber gleichzeitig die Nachfrage stagniert oder zurückgeht. Hier wäre eine Short-Strategie am logischsten.

Generell ist es viel profitabler in derartige Sektoren zu investieren, wenn sie ausgebombt sind und kaum ein Investor diese Aktien in seinem Depot hält. Denn in diesem nahezu aussichtslosen Szenario ist die Flotte veraltet, viele Kapazitäten wurden stillgelegt oder verschrottet und gleichzeitig baut sich eine neue Nachfragewelle auf. Viele Firmen sind zudem pleitegegangen und man kann die meisten Überlebenden dieser Branche mit einem saftigen Abschlag zum Liquidationswert kaufen.

Ähnlich verhält es sich bei Banken. Hier könnte man im großen Stil einsteigen, wenn die Risikorückstellungen auf Höchstniveau liegen und das Kreditvolumen rückfällig ist, vorausgesetzt es handelt sich nicht um Banken, die in chaotischen Ländern agieren oder die außerordentlich schlecht bilanziert und geführt sind und in solchen Krisen nur geringe Überlebenschancen haben. Peter Lynch nutzte zum Beispiel solch desolate Verhältnisse, um einen Riesenkorb an Savings & Loan Banken in der S&L Krise der späten 1980er- und frühen 1990er-Jahre zu Spottpreisen zu akquirieren.

> *»Denken Sie immer quer und konträr und erkennen Sie den besten Zeitpunkt für eine Long- oder Short-Investition in einen Sektor oder ein Unternehmen. Der Konsens mag oft richtig sein, aber wenn er es nicht ist, können Sie mit Long- oder Short-Positionen ein Vermögen machen.«*
>
> FLORIAN HOMM

Mache ich ein sehr gutes Investment oder investiere ich in ein sehr gutes Unternehmen? Negative Paradigmenwechsel!

Sehr viele Investoren verwechseln das Investieren in ein sehr gutes Unternehmen mit einem sehr guten Investment. Nokia war einst ein sehr gutes Unternehmen, genauso wie Kodak oder Polaroid. PayPal, Mastercard und Visa galten Jahrzehnte als fantastische Unternehmen bevor Amazon, Apple und andere Konkurrenten den Markt besetzten. Generell möchte ich langfristig in wertschöpfende, exzellent positionierte Unternehmen investieren, aber nicht zu jedem Preis. Wenn alle positiven Entwicklungen bereits in den Aktienkursen abgebildet sind, die Risiken aber nicht, halte ich mich von diesen Investments fern. Denn mein Chancen-Risiko-Verhältnis ist denkbar schlecht. Lieber investiere ich in eine Uranaktie oder den Siemens-Konzern, die zeitweise mehr als 50 Prozent unter ihrem Liquidationswert handelten. Dabei gilt immer: Ermitteln Sie immer das Chancen-Risiko-Verhältnis und den Inneren Wert eines Unternehmens, um besser zu verstehen, ob es sich um ein lohnendes oder riskantes Investment handelt.

Verlustvermeidung durch intelligente Diversifikation oder den Total-Return-Ansatz

Behandeln Sie Ihr Vermögen so sorgfältig und überlegt wie Ihre Kinder und investieren Sie konstant in Ihr Wissenskapital. Warren Buffett sagte einmal, es gibt nur zwei Investmentgesetze. »Regel Nummer eins: Verlieren Sie niemals Geld. Regel Nummer zwei: Vergessen Sie niemals Regel Nummer eins.« Denn wenn Sie Ihr Kapital grob fahrlässig verzocken, ist das Spiel vorbei. Ein neues Vermögen nach sehr hohen Verlusten wieder aufzubauen ist außerordentlich schwer. Zum Beispiel nach dem NASDAQ-Crash von 2000 bis 2002 dauerte es 15 Jahre bis die realen Verluste in diesem Index aufgeholt waren. In Japan wartet man bereits 33 Jahre darauf, die hohen Indexverluste aus den Jahren 1989 bis 1990 wiedergutzumachen. Andererseits sollte man nicht vergessen, dass Warren Buffett sogar in einem Jahr knapp 50 Prozent seines Kapitals verloren hatte. Angesprochen auf diese eher seltene Schieflage antwortete Buffett: »Wenn Sie die Hitze (den Stress) in der Küche nicht vertragen, sollten sie lieber erst gar nicht reingehen.«

Die wahren Investmentlegenden wie Stanley Druckenmiller haben eines gemeinsam: Verluste über 20 Prozent sind eher selten oder kommen gar nicht erst vor. Die Portfolios sind so intelligent strukturiert, dass sie bei Marktschwäche kaum fallen. Die brillantesten Investment-Gurus schaffen es immer wieder, vollkommen unabhängig vom Marktgeschehen attraktive Renditen zu erwirtschaften. Wie gelingt ihnen das?

Sind Sie bereit ein Total-Return-Investor zu werden?

Nichts ist für mich unsinniger, als fieberhaft am Computer zu hängen, um Marktbewegungen zu beobachten und gegebenenfalls darauf zu reagieren. Das reduziert meine Lebens- und Arbeitsqualität. Keine einzige Investmentlegende wurde durch jahrzehntelanges perfektes Market Timing geschaffen. Aber eine dieser Legenden, Julian Robertson vom Tiger Fund, fasst es passend zusammen: »Wenn ich es nicht schaffe, die 200 attraktivsten und 200 schlechtesten Aktien zu finden und gegenüberzustellen, habe ich an der Wall Street nichts zu suchen«. 400 Aktien mit solch unterschiedlichen Eigenschaften zu finden ist sicherlich sehr anspruchsvoll, aber die Aufgabe, stetige Renditen unabhängig vom Marktumfeld zu erzielen, ist wesentlich einfacher, als man denkt.

Denn es gibt insgesamt nur ein Dutzend bedeutender, transparenter und liquider Anlagekategorien wie zum Beispiel Aktien, Anleihen, Immobilien, Nahrungsstoffe, Metalle, Edelmetalle, andere Rohstoffe,

FOREX und so weiter. Und innerhalb eines Aktienanlageuniversums gibt es »nur« 210 Branchen und circa 60 Industrien, die sich derzeit weltweit auf circa 20.000 leicht handelbare Aktien erstrecken. Erschlagen Sie jetzt diese Zahlen? Das sollten sie nicht. Denn Sie können beginnen, das Chancen-Risiko-Verhältnis der großen Anlageklassen besser zu verstehen, und das erfordert keineswegs zwei Harvard-Abschlüsse.

Aufgrund meiner Erfahrung gibt es 20 Schritte, um jedes Investment zu bewerten. Danach gibt es noch 10 weitere Schritte, um diese Bewertung zu verifizieren. Der Rechercheprozess dauert, wenn man Ihn verinnerlicht hat, maximal 10 Stunden. Manchmal benötigt ein routinierter Investor nur 90 Minuten für eine fundierte Investmententscheidung. Aber was ist das Resultat? Sie investieren pro Woche 10 Stunden und spätestens nach einem Jahr verstehen Sie, wie man aus einem kleinen Vermögen ein großes macht. Sie beschäftigen sich weniger mit Market Timing, sondern verstehen auf Grund Ihrer Top-down- und Bottom-up-Analysen, wie Sie Ihr Portfolio gestalten sollten und wann es Handlungsbedarf gibt. Lohnt sich das? Natürlich, weil Sie wahrscheinlich innerhalb von 10 Jahren mehr mit Ihrem Investmentportfolio verdienen können als mit Ihrem Job. Und Sie werden immer entspannter und erfolgreicher investieren, vollkommen egal, was die Märkte machen. Falls Sie sich für den Total-Return-Anlageansatz interessieren, besuchen Sie bitte die folgende Webseite:

https://www.florianhomm.net/total-return

Lernen Sie ausschließlich von den Investmentlegenden

Bilden Sie sich immer Ihre eigene Meinung, machen Sie Ihre Hausaufgaben, bevor Sie investieren, und hören Sie auf, sich an gescheiterten Marktschreiern zu orientieren. Extrem viel Wissen können Sie sich mit Podcasts, Videos und Büchern aneignen. Viele sind relativ verständlich und unterhaltsam geschrieben. Ich verschwende überhaupt keine Zeit, mir Bücher oder Beiträge von sogenannten »Experten« anzuhören, die nicht über einen exzellenten Track Record verfügen. Warum auch? Gehen Sie zu einem Tierarzt in einem Dschungelcamp, um Ihr Herz operieren zu lassen? Auch die Investmentlegenden liegen rein mathematisch recht oft falsch bei ihren Investments. Deswegen ist es immer besser, seine eigene Meinung zu bilden. Als erste Stufe einer fundierten Chancen-Risiko-Ermittlung fangen Sie vielleicht damit an, einfach aufzuschreiben, was für ein besagtes Investment spricht und was dagegen. Das wäre zumindest ein erster Schritt, um tiefer in das Chancen-Risiko-Verhältnis einzusteigen.

Profitieren Sie von der Angst und Euphorie der Investoren!

Große Vermögen wie das von Hugo Stinnes werden immer wieder in desaströsen Marktlagen (exzessiver Pessimismus) geschaffen und in enormen Marktblasen (exzessive Euphorie) vernichtet. Rothschild fasste es wie folgt zusammen, »am besten dann investieren, wenn das Blut in den Straßen fließt«. Diese Aussage würde ich gerne ergänzen, »am besten shorten oder aussteigen, wenn das Geld in den Straßen fließt«. So entstand das Milliardenvermögen von JP Morgan, der schon vor 93 Jahren extrem professionell auf fallende Kurse setzte. Denn aus psychologischer Sicht bewegen sich die wichtigsten Börsen immer zwischen Gier und Angst, bevor sie zu ihrem historischen Mittelwert zurückfinden. Und weniges interessiert mich als Investor mehr als ausgebombte- und überteuerte Anlagen, wie zum Beispiel japanische Immobilienaktien Ende der 1980er-Jahre oder der Neue Markt in Deutschland im Jahr 2000. Ich verkaufte damals nicht nur alle meine Aktienpakete, sondern war als Leerverkäufer vor dem großen Crash (Minus 90 Prozent) in Aktien wie WCM, MLP und etlichen Neuen-Markt-Aktien bestens positioniert. Ein Ratschlag wäre, sich intensiv mit der folgenden Frage vor jedem Investment zu beschäftigen:

Was bildet eine Börse oder eine einzelne Aktie bei aktuellen Bewertungen ab. Sind die Chancen und Risiken in diesem Investment bereits eskomptiert? Somit wäre die Bewertung rational. Das kommt übrigens relativ oft vor, denn die Märkte verhalten sich meistens rational. Wenn die Bewertung aufgrund einer objektiven und fundierten Chancen-

Risiko-Analyse nicht nachvollziehbar ist, könnte sich ein Short oder ein Long lohnen.

Da Aktien langfristig und empirisch berechnet circa 2,7-mal schneller fallen als steigen, lässt sich durch Baisse-Investments relativ schnell Geld verdienen. Der Weg nach oben dauert eben länger. Dafür ist das Upside in der Regel bei Long-Investments auch größer. Auf jeden Fall haben Short-Investments, selbst in der Börsenhausse 1982 bis 2021 mehr als 30 Prozent zu meinem Investmentvermögen beigetragen. Es wird nur wenigen gelingen, den perfekten Einstiegs- oder Ausstiegspunkt zu finden, aber in Phasen extremer Über- oder Unterbewertung sollte man sein ganzes Kapital nicht auf einen Schlag einsetzen, sondern das Investment in mehreren Schritten tätigen.

Florian Homm - Was würde ich meinem 18-jährigen Ich raten?*

1) Mal angenommen, Sie würden heute Ihr 18-jähriges Ich treffen, welchen Rat würden Sie ihm geben?

Es geht doch alleinig um deine Glückseligkeit hier in diesem Leben, um deine Wahrnehmung der wirklich entscheidenden Faktoren. Die kann man ganz leicht in drei Elemente vereinfachen: Erfolg, Emotion und Seele. Um das besser zu verstehen, schau dir bitte mein *3-Kreise-Video* an. Denn du kannst dadurch so viel lernen, ohne das Lehrgeld zu zahlen für ein wirklich intensives, äußerst riskantes und teilweise zerstörerisches Leben.

In diesem Zeitalter gibt es äußerst positive Faktoren, für die du dankbar sein solltest. Es gibt wissenschaftliche Erkenntnisse zum Thema Glücksfindung, die noch vor einigen Jahrzenten überhaupt nicht vorhanden waren. Du lebst in einem Zeitalter, in dem du tatsäch-

* Entnommen aus Dirk Kreuter: *Was ich meinem 18-Jährigen Ich raten würde*, FinanzBuch Verlag, 2020.

lich durch Fokussierung und Wissen deinen Weg machen wirst. Aber gleichzeitig befindest du dich in einem Zeitalter des medialen Lärms und der Ablenkungen – die es dir erschweren, deinen Weg als Mensch zu gehen. Deswegen empfehle ich dir, die zwei Florian-Homm- und Dirk-Kreuter-Videos anzuschauen. Und natürlich geht es um Wissen. Das bestand nicht zu der Zeit, in der ich 18 Jahre alt war. Heute gibt es sensationelle fundierte analytische Einsichten, perfekt dokumentiert.

Und der erste Baustein des Wissens zum Thema deiner Entwicklung ist *Positive Psychology*. Als Einführung reicht der Wikipedia-Eintrag, bitte nur auf Englisch, denn die deutsche Version ist mangelhaft. Auf Google kann man sich den Eintrag einfach übersetzen lassen.

Das zweite wichtige Prinzip heißt PERMA. Das entstand durch den begnadeten, hochtalentierten Professor Martin Seligman. Das Buch von Professor Seligman auf Deutsch bringt euch weiter, dasselbe gilt natürlich für seine Videobeiträge.

Was die Gesundheit betrifft, nehmt euch bitte die Zeit und schaut euch das Video von Daniel Amen zum Thema Drogen an. Und letztlich gilt auch im Bereich Wissen ein Grundtenor. Was ihr auch macht, macht es richtig, was denn sonst? Wollt ihr euch eines Tages die Frage stellen: Warum habe ich denn nicht das Optimale erreicht in meinem Leben, meinen Beziehungen und meiner Seele? Wollt ihr euch wirklich diese Frage in meinem Alter stellen? Also lasst euch nicht blenden, verblöden, ablenken durch den Lärm dieser Welt. Lasst euch auf keinen Fall durch negative Menschen runterziehen. Lernt doch etwas aus meinem extrem wilden und extrem riskanten Leben.

Nehmt doch das Positive mit und vermeidet das Negative. Warum solltet ihr denn mein Lehrgeld zahlen? Bitte auf keinen Fall!

2) Was würden Sie einem heute 18-Jährigen raten?

Das Entscheidende – ich rede jetzt über Erfolg im Leben – ist die Passion und die Begeisterung für eure Tätigkeit. Denn wenn ihr begeistert seid, dann ist Arbeit Hobby und nicht Pflicht. Hier stellt sich die Frage für euch, ob ihr lieber Unternehmer oder Angestellter sein wollt. Denn es gibt Bereiche, viele Bereiche, in denen es beste Perspektiven als Angestellter und als Unternehmer gibt. Dazu gehört die Pflege, das Handwerk und definitiv der Beruf des Elektrikers. Wir befinden uns im digitalen Zeitalter, es verändert sich alles bei Marketing und Werbung, auch durch die Onlinemedien. Andere Wachstumsbranchen sind Ökologie, Ernährung, Wasser, digitales Investieren und digitales Finanzwesen, um nur einige Beispiele zu nennen. Und wenn ihr euch für eine Industrie oder Unternehmung entscheidet, überlegt euch sehr genau, ob diese Berufsvision Rückenwind oder Gegenwind hat. Denn wenn eine Branche Rückenwind hat, stellt sich der Erfolg leichter ein, als wenn es eine Branche ist, die stagniert oder auf Raten stirbt.

Und beim Unternehmertum bitte ich euch, noch auf einen weiteren Faktor zu achten. Habt ihr bei eurer unternehmerischen Vision wirkliche Alleinerkennungsmerkmale und könnt ihr sie auch ohne extremen oder hohen Kapitalbedarf umsetzen?

3) Was würden Sie im Nachhinein als Ihren größten Fehler bezeichnen, den man vermeiden sollte?

Das *3-Kreise-Video* ist die Zusammenfassung von 45 Jahren intensiven Daseins und der Verletzung dieser drei Kreise, die von zentraler Bedeutung sind. Sie sind die Ursache meiner größten Fehler und Niederlagen. Konkret: Ein Leben voller Erfolg zu fördern und zu fordern, ist ohne Liebe, Gemeinschaft, Seele und Sinn wertlos. Blindes Abenteurertum und blinde Lebensintensität führten mich oft in absurde Risiken, teilweise selbstzerstörerische Maßnahmen mit direkt eingebauten destruktiven Tendenzen. Und das teils geschäftlich, aber vor allem im zwischenmenschlichen Bereich.

Ihr solltet auf jeden Fall Drogen jeder Art vermeiden. Dazu reicht es aus, sich einen kleinen Vorgeschmack zu holen durch das Daniel-Amen-Video auf TED Talk. Also keine Drogen – und Erfolg, Beziehungen und eure Seele im Einklang halten, das ist das Erfolgsrezept.

4) Was hatte die größte positive Auswirkung in Ihrem Leben?

Da gibt es zwei Faktoren. Für mich hat mein Großonkel Josef Neckermann, mein de facto Großvater, im Bereich Erfolg, Fokus und Lebensintensität die größte Auswirkung gehabt. Das lässt sich zusammenfassen mit dem Satz: »Was du machst, mache richtig gut.«

Die zweite positive Auswirkung auf mein Leben waren 15 Monate Gefängnis, unter widrigsten Bedingungen in der Auslieferungshaft in Italien. Das brachte mir Einsichten auf das Wesentliche im Leben. Im Kern geht es um jene Aspekte, die man nicht voneinander trennen kann und die miteinander verflochten sind: Erfolg, Beziehungen, Sinn und Seele. Für mich war die Erkenntnis ein kleines blaues Buch: Die Botschaften der Barmherzigkeit der Jesus-Mutter für die Welt. Um das Thema besser zu verstehen und auch sinnvoll anzuwenden, geht doch bitte auf die folgende Website: https://www.olmoms.org/.

Durch das Gefängnis habe ich die Liebe entdeckt. Den Frieden durch Geben, durch Dankbarkeit, durch Gebet, Reflexion, Meditation. Also etwas Zeit jeden Tag in intensiver Ruhe zu verbringen. Das Resultat durch meine Erfahrungen mit meinem Opi Josef Neckermann im weltlichen Erfolg und durch die Lektionen, die ich am intensivsten im Gefängnis gelernt habe. Durch die Lektion der Liebe, des Vertrauens, der Dankbarkeit und der Hoffnung bin ich heute viel glücklicher, viel stärker, definitiv weiser und insgesamt erfolgreicher geworden.

Und diese Erkenntnisse basieren auf den höchsten Ebenen des weltlichen Erfolgs und den niederschmetterndsten Tiefpunkten mit Multipler Sklerose, mit einem überlebten Attentat und einer Kugel im Rücken.

Top Investment Bücher

- Bruce Greenwald – Competition Demystified
- Bruce Greenwald – Value Investing
- Charlie Tian – Invest like a Guru
- Chris Meyer – 100 Baggers
- David Dreman – Contrarian Investment Strategies
- David Einhorn – Fooling Some of the People All of the Time, A Long Short
- George Soros – Alchemy of Finance
- Guy Spier – Education of a Value Investor
- Howard Marks – Mastering the Market Cycle
- Jeff Gramm – Dear Chairman
- Joel Greenblatt – The Little Book That Still Beats the Market
- Joel Greenblatt – You Can Be a Stock Market Genius: Uncover the Secret Hiding Places of Stock Market
- John Mihaljevic – Manual of Ideas
- Ken Fisher – Börsen-Mythen enthüllt
- Michael Porter – Competitive Advantage
- Mohnish Pabrai – Der Dhandho Investor
- Morgan Housel – The Psychology of Money
- Peter Lynch – Der Börse einen Schritt voraus
- Peter Thiel – From Zero to One
- Philip Fisher – Die Profi-Investment-Strategie
- Robert G. Hagstrom – Warren Buffett: Sein Weg. Seine Methode. Seine Strategie
- Seth Klarman – Margin of Safety
- Terry Smith – Accounting for Growth
- Terry Smith – Investing for Growth
- Warren Buffett – Essays von Warren Buffett
- William Greene – Richer, Wiser, Happier
- William Thorndike Jr. – The Outsiders

Top Bücher Persönlichkeit

- Dale Carnegie – Wie man Freunde gewinnt
- Dale Carnegie – Sorge dich nicht – Lebe
- Bodo Schäfer – Die Gesetze der Gewinner
- Napoleon Hill – Think and Grow Rich
- Jordan B. Peterson – 12 Rules for Life
- Joe Dispenza – Ein neues Ich
- Martin Seligman – Authentic Happiness
- Rolf Dobelli – Die Kunst des klaren Denkens
- Nassim Nicolas Taleb – Skin in the Game
- Marshall B. Rosenberg – Gewaltfreie Kommunikation
- Charles Duhigg – Die Macht der Gewohnheit

CapTrader

Starten Sie mit dem Total-Return-Long/Short-Ansatz durch und investieren Sie wie die Profis:

Der unten genannte Broker bietet ein vollumfängliches Sortiment an, um unseren Long/Short-Ansatz abzubilden. CapTrader bietet seinen Support zudem in deutscher Sprache an.

CapTrader ist ein hervorragender Online-Broker, welcher sich auch durch den Handel von Leerverkäufen in Deutschland auszeichnet. Viele Hedgefonds sowie weitere institutionelle Anleger nutzen die zugrunde liegende Struktur des Brokers. CapTrader verfügt über mehr als 1 Million handelbare Wertpapiere und ermöglicht den Handel mit Aktien, ETFs, Futures, Optionen, Optionsscheinen – sowie weiteren börsengehandelten Wertpapieren und Derivaten zu besten Konditionen. Ein Handelskonto kann über den Link direkt und einfach erstellt werden. Broker-Empfehlung CapTrader basiert mitunter auf der von Interactive Brokers entwickelten Trader Workstation, jedoch mit dem Unterschied, dass hier der Kundenservice in deutscher Sprache möglich ist.

Wenn Sie ein Konto über den nachstehenden Link erstellen, erhalten Sie im Rahmen unseres Partnerprogramms mit CapTrader ganze 10 Free Trades für Ihren erfolgreichen Einstieg geschenkt.

Scannen Sie dazu folgenden QR-Code:

Über Florian Homm

Florian Homm, MBA, ist Deutschlands bekanntester Hedgefonds-Manager. In seiner Karriere wurde Homm unter anderem dreimal als Europas Hedgefonds-Manager des Jahres ausgezeichnet, war bester US-Spezialfondsmanager, mehrmals bester Europafonds- und Deutschlandfonds-Manager. Homm arbeitete als Analyst, Nostro-Händler und Fondsmanager unter anderem bei Merrill Lynch, Fidelity, Tweedy, Browne und dem Bankhaus Julius Bär, bevor er als Finanzunternehmer und Hedgefonds-Manager US-Dollar-Milliardär wurde.

Seine positive, absolute und relative Performance in den Börsencrashs 1987, 2002 sowie in den Korrekturen 1990 und 1994 ist in Europa einzigartig. Seine erfolgreichen Baisse-Spekulationen bei Bremer Vulkan, MLP und WCM sind bestens dokumentiert.

Homm spricht sechs Sprachen, ist ehemaliger Botschafter und UNESCO-Delegierter, Basketball-Junioren-Nationalspieler, Harvard College- und Harvard Business School-Absolvent und war zum Höhepunkt seiner Karriere auf der Manager-Magazin-Liste der reichsten Deutschen.

Bekannt wurde er einem breiten Publikum durch die erfolgreiche Sanierung von Borussia Dortmund und als mehrfacher Bestsellerautor. Homm ist praktizierender Christ und in diversen karitativen Organisationen tätig.

OLMOMS

Karitative Engagements von Florian Homm
Our Lady's Message of Mercy Society e.V.
Wir fördern die christlichen Werte

Alle Maßnahmen des Vereins sind vom Grundgedanken getragen, dass die Botschaften der Barmherzigkeit der Jesu Mutter Maria für das Dasein auf Menschen jeglicher Herkunft eine bleibende positive Wirkung haben. Die Gottesmutter Maria vermittelt uns Hoffnung und Liebe, stärkt unser Vertrauen und führt uns zu ihrem Sohn Jesus Christus. Maria vermittelt uns essenzielle christliche beziehungsweise humanistische Werte wie Nächstenliebe, Wohltätigkeit, Treue,

Integrität, Gerechtigkeit, Bildung und Verzeihen, die für ein harmonisches Zusammenleben von höchster Bedeutung sind. Sie gibt uns einen liebevollen Leitfaden, wie wir in unserem täglichen Leben glücklicher und erfüllter werden.

Aus diesem Grund möchten wir alles dafür tun, dass Marias Botschaften so viele Menschen wie möglich erreichen. Zudem engagiert sich OLMOMS für wirtschaftlich und sozial benachteiligte sowie schwerkranke Kinder.

www.olmoms.org

Über Moritz Hessel

„Mit einem erfolgreichen Langfristinvestor verhält es sich wie mit einem gewissenhaften Eigentümer. Er erkennt, zu welchem Zeitpunkt Risiken eingegangen werden sollten und wann es notwendig ist, das Kapital zu schützen."

Seine Leidenschaft für die Börse begleitet ihn bereits seit seiner frühen Jugend.In den vergangenen Jahren konnte er mit seinen Depots stets Überrenditen im Vergleich zum Markt erzielen und war als Advisor beratend für prämierte Hedgefonds tätig.

Zu seinen Kernaufgaben zählen Value Investing, Total-Return-Strategie, Corporate Finance und Honorarberatung.

Moritz Hessel strebt, geleitet von einer rationalen und langfristigen Denkweise, danach, Über- und Untertreibungen am Markt zu erkennen und gleichzeitig den fairen Wert einer Anlage einzuschätzen.

In allen Marktphasen Rendite zu erzielen, hat für ihn höchste Priorität. Seit knapp einem Jahrzehnt berät er Privatpersonen, Unternehmen, Spitzensportler, Family Offices und Stiftungen rund um Vermögenssicherung und Asset-Allokation.

Investieren auch Sie nach dem Total Return Long/Short Ansatz

Ihnen hat dieses Buch gefallen und Sie möchten einen Teil Ihres Vermögens nach den Prinzipien des Total Return Long/Short Ansatzes anlegen? Bereits ab 25.000 EUR Depotgröße ist es möglich, gemeinsam mit Moritz Hessel und seinem Team zu investieren und marktunabhängige Renditen zu erwirtschaften.

Wir sind überzeugt, dass dieser Weg im Vergleich zu traditionellen Long-Only-Investments eine bessere Möglichkeit darstellt, um Anlageergebnisse für unsere Partner zu optimieren.

Aus dieser Überzeugung heraus wird nahezu unser gesamtes Kapital über separat verwaltete Konten (Managed Accounts) gemanagt. Alle Anlagekonten werden direkt im Namen der Kunden geführt und ermöglichen unseren Partnern in Echtzeit volle Transparenz über ihre Anlagen, tägliche Liquidität, anpassbare Berichte und eine bessere Kontrolle über Ihr hart verdientes Vermögen.

Besuchen Sie mich auf:

www.moritzhessel.de

www.totalreturn-capital.com

Das wichtigste Kapital einer Vermögensverwaltungsgesellschaft sind ihre Kunden. Großartige Kunden investieren als Partner:

Sie bieten langfristiges, stabiles Kapital in Zeiten der Gelegenheit und bleiben geduldig in Zeiten der Knappheit.
Unsere Anleger sollen so in uns investieren, wie wir in Unternehmen investieren. Wenn die richtigen Partner zusammenkommen, stimmen die Interessen und Erwartungen überein. Sie geben uns die Möglichkeit, unsere Strategie umzusetzen.

Der größte Vorteil, den ein Anleger haben kann, ist eine langfristige Orientierung. In einer Welt, in der Performance-Vergleiche nicht nur jährlich und vierteljährlich, sondern sogar monatlich und täglich vorgenommen werden, ist es wichtiger denn je, langfristig zu denken. Um eine Diskrepanz zwischen dem Zeithorizont der Anlagen und dem der Anleger zu vermeiden, müssen die Investoren diese Orientierung teilen. Unsere tun das.

Wir freuen uns darauf, Investoren mit einem langen Investitionshorizont in der »Familie« willkommen zu heißen und mit ihnen gemeinsam das Kapital über Jahre hinweg zu vermehren.

Da fast das gesamte Vermögen unseres Portfolio Managers und seiner Familie in die Strategie investiert wird, wird unser Geld immer direkt neben Ihrem angelegt. Wir glauben, dass dies uns einen Anreiz gibt, kontinuierlich nach den besten risikobereinigten Renditen zu streben, und es uns ermöglicht, unser Vermögen gemeinsam mit unseren Partnern zu steigern.

Der Crash ist da

Florian Homm, Moritz Hessel

Spiegel-Bestsellerautor und Hedgefonds-Legende Florian Homm hat den Crash wie kein anderer Investmentprofi frühzeitig erkannt. Sein Klientel, das vom Normalverdiener bis zum Schwerreichen reicht, hat durch Homms Analysen einen nachweisbaren Gewinn von 25 Prozent seit Ende 2017 realisiert, während die Weltbörsen im selben Zeitfenster um fast ein Fünftel an Wert verloren haben. Auch Ko-Autor Dr. Markus Krall, einer der renommiertesten Banking-Insider und Bestsellerautor, erklärt unmissverständlich, warum China der Auslöser der nächsten Mega-Krise sein kann.

336 Seiten | Hardcover | 18,99 € (D) | 19,60 € (A) | ISBN 978-3-95972-231-5

Endspiel

Florian Homm

Die Finanz-, Euro- und Wirtschaftskrise ist noch längst nicht ausgestanden, auch wenn Medien, Politiker und Notenbanker Sie das glauben machen wollen. Die zunehmend angespannte Lage in China und die Unruhen in Europa sind nur der Auftakt für viel dramatischere Ereignisse: das Endspiel um die globalen Vermögenswerte. Die meisten werden in der unausweichlichen finanziellen Kernschmelze alles verlieren. Nur die wenigsten werden sich wirkungsvoll schützen können. Wie können Sie also als Privatanleger Ihr Geld vor dem nächsten Crash und vor raffgierigen Regierungen in Sicherheit bringen? Wie können Sie trotzdem gewinnbringend Geld anlegen und sogar von fallenden Kursen profitieren? Welche Anlageformen führen durch die nächste große Krise und welche nicht? Florian Homm, Spiegel-Bestsellerautor, Volkswirt und Absolvent der Harvard Business School, zeigt Ihnen, wie es geht.

208 Seiten | Softcover | 14,99 € (D) | 15,50 € (A) | ISBN 978-3-89879-962-1

Kopfgeldjagd

Florian Homm

Sein Ruf ist legendär. Sein Leben ein Abenteuer. Seine Häscher gnadenlos. Florian Homm. Ein Zweimeterhüne. Ein Plattmacher. Ein skrupelloser Hedgefonds-Manager. Die Fratze des neuen Turbo-Kapitalismus. Einer, der mit gerade einmal 26 Jahren für südamerikanische Regierungen und Vermögende Millionen bewegte. Einer, der kaltherzig Unternehmen filetierte und die besten Stücke weiterverkaufte. Einer, der etliche Villen, zwei Flugzeuge und mehrere Hundert Millionen Dollar Vermögen besaß und trotzdem eines nicht hatte: genug – stattdessen ständig getrieben nach immer mehr. Im Laufe seiner Karriere verdiente er am Bankrott der Bremer Vulkan-Werft, sanierte den Fußballklub Borussia Dortmund und wurde in Venezuela niedergeschossen. Die Geschichte eines genialen Finanzjongleurs, eines Gesuchten, eines Gejagten, des berüchtigtsten Enfant terrible der europäischen Finanzwelt. Dies ist seine Geschichte.

368 Seiten | Hardcover | 19,99 € (D) | 20,60 € (A) | ISBN 978-3-89879-788-7

225 Jahre Knast

Florian Homm

53 Jahre und 153 Tage in Freiheit. Doch jetzt soll er 225 Jahre ins Gefängnis. Florian Homm. Der Zweimeterhüne, »Plattmacher« und einstige skrupellose Hedgefonds-Manager. Von seinen Häschern verfolgt kommt es in Florenz zum Showdown: Er wird vor den Augen seiner Familie entführt und ins Florenzer Gefängnis Sollicciano gebracht. Die Strippen ziehen die US-Justiz und das FBI, die Homm um jeden Preis in den Vereinigten Staaten vor Gericht stellen wollen. Die Folgen sind selbst für Homm, der im härtesten Business der Welt zu Hause war und in Venezuela niedergeschossen wurde, die Hölle. Doch Homm nimmt den Kampf auf. Von seiner Familie, Freunden und früheren Weggefährten verlassen, unheilbar an MS erkrankt und unter ständiger Angst, doch an die USA ausgeliefert zu werden, kämpft er um sein Leben. Was folgt ist ein Thriller. Die lang erwartete Fortsetzung des Spiegel-Bestsellers »Kopf Geld Jagd«.

192 Seiten | Hardcover | 16,99 € (D) | 17,50 € (A) | ISBN 978-3-89879-951-5

Erfolg im Crash ist möglich!

Florian Homm

Denken Sie bitte um! Der kommende Börsencrash ist kein Problem, sondern eine positive Herausforderung, die es zu bewältigen gilt. Warum sollten Sie als Privatinvestor und Ihre Familie und Bekannten durch die missratene Geldpolitik der Zentralbanken, staatliche Schuldenberge, Rekorddefizite und ein generell fragwürdiges politisches Management in Mitleidenschaft gezogen werden?

Sie, als Privatinvestor, können sich nicht nur vor der Krise schützen, Sie können sogar von ihr profitieren. Erfolg im Crash ist das erste deutschsprachige Buch, das ausführlich konkrete Anlage und Total Return-Investment-Strategien für ein kommendes Krisenumfeld präsentiert. Wir erörtern die wichtigsten Finanzinstrumente, die Sie zur Absicherung und Optimierung Ihres Vermögens benötigen und geben Ihnen wertvolle Hinweise zu Timing und Investmententscheidungen. Das macht in diesem Umfang kein anderes Crash-Buch!

208 Seiten | Softcover | 14,99 € (D) | 15,50 € (A) | ISBN 978-3-95972-116-5